城市政治理论

Theories of Urban Politics

曹海军　著

图书在版编目(CIP)数据

城市政治理论/曹海军著.—北京:北京大学出版社,2017.10
(国家社科基金后期资助项目)
ISBN 978-7-301-28848-1

Ⅰ.①城… Ⅱ.①曹… Ⅲ.①城市学—政治学—研究 Ⅳ.①D0
②C912.81

中国版本图书馆CIP数据核字(2017)第249867号

书　　　名	城市政治理论 CHENGSHI ZHENGZHI LILUN
著作责任者	曹海军　著
责 任 编 辑	徐少燕　梁　路
标 准 书 号	ISBN 978-7-301-28848-1
出 版 发 行	北京大学出版社
地　　　址	北京市海淀区成府路205号　100871
网　　　址	http://www.pup.cn　新浪微博:@北京大学出版社
微信公众号	ss_book
电 子 信 箱	ss@pup.pku.edu.cn
电　　　话	邮购部62752015　发行部62750672　编辑部62753121
印 刷 者	三河市北燕印装有限公司
经 销 者	新华书店 650毫米×980毫米　16开本　23.25印张　392千字 2017年10月第1版　2017年10月第1次印刷
定　　　价	65.00元

未经许可,不得以任何方式复制或抄袭本书之部分或全部内容。
版权所有,侵权必究
举报电话: 010-62752024　电子信箱: fd@pup.pku.edu.cn
图书如有印装质量问题,请与出版部联系,电话: 010-62756370

国家社科基金后期资助项目
出版说明

后期资助项目是国家社科基金项目主要类别之一，旨在鼓励广大人文社会科学工作者潜心治学，扎实研究，多出优秀成果，进一步发挥国家社科基金在繁荣发展哲学社会科学中的示范引导作用。后期资助项目主要资助已基本完成且尚未出版的人文社会科学基础研究的优秀学术成果，以资助学术专著为主，也资助少量学术价值较高的资料汇编和学术含量较高的工具书。为扩大后期资助项目的学术影响，促进成果转化，全国哲学社会科学规划办公室按照"统一设计、统一标识、统一版式、形成系列"的总体要求，组织出版国家社科基金后期资助项目成果。

全国哲学社会科学规划办公室
2014 年 7 月

目 录

第一章 城市政治理论研究的基本前提性问题 ·················· 1
    第一节 城市政治理论的研究对象 ······················· 2
    第二节 城市政治理论的性质与特点 ····················· 9
    第三节 国外城市政治理论的形成与发展线索 ············· 12
    第四节 本书的结构安排 ····························· 15

第二章 马克思主义城市政治理论 ·························· 17
    第一节 经典马克思主义的城市政治理论 ················· 17
    第二节 新马克思主义的城市政治理论 ··················· 37
    第三节 马克思主义城市政治理论的评价与展望 ··········· 90

第三章 城市社区权力理论 ······························· 101
    第一节 城市由少数精英统治：精英主义的城市社区权力观 ····· 102
    第二节 城市由多重少数人统治：多元主义的城市社区权力观 ··· 114
    第三节 争论"谁统治"的学术意义与探索普适性
           解释框架的努力 ····························· 127

第四章 城市机器政治理论 ······························· 131
    第一节 "机器政治"兴起的背景：飞速推进的城市化 ······· 132
    第二节 "机器政治"的兴起及其原因解析 ··············· 138
    第三节 "机器政治"衰落的先声：接连不断的进步运动 ····· 148
    第四节 "机器政治"的衰落与进步时代的城市管理体制改革 ··· 154

第五章　城市增长机器理论 …… 164

第一节　城市增长机器理论的兴起与发展 …… 164
第二节　比较视野下的增长机器 …… 178
第三节　增长机器理论面临的挑战与回应 …… 191

第六章　城市政制理论 …… 196

第一节　城市政制理论的兴起 …… 196
第二节　城市政制理论的发展：斯通与英布罗肖的论辩 …… 204
第三节　比较视野下的城市政制论 …… 219
第四节　城市政制理论面临的批评及其完善 …… 224

第七章　城市公共选择理论 …… 231

第一节　城市公共选择理论兴起的背景 …… 232
第二节　政府竞争模型与市场模型 …… 240
第三节　多中心的城市治理模型 …… 245
第四节　联合生产 …… 257
第五节　地方公共经济 …… 264
第六节　对城市公共选择理论的反思 …… 272

第八章　城市区域主义政治理论 …… 275

第一节　城市区域主义政治理论的崛起 …… 277
第二节　新区域主义政治理论研究新范式 …… 284
第三节　区域主义视角下的城市治理分析 …… 303

第九章　城市政治理论的发展趋势与展望 …… 314

第一节　城市、权力与治理：城市政治理论的论域、脉络与启示 …… 314
第二节　城市治理理论：从城市管理到城市治理 …… 321
第三节　后发展国家城市政治理论的相关议题 …… 341

参考文献 …… 349

后　记 …… 363

表 目 录

表 2-1	卡斯泰尔斯的城市系统概念	60
表 3-1	1950—1951年雷吉纳市26位上层领导提出的重大议题或项目报告	109
表 3-2	1950—1951年雷吉纳市14位专业技术人士的重大议题或项目报告	109
表 3-3	1950—1951年雷吉纳市22位亚社区领导的重大议题或项目报告	110
表 3-4	1856—1899年市长候选人的职业构成	119
表 3-5	不同族裔的移民经历三个阶段的时间差异	121
表 4-1	1790—1920年间城市化情况及各种规模城市所占比重	133
表 4-2	纽黑文市不同族裔运用种族政治进行政治选举的时间	144
表 5-1	地方政府支出的决定性因素	172
表 5-2	各类机构与不同性质的财产的关系	184
表 6-1	协商环境与政制	221
表 6-2	政制的类型	223
表 7-1	美国地方政府	232
表 7-2	美国大都市区政府的碎片化	233
表 7-3	四种类型的公共物品	248
表 7-4	集体消费单位与生产单位	251
表 8-1	戴维·汉密尔顿模式总结	293
表 8-2	西贝特模式总结	294
表 8-3	莫里尔模式总结	294
表 8-4	沃克模式总结	295

表8-5	米切尔-韦弗模式总结	296
表8-6	萨维奇和福格尔模式总结	297
表8-7	戴维·米勒模式总结	302
表8-8	城市区域主义政治理论总结	304
表8-9	城市形态、全球经济和新自由主义国家三者在空间上的新变化	308

图 目 录

图 2-1　初级、次级和第三级资本循环的关系结构 …………………… 72
图 3-1　1800—1955 年不同职业在市议员委员会和
　　　　财政委员会任职的百分比 …………………………………… 119
图 4-1　美国"机器政治"的组织结构 …………………………………… 139
图 4-2　弱市长型市长—议会制组织结构示意图 ……………………… 142
图 4-3　强市长型市长—议会制组织结构示意图 ……………………… 160
图 6-1　政制形成的动力 ………………………………………………… 220
图 6-2　城市政制的形成过程 …………………………………………… 227
图 7-1　蒂伯特的政府竞争模型 ………………………………………… 242
图 7-2　多中心的城市治理模式的变量关系图 ………………………… 255
图 7-3　小规模机构与社群控制之间的关系（以警察服务为例）…… 256
图 7-4　地方公共经济的运行模式 ……………………………………… 268
图 7-5　选择供应单位的流程与目标 …………………………………… 269
图 8-1　新区域主义的基本特征 ………………………………………… 287
图 8-2　协作、协调、合作三者之间的关系 …………………………… 289

第一章　城市政治理论研究的基本前提性问题

　　作为一种全球性现象,城市化是人类社会最重大的历史进程之一,城市化的水平更是衡量一个国家现代化程度的核心指标之一。联合国报告显示,1950年,世界上有30%的人口生活在城市里面;2000年,47%的人口生活在城市里面;2007年,世界上城市人口首次超过50%,这意味着世界范围内的城市化历史进程开启了。① 第二次世界大战后,城市人口的激增、便捷交通工具的发明以及高效的福特主义经济生产方式,共同促使城市规模发生变迁。与此同时,伴随城市的大规模蔓延,中心城市开始不断向郊区扩张,形成了居住区、商业区和工业区等分工明确的功能性分区,昔日功能混杂的城市开始向具有复合性功能特征的大都市或大都市区过渡。在此意义上,城市政治理论家屈布勒和海内尔特就指出,城市在韦伯式意义上的社会经济地域综合实体不复存在了。② 西方国家早在20世纪中期就已经完成了第一轮城市化。比较而言,发展中国家的城市化呈现出更加快速发展的态势,人口大规模向大城市集聚,伴随而来的则是机遇与挑战并存。一方面,城市化带来了基础设施的不足、住房短缺、卫生状况恶劣、城市贫民窟、环境恶化、大规模贫困与失业现象丛生,这些问题都对发展国家公共治理提出了严峻挑战。

　　进入20世纪90年代后,随着经济全球化的深入发展,城市特别是超大城市越来越处于全球竞争网络的枢纽地位,而且已经成为参与全球区域竞争的基本行为体与空间单位。在1993年举行的亚太城市会议上,与会的各

---

① Population Division of the Department of Economic and Social Affairs of the United Nations Secretariat, *World Population Prospects: The 2006 Revision*, New York: United Nations, 2007. Population Division of the Department of Economic and Social Affairs of the United Nations Secretariat, *World Urbanization Prospects: The 2007 Revision*, New York: United Nations, 2008.

② Daniel Kübler and Hubert Heinelt, "Metropolitan Governance, Democracy and the Dynamics of Place," in Hubert Heinelt and Daniel Kübler, eds., *Metropolitan Governance: Capacity, Democracy and the Dynamics of Place*, London: Routledge, 2005, p.8.

方一致认为,未来政治进步与社会安定的中心是城市国家,而不是民族国家,城市将是国家发展方向的主导者。2000年举行的第六届世界大城市首脑会议又进一步强调,21世纪是"城市的世纪",城市之间互相依赖程度更深,城市国家逐渐取代主权国家而成为空间经济衡量的尺度。城市的治理结构及其取得的治理绩效直接影响着一个国家(地区)的发展,并且在未来将发挥主导的作用。世界各城市无不力求提升自身的治理能力和发展实力,强化城市的国际竞争力。为此,城市政府体充分认识到,只有携手合作形成地方或区域层次的发展联盟,甚至是聚合成具有空间结构的全球城市区域,才能促进区域整体发展,提升总体竞争优势和增强协同能力。[①]

从政治学和公共行政学科发展的历史脉络来看,伴随着城市化的推进,在大量实证调查的基础上,西方学者对发生在城市地域空间范围内的包括城市权力结构、城市治理结构、城市增长模式、城市政制形式以及城市社会运动在内的各种政治经济现象进行了细致认真的研究,并取得了丰硕的研究成果。这些研究也促进了城市政治理论的兴起、演变和发展。

第一节 城市政治理论的研究对象

从城市与政治的内在关联性来看,在古代西方,政治学始于有关城邦(polis)或说城市国家(city state)以及如何在城邦中过上优良生活的学问。就此而言,政治学就是城邦学,甚至是城市学;进入中世纪,意大利北部的城市国家甚至成为西方世界政治权力、经济财富、社会建设和文化创新的中心。对于古代中国来说,与古代西方的城市首先作为经济中心的成因不同,城市首先是政治的中心,其本身就是古代政治制度及其运行逻辑的产物,所谓"筑城以卫君,造郭以守民",足见政治功能在城市的形成和发展过程中具有的举足轻重的地位和作用。进入现代以来,文明和城市就变成了同义词,工业化、城市化和民主化成为推动现代文明的火车头和助推器。

从现代政治学的研究层面来看,与国际和国家层面相对,城市政治归于地方层面,属于地方政治与政府的研究范畴。作为现代政治科学的一个分支学科,从狭义上,城市政治理论的研究对象是发生在城市这一尺度(scale)或空间的政治活动以及由此引发的各种城市政治现象。从广义上,城市政治理论的研究对象可以泛化为城市化的社区,甚至延及超出城市行

---

① OECD, *Local Partnerships for Better Governance*, Paris: OECD, 2001, pp.14-15.

政辖区的大都市区、城市区域抑或都市圈和城市群。在欧洲,城市政治理论研究习惯于贴上地方政治学的标签,而美国则明确界定了城市政治理论的含义。

从城市政治现象的发生学来看,城市政治理论的研究广泛涉及与城市空间相关联的社会—经济—政治过程。换言之,空间位置和结构约束折射了特定经济权力和阶级政治。根据马克思主义唯物史观,政治是经济的集中体现,而城市政治更典型地体现了这一马克思主义政治观。城市的产生最初源于经济的需要,发展是城市的第一政治。在此意义上,经济又是与城市紧密相联的。马克思主义经典作家很早就揭示了从古代到资本主义时代城市产生、发展和演变的一般性规律。首先,马克思指出:"真正的城市只是在特别适宜于对外贸易的地方才形成起来,或者只是在国家首脑及其地方总督把自己的收入(剩余产品)同劳动相交换,把收入作为劳动基金来花费的地方才形成起来。"①其次,社会大分工和生产力的发展是城市形成和发展的决定性因素。马克思在《德意志意识形态》中就明确指出:"某一民族内部的分工,首先引起工商业劳动和农业劳动的分离,从而也引起城乡的分离和城乡利益的对立。"②进而"分工的进一步扩大表现为商业和生产的分离,这种分离是历史上保存下来的城市里继承下来的,并很快就在新兴的城市中出现了。……生产和商业间的分工随即引起了各城市间在生产上的新的分工,在每一个城市中都有自己的特殊的工业部门占着优势。最初的地域局限性开始逐渐消失"③。

现代资本主义推动下的城市化进程加剧了这一分工现象,简单说,资本主义的城市化就是生产力和生产关系结合与城市扩张的二元运动过程。恩格斯在《英国状况——十八世纪》和《英国工人阶级状况》中对现代城市的形成、发展、动力和过程进行了全面阐述。他认为,城市化是现代资本主义工业化的产物,是农村人口向城市移民聚居的过程。一方面,"工业把劳动集中到工厂和城市"④,实现了资本主义生产力和生产关系的结合;另一方面,城市的扩张继之而起。马克思认为引发这种现象的原因是,"大工业企业需要许多工人在一个建筑物里面共同劳动;这些工人必须住在近处,甚至在不大的工厂近旁,他们也会形成一个完整的村镇。……于是村镇就

---

① 《马克思恩格斯全集》第46卷上册,人民出版社1979年版,第474页。
② 《马克思恩格斯全集》第3卷,人民出版社1956年版,第24—25页。
③ 同上书,第59—60页。
④ 《马克思恩格斯全集》第1卷,人民出版社1956年版,第676—677页。

变成小城市,而小城市又变成大城市"①。现代城市化进程就是在这样的二元运动中逐渐拉开了帷幕。

通过深入的社会调查和丰富的文献研究,马克思主义经典作家揭露了大量伴随城市化和工业化而产生的各类所谓"城市病"的社会矛盾和政治问题。在他们看来,资本主义生产方式在创造无与伦比的物质文明奇迹的同时,也付出了巨大的社会、道德以及环境等方面的代价。其中最深远的后果就是在城市中人为造就了两大对立阶级——资产阶级和无产阶级,并滋生了种种社会疾病,包括失业问题、妇女问题、童工问题、酗酒问题、移民问题、贫穷问题、卖淫问题、住宅问题、环境污染问题、教育问题、家庭问题、犯罪问题等。1845 年,在对英国工人阶级状况进行深入考察以后,恩格斯明确指出:"在这里(大城市)我们除了要注意贫困到处引起的通常后果,还将注意人口如此集中对劳动阶级的身体情况、智力和道德情况的影响,……揭露我们大小城市中那些多半被掩盖起来的'贫民窟'的各种事实,都将受到欢迎。"②

由此可见,除了经济发展这一重大政治问题之外,城市的其他政治活动与政治现象本质上源于经济发展引发的各种社会治理难题以及运用政治的方式解决城市问题的各种尝试,这一点突出体现在马克思主义的城市政府职能理论以及与之相对应的城市治理模式上。马克思主义认为,城市既是资本主义生产要素的空间聚合体、劳动力的集中地和商品流通的集散地③,又是展示其经济作用的最重要场所,"在这里居民第一次划分为两大阶级,这种划分直接以分工和生产工具为基础。城市本身表明了人口、生产工具、资本、享乐和需求的集中;而在乡村里所看到的却是完全相反的情况:孤立和分散"④,而城市的本质就是促进城市功能的充分实现。最后,马克思明确指出:"随着城市的出现,必然要有行政机关、警察、赋税等等,一句话,必然要有公共的行政机构,也就是必然要有一般政治。"⑤随着人口和生产资料的集中、阶级的分化、城乡的分离等社会和经济关系的变迁,城市政治统治机器的建立成为必然,现代城市政治日趋成熟,政府职能也相应地健全了起来。

除了一般性的政治和社会经济职能之外,马克思关于城市政治以及城

---

① 《马克思恩格斯全集》第 2 卷,人民出版社 1957 年版,第 300—301 页。
② 《马克思恩格斯全集》第 42 卷,人民出版社 1979 年版,第 414 页。
③ 李明超:《马克思和恩格斯的城市思想论要》,《中共天津市委党校学报》2009 年第 2 期。
④ 《马克思恩格斯全集》第 3 卷,第 57 页。
⑤ 《马克思恩格斯选集》第 1 卷,人民出版社 1995 年版,第 104 页。

市政府职能的深刻见解,还体现在他对城市化进程中统筹城乡、实现城乡一体化这一事关国家发展战略的政治问题的分析上。马克思认为,城市发展史就是一部城乡分离统一的辩证运动史,分别经历了城市农村化和农村城市化的分离与对立阶段,最终走向城乡融合的共产主义康庄大道。马克思在《资本论》中指出:"一切发达的,以商品交换为媒介的分工的基础,都是城乡的分离。可以说,社会的全部经济史,都概括为这种对立的运动。"① 除此之外,马克思还指出:"城市和乡村的分离还可以看作是资本不依赖地产而存在和发展的开始,也就是仅仅以劳动和交换为基础的所有制的开始。"②认识到城乡之间的这种对立,马克思、恩格斯便已预见了人类历史必然超越资本主义的工业化和城乡对立阶段,并在《共产主义原理》和《共产党宣言》等经典著作中一再提出无产阶级建设未来社会时的奋斗目标是:"将结合城市和乡村生活方式的优点而避免二者的偏颇和缺点"③,"把农业和工业结合起来,促使城乡之间的对立逐步消灭"④。回顾和纵观世界城市发展的历史,城市化进程中统筹城乡、实现城乡一体化及完善城市功能和城市政府职能等城市政治的核心问题本身在人类政治发展的过程中具有重要的地位和深刻的影响。

以上论述显示了现代城市政治生活的复杂性和重要性,马克思主义所探讨的城市政治问题无论对于资本主义国家还是社会主义国家来说,都是同样具有启示和借鉴意义的。对处于城市化初期的发展中国家来说,成功与失败的经验教训更值得深入研究。应该说,城市政治理论的产生与城市化进程相呼应。城市化本身是一种利益、资源和财富等社会价值的分配方式,与在不同社会群体之间进行的一般意义上的价值分配不同的是,城市化引发的分配是在不同地理空间上发生的。因此,如果说政治学是关于价值权威性分配的活动,那么城市政治理论就可以被视为在特定地理空间上发生的关于价值权威性分配的活动。概言之,人们在思考城市政治问题、探索城市问题的政治解决方式、研究城市政治生活的过程中,逐步地构建起了一门专门以城市政治生活和政治现象为研究对象的学科,这就是城市政治理论。由此也决定了这门学科独特的性质、特点、概念和理论体系。

进一步推论,城市政治理论作为政治学独立的二级学科而存在是否有其成立的理据,其认识论和方法论依据在哪里?如果说政治学是在民族国

---

① 《资本论》第1卷,人民出版社2004年版,第390页。
② 《马克思恩格斯全集》第3卷,第57页。
③ 《马克思恩格斯选集》第1卷,第220页。
④ 同上书,第273页。

家的意义上探讨一般性的政治现象和政治行为,即民族国家是政治学分析的基本单位,城市是附属于民族国家、受民族国家规制的次级实体,二者是委托代理的关系,那么城市政治理论是否仅仅是"尺度"缩小或换个游戏场所而已,"空间"是否仅仅是地理上的概念,还是具有政治上的意涵,其是否有自身的自主性?如果仅仅如此,城市政治理论只是低阶政治,而国家政治学才是高阶政治,也就无助于提高对政治行为和政治过程的理解,更没有存在的必要了。换言之,城市政治理论是否有广义政治学无法一般化和通约化的学科特质?城市政治理论的研究对象、性质和特点回答了上述问题。

城市政治理论关注城市政治生活和政治现象的各个方面,并选择对通过政治方式解决的城市和城市社会经济发展直接相关的各个方面进行深入的研究。

第一,城市政治理论的逻辑起点是城市政治的权力结构。权力结构是指权力和权力之间的相互关系及其组织形态。城市中同样存在权力掌握在谁手中、权力如何获得以及权力运作的机制和结果是什么的基本问题。这在城市政治理论亦即政治科学的名著罗伯特·达尔的《谁统治——一个美国城市的民主和权力》一书中得到了详细的初步阐述。围绕上述问题,不同城市形成和塑造了各具特色的政治生活样式和权力运作模式,从而构成了城市社区权力理论(精英论与多元论)、城市机器政治理论、城市政制理论、多中心治理理论、(新旧)区域主义治理理论等。不同的城市权力结构理论反映了城市政治理论关注焦点的发展和变迁。这些基本的权力结构具有多样性和变动性的特点,并从根本上决定和体现着各种城市政治生活的基本框架。因此,城市政治理论的研究首先要从研究城市政治生活的基本权力结构入手。

第二,城市政治理论研究城市的政治行为。工业化、城市化、民主化是现代社会的主要标志,因此,现代政治行为或政治活动展开的主要场所是城市。城市政治行为主体主要包括城市民选政客、行政官僚、公民个体以及各类社会组织,政客与官僚的政治(行政和法律)行为包括城市统治、城市规划与管理、城市规制以及城市治理,公民与社会组织的政治行为主要体现在对涉及城市政治资源分配的各种形式的社会抗争、政治参与和政治表达上。一方面,通过正式渠道和机制参与市政决策,如社区和城市层面的基层选举行为和民主协商活动;另一方面,通过非正式渠道和机制表达合理诉求,如抗议、静坐、示威游行、罢工等各类抗争性政治行动或社会运动,还包括暴力形式的骚乱甚至革命。尽管形式多样,但都是以城市中各种社会力量充当行为主体,围绕城市发展过程中的各种利益展开"争权夺利"的运作活动,城市政府则在城市层面发挥权威性价值分配的职能。城市政治理论把对城市政治行为的研究作为自己学科的重要内容,围绕上述行为形成了城市(基层政权)选举理论、城市政治领导理论、社区政治参与理论、城市社会运动理论等。

第三,城市政治理论研究城市政治关系。城市中各行为主体在促进城市发展、解决各种城市公共问题、有效地管理城市公共事务、实现城市公共利益的过程中结成了各种各样的关系,其中政治关系规导、统领着其他性质的城市关系。在城市政治关系中,冲突与合作不可避免,必然会形成各种各样城市政治关系结构,并对相关城市、区域乃至整个国家产生不同程度的影响。城市政治理论除了研究城市政治关系以及城市社会政治问题,同时还需要研究解决城市社会政治问题的基本方式,也就是城市治理模式和相关的政策过程。

第四,城市政治理论研究城市政治文化。城市是工业化、信息化、现代化以及全球化的产物,除了具备产业发展的现代性这类共通性特征之外,还受到各自国情、历史遗产、发展阶段、区位等因素的影响,世界上许多城市都形成了自己独有的历史文脉和政治文化。正因如此,城市特定的政治文化对每个具体城市的政治生活产生了潜移默化的深刻影响,作为隐性制度和规范,其塑造力与政治结构对行政行为的约束和限制同等重要。

第五,城市政治理论研究府际关系中的城市政府职能定位。作为地方政府的范畴,无论是在单一制国家还是在联邦制国家,在纵向结构上,城市政府在各国宪法的规定下要从属并受制于上级政府(省或州)。单一制国家不论,即便是美国这样分权和地方自治程度极高的联邦制国家,城市的自治也受到"迪龙法则"(Dillon's Rule)的制约,城市的宪章和政府权限要得到州立法机构的授权,州政府可以撤销地方政府、规制其行为、限制其纳税权。此外,城市政府在获得联邦转移支付方面仍然受制于人。当然,这种纵向的府际关系也并非静止的,而是发展变化的。特别是自20世纪80年代以来,"简政放权"的分权化改革改变了原有府际关系的格局,混合模式开始成形。一方面,区域性的中间层发展迅速,地方政府间的合作和协调改变了原有的竞争与冲突;另一方面,多层次治理改变了传统的府际关系模式,复杂网络取代科层体制成为多层次治理不同于传统府际关系的最重要的特征。中国自改革开放以来,政治、行政和财政的分权化也在府际关系上有所体现。因此,研究府际关系是城市政府与政治研究的重镇。

第六,城市政治理论研究城市政治的发展。每个城市都要在共同价值取向的基础上实现各种利益的多元共存和协调发展,这一动态形式和过程就构成了城市的政治发展。城市的政治发展受到国际、国家和地方政治发展等因素的影响,这就决定了各个城市政治发展的阶段、道路和过程各有特点。城市政治的发展本身是城市政治生活的核心内容,不仅体现着城市政治的本质、内涵和特征,而且影响和决定着城市共同体的前途命运和远景发展。

第七,城市政治理论研究与市民生活息息相关的各类社会问题,主要包括贫困问题、住房问题、失业问题、教育问题、医疗问题等。从政治价值层面来看,上述问题的背后关系到贫困、不平等和社会排斥,更关系到民主、平等和社会正义的价值论辩。这里面涉及城市贫困人口的边缘代表问题和排斥机制。从政府管理层面来看,上述问题的解决直接依赖于地方或城市政府公共产品的供给和服务职能。比如可以通过对土地的公平规划和利用,避免穷人在城市规划中受损等。从社区民主层面来看,地方或基层往往被视为民主的训练场,密尔称之为"民主的学校",托克维尔更是将地方自治视为民主的根本来看待。这意味着较之其他层级的政府来说,民主作为一种生活方式集中体现在地方社区,社区民主的质量直接关乎整个城市乃至国家民主质量的高低。

第八,城市政治理论研究聚焦于全球化与世界城市的崛起。自从20世纪80年代以降,随着国际贸易、资本跨国流通、跨国企业与信息科技的迅速发展,全球化对个人、社会、经济、文化、宗教、价值观、环境、世界秩序以及国家等都提出了严峻的挑战。其中,作为国家的主要次级运作单位的城市也不可避免地受到了全球化冲击。尤其是在紧密互动的过程中,国家或经济体不断强化相互之间市场竞争的同时,城市越来越处于全球竞争网络的枢纽地位,各城市也在努力提升各自的竞争力与影响力。有些类似纽约、伦敦、东京这样的"世界城市"在某种程度上甚至已超越国家,成为世界经济、政治、文化的重镇,成为影响全球化走向的主要来源,即所谓"城市跃进国家"现象。美国哥伦比亚大学社会学系教授萨斯基亚·萨森在其《全球城市:纽约、伦敦和东京》一书中揭示,全球发展趋势"以往由国家作为代表的经济竞争场域,如今已然让位给世界城市"[1]。因此,城市政治理论还需要充分研究全球化背景下的城市政治发展趋势及其应对战略。

作为中观政治理论,与国家层面的一般意义上的政治学理论和微观意

---

[1] Saskia Sassen, *The Global City: New York, London and Tokyo*, Princeton University Press, 2001.

义上的政治科学分析不同,城市政治理论研究的是地方层面和城市环境内的各种城市政治生活中的重大问题,通过对城市政治生活的本质、制度运作、发展规律的认识和理解,形成解决城市政治问题的分析框架和研究路径,设计出有效的政治解决方式,实现优良的城市政治生活。上述内容既是城市政治理论研究的基本任务,也构成了城市政治理论的基本内容。

第二节 城市政治理论的性质与特点

城市政治理论是新兴的理论领域,是伴随着城市化以及由此产生的社会政治问题而产生的。在城市政治理论形成以前,已经有一些学科以不同的方式、不同的程度地介入到城市政治理论的研究领域,最为典型的便是政治学和城市学。政治学与城市学构成了城市政治理论的学科基础和学科母体,因此,城市政治理论也可以被视为政治学和城市学跨学科结合的产物。

一方面,城市学对城市政治理论的形成提供了必要的建构条件、概念基础、理论支持和学科内容。这是因为城市是一个复杂的、多层次的系统,应当分层次有重点地开展研究,这就决定了城市学本身就是一个庞大的跨学科综合体,广泛涉及自然科学、社会科学和人文学科,主要探讨城市建设和发展中的各种宏观的、综合性的战略问题,研究城市的功能、作用以及城市规划和发展规律等,也广泛涉及城市规划学、经济、人文地理学等自然科学和工程学的研究领域。因此,城市政治理论的研究与城市学的发展息息相关。哈佛大学和麻省理工学院创立的跨学科研究中心指出,城市学的跨学科研究主要包括:(1)城市交通和通信;(2)城市设计;(3)城市政府与政治;(4)城市历史、结构与增长;(5)发展中国家的城市和区域问题。[①] 这一研究领域充分涵盖了城市学的广域特征。

另一方面,虽然城市政治理论从城市学及其子学科中汲取了丰富的营养和素材,在分析和论证的过程甚至直接借用城市学的概念、方法和理论视角,但从学科的归属来看,城市政治理论遵循的是政治学学科的研究逻辑和学科范式,是从政治学的角度来研究城市政治生活和政治问题而形成的一个特定学科,因而属于政治学学科,是政治学的一个分支学科,由此这

[①] Joint Center for Urban Studies of MIT and Harvard, *The First Five Years—1959 to 1964*, Cambridge, Mass.: Joint Center for Urban Studies of MIT and Harvard, April, 1964, pp.8-11.

一学科才被称为"城市政治理论",而不是"政治城市学"。比如,政治学和城市学都涉及城市规划问题,后者侧重研究城市的空间地理布局和规划安排,而前者则强调对影响城市规划的政治因素、政治过程和政策后果等的研究。

经过长期的学科砥砺,城市政治理论在构建和发展中日趋成熟,已经形成了自己的学科特色和自足性。概言之,城市政治理论具有以下特点。

第一,交叉性。城市政治本身被设定在地方层面的制度框架内,这就决定了城市政治理论无法在任何特定理论的关系中加以界定,这也使其较之其他社会科学更具有跨学科性质。这主要体现为理论视角和研究方法的交叉使用上。城市政治理论在研究的过程中,不仅大量使用政治学的研究方法,同时也综合借鉴城市学、历史学、社会学、地理学、经济学的研究视角,研究方法上也根据问题的性质和特点将个案研究与比较分析、定量分析与定性分析、静态分析与动态分析、结构分析与过程分析、微观分析与宏观分析有机地结合起来。

第二,时代性。城市政治理论以城市政治生活和城市政治现象为研究对象,而这个对象无论是在内容、形式还是结构方面都具有鲜明的历史感和时代特征。城市化本身就是历史的产物,农业社会是城市农村化,工业社会是农村城市化,进入后工业社会城市问题变得空前复杂。研究对象的时代性和历史性也就决定了城市政治理论的研究必须从动态的、历史的和发展的视角去把握和了解城市政治发展演变的历史过程和时代精神。

第三,实践性。城市政治理论就是针对城市政治生活实践中发生的政治现象,以实证科学的调查方法为指导建立起来的,它的产生本身就是为实践服务,以社会改造为己任的。这一学科定位决定了城市政治理论纯理论思辨分析的色彩弱化。相对而言,这一学科强调理论与实践相结合,特别注重吸收和利用其他学科的研究成果和理论应用,为政府管理和社会经济发展提出科学的政策建议,为现实的政治服务。

第四,邻近性。作为地方政治的范畴,城市政治理论家彼得·约翰指出,城市政治的特征之一就是邻近性。邻近性指较之其他层面(如国家)决策单位,城市政治和社会行为者相互邻近,加之城市空间规模相对较小,更容易整合地方和微观层面的关键行为者和机构,从而形成更具弹性的沟通协商网络,也更利于地方公民对政府的及时问责和政府的及时回应。

第五,创新性。城市史学家彼得·豪尔就曾在其名著《文明中的城市》

一书中指出,从实践的角度来看,城市始终是发明和创新的中心。① 这是一个地方上升到国家,实践上升到理论,特殊上升到一般的过程。城市的这种创新性不仅体现在经济和文化方面,更扩及城市的政治文明建设创新。马克思主义城市政治理论家卡斯泰尔斯就认为,与信息时代的政治需求相关,"地方政府的再造"是"新型民主政治的象征",这里的地方政府主要是城市政府。②

城市政治理论的不断成熟发展使之逐渐具备了自身独特的学科特色和不可替代的学科功能,上述性质和特点也决定了城市政治理论具有如下基本功能。

一是描述功能。描述性是所有社会科学展开科学研究的基础和前提,城市政治理论也不例外,也要运用社会科学的调查方法,对城市政治生活、城市政治过程、城市政治行为和城市政治联盟等方面进行客观的观察和描述,从而为揭示和解释城市政治发展的运行规律提供研究前提。

二是解释功能。科学理论之所以称之为科学,关键在于解释问题。城市政治理论能够在客观描述城市政治生活和政治现象的基础上,构建变量指标,进而在概念化的基础上构建相应的理论体系,概括变量之间的因果关系和逻辑链条,即通过政治现象,揭示城市政治的本质、运行机制和发展规律,这就是城市政治理论的解释功能。

三是预测功能。城市政治理论在对城市政治生活和城市政治现象进行客观描述和合理解释的基础上,还要对城市政治生活和政治问题的发展趋势作出科学预测,尤其要对事关城市经济发展、社会管理、危机管理等重大城市政治问题的发展趋势作出有前瞻性的预测。科学的预测是解决现实问题、制定和设计城市的长远发展规划、提出有效政策性建议的前提和基础。

四是批判功能。批判性是理论的内在属性,马克思主义城市政治理论就是在批判西方资本主义城市政治的基础上建立和发展起来的,因此,城市政治理论的研究还必须对城市政治生活中存在的不合理现象以及城市化进程中出现的不良后果,保持批判的态度。尤其是对不合理的城市政策,如进城务工人员的不平等待遇问题、贫富差距问题、子女受教育问题等进行批判,从而为在政策制定和执行过程中遏止某些不合理的现象的发展和蔓延、有效地协调城市政治关系提供必要的指导方针。

---

① Peter Hall, *Cities in Civilization*, London: Weidenfeld & Nicolson, 1998.
② Manuel Castells, *The Information Age: Economy, Society and Culture, Vol. 2: The Power of Identity*, Oxford: Blackwell Publisher, 1996, p.350.

第三节　国外城市政治理论的形成与发展线索

城市政治理论的形成与发展，是人类社会发展到一定阶段的内在需要和历史成就，同时也是政治学发展到一定阶段理性思考和理论自觉的必然产物。古往今来，世界各地，每个城市都有自己的政治生活，也就不可避免地会形成冲突、合作、增长、抗争等形形色色的城市政治问题。人类的历史发展到近现代，随着工业化、城市化、民主化、全球化进程的推进和扩散，城市政治问题变得越来越突出。自20世纪后半叶以来，一些发达国家已经开始从后工业时代的角度审问和反思现代城市政治问题了。但直到21世纪，许多发展中国家仍然面临着悬而未决的工业化的城市治理难题。此外，在全球化的今天，国家间的竞争逐渐下移到地区直至大城市和中心城市之间的竞争，错综复杂的政治问题以及治理需求困扰着各个地区乃至整个世界的稳定和整个人类的可持续发展。因此，加强对城市政治生活、城市政治问题和其他城市政治现象的研究的必要性和紧迫性显得越来越突出。

应当承认，西方发达国家较早完成了工业化、现代化和城市化的历史任务，与城市化进程同步，西方国家特别是美国的城市政治理论也很早就成为政治学领域的一个重要分支领域，而且伴随着20世纪以来西方政治学发展嬗变的全过程。严格地说，西方政治学最初的研究正是始于对城市社会政治问题的关注，特别是战后行为主义政治学的繁荣昌盛更是离不开对城市社会政治问题的观察描述和分析解释，政治学中的许多重大理论和方法问题都与城市政治有关，当时的多元主义和精英主义之争就是一例。因此，在某种程度上可以说，城市政治理论就是20世纪50年代到70年代美国政治学领域中的显学。[①] 自20世纪50年代以来，国外特别是以美国为代表的城市政治理论一般遵循政治经济学的研究路径，大体上可以划分为传统改革派、公共选择派和新区域主义理论。而具体的学科划分和研究范式则广泛涉及价值、制度乃至政策过程这一从宏观、中观到微观的演化。经过50多年的学科发展，城市政治理论领域依次经历了社区权力论、机器政治论、增长联盟论、城市政制论、多中心治理理论、新区域主义理论范式

---

① 有关文献综述参见 Wallace S. Sayre and Nelson W. Polsby, "American Political Science and the Study of Urbanization", in Philip M. Hauser and Leo F. Schnore, eds., *The Study of Urbanization*, New York: John Wiley and Sons, 1965, pp.115-156.

的交替流行。

社区权力理论研究受到战后行为主义政治学的刺激,兴起并活跃于20世纪50、60年代,分为多元论和精英论两派。社区权力研究的主要意义在于为城市政治经济研究提供了论坛与舞台,通过对多元主义与精英主义的辩论研究,奠定了后来政治经济学研究的新范式。由于新马克思主义与新韦伯学派的兴起,部分社区权力结构理论的研究者转向了体制机制和政策过程的研究,20世纪70年代的城市增长机器理论与20世纪80年代的城市政制理论前后相继,为城市政治理论确立了学科上的可靠性。先是1981年出版的保罗·彼得森的《城市的极限》,继而是1989年出版的克拉伦斯·斯通的《政制政治》,成为80年代直至90年代城市政治理论复兴、承先启后的里程碑式的著作。[1]

20世纪90年代以来,除了零星的著作问世之外,美国城市政治理论作为一个学科开始出现衰落的趋势,究其原因大体有三:其一,城市政治研究的问题开始与主流政治学研究脱节;其二,城市政治的研究方法主要是定性的个案研究法,而主流的政治学研究方法逐渐倾向定量的比较研究法,特别是城市政治的学者很少使用政治学主流的理性选择方法;其三,由于城市化发展的成熟和治理水平的高度发展,作为研究对象本身的城市的重要性下降,相关问题也不再是美国研究的焦点。[2] 与美国形成鲜明对比的是,欧洲的城市经验勾勒了极为不同的政治图景。在欧洲,政治动员的水平要高于美国,地方当局相对更有话语权,政治话语受到意识形态的影响程度也高于美国。因此,城市政治并没有遭遇像美国那样的衰落,而是始终是政治学学科内非常具有活力的二级学科。此外,在美国居于主流的理性选择学派在英国则很少应用于城市政治的研究,而社会学制度主义则流行于英国。

进入21世纪以来,在本体论、方法论和认识论三个层次上的追问,令城市政治理论得到了全方位的复兴,"新城市政治学"开始在政治科学领域脱颖而出。其一,本体论的追问。在全球化的背景下重新审视和思考了城市的边界和空间问题,即所谓的"重新领土化"和"重新尺度化"。长期以来,国家理论研究者都在强调现代世界中政治权力的领土问题。在威斯特伐利亚式的地缘政治秩序中,国家被认为是由自我封闭、延伸且相互排他

---

[1] Clarence N. Stone, *Regime Politics: Governing Atlanta, 1946-1988*, Lawrence: University Press of Kansas, 1989.

[2] Jessica Trounstine, "All Politics Is Local: The Reemergence of the Study of City Politics," *Perspectives*, Vol. 7, No. 3, 2009, pp.611-618.

的领土空间构成,这些空间将内部的政治秩序和公民资格的领土与外部的国家间的暴力和无政府状态领土加以区分。虽然领土归属性是现代地缘政治组织的基本特征,但在主流的社会科学中,它却常被当作一种相对固定、毋庸置疑且无关宏旨的国家性来处理。大多数战后的社会科学家都把民族国家的领土视为被社会政治生活预先设定的自然环境。不过,伴随着全球化的争论和"后威斯特伐利亚"世界秩序的形成,上述这些根深蒂固的预设开始受到质疑和挑战。其二,方法论的追问。新制度主义和比较历史等研究方法的引入,回应了科学性的质疑,改变了城市政治理论方法的单一性问题。其三,认识论的追问。伴随着第三世界发展中国家城市化的快速发展,类似北京这样的发展中国家的大城市在全球经济发展的地位和竞争力日益提高,城市问题的主流开始出现了"南方转向"。这一认识论上的转向冲击了欧美中心论的偏见和西方霸权论的理论思维,同时也对西方城市政治理论的适用性进行了检验,有利于发展中国家找到适合自己国情的城市发展道路。①

此外,自20世纪90年代以来,伴随着经济全球化的深入展开,区域竞争力成为各国区域关注的焦点。同时,受到"治理"理论范式的影响,许多国家特别是欧美发达资本主义国家的城市政治实践开始逐渐转向城市治理。与传统的"统治"不同,治理强调国家与社会之间的互动,主张通过公私部门伙伴协作关系实现公共事业。从政治意义上来说,这意味着不是仅仅由公共部门来提供公共服务,公共部门可以在不同制度层面上协调包括私人部门、非政府组织以及各类参与者在内的公共行为者实现服务供给。从学术意义上来说,治理再次将关注的焦点从制度转向了过程,从政治和法律权威的实施转向了公共企业家精神以及公私伙伴关系。

在实践的推动和对传统改革派(又称"传统区域主义")以及公共选择学派融合发展的基础上,城市治理领域内兴起了一股"新区域主义"思潮,认为在解决城市问题上应综合考虑竞争与合作、分权与集权、政府与市场等因素,才能有效实现治理大城市的目的。区域主义理论在美国的复兴源于:首先,联邦政府以财政援助为主要方式的城市全面规划无疾而终,中心城市的社会经济问题日益恶化;其次,发展区域经济是复苏国内经济、应对全球竞争的需要;最后,20世纪90年代的区域主义改革理论受到了同一时期政府改革理论的影响。城市治理的思路与政策主张,体现了80年代中

---

① Ananya Roy, "The 21st-Century Metropolis: New Geographies of Theory," *Regional Studies*, Vol. 43, No. 6, 2009, p.820.

后期兴起的新公共管理理论的核心思想,标志着城市政治向城市治理的范式转变。所谓"新区域主义",就是要在城市政府、社区组织、企业组织及非营利组织等之间,通过合作和协力,建立一种城市治理的策略性伙伴关系。新区域主义在城市管理和大都市区治理上表现出五项不同于传统区域主义和公共选择派的特征:第一,在议程设定和资源动员上,强调从统治到治理。第二,在处理区域性的跨域问题方面,由单一部门主导转向跨部门参与,突出了效益倍增的协同作用。第三,强调协作优于协调。传统区域主义主要是强化政府的规划与协调功能,而随着区域治理的跨域性和复杂性不断增强,对合法性和动员力的强调使得公私各方行动者之间的协作逐渐超越了协调的功能。第四,强调过程优于结构。以协作治理为核心的新区域主义改变了静态地将过程视为资料分析和规划安排的传统视角,将过程视为发展出一套区域愿景和目标、塑造利害关系人共识及动员资源以达成目标的动态过程。第五,合作网络优于正式结构。对协作和过程的强调显示了新区域主义对网络组织而非正式结构的依赖。这种网络结构一般具备稳定的利益相关者核心,借助主体间的自组织方式进行协调。

21世纪仍将是城市的世纪。加快推进城市化进程、积极转变城市化发展模式、着力提高城市发展质量是21世纪的中国在迎接新的机遇和挑战的过程中促进城市发展的目标。因此,批判地继承和发展不同学科研究城市问题的概念、理论和方法,借鉴和吸收国外城市政治理论和治理的实践经验,结合我国的具体国情,形成具有中国特色的城市政治理论体系,将对我国的城市化进程具有较为重要的理论价值和现实意义。

本研究着力于系统性地将国外政治理论中涉及城市问题的代表性观点摘取、集中起来,对其进行条理化。因此,关于构建具有中国特色的城市政治理论,会在今后的研究中另外撰写一部著作加以讨论。

第四节 本书的结构安排

本书分为九章。

第一章,城市政治理论研究的基本前提性问题。阐述了城市政治理论的基本概念和发展线索,对城市政治理论的研究对象、性质、特点、发展历史、演变以及现状进行了全面而系统的论述。

第二章,马克思主义城市政治理论。本章分为两部分:第一部分从历史唯物主义和辩证唯物主义的角度阐述了马克思主义经典作家对城市政治理论的贡献和论断,第二部分对当代西方马克思主义城市政治理论流派的代表人物、理论背景、基本思想、主要论题、理论贡献进行了全面评述。

第三章,城市社区权力理论。城市政治理论兴起于对城市社区权力理论的研究,该理论的研究对象是城市空间内权力在各阶层的分配状况。精英主义和多元主义是该理论的两个主要流派。前者认为经济精英垄断了城市的权力,后者认为不同领域的精英掌控了城市不同领域的权力。

第四章,城市机器政治理论。城市机器政治理论认为,随着城市化的推进,传统的城市管理体制的缺陷越来越明显,于是,官商勾结、权钱交易以及政党分赃等腐败现象随之泛滥,城市变成了"城市老板"牟取暴利的政治机器,这一政治现象被称之为"机器政治"。为扭转这一局面,各种改革运动层出不穷。其中,最典型的就是美国进步时代的城市管理体制改革。

第五章,城市增长机器理论。城市增长机器理论认为,基于增加税收、募集竞选资金和促进城市整体利益等目的,城市政府官员会与经济精英结成联盟,推行有利于城市经济发展的公共政策,规避会给城市发展带来负担的再分配型政策,在此意义上,城市成为了政府与非政府部门推动经济增长的机器。

第六章,城市政制分析理论。城市政制理论认为,为促进经济发展,实现社会治理,各种类型的公共部门、社会组织以及赢利机构有必要充分利用各自的资源优势开展合作,结成治理联盟。在此基础上,就形成了一种治理模式。这种治理模式就是城市政制。

第七章,城市公共选择理论。城市公共选择理论学派运用市场模型分析城市治理结构,认为"碎片化"的城市政府会形成一种相互竞争的治理结构,因而可以提升城市政府的行政效率。为此,他们还区分了政治碎片化和复杂组织以及供应与生产。奥斯特罗姆夫妇是这一学派的代表人物。

第八章,城市区域主义理论。区域主义政治理论是对城市化过程中出现的一种城市治理形态的理论反思。其理论基础是把政治碎片化作为批判起点,内容涉及城市区域政府结构形式,公共服务的提供机制(治理机制),政府、市场与社会三者间的关系等。

第九章,城市政治理论的发展趋势与展望。阐述了城市政治理论的最新发展趋势,包括治理理论和城市政治理论的融合,全球化对城市变迁的政治影响,发展中国家城市化进程中凸显的政治问题,等等。

第二章 马克思主义城市政治理论

在现代工业社会,城市是人类生产和生活最基本的社会组织形式,更是一种生活方式①,因此,城市和城市主义生活方式越来越成为社会科学研究和理论反思的重要对象。自20世纪初期以来,以美国为代表的西方学界出版了大量有关城市政府方面的著作,使得城市政治理论逐步从政治学中脱离出来,成为相对独立的分支学科,从某种意义上来说,现代政治就是发生在城市这一特定空间上的城市政治。作为人类思想史上的伟大变革,马克思主义的产生对城市政治理论的发展和完善有着不可磨灭的影响。马克思和恩格斯理论的发展与城市发展有着密切的联系,马克思主义经典作家对生产方式和城市问题的丰富论述,使得研究马克思主义城市政治理论成为认识资本主义社会城市结构和马克思主义基本原理的重要环节。马克思主义城市政治理论可以被定义为:在资本主义的马克思主义理论化语境下的"城市"和"政治"。其内涵是:(1)城市是在自相矛盾且危机重重的资本积累过程中构想出来的生存地点;(2)资本主义的等级关系给城市政治提供了一个基本的视角,资本主义的阶级关系在空间上的呈现方式是城市政治的研究焦点;(3)对这种思想体系内容分类的认识,就像是"城市"和资本主义"政治"的分离、"社会"和"经济"的分离。

第一节 经典马克思主义的城市政治理论

不可否认,在20世纪60年代以前,马克思、恩格斯的城市政治理论被中西方学术界长久地忽视了,因为他们的目光似乎主要集中在"社会阶级和消亡的研究。他们十分关注阶级的本质以及任何促进社会历史发展的因素。……在马克思著作中占有绝对主导地位的概念是时间而不是空间,

---

① Louis Wirth, *Urbanism as a Way of Life*, Chicago: Chicago University Press, 1964, pp.60-83.

更不是地点。历史更多地是按照时间序列展开的,不是空间或地点"①。但是这并不意味着经典马克思主义作家对城市问题保持着中立和旁观的态度,马克思和恩格斯在许多经典著作中明确地关注了资本主义制度和资本主义工业化是如何促使工业城镇极其迅速的增长,如《共产党宣言》《德意志意识形态》《英国工人阶级状况》等。同时,恩格斯还通过对曼彻斯特工人社区的个案研究,揭露了经济体制破坏和摧毁人类居住地点的过程。虽然他们的城市政治理论由于种种原因远未充分展开,马克思和恩格斯本人也都没有直接撰写过任何关于城市政治研究的著作,但他们的相关论述却极大地影响了20世纪60年代以后西方城市政治的研究走向,特别是政治经济学的研究路径对新马克思主义或后马克思主义城市政治理论树立了研究典范。时至今日,当年马克思、恩格斯关于工业城市的产生、历史作用和城乡关系的描述仍旧是鞭辟入里、发人深省的。

一、马克思主义城市政治理论产生的背景

马克思和恩格斯所处的时代,是资本主义自由竞争较为激烈的时期,资本主义生产方式在欧洲和北美普遍确立,资本主义制度也在欧洲各国优势尽显。这极大地推动了城市的迅猛发展,也为马克思和恩格斯的城市政治理论的论述积淀了深厚的社会经济的历史背景。

(一)时代背景:工业革命与城市化

从18世纪60年代开始,一场以资本主义机器大工业代替工场手工业的工业革命在资本主义世界兴起。到19世纪30年代,英、法、德等主要资本主义国家都已相继进入了工业革命阶段。工业革命带动工业生产体系的迅速拓展,成为资本主义社会变革的重要原因,也在西方主要资本主义国家中掀起了一轮又一轮城市化的浪潮。恩格斯比较详细地记录了工业化推进所带来的人口在乡村—城市之间的迁移以及城市的迅速扩张。他写道:"工业的迅速发展产生了对人手的需要;工资提高了,因此,工人成群结队地从农业地区涌入城市,人口以令人难以相信的速度增长起来。"②到19世纪上半叶,英国人口超过5万的城市增加到了20个。到1851年,英国的城市人口总数首次超过了乡村人口总数,占全国人口的50.2%,初步完成了城市化。1860年英国城市人口占全国人口的比重达到62.3%,1890年

---

① 安东尼·奥罗姆:《城市的世界——对地点的比较分析和历史分析》,陈向明译,上海人民出版社2005年版,第11页。
② 《马克思恩格斯选集》第2卷,人民出版社1995年版,第296页。

上升为72%,1931年达到了78.1%,成为当时世界上城市化率最高的国家。

工业革命使得生产力有了极大的发展,城市化也表现出强大的聚合效应和带动作用,马克思和恩格斯也认为,资本主义几十年里创造的生产力比过去一切时代创造的全部生产力还要多、还要大。然而,在工业革命和城市化带来的经济社会繁荣的背后,却是资本化与政治集中的城市所存在着的种种弊端,对于这一点,马克思和恩格斯更是洞若观火。城市的资本化造成了无产阶级与资产阶级、城市与乡村的对立;城乡分离造成城乡之间劳动分工和生产关系的矛盾,甚至是对立。"城市反映了人口、生活资料、资本、享乐和需求的集中;而在乡村里所看到的却是完全相反的情况:孤立和分散。"①城市政治权力集中还会导致各种社会弊病的出现。"土地巨头和资本巨头总是要利用他们的政治特权来维护和永久保持他们的经济垄断的。"②这些资本和权力的掌握者为解除城乡对立这一目标设置了种种障碍。资产阶级的政权代言人所谓的对政绩的赞美,只是流于表面的浮夸。工业进步了,农民、工人受压迫的人数少了,是因为工人们被商业机器吞噬了;受苦挨饿的穷苦大众少了,是因为大多数人沦为无家可归、四处流离的流浪者了。资本主义种种光鲜表面的背后隐藏的是更加恶劣的局势和更加残酷的压榨,而在这些危机中,城市始终居于领导和统治地位,因此,对城市研究的价值也就不言而喻了。

(二) 思想渊源:空想社会主义者的理论积淀

资本主义城市迅速发展,城市全球化趋势渐成,使得城市规划和管理也越来越引起学者的重视。作为其中重要的一脉,空想社会主义较早地对资本主义的城市问题进行了批判性考察和全方位论述。这些思想在马克思、恩格斯对城市政治的论述中也多次被提及,对马克思主义城市政治理论产生了积极的影响。

早在16世纪初期,空想社会主义就作为人类先进思想登上了历史舞台。18世纪末19世纪初,它的发展达到高峰。但19世纪40年代中期以后,它逐步走向没落,沦为一种落后的、保守的思想。在三百多年的发展过程中,以莫尔、圣西门、傅立叶和欧文为代表的一大批空想社会主义者为建立他们理想的社会制度进行了深入的探讨和实践。在他们的理想社会中,城市问题已经得到了充分关注。他们从批判资本主义制度下逐步拉大的城乡差距和日益尖锐的城乡对立出发,来设计和构想新的社会制度下城乡

---

① 《马克思恩格斯全集》第3卷,第57页。
② 《马克思恩格斯选集》第2卷,第606页。

结合的模式和路径，从而积累了丰硕的城市思想。在这些思想中，以莫尔构想的"乌托邦"、傅立叶提出的"法郎吉"以及欧文设计的公社制度最具代表性。它们全面拓宽了马克思、恩格斯关于城乡关系问题的思路和视野，为马克思、恩格斯城乡关系思想的形成提供了理论基础。

（三）人生经历：半世漂泊的生活践履

在经典马克思主义者的眼中，城市是资本主义发展的"容器"，也是马克思、恩格斯哲学原理、政治经济学和社会革命学说的研究对象。马克思和恩格斯一生大部分时间均旅居在世界各大城市中。这为他们了解和剖析资本主义生产和资本主义社会生活状况，提供了便利的条件。

马克思和恩格斯一生漂泊不定。马克思先是由于政府实行反动政策，被迫放弃波恩迁至科伦，后是因发表《哲学的贫困》被普鲁士政府驱逐迁往巴黎。之后，他不得不奔波于布鲁塞尔、巴黎、科伦、纽约，最后移居伦敦，直至去世。同样，恩格斯也常年往返于世界各大中心城市，为了躲避官方的追捕，恩格斯还曾流亡到比利时和瑞士。此外，大城市是工人运动的发源地，法国1848年革命和1871年巴黎公社运动、1836年到1848年英国的宪章运动以及1917年俄国的十月革命都是以城市为中心爆发的。因此，从特定意义上说，资本主义国家工人运动的主要形式是各类城市抗争、骚乱、革命或改良。诸多的城市生活体验和对城市工人运动的参与、指导，使得城市成为马克思、恩格斯研究社会革命的基本对象和入口，并在诸多著作中对资本主义生产方式和城市现象做了精辟论述和总结，为理解城市化进程中的社会政治困境提供了重要的理论工具。

二、马克思和恩格斯的城市政治理论

作为资本主义大工业时代的宠儿，资本主义城市也成为马克思和恩格斯关注的焦点。马克思和恩格斯没有系统地论述过城市政治问题，在马克思主义基本理论中也没有专门的城市政治理论，而是在《政治经济学批判》《资本论》《剩余价值理论》《英国工人阶级状况》《德意志意识形态》《论住宅问题》等著作中分散着不少关于城市问题的论述。马克思和恩格斯将"城市空间"纳入到历史唯物主义的整体视野中，留下了丰富的城市政治理论遗产。正如苏联城市科学家杰米坚科所说："马克思列宁主义经典作家创立了完整的论述城市和农村的学说，揭示了历史发展对城市的制约作用,从而奠定了都市化科学理论的基础。"①经典马克思主义把城市空间看成是资本主义大工业生产的容器和资本积累的重要载体,资本在积累过程中不断催生空间上的对立,形成了二元的空间政治结构;由于阶级意识逐渐觉醒,资本主义城市日益成为阶级矛盾最集中的空间,城市也因而成为工人阶级形成的一个必要条件和重要场所。

(一) 城市:资本积累的空间投射

马克思主义城市政治理论的一个重要特色,就是在城市政治的研究过程中运用政治经济学的分析范式。在马克思主义者看来,资本主义工业城市不仅仅是资本主义生产的主要场所和巨大"容器",城市空间本身就是资本积累的重要环节,在资本的积累中承担着重要的角色。

1. 城市是资本积累的重要载体

在资本主义社会,一切生产资料在外表上和过去一样,没有发生任何变化,但"城市的物质器皿层在整体上已经成为为资本的形成提供极其便利条件和必要条件的不变资本"②,这一资本家手中的不变资本,作为一个新的社会灵魂,注入了它们的身体。

资本主义大工业城市的首要功能,是满足资本的不断积累和扩张。从生产要素的角度来看,产业革命的深入带来的不仅仅是城市的工业、交通、金融和商业等领域的发展,更重要的是,人力资本作为生产要素最重要的组成部分,由农村向城市大量地涌入。城市空间中聚集了大量由过剩工人人口组成的产业后备军,这些随时可供剥削的人身材料便成为"资本主义积累的杠杆"③。从科技支撑的角度看,科技革命使科学要素和技术要素在城市中发展,城市也成为新科技转换成生产力的试验场。恩格斯在《英国工人阶级状况》中对近代资本主义城市的形成与发展有一段经典的描述,他写道:"大工业企业需要许多工人在一个建筑物里面共同劳动;这些工人必须住在近处,甚至在不大的工厂近旁,他们也会形成一个完整的村镇。他们都有一定的需要,为了满足这种需要,还须有其他的人,于是,手工业者、裁缝、鞋匠、面包师、泥瓦匠、木匠都搬到这里来了。这种村镇里的居民,特别是年轻的一代,逐渐习惯于工厂工作,逐渐熟悉这种工作;当第一个工厂很自然地已经不能保证一切希望工作的都有工作的时候,工资就下降,结果就是新的厂主搬到这个地方来。于是,村镇变为小城市,而小城市

---

① 陈一筠等编译:《城市化与城市社会学》,光明日报出版社1986年版,第56页。
② 孙江:《马克思的城市批判理论》,苏州大学硕士论文,2004年。
③ 《马克思恩格斯全集》第23卷,人民出版社1972年版,第692页。

又变为大城市。城市愈大,搬到里面来就愈有利。因为这里有铁路,有运河,有公路;可以挑选的熟练工人愈来愈多;由于建筑业中和机器制造业中的竞争,在这种一切都方便的地方开办新的企业,比起不仅建筑材料和机器要预先从其他地方运来、而且建筑工人和工厂工人也要预先从其他地方运来的比较遥远的地方,花费比较少的钱就行了;这里有顾客云集的市场和交易所,这里跟原料市场和成品销售市场有直接的联系。这就决定了大工厂城市惊人迅速地成长。"①

恩格斯分析了城市成长和地理集中的原因以及由于经济、人口的集聚所带来的经济效益。还是在同一篇文章中,恩格斯用十分形象的语言,进一步肯定了大规模集中和集聚所产生的巨大生产力和资本积累,他热情洋溢地说:"像伦敦这样的城市,就是逛上几个钟头也看不到它的尽头,而且也遇不到表明快接近开阔的田野的某些征象,——这样的城市是一个非常特别的东西。这样大规模的集中,250万人这样聚集在一个地方,使这250万人的力量增加了100倍;他们把伦敦变成了全世界的商业首都,建造了巨大的船坞,并聚集了经常布满泰晤士河的成千的船只。"②可以看出,在马克思和恩格斯的理论视野中,"近代资本主义工业城市的吸引力与其说是来自于地理空间,不如说是来自于特定地理空间所蕴含的聚集和辐射功能,城市的本质也不仅仅是它的物质形态,而是一种空间聚合力以及由此带来的一种空间优势"③。

2. 资本重塑了城市的空间样貌

资本的积累和物质财富的极大丰富,使得城市面貌得到了极大的改观。这种改观既可能像《乌培河谷来信》中精彩描绘的:"这里的乌培河河水清澈,山峦重叠,轮廓隐约可见,森林、草地、花园五色缤纷,红色的屋顶夹杂其间,使你越往前行,就越觉得这个地方景致迷人。从林间小径中可以望见前面不远的一座下巴门教堂的正面;这是河谷最漂亮的一座建筑,一座造得很好的非常庄严的拜占庭式的建筑。但是很快又出现了一条马路,灰色的石板房一幢挨着一幢。但这里的花样要比爱比菲特多得多;有漂白工厂的新鲜草地,有新式的房子,有一段狭窄的小河,有许多临街花园,这一切都打破了这幅图画的单调的气氛。这一切会使你怀疑,巴门是城市还是各种建筑的简单堆积。它实际上也只是被城市公共机关连在一

---

① 《马克思恩格斯全集》第2卷,第300—301页。
② 同上书,第303页。
③ 李春敏:《城市与空间的生产:马克思恩格斯城市思想新探》,《中共福建省委党校学报》2009年第6期。

起的那许多小地方的结合"①,也可能像《英国工人阶级状况》中写到的艾尔河是"一条狭窄的、黝黑的、发臭的小河,里面充满污泥和废弃物,河水把这些东西冲积在右边的较平坦的河岸上。天气干燥的时候,这个岸上就留下一长串龌龊透顶的暗绿色的淤泥坑,臭气泡经常不断地从坑底冒上来,散布着臭气,甚至在高出水面四五十英尺的桥上也使人感到受不了。此外,河本身每隔几步就被高高的堤堰所隔断,堤堰近旁,淤泥和垃圾积成厚厚的一层并且在腐烂着"②。

当然,资本改变的不仅仅是城市的外观,资本积累还塑造了同质化、等级化的城市空间。在资本主义条件下,城市的构建是在资本的控制下进行的,于是,城市空间普遍被物化,而作为基本的社会活动基础的"空间"一旦具有可交换性,就会释放出巨大的能量。一方面,资本的积累不断创造着同质化的资本主义空间形态;另一方面,这种形态又反过来极大地促进资本在更大规模上的积累。马克思和恩格斯着重分析了城市的级差地租和城市土地的利用之间的关系。在《资本论》第三卷第六篇中,马克思主要研究了资本主义土地所有权的问题,马克思指出:"土地所有权的前提是,一些人垄断一定量的土地,把它作为排斥其他一切人的、只服从自己个人利益的领域。"③这就使级差地租成为工业资本实现增值的重要途径,这种增值是在土地与产业结合的过程中完成的。"不论地租有什么独特的形式,它的一切类型有一个共同点:地租的占优势土地所有权借以实现的经济形式,而地租又是以土地所有权,以某些人对某些地块的所有权为前提。"④在资本积累的作用下,城市土地的拥有者和使用者为追求利润最大化而不断变换城市土地的面貌。城市土地也因此不再只是一种供养当地居民的现实手段,而变成了一种可以获取高额垄断利润的商业投资。于是,"在迅速发展的城市内,特别是在像伦敦那样按工厂方式从事建筑的地方,建筑投机的真正主要对象是地租,而不是房屋"⑤。恩格斯在《英国工人阶级状况》中以他最为熟悉、被他视为"现代工业城市的典型"的曼彻斯特为例,对产业资本主义制度下居住空间的划分予以特别关注。通过全面考察,恩格斯注意到:在当时作为英国工业中心的曼彻斯特城中,工人阶级的生活区和资产阶级所占有的区域是严格分开的,这种划分旨在把工人阶级有系统

---

① 《马克思恩格斯全集》第1卷,第494—497页。
② 《马克思恩格斯全集》第2卷,第331页。
③ 同上书,第695页。
④ 同上书,第714页。
⑤ 《马克思恩格斯全集》第27卷下册,人民出版社1972年版,第872页。

地排斥在城市的大街以外。整个曼彻斯特可以分为三个区域,即商业区、工人区和资产阶级居住区,"工人区占据了曼彻斯特的大部分区域,环绕在商业区的外围,而资产阶级居住区则位于地理位置优越、生态环境适应、交通便利的城市外围的房屋或别墅里"①。在近代资本主义工业城市中,像曼彻斯特这种体现资本规则的城市空间结构具有普遍性,"一个工业城市或商业城市的资本积累得越快,可供剥削的工人材料的流入也就越快,为工人安排的临时住所也就越坏"②。

(二) 城乡关系：资本主义空间形态的断裂和差异

城乡关系是马克思和恩格斯对城市问题论述最多的课题。在《共产党宣言》中,用于表述城乡关系的术语有"城乡对立""城乡差别""城市的统治"等。马克思和恩格斯肯定了其他社会主义者(批判的空想社会主义者)对未来社会的积极主张,包括消灭城市和乡村对立的思想。在此基础上,马克思和恩格斯明确而科学地预测了城乡关系发展的趋势,揭示了城乡关系"同一—分离—对立—融合"的发展路径,并提出了消除城乡对立的若干理论设想。在马克思、恩格斯看来,早期人类社会城乡浑然一体的状况是城乡关系发展的原点。只有在城市产生以后,才逐渐出现了城市和乡村的对立。城乡对立既是人类文明和社会发展的基础和前提,同时又是人类社会进一步发展的阻碍。城乡对立是资本主义形态下社会空间的断裂,城乡二元化空间也成为马克思和恩格斯对资本主义城市批判的一个重要视角,他们从批判城乡对立的局限性和片面性这一逻辑出发,做出在未来社会实现城乡融合的科学判断。

1. 城乡同一

城乡同一,是指在人类社会的早期,由于劳动生产率水平十分低下,欠缺社会分工和城市产生的条件,从而不存在城市与乡村的区分和差别,城乡关系处于浑然一体的状态。③ 虽然在蒙昧时代的中后期已有原始的村落,甚至在野蛮时代的早期出现了城市的萌芽,但是城乡并没有产生实质性的分离,而且古代城市在经济上基本上是依赖于乡村的,"是城市的乡村化"。马克思在《政治经济学批判》中曾经提出了"真正的城市"的概念,他指出,"真正的城市只是在特别适宜于对外贸易的地方才形成起来,或者只是在国家首脑及其地方总督把自己的收入(剩余产品)同劳动相交换,把收

---

① 《马克思恩格斯全集》第 2 卷,第 326—327 页。
② 《马克思恩格斯全集》第 23 卷,第 725 页。
③ 李邦铭:《马克思、恩格斯城乡关系思想及其当代价值》,中南大学博士论文,2012 年。

入作为劳动基金来花费的地方才形成起来"①。在马克思看来,只有具有经济功能的城市才是"真正的城市",只有把城市与商品经济联系起来,才能说得清楚。

显然,人类社会早期的城市并不具备这种经济功能。马克思在谈到亚洲城市出现时说道:"在亚洲各社会中,君主是国内剩余产品的唯一所有者,他用他的收入同自由人互相交换,结果出现了一批城市,这些城市实际上不过是一些流动的营房。"②"古代的历史是城市的历史,不过这是以土地财产和农业为基础的城市;亚细亚的历史是城市和农村无差别的统一(真正的大城市在这里只能干脆看作王公的营垒,看作真正的经济结构上的赘疣)。"③恩格斯在《家庭、私有制和国家的起源》一文中写道:"由设塔楼和雉堞的城墙围绕起来的城市、荷马的史诗以及全部神话——这就是希腊人由野蛮时代带入文明时代的主要遗产。"④恩格斯所说的"城市",准确地说是"城邦",是用于防卫的军事建筑,而非相对于"乡村"意义上的真正的城市。

在随后的文章中,恩格斯还指出这种"用石墙、城楼、雉堞围绕着石造或砖造房屋的城市,……是危险增加和防卫需要增加的标志"⑤。尽管如此,在这些流动的营房和城墙围绕的城邦中,已经孕育了文明时代城市的萌芽。随着野蛮向文明的过渡、部落制度向国家的过渡、地方局限性向民族的过渡,城乡关系由人类社会早期的城乡同一逐步地走向分离。

2. 城乡分离

在马克思、恩格斯的不少论述当中,"城乡分离"和"城乡对立"是等同的,指城市化进程中不同劳动分工和生产关系之间的矛盾状态。但是在多数情况下,马克思和恩格斯使用"城乡分离",仅仅是指城市出现与发展的自然进程和发展趋势,因此在本书的分析中有必要把城乡分离和城乡对立这两个概念区分开来。

马克思和恩格斯把城市的产生和发展看作是社会分工与生产力发展到一定阶段的产物,是一个国家或地域的分工发展水平,是城乡分离对立的结果。城乡分离就是分工发展的一个重要成果。在马克思、恩格斯看来,人类历史上有两次大的城乡分离。第一次城乡分离发生在古代社会,

---

① 《马克思恩格斯全集》第46卷上册,第474页。
② 同上书,第466页。
③ 同上书,第480页。
④ 《马克思恩格斯选集》第4卷,人民出版社1995年版,第23页。
⑤ 同上书,第163页。

"某一民族内部的分工,首先引起工商业劳动和农业劳动的分离,从而也引起城乡的分离和城乡利益的对立。分工的进一步发展导致商业劳动和工业劳动的分离"①。从人类社会最基本的经济活动来看,主要是商业和手工业从农业中分离,导致城市出现。马克思在《资本论》中指出:"城市工业本身一旦和农业分离,它的产品一开始就是商品,因而它的产品的出售就需要有商业作为媒介,这是理所当然的。因此,商业依赖于城市的发展,而城市的发展也要以商业为条件,这是不言而喻的。"②恩格斯将城市与乡村的分离称为"第一次社会大分工"。③

第二次城乡分离是伴随着产业革命而出现的,也就是现代意义上的"城市化"过程。它造就了现代工业和现代城市,使社会分工日益加快,越分越细,遍及全球,城市发展速度空前。大工业的生产"首次开创了世界历史,因为它使每个文明国家以及这些国家中的每一个人需要都依赖于整个世界,因为它消灭了以往自然形成的各国孤立状态。它使自然科学从属于资本,使分工丧失了自然性质的最后一点痕迹。它把自然形成的关系一概消灭掉;它把这些关系变成金钱的关系。它建立了现代化大工业城市来代替从前自然成长起来的城市。凡是它所渗入的地方,它就破坏了手工业和工业的一切旧阶段。它使商业城市最终战胜了乡村"④。马克思、恩格斯在阐述历史唯物主义的基本观点时所述及的城市起源与劳动分工的关系是指第一次城乡分离;在述及产业革命和资本主义生产关系的发展时,谈到的则是第二次城乡分离。

总的来说,马克思和恩格斯肯定城乡分离作为劳动分工后果的合理性、必然性,认为这是历史的进步。首先,城乡分离给物质活动和精神活动的彻底分离创造了条件。从本质上说,城乡分离是物质劳动和精神劳动分工的开始。"物质劳动和精神劳动的最大的一次分工,就是城市和乡村的分离。"⑤其次,城乡分离是随着私有制的产生而形成,是以劳动和交换为基础的私有制的开端。"城市和乡村的分离还可以看作是资本和地产的分离,看作是资本不依赖于地产而存在和发展的开始,也就是仅仅以劳动和交换为基础的所有制的开端。"⑥最后,城乡分离实现了商品交换在深度和

---

① 《马克思恩格斯全集》第3卷,第24—25页。
② 《马克思恩格斯全集》第4卷,第520页。
③ 《马克思恩格斯选集》第3卷,第640页。
④ 同上书,第68页。
⑤ 《马克思恩格斯选集》第1卷,第104页。
⑥ 同上书,第105页。

广度上的进一步发展,正如马克思在《资本论》中所写的,"一切发达的、以商品交换为中介的分工的基础,都是城乡的分离"①。

3. 城乡对立

城乡分离不可避免地带来深刻的矛盾和某些负面效应,其直接后果就是造成了城乡之间的"对立"。城乡对立是指城乡分离过程中不同劳动分工和生产关系之间的矛盾状态。马克思、恩格斯从不同的角度解释了城乡对立的含义。

首先,城乡对立是个人劳动方式的对立。"城乡之间的对立只有在私有制的范围内才能存在。这种对立鲜明地反映出个人屈服于分工、屈服于被迫从事的某种活动,这种屈从现象把一部分人变为受局限的城市动物,把另一部分人变为受局限的乡村动物,并且每天都不断地产生他们利益之间的对立。"②恩格斯指出:"第一次大分工,即城市和乡村的分离,立即使农村人口陷入数千年的愚昧状况,使城市居民受到各自的专门手艺的奴役。它破坏了农村居民精神发展的基础和城市居民的体力发展的基础。"③

其次,生产方式的对立表现为财产、交换、政治关系等方面的多重矛盾。不同的财产形式和劳动方式造成城市生产者和乡村个体农民之间的利益隔阂。在人身关系上,商品货币形式与封建宗法关系之间也存在尖锐的对立。马克思曾经指出:"随着工场手工业的出现,工人和雇主的关系也发生了变化。在行会中,帮工和师傅之间存在着一种关系,而在工场手工业中,这种关系由工人和资本家之间的金钱关系代替了;在乡村和小城市中,这些关系仍然带有宗法色彩,而在大城市、真正工场手工业城市里,这些色彩在最初阶段就几乎完全消失了。"④

在马克思和恩格斯看来,城乡对立使得以机器大工业为特征的资本主义生产方式代替了奴隶制和封建制下的生产方式,以工业化和城市化为特征的先进工业文明代替落后的农业文明,是社会分工和生产力发展的产物。马克思指出:"城市的繁荣也把农业从中世纪的简陋状态在城乡对立的过程中解脱出来了。"⑤"社会的全部经济史,都概括为这种对立的运动。"⑥马克思和恩格斯肯定了城乡对立所表现出的历史进步意义,也对资

---

① 《马克思恩格斯全集》第 23 卷,第 390 页。
② 《马克思恩格斯全集》第 3 卷,第 57 页。
③ 《马克思恩格斯选集》第 1 卷,第 642 页。
④ 《马克思恩格斯全集》第 3 卷,第 64 页。
⑤ 《马克思恩格斯全集》第 7 卷,人民出版社 1961 年版,第 387 页。
⑥ 《马克思恩格斯全集》第 23 卷,第 390 页。

本主义制度下城乡对立的弊端进行了深刻的批判。

(1) 城乡对立拉大了城乡之间的差距。

在城乡对立的过程中,城市始终居于主导和统治地位,而乡村完全居于从属地位。城市凭借着工业在社会生产中的地位,使得劳动力和资本迅速向城市转移和聚集,乡村只能被动地接受城市和工业的剥削和压迫,陷入了隔绝、分散和衰败的境地。"工业把劳动集中到工厂和城市里"①,"同工业比较起来农业的比重已经降低,农村已让位给城市"②,这种对立所造成的最后结果,正如《共产党宣言》中所指出的,使乡村屈服于城市的统治,使未开化和半开化的国家从属于文明国家,使农民的民族从属于资产阶级的民族,使东方从属于西方。③

(2) 城乡对立威胁农业的可持续发展。

马克思、恩格斯结合李比希提出的"归还原理"④,指出了资本主义城乡对立直接威胁着农业的长期发展。"资本主义生产使它汇集在各大中心的城市人口越来越占优势,这样一来,它一方面聚集着社会的历史动力,另一方面又破坏着人和土地之间的物质交换,也就是使人以衣食形式消费掉的土地的组成部分不能回归土地,从而破坏土地持久的永恒的自然条件。"⑤"这些条件在社会的以及由生活的自然规律所决定的物质变换的联系中造成一个无法弥补的裂缝,于是造成了地力的浪费。"⑥由于城市对乡村和农业的剥削,农村土地变得日益贫瘠,农业自然条件逐渐恶劣,这对乡村发展和农业生产的破坏是巨大的。

(3) 城乡差别造成人的畸形发展。

城乡差别是城乡对立的一种特殊表现。在马克思、恩格斯的相关论述中,城乡差别主要是"现代"与"传统"、"文明"与"愚昧"的差别。马克思和恩格斯在《德意志意识形态》一文中写道:"城市已经表明了人口、生产工具、资本、享受和需求的集中这个事实;而在乡村则是完全相反的情况:隔绝和分散。"⑦在马克思和恩格斯看来,城乡对立使得城乡人口直接被划分为"城市动物"与"乡村动物"。"城市动物"受到各自的专门手艺的奴役,

---

① 《马克思恩格斯全集》第1卷,第676页。
② 《马克思恩格斯全集》第4卷,第520页。
③ 《马克思恩格斯选集》第1卷,人民出版社1995年版,第277页。
④ 德意志化学家李比希认为:栽培作物,并从上面拿走作物的产量,致使土地肥力逐渐衰退,其所含的营养份将越来越少。因此要维护地力必须全部归还从土壤中拿走的东西。
⑤ 《马克思恩格斯全集》第23卷,第553页。
⑥ 《马克思恩格斯全集》第25卷,人民出版社1982年版,第916页。
⑦ 《马克思恩格斯选集》第1卷,第104页。

而"乡村动物"则被自身的孤立和愚昧无知所奴役。马克思认为:"工场手工业把工人变成畸形物,它压抑工人的多种多样的生产志趣和生产才能,人为地培植工人片面技巧……个体本身也被分割开来,成为某种局部劳动的自动的工具。"①恩格斯也认为,这种畸形和片面的发展在城市工人阶级身上要表现得更加明显。因为"社会机体的病患,在农村中是慢性的,而在大城市中就变成急性的了"②。

马克思和恩格斯吸收和总结了早期社会主义者欧文和傅立叶的人道主义观点,认为"人的自由发展"要求消除城乡分离造成的"劳动活动本身的畸形发展",消除城乡对立是"消灭整个旧的分工的第一个基本条件"。③

4. 城乡融合

城乡融合是马克思主义创始人针对城乡对立问题提出的伟大理想目标。早在《共产党宣言》中,马克思、恩格斯就把理想社会与消除城乡对立和人的全面发展三者结合起来,他们指出:"代替那存在着阶级和阶级对立的资产阶级旧社会的,将是这样一个联合体,在那里,每个人的自由发展是一切人的自由发展的条件。"④恩格斯是最早提出"城乡融合"概念的人,他在《共产主义原理》中指出,资本主义社会"乡村农业人口的分散和大城市工业人口的集中,仅仅适应于工农业发展水平还不够高的阶段,这种状态是一切进一步发展的障碍,这一点现在人们就已经深深地感觉到了"⑤。"彻底消灭阶级和阶级对立;通过消除旧的分工,通过生产教育、变换工种、所有人共同享受大家创造出来的福利,通过城乡的融合,使社会全体成员的才能得到全面的发展。"⑥

马克思和恩格斯丝毫不想制造一个城乡融合的"乌托邦",他们用审慎的态度对能否实现城乡融合做出了科学的判断。城乡的分离和对立是否能够消除,恩格斯在《反杜林论》中回答了这一问题,他认为:"城市和乡村的对立的消灭不仅是可能的。它已经成为工业生产本身的直接必需,同样它也已经成为农业生产和公共卫生事业的必需。只有通过城市和乡村的融合,现在的空气、水和土地的污染才能排除,只有通过这种融合,才能使目前城市中病弱的大众把粪便用于促进植物的生长,而不是任其引

---

① 《马克思恩格斯全集》第 23 卷,第 553 页。
② 《马克思恩格斯全集》第 2 卷,第 408 页。
③ 《马克思恩格斯选集》第 3 卷,人民出版社 1995 年版,第 399 页。
④ 《马克思恩格斯选集》第 1 卷,第 294 页。
⑤ 同上书,第 243 页。
⑥ 同上。

起疾病。……从大工业在全国的尽可能均衡的分布是消灭城市和乡村的分离的条件这方面来说,消灭城市和乡村的分离也不是什么空想。"① 马克思、恩格斯也提出了消除城乡对立或分离的一些设想。《共产党宣言》所提出的在最先进国家里所采取的"变革全部生产方式"的措施中,包括"把农业和工业结合起来,促使城乡之间的对立逐渐消灭"。② 在《共产党宣言》1888年英文版中,这一条是"把农业和工业结合起来,通过把人口更平均地分布于全国的办法逐步消灭城乡差别"。③ 他们认为,消灭城乡之间的对立"取决于许多物质前提,而且一看就知道,这些条件单靠意志是不能实现的(这些条件还须详加探讨)"。④ 这些物质前提是多方面的,包括经济、社会和空间结构以及产业、人口、科技、文化等基本元素。可见,在马克思、恩格斯看来,城乡融合是历史的必然,只有通过消灭旧的分工和私有制才能实现城乡融合,才能实现全体社会成员在经济上、政治上的真正平等。

(三) 城市:阶级斗争的华丽舞台

在马克思和恩格斯的理论视野中,资本的城市化日益造就了两大对立阶级——资产阶级和无产阶级之间的冲突。作为革命的主力军,工人阶级的产生、发展和壮大是与城市息息相关的。

1. 资本主义城市的发展促进了工人阶级阶级意识的觉醒

人口和其他社会要素(政治、经济、文化机构及活动)的聚集,是城市本身最基本、最主要的特征,也是资本主义大工业生产的重要条件。城市条件下各种人口和社会要素的聚集增强了工业资本主义的巨大力量,也加剧了个人和群体(阶级)利益的相互促进和冲突。资本主义的发展使得工人阶级的数量急剧扩张,"随着资产阶级即资本的发展,无产阶级即现代工人阶级也在同一程度上得到发展;现代的工人只有当他们的劳动增殖资本的时候才能找到工作"⑤,城市是生产要素聚集的主要场所,资本主义大工业的发展需要大量的廉价雇佣工人,大量的农民成群结队地涌入城市,从自由民转化为无产阶级,无产阶级就是在这种情况中发展起来的。马克思曾做过这样一个对比:"中世纪的市民靠乡间小道需要几百年才能达到的联合,现代的无产者利用铁路只要几年的时间就可以到达了。"⑥ 这种联合显

---

① 《马克思恩格斯选集》第3卷,第647页。
② 《马克思恩格斯选集》第1卷,第294页。
③ 同上书,第294页。
④ 《马克思恩格斯全集》第1卷,第57页。
⑤ 《马克思恩格斯选集》第1卷,第278页。
⑥ 同上书,第281页。

然在以往的社会历史条件下决不可能实现,它直接得益于以城市为基础的资本主义大工业生产,在这个意义上,"大工业创造了工人阶级"①。

资本主义生产不仅把工人阶级聚集在城市,还促进了阶级意识的觉醒。恩格斯在《英国工人阶级状况》一文中写道:"人口的集中固然对有产阶级起了鼓舞和促进发展作用,但是它更促进了工人的发展。工人们开始感觉到自己是一个整体,是一个阶级;他们已经意识到,他们在分散时虽然是软弱的,但联合在一起就是一种力量。这促进了他们和资产阶级的分离,促进了工人阶级特有的、也是在他们的生活条件下所应该有的那些见解和思想的形成,他们意识到了自己受压迫的地位,他们开始在社会上和政治上发生影响和作用。"②马克思还借用大工业生产所带来的日益发达的交通工具,试图构建一场"空间革命"。马克思和恩格斯不断强调"联合行动"对无产阶级革命的意义,他们认为工人阶级要在更广泛的范围内联合起来,"当每一民族的资产阶级还保持着它的特殊的民族利益的时候,大工业却创造了这样一个阶级,这个阶级在所有的民族中都具有同样的利益,在它那里民族独特性已经消灭,这是一个真正同整个旧世界脱离并与之对立的阶级。大工业不仅使工人与资本家的关系,而且使劳动本身都成为工人所不堪忍受的东西"③,这种联合是世界性质的,"工人没有祖国"④。

2. 大城市是工人运动的发源地

在资本主义社会,城市的一切活动都是按照资本的规律来运作,在城市资本化这种近似狂飙式的剧烈转变中,社会冲突,特别是阶级冲突成为工业城市的病症。马克思在《共产党宣言》中明确地提出了无产阶级夺取政权和实行专政的论点,城市无疑成为两大阶级斗争的主战场。"大城市是工人运动的发源地:在这里,工人第一次开始考虑到自己的状况并为改变这种状况而斗争;在这里,第一次出现了无产阶级和资产阶级利益的对立;在这里,产生了工会、宪章主义和社会主义。"⑤

资本主义生产方式创造了欧洲工业城市,产生了现代工人阶级。因此,从特定的意义上讲,资本主义国家工人运动的主要形式是城市革命或者改良。法国1848年革命和1871年巴黎公社运动以及1917年俄国十月革命都是在城市条件下爆发的。一方面,这说明,从阶级和国家出现后,城

---

① 《马克思恩格斯全集》第2卷,第300页。
② 同上书,第407页。
③ 《马克思恩格斯选集》第1卷,第114—115页。
④ 同上书,第291页。
⑤ 《马克思恩格斯全集》第2卷,第408页。

市就是政治权力的中心,任何革命都离不开对城市政权中心的争夺;另一方面,资本主义生产方式从根本上确立了城市经济的统治地位,并形成了资产阶级与工人阶级在城市地区的集中,两大阶级直接的对立和冲突自然表现为"城市革命"或"城市运动"。

随着资本主义城市经济和阶级斗争的发展,统治阶级采取了一系列政策和措施改变阶级对立的状况,包括扩大和满足普通工人住房的需求,缓和与劳动者阶级的冲突;通过郊区化分散贫困人口和工人阶级的集中;改建或重建贫困居民街,改善居住和服务条件,实现社会稳定等。由于城市的巨大扩展和改观,工人居住区过于集中和拥挤的情况发生了变化。工人阶级政治斗争的形式也受到影响。恩格斯生前的最后一篇论文《〈法兰西阶级斗争〉导言》(1895)提出了对19世纪90年代以后革命道路与斗争策略的新理解,认为应将普选权作为工人阶级的锐利武器。恩格斯提出制定策略和运用策略转变的重要依据,包括城市社会的各种变化,如重要中心城市的马路又长又宽,政府军队装备精良。因此,1848年革命时旧式筑垒巷战的方法已经过时,宜放弃突然袭击的街垒战方式,利用合法形式,积极耐心地争取多数人的革命。

马克思和恩格斯的革命理论的发展与城市的发展有着密切的联系,他们的城市思想所贯穿的主线是:"任何近代城市现象都应该从资本主义生产方式中去寻找原因,而任何城市问题的根本解决都要以废除资本主义生产方式为前提。总之,不论是革命还是改良,经典马克思主义者斗争的舞台都是在城市上面。"①

(四) 城市:市民社会的无机身体

"市民社会"(civil society)一词在14世纪就开始被欧洲人采用,其含义是西塞罗在公元前1世纪提出来的。它不仅指单个国家,而且指业已发展到出现城市文明政治共同体的生活状况。西方近代契约论者如格劳秀斯、斯宾诺莎、霍布斯、洛克、卢梭将自然状态和市民社会看作人类发展的两个阶段,认为"市民社会"是同人类自然状态相对应的人类文明状态,是国家的同义词。黑格尔第一次明确地从概念上把"市民社会"同"国家"(the state)区分开来。马克思对市民社会的研究正是从批判黑格尔的法哲学开始的。

马克思同意黑格尔把"市民社会"从被"政治国家"所淹没的状态中剥

---

① 高鉴国:《马克思恩格斯城市思想探讨》,《山东大学学报(哲学社会科学版)》2000年第5期。

离出来,但是,马克思消除了其中的神秘主义,批判地借鉴了他的理论。马克思认为:"法的关系正像国家的形式一样,既不能从它们本身来理解,也不能从所谓人类精神的一般发展来理解,相反,它们根源于物质生活关系的总和,黑格尔按照十八世纪英国人和法国人的先例,称之为'市民社会',而对市民社会的解剖应该到政治经济学中去寻求。"① 在所有的社会关系当中,马克思比较重视或强调经济关系,从这个角度出发,马克思指出市民社会主要指私人的物质交往关系。马克思也没有将市民社会与国家看成是永久的对立面,他辨析了市民社会成员与国家政治公民之间的关系,认为前者是后者的前提和基础,后者无法离开前者而存在,市民社会是政治国家的自然基础和原动力。恩格斯也说:"至少在这里,国家、政治制度是从属的东西,而市民社会、经济关系的领域是决定性因素。"②

市民社会不是一个简单的概念,它包含了诸多具体内容和意向,在前封建社会和前资本主义社会,市民与平民、农民、奴隶是截然不同的社会群体。马克思和恩格斯著作中的"市民"是指城市市民,马克思和恩格斯也曾用过"城关市民""城厢市民""自由居民"等术语,比如在《共产党宣言》中,马克思说道:"从中世纪的农奴中产生了初期城市的城关市民;从这个市民等级中发展出最初的资产阶级分子。"③恩格斯在《德国农民战争》一文中分析了从中世纪最初的"城厢市民"中发展出的截然不同的团体:(1)富家贵族:经济上最富有的人,占有政府席位以及一切城市官职,以各种方式剥削城市公社及农民;(2)市民反对派:近代资产阶级自由派的前身,包括较富裕的市民和中等市民以及一小部分小市民,他们要求通过公社大会或公社代表监督城市行政并分享立法权;(3)平民反对派:由没落的市民和没有市民权的群众等复杂成分构成,他们的政治态度十分不稳定,在政治斗争中常常作为市民反对派的尾巴出现;(4)农民:以上阶级之下,最大多数的被剥削群众。

马克思和恩格斯还曾用"小市民""中等市民""行会市民"等概念,不同市民群体的阶级地位和知识程度,决定了他们的行为特征和政治态度。从这个角度看,市民社会的概念是马克思主义阶级分析法的有机组成部分。

马克思还讨论了近代市民社会的政治制度,他指出:"选举是真正的市

---

① 《马克思恩格斯选集》第2卷,第32页。
② 《马克思恩格斯全集》第21卷,人民出版社1965年版,第345页。
③ 《马克思恩格斯选集》第1卷,第273页。

民社会对立法权的市民社会、对代表要素的真正关系……选举构成了真正市民社会的最重要的政治利益。"①恩格斯也写道:"资产阶级在社会上成为第一阶级以后,就宣布自己在政治上也是第一阶级,这是通过实行代议制而实现的。"②当时欧洲各国采用的代议制均是君主立宪制,而且只有拥有一定资产的人才有选举权。然而,代议制毕竟使"市民社会第一次真正上升到脱离自我的抽象,上升到作为自己的真正的普遍的本质的存在的政治存在"③。值得说明的是,代议制在成为中央国家的基本制度之前,已经成为许多欧洲城市的市政管理模式。古希腊的雅典城邦便是民主共和制的雏形。中世纪末以后,欧洲不少城市相继组成拥有自治地位的法人社团,由市民选出的议会来管理城市。城市最高权力由市民选举产生的市议会或其他形式的集体机构掌握,由此摆脱了封建领主的统治,享有城市自主权。不能不说,这种具有长期历史渊源的"代议制"城市政制构成了西方近代"市民社会"政治体制的重要部分。

(五) 住宅问题:城市生活的空间焦点

住房是城市居民最重要的生活条件之一,住房的质量反映了人们的生活质量。城市作为一种居民聚落或建成区,大部分土地面积和建筑构成是住宅。由于住宅在个人生活、劳动力再生产以及资本积累中的作用,无论是消费者、房产开发商,还是其他与住宅有关的生产者、服务者和政府机构都会将住宅摆在一个重要的位置。

19世纪70年代,正是西方主要资本主义国家进行第二次工业革命的时期,科学技术突飞猛进,各种新技术新发明层出不穷,资本主义经济得到了迅猛的发展。在这个经济、科技高速发展的繁荣背后,具有一定规模的城市普遍出现了住宅短缺的现象。恩格斯认为住房短缺这种城市病"具有急性发作的形式,而且现在多半还像慢性病似的继续存在着"④。

经典马克思主义者对住宅问题的政治经济理论主要体现在恩格斯的《论住宅问题》这篇论战性文章中。《论住宅问题》主要是针对如何解决城市住宅问题同代表小资产阶级的蒲鲁东、米尔伯格和代表资产阶级的萨克斯三人的社会改良主义者进行政治论战的三篇文章的合集。在论战中,恩格斯揭示和总结了近代资本主义工业化时期城市和住宅问题的线索和症

---

① 《马克思恩格斯全集》第1卷,第396页。
② 《马克思恩格斯全集》第4卷,第362页。
③ 《马克思恩格斯全集》第1卷,第396页。
④ 《马克思恩格斯选集》第3卷,第132页。

结。恩格斯深刻地指出:"这种住房短缺并不是现代特有的现象;这甚至也不是现代无产阶级所遭受的不同于以往一切被压迫阶级的、它所特有的许多痛苦的一种;相反,这是一切时代的一切压迫阶级几乎同等地遭受过的一种痛苦。"①住房短缺的现象涉及整个资本主义工业城市的发展,也涉及平民、工人、小资产阶级,同样涉及中产阶级,影响极其广远,"今天所说的住房短缺,是指工人的恶劣住房条件因人口突然涌进大城市而特别恶化;房租大幅度提高,每所住房更加拥挤,有些人根本找不到栖身之处,这种住房短缺之所以一起议论纷纷,只是因为它不只涉及工人阶级,而且也涉及到小资产阶级"②。

恩格斯主要从市中心的级差地租和低收入住宅的无利可图分析了当时住宅缺乏的原因。地块本身所处的地理、经济位置所产生的级差地租(价)效益对投资利润的大小产生了直接影响。地理位置好、各个资本相继投入的集中地的土地能够产生超额利润。近代欧洲大城市的发展,导致某些市区,特别是市中心土地价格的大幅度上升。"现代大城市的扩展,使城内某些地区特别是市中心的地皮价值人为地、往往是大幅度地提高起来。原来建筑在这些地皮上的房屋,不但没有这样提高价值,反而降低了价值,因为这种房屋同改变了的环境已经不相称;它们被拆毁,改建成别的房屋。"③开发商和金融资本家千方百计通过置换、购置旧物业,进行重新开发,以获取房产和级差收入。"市中心的工人住房首先就遇到这种情形,因为这些住房的房租,甚至在住户挤得极满的时候,也永远不能超出或者最多也只能极缓慢地超出一定的最高额。这些住房被拆毁,在原地兴建商店、货栈或公共建筑。"④

小资产阶级和资产阶级改良主义者解决住宅问题的核心是让工人拥有自己的住宅所有权,恩格斯在《论住宅问题》中对他们的观点一一进行了驳斥。蒲鲁东主义者米尔伯格要求通过赎买出租的住宅使每个工人都有"自己所有权的住所",恩格斯指出这是反动的,因为"要创立现代革命阶级即无产阶级,就绝对必须隔断先前的工人束缚在土地上的脐带"⑤。以慈善家的面孔出现,资产阶级的代言人萨克斯主张在不触动资本主义制度和资产阶级利益的条件下,让工人获得自己住房的所有权,这样工人阶级就变

---

① 《马克思恩格斯选集》第 3 卷,第 142 页。
② 同上书,第 142—143 页。
③ 同上书,第 144 页。
④ 同上书,第 144 页。
⑤ 同上书,第 149 页。

成了有产阶级。恩格斯指出萨克斯的真正目的是"希望工人随着占有房屋而发生的无产者地位的改变,也丧失自己的无产者的性质,重新像他们那些也有过自己房屋的祖先一样成为恭顺的胆小怕事的人"①。恩格斯指出"要消除这种住房短缺,只有一个方法:消灭统治阶级对劳动阶级的一切剥削和压迫"②,因为住房短缺"是资产阶级社会形式的必然产物;这样一种社会没有住房短缺就不可能存在,在这种社会中,广大的劳动群众不得不专靠工资来过活,也就是靠维持生命和延续后代所必需的那些生活资料来过活;在这种社会中,机器等等的不断改善使大量工人失业;在这种社会中,工业的剧烈的周期波动一方面决定着大量失业工人后备军的存在,另一方面又不时地造成大批工人失业并把他们抛上街头;在这种社会中,工人大批地涌入的速度比在现有条件下为他们修造住房的速度更快;所以,在这种社会中,最污秽的猪圈也常常能找到租赁者;最后,在这种社会中,身为资本家的房主不仅有权,而且由于竞争,在某种程度上还有责任从自己的房产中无情地榨取最高额的租金。在这样的社会中,住房短缺并不是偶然的事情,它是一种必然的现象;这种现象连同它对健康等等的各种反作用,只有在生产这种现象的整个社会制度都已经发生根本变革的时候,才能消除"③。

恩格斯借着对萨克斯的批判还多次提到了法兰西第二帝国时期的城市规划和发展计划。拿破仑三世时期,任命欧斯曼为塞纳省省长亦即巴黎市的行政长官来实现其宏大的城市建设计划,形成了19世纪影响最广的城市规划实践。欧斯曼主持制定巴黎规划,将道路、住房、市政建设、土地经营等做了全面的安排,主要完成了贯穿全程的"大十字"干道和两条环路,把可供炮队和马队通过的大路修通到城市各个角落,消除起义者进行街垒战的狭窄小巷。同时,建成了一批新的广场和纪念性建筑,如民族广场、共和广场和卢浮宫北翼等。主要的纪念性建筑大都布置在广场或街道的对景位置上。以卢浮宫和凯旋门为重点的市中心,将道路、广场、绿地、水面、林荫带和大型纪念建筑物组成完整的统一体,成为炫耀当政者威严权势的著名景观。在这种城市规划中,政治性和阶级性显露无疑,"欧斯曼方式"在镇压1871年巴黎公社工人起义时发挥出了作用。

在经典马克思主义者的理论视野中,政治经济学和阶级斗争学说构成

---

① 《马克思恩格斯选集》第3卷,第173页。
② 同上书,第142页。
③ 同上书,第167页。

了分析城市和住宅问题的主要理论依据。恩格斯在《论住宅问题》中首次使用了"科学社会主义"这个概念,开创了把"乌托邦"和"科学"对立起来的理论传统,认为只有通过激进革命,推翻资本主义生产方式,消除一切剥削,才能改变住宅问题。

第二节 新马克思主义的城市政治理论

如前一节所述,经典马克思主义的城市政治理论发轫于19世纪中叶,马克思和恩格斯虽然对资本主义工业化时期的城乡对立、城市阶级斗争和空间政治做了一定的阐发和论述,但城市问题并不是他们关注的重点和理论的核心。在他们看来,城市只是资本主义社会发展的重要环境条件而不是动因。[①] 到了20世纪60年代,随着资本主义国家城市危机的出现,城市政治问题的理论研究以新马克主义思潮为载体获得进一步发展。新马克思主义者通过对经典马克思主义文本的解读,以一种时空对话的方式重新阐发城市政治问题,带动了马克思主义理论在城市政治研究学科的发展,并在此基础上提出了新马克思主义城市政治理论。

一、新马克思主义及新马克思主义城市政治的理论内涵

"新马克思主义"又称"后马克思主义",也就是中国学者通常所说的"西方马克思主义"。学术界对于什么是"新马克思主义"没有统一的解答。有的学者认为,新马克思主义是西方的马克思主义者和研究马克思主义的人在对"青年马克思"和"老年马克思"的理论进行争论和评估后,发展的一种新的马克思主义理论。由此,新马克思主义往往可以分成早期西方马克思主义、法兰克福学派、存在主义马克思主义、人本主义马克思主义和结构主义马克思主义等几个学派。还有的学者认为,新马克思主义是指不同于苏联斯大林模式为代表的"正统马克思主义"模式的马克思主义政治实践,主要指南斯拉夫实践派、匈牙利布达佩斯学派和东欧新马克思主义等。

不管学界争论如何,我们都可以"以20世纪之始为分界线,把马克思主义迄今为止的演进历程分为两大阶段,即19世纪的马克思主义和20世纪的马克思主义。一般来说,19世纪的马克思主义以马克思和恩格斯的思想为基本内涵,对它的界定不会产生很大的歧义;而在20世纪的历史条件

[①] 张应祥、柴禾:《新马克思主义城市理论述评》,《学术研究》2006年第3期。

下则出现了各种导源于马克思和恩格斯学说的马克思主义理论并存的格局"①。从这个角度来看,笔者认为:"新马克思主义"是20世纪马克思主义学说与西方马克思主义理论的总称,凡是非正统马克思主义思想均包含在内。

本书在行文的过程中主要会涉及两种新马克思主义的概念,即"结构马克思主义"和"人本主义马克思主义"。结构马克思主义的代表人物是阿尔都塞,主张认识人的本质属性只能通过认识社会结构或社会关系而实现,社会结构是社会科学的研究客体,只有通过研究结构才能理解和解释可观察到的现实。结构马克思主义虽然不否定人的能动作用,但更注重揭示那些决定不同生产方式运作的基本结构。不同于结构主义要将人置于一种"客体"或"被决定的存在"的地位,人本主义强调人的一种"主体"或"决定性的存在"的地位。"人本(道)主义马克思主义"的出发点在于通过人的行动或斗争来改变使人异化、受压迫和受奴役的社会条件。

新马克思主义城市政治理论派是新马克思主义的一个分支,其理论借鉴、延伸了马克思的辩证唯物主义、资本积累、阶级斗争和国家理论等,着重探讨了资本主义的生产关系,在资本主义城市得到充分发展,其内在政治机制较为成熟的时候,做出的相关分析,更加具体地认识和分析了当代资本主义城市生存的条件和政治问题。

根据其结合和运用马克思主义的程度,可以大致将有关学者分为两种类型。第一类学者是"新马克思主义城市政治理论家",他们提出坚持、发展马克思主义的理论使命,在主要研究工作中用马克思主义作为理论基础,并提出了一定的政治实践目标。第二类学者为"运用马克思主义观点的城市政治理论家",他们与第一类学者的区别在于,并不是将马克思主义作为研究工作的主要理论工具,而只是在部分研究中运用马克思主义的理论、概念,提出了一些比较重要的学术观点。本书所研究的主要是第一类学者,也包括第二类学者中最有代表性的理论观点。

新马克思主义本身并不是一个统一体,它并没有形成一个统一的派系。它内容庞杂,包含了各种不同的理论观点和研究方法。新马克思主义城市政治理论家们对马克思主义的态度及方法运用也存在着很大的差异,其中有一些流派和代表人物的观点是准马克思主义的,有一些是非马克思主义的,还有一些是反马克思主义的,这些新马克思主义学者在自己的学术生涯中前后发生了不同程度的变化。

---

① 衣俊卿等:《20世纪的新马克思主义》,中央编译局出版社2001年版,绪论。

总的来说,新马克思主义城市政治理论者与马克思主义的联系是建立在科学研究而不是在政治运动基础之上的。大多数运用马克思主义理论方法的西方学者,并不是通常意义上的"马克思主义者"。马克思主义理论观点只是他们用以分析社会现实的理论工具的一部分,甚至并不是主要部分。毫无疑问,新马克思主义城市政治研究是马克思或马克思主义影响的结果,是现代新马克思主义的一个重要组成部分。但同时我们也必须看到,新马克思主义城市政治理论者对资本主义进化能力、阶级利益多元分化以及科技革命条件下全球资本主义发展的认识或评价,已经不同于马克思、列宁等以政治斗争为取向的"马克思主义者"。

二、新马克思主义城市政治理论的代表人物

列斐伏尔、卡斯泰尔斯和哈维是最有代表性的三位新马克思主义城市政治理论家,他们最早在城市政治理论领域进行了比较系统的马克思主义分析,对马克思主义城市研究做出了开拓性的贡献,极大地影响了其他学者在马克思主义理论框架中对城市空间诸多具体因素的探讨。

(一) 亨利·列斐伏尔

亨利·列斐伏尔是法国现代著名的哲学家和思想家,西方学界公认的"日常生活批判之父""现代法国辩证法之父",空间政治学理论分析的创始人,西方马克思主义的著名代表人物,不少研究者甚至把他视作西方马克思主义的创始人之一。

列斐伏尔在政治上一直接近左翼进步力量,较早地接触和研究青年马克思的哲学著作,并由此转向和接受马克思主义,是较早将马克思主义介绍到法国的马克思主义理论家之一。1928 年,列斐伏尔在法国创办首家马克思主义哲学刊物《马克思主义哲学杂志》,并于翌年加入法国共产党。由于不满斯大林的教条模式,列斐伏尔在 1958 年被法国共产党开除出党,但他理论上一直坚持以马克思主义为基本立场,与存在主义进行呼应对话,批判资本主义国家的社会危机和文化状况。列斐伏尔的理论在 1968 年的大规模学生运动中逐渐受到"新左派"的重视并对学生运动产生深远影响,因此他被奉为精神领袖,得到了"法国学生运动之父"的美誉。

列斐伏尔是新马克思主义代表人物中的长寿者之一,在长达六十年的学术生涯中,写作和发表了六十多部著作和三百多篇论文,著述颇丰。他在 20 世纪 40 年代后期就从马克思的异化理论和人道主义出发,在新马克思主义中率先开启了日常生活批判的研究领域,认为革命需要消除日常生

活的无意识,即关注人,而不是商品生产。1947年《日常生活批判》第一卷《导论》出版,这使他一夜成名,达到了他学术生涯的第一个高潮。随后,他又出版了《日常生活批判》第二卷《日常生活和社会学基础》(1962)和《日常生活批判》第三卷《从现代性到现代主义》(1981),这三卷《日常生活批判》在法国引起极大的轰动。在列斐伏尔的引领下,西方马克思主义者开始关注日常生活,而不再是所谓的日常生活审美化。

随着学生运动的不断发展,列斐伏尔愈加意识到,"城市的日常生活状态是革命的敏感性和政治进化的中心环节"①。20世纪60年代,列斐伏尔在研究资本家和工人的矛盾问题中,重新发现城市政治问题在马克思主义理论研究中所占有的重要地位。他开始运用马克思主义基本原理进行城市政治研究,关注意识的城市化、围绕城市权利斗争以及资本主义发展中的"都市革命"等问题。在这之前,还没有马克思主义学者对城市进程与资本主义社会空间组织的联系给予理论和政治重视。因此,他的研究开创了马克思主义城市政治理论之先河。卡斯泰尔斯盛赞列斐伏尔为"当代马克思主义最伟大的思想家之一",其城市政治理论"无疑是致力于认识当代城市问题的最深刻的知识成就"。②列斐伏尔对城市政治的思考主要包括:"将已有的城市理论和城市实践批判为意识形态,意识形态的作用正是要确保对被压迫和被剥削的认同;已有的城市理论及所支持的城市规划是把城市空间当作一种纯粹的科学对象,是一种技术统治论,忽视了塑造城市空间的社会关系、经济结构和不同团体间的政治对抗;城市空间是政治的,是资本主义的产物,应该考虑一种在资本主义社会里空间被生产以及生产过程中矛盾如何产生的理论。"③列斐伏尔城市政治研究的著作主要有:《城市的权利》(1968),这是列斐伏尔为纪念马克思的《资本论》出版100周年而撰写的第一部城市政治理论著作。在《城市革命》一书中(1970),列斐伏尔用马克思主义理论工具分析了当代的城市主义的发展演变和走向趋势。在《马克思主义思想与城市》(1972)中,列斐伏尔详细考察并系统梳理了马克思著作中有关城市的具体论述。在其七十岁高龄时,列斐伏尔综合其一生对城市政治的研究成果,出版了最后一部重要的城市研究著作《空间的生产》。这部著作对空间的历史、现实和未来做了极富想象力的分

---

① Henri Lefebvre, *The Production of Space*, trans. D. Nicholson-Smith, Oxford: Blackwell, 1991, p.130.
② Manuel Castells, *The Urban Question: A Marxist Approach*, London: Edward Arnold, 1977, pp.86-87.
③ 冯健:《城市社会的空间视角》,中国建筑工业出版社2010年版,第4页。

析,并且修正和澄清了之前在"城市革命"等研究上的一些错误或模糊的观点,将"空间的生产"作为城市政治理论研究的核心问题和新起点,从而开创了空间政治学的理论分析。

在20世纪80年代以前,列斐伏尔并没有受到广泛的重视,卡斯泰尔斯作为列斐伏尔的学生,系统地梳理了列斐伏尔的空间思想,并向英语世界引介了这位伟大的思想家。此后,列斐伏尔在西方学术界的影响不断扩大,享誉全球。

(二) 曼纽尔·卡斯泰尔斯

曼纽尔·卡斯泰尔斯是当代西方最著名的马克思主义城市政治理论家之一。卡斯泰尔斯1942年出生于西班牙巴塞罗那,青年时期的卡斯泰尔斯热衷于政治运动,并在课余时间大量阅读马克思主义、无政府主义、政治经济学等方面的书籍。1962年,卡斯泰尔斯因参加集体抗议活动被迫流亡巴黎。

在流亡巴黎期间,卡斯泰尔斯获得了巴黎索邦大学的公法与政治经济学的学位,并在老师阿兰·杜罕的指导下获得了巴黎大学社会学博士学位。之所以选择社会学,是因为在卡斯泰尔斯的眼中,社会学是"最具政治意涵的科学"[①]。1968年,卡斯泰尔斯到法国巴黎楠泰尔大学社会学系任教,与列斐伏尔成为同事,直接受到列斐伏尔等老一辈新马克思主义学者的启发。在这里,在列斐伏尔和卡斯泰尔斯等人的直接参与和支持下,掀起了声势浩大、影响深远的学生运动和城市骚乱,即1968年的法国"五月风暴"。运动中的著名学生领袖丹尼尔·柯亨-班狄特(Daniel Cohn-Bendit)就是卡斯泰尔斯的学生,卡斯泰尔斯本人对此也不无得意,并全身心地投入到这场运动之中。运动后期,卡斯泰尔斯在街头游行示威时被警方逮捕并驱逐,开始第二次流亡。随着法国政府对卡斯泰尔斯驱逐令的解除,卡斯泰尔斯开始往返于智利和法国两地,进行教学研究和政治实践,1973年,由于智利发生军事政变,卡斯泰尔斯第三次遭到驱逐。

作为一名左翼的激进斗士,虽然卡斯泰尔斯饱受流亡之苦,但这却使他在城市科学的研究上大放华彩。1968—1969年,卡斯泰尔斯先后发文《城市社会学是否存在?》和《城市社会学的理论和意识形态》,向以芝加哥学派为代表的主流城市科学发起挑战。1972年,卡斯泰尔斯尝试将马克思主义、城市社会学和杜罕的社会运动三者结合,创作了《城市问题:马克思

---

① Manuel Castells and Martin Ince:《与柯司特对话》(王志弘、徐苔玲译),(台湾)巨流图书公司2006年版,第11页。

主义的方法》一书。在书中,卡斯泰尔斯对列斐伏尔城市政治理论的批评,为结构主义马克思主义城市政治理论建立了参照物,在阿尔都塞的结构主义理论框架内构建了一个马克思主义的城市体系。这本书在法国一炮走红,卡斯泰尔斯也一举成名。该书被认为是开拓马克思主义研究"最重要的城市社会学著作之一"[①],卡斯泰尔斯也颇为自豪地说:"和列斐伏尔一起,这本书成为所谓的新都市社会学的基石。它带领都市研究的学术界迈入下一个十年。"[②]

在《城市问题:马克思主义的方法》之后,卡斯泰尔斯继续运用马克思主义的研究方法考察城市政治问题。20世纪70年代后期,卡斯泰尔斯的城市政治理论开始被翻译到英语世界。1976年,皮克万斯翻译出版了《城市社会学:批判性文集》,收录了卡斯泰尔斯的两篇文章,这是卡斯泰尔斯的城市政治理论首次被介绍到英语世界。紧接着《城市问题:马克思主义的方法》于1977年被阿兰·谢里登翻译成英文,1978年卡斯泰尔斯在1971—1976年间的部分论文也被翻译成英文,并以《城市、阶级与权力》为题结集出版。在这本书中,卡斯泰尔斯运用马克思主义阶级分析方法分析了城市社会运动,认为城市社会运动应该与工人运动相结合,成为改变社会结构的关键力量。

1983年,卡斯泰尔斯又创作了另一部重要著作《城市与草根》,该书还获得了当年的莱特·米尔斯奖。在《城市与草根》中,卡斯泰尔斯基本上放弃了原来坚持的马克思主义的立场,他在书中说明他的研究方法从结构主义向实证主义转变,由研究城市的政治经济转向研究城市文化。此举意味着卡斯泰尔斯的"马克思主义传统的光荣完结"[③],并明确拒绝将马克思主义继续作为主要的理论基础。卡斯泰尔斯自己也表示:"这本书没有《城市问题》那么有影响力,因为我明显偏离了马克思主义,所以我的意识形态追随者很失望,即使我明白指出,我并非反对马克思主义,只是我无法再用马克思主义当工具来解释我的观察和研究。"[④]

20世纪80年代中期,已经定居美国的卡斯泰尔斯看到了高科技产业所带来的巨大能量,开始转向对现代信息时代及通信形式的研究,出版了

---

① Kieran Mckeown, *Marxist Political Economy and Marist Urban Sociology*, London: Macmillan Press, 1987, p.95. 转引自高鉴国:《新马克思主义城市理论》,商务印书馆2006年版,第21页。
② Manuel Castells and Martin Ince:《与柯司特对话》,第16页。
③ Manuel Castells, *The City and the Grassroots: A Cross-Cultural Theory of Urban Social Movements*, London: Edward Arnold, 1983, p.300.
④ Manuel Castells and Martin Ince:《与柯司特对话》,第17页。

三卷本系列著作:《信息时代三部曲:经济、社会与文化》,包括《网络社会的兴起》《认同的力量》《千年终结》。此时的卡斯泰尔斯声誉日隆,被世界上多个国家的政府聘为政策顾问,只是他身上马克思主义的光环已经褪去,曾经激进的左翼斗士情怀不再。卡斯泰尔斯还曾在 1987 年和 2004 年两次访问中国,在中国进行科技政策的研究。

(三)戴维·哈维

戴维·哈维是当代城市地理学和城市政治学的领军人物,也是新马克思主义的重要代表。从 20 世纪 70 年代开始,哈维就坚持用马克思主义政治经济学的分析方法来探讨资本主义城市政治问题,对城市进程中资本的积累和阶级关系问题做了系统的研究,在整个城市科学的研究领域有着特殊的地位和影响。

1973 年《社会正义与城市》的发表,标志着哈维运用马克思主义的观点进行研究的开始。这本书是哈维的第二部著作,在书中,哈维运用马克思主义的观点分析了空间形态、城市地理与资本主义社会经济剥削制度之间的关系。哈维将正义放入社会空间中进行考察,正义是可以通过城市来实现的政治力量。哈维通过分析马克思主义力量、城市性的历史和力量演变、相关社会科学研究,解释了城市与社会的关系。在《社会正义与城市》之后,哈维沉寂了近十年,在 1982 年出版了《资本的局限》。从 1971 年开始,哈维便坚持阅读《资本论》,通过十几年的潜心钻研,哈维在《资本的局限》中重新阐述和发展了马克思对资本主义的经典论述,总结和发展了资本循环理论、地租理论以及资本和劳动力的不同流动造成的城市、地区与国际发展的不平衡理论,有的学者认为哈维"试图重写马克思的《资本论》"[①]。

《社会正义与城市》和《资本的局限》比较多地阐述了马克思主义的基本原理,力图将城市和空间结构纳入马克思主义的理论体系之中。随着城市政治理论研究的深入,哈维在 20 世纪 80 年代中期出版了两卷副标题为"资本主义发展的历史和理论研究"的著作——《意识与城市经历》和《资本的城市化》,这是 20 世纪 70 年代到 80 年代前期哈维所发表的论文的汇编,收录了哈维对资本主义城市政治经济研究的主要观点。哈维在这些著作中发展了马克思主义经典作家没有具体论述的社会空间问题,重点讨论了资本主义如何将道路、住房、工厂、学校、商店等物质景观作为空间扩展和资本积累的组成部分,并针对城市生活经历说明新的社会关系和政治意

---

① John R. Short, *The Urban Order: An Introduction to Cities, Culture and Power*, Oxford: Blackwell Publisher, 1996, p.107. 转引自高鉴国:《新马克思主义城市理论》,第 25 页。

识形态。

哈维是一位高产的学者,其学术著作层出不穷,可谓著作等身。1989年,哈维于牛津大学任教期间创作了畅销书《后现代的条件》,这是对后现代思想和论点的唯物主义批判,揭露资本主义自身实际存在着的内在矛盾。在《正义、自然和地理的差异》(1996)中,哈维把关注点放在了社会和环境正义上,书中辩证的观点一度引起了一些绿党成员的愤怒。2000年,《希望的空间》问世,哈维勾勒了一个"辩证的乌托邦理想",设计了一个与自然更加平等的工作和生活的世界。2005年,哈维出版了《新自由主义简史》,对20世纪70年代中期以来新自由主义理论和实践的分歧提供了一个历史检验。哈维近期的研究体现在《资本之谜》(2010)一书中,他以长远的眼光对当下的资本主义金融危机做了系统而深刻的分析。哈维解释了资本主义是怎样统治这个世界的,为什么会导致当前的金融危机。他在书中论述到,资本主义的本质是非道德和无法无天的,规制和道德资本主义这种说法根本就是无稽之谈。

哈维的著作已被翻译成多种语言,他持有丹麦罗斯基勒大学、阿根廷布宜诺斯艾利斯大学、瑞典乌普萨拉大学、美国俄亥俄州立大学、瑞典隆德大学和英国肯特大学的荣誉博士学位。他曾被授予瑞典社会人类学与地理学会 Anders Retzius 金质勋章、伦敦皇家地理学会 Patron 勋章、地理学 Vautrin Lud 国际奖。1998年他被任命为英国科学院研究员,2007年他被选为美国艺术与科学学院院士。

三、新马克思主义城市政治理论产生的背景

(一) 社会政治状况的变化

二战后,资本主义条件下生产力和民主的发展,给欧美发达资本主义国家带来了深刻的社会变化。现代科学技术革命促进了生产力的高度发展,提高了人们的物质和精神生活水平。新技术阶级的崛起,削弱了资本在生产经营活动中的垄断地位;20世纪初出现的股份所有制减少和改变了私人或家庭对公司的占有,使所有权和管理权分离,专业管理者从事公司的日常管理事务并决定公司政策;西方国家社会保障制度的建立,提高了最贫困阶层的实际生活水平;资本主义通过规划和平等化政策,缩小了收入和财富的差距。

此外,国家在社会经济生活中的作用进一步加强。国家干预政策被认为有利于加强国力、维持健康的国家收入和稳定的社会秩序。国家通过购

买商品和劳务、国家投资或补贴、国有化、工资与价格控制以及指导私人投资、规范公司结构等手段寻求经济稳定,平衡资本和劳工利益。国家扮演着经济仲裁人和最大雇主的角色,公共部门持续增长。

民主化进程改善了工人群众维护自身利益的基本条件,改变了传统政治斗争的基础,导致政治组织和活动方式重新改组(包括政治经济利益的选区化、地方化)。19世纪末以来,选举制度在无记名投票、普选权、禁止竞选舞弊和恐吓的严格立法方面的三项改革,推动了议会民主制度的发展。这些变化虽然没有改变资本主义社会的性质,但那些对工人极度剥削、国家紧紧依附于少数私人利益的早期形态已经不再存在。因此,应当重新分析资本主义经济和社会福利制度的性质,解释新出现的阶级结构的特点,认识不同阶级、集团在发达社会实际发挥的作用。

(二)资本主义城市危机的出现

战后发达资本主义国家的改革和发展并没有消除社会不平等和阶级对立,资本主义基本特征——生产资料的私人占有和控制、经济活动以谋取利润为基本目标和资本家对利润的占有、经济活动的市场机制没有改变,仍然是造成收入不平等、阶级差别的根本原因。到20世纪60至70年代,西方资本主义国家普遍出现了一场轰轰烈烈的城市危机,这场危机具体表现为以下几个方面。

1. 城市中心区的衰退

城市是技术创新和社会生产、生活的主要场所。二战后,随着技术的不断更新,西方主要发达国家都进入了发展的繁荣时期,制造业结构向资本、技术密集型产业持续转化,制造业和服务业内部分工日趋复杂。城市扩张导致大都市区的出现,城市中产阶级和高收入工人郊区化进程的加快,带动了产业、就业和零售业向郊区的转移,郊区化成为城市发展的普遍趋势,这引起了城市中心区的严重衰败。据统计,1960年,美国制造业劳动力的67%集中在中心城市,但到1980年下降为25.8%。1972年,位于郊区的制造业比重分别占纽约、洛杉矶、芝加哥、费城、波士顿、旧金山、匹兹堡、底特律、巴尔的摩等制造业中心城市的53.4%—78.2%。[①] 1963—1977年间,最大的25个城市中心区制造业岗位减少了170万个,而郊区就业岗位增加了120万个。这些趋势都对城市产生了影响,有些地区出现繁荣,而有的地区则急剧败落。由此所带来的城市税收减少、公共设施和服务下降、

---

① Peter O. Muller, *Contemporary Suburban America*, Englewood, Cliffs, NJ: Prentice Hall, 1980, p.120.

就业困难和失业率攀升等颓败景象,给城市发展带来巨大的隐患。

2. 城市阶级斗争和冲突不断

城市作为资本积累最为集中和空间呈现的地方,也突出反映了权力和财富的不平等以及尖锐的社会阶级冲突。20世纪中期,欧美各国城市产业调整,基础设施和住房建设成为公共政策的中心,各国政府陆续制订了大规模的交通基础设施、社会服务和住房计划。从政府经济计划中受惠最大的是企业资本利益和中产阶级,而不是包括贫困阶级在内的普通居民。20世纪60年代,美国城市中的暴乱增加,骚乱不断,引起了人们对贫穷和少数族裔群体的关注;法国巴黎1968年学生和工人反抗运动如火如荼,导致国家对城市动乱的调查;在20世纪70到80年代西欧大城市,外国劳工在住房、就业、医疗和社会福利等问题上与当地居民发生冲突。这些冲突使得城市中的阶级问题备受关注。

3. 城市财政危机

城市危机的直接表现是城市财政危机。在后工业革命时代,早期工业化的基础设施已不适应当代城市的发展需求,维持这些基础设施必须付出很大的代价,而要替代这些设施则需要更大的代价。城市服务成本的提高必然会加大税收水平的压力,那些有朝气的企业和企业家都趋于迁离老化、贫困、病态、不正常发展和失业严重的城市,迁往税收较低的地方,从而形成城市的恶性循环,资本流向哪个城市,这个城市就会繁荣,反之日益减少的资源就会越发枯竭。最有代表性的就是1975年的纽约市财政危机。庞大的开支和拮据的岁入,迫使纽约市不得不从1960—1961财政年度就开始采取财政赤字开支,此后节节攀高。① 1975年10月17日这个世界金融之都、全美最富庶强盛的城市的银行账面上仅剩3400万美元,而这一天的到期票据和其他开销共需要4.77亿美元,政府无力支付巨大的财政亏空,濒临破产。

从这些城市危机中我们可以看到,由于人类解放的根本任务并没有完成,社会持续进步的长远目标没有改变,有关财富和权力的积累和集中、社会阶级的关系、国家在经济和社会秩序中的作用等一系列时代课题仍需要做出新的解答。马克思主义作为指导社会变革和人类解放的基本理论仍然具有生命力。

---

① Edward M. Gramlich,"The New York City Fiscal Crisis: What Happened and What is to Be Done?" *American Economic Review*, Vol. 66, No. 2, 1976, pp.415-429.

(三) 城市政治研究的兴起

城市社会政治经济的发展和城市危机的加剧,促进了城市基础理论和应用科学的发展。统治阶级特别是政府官僚被城市的经济、社会和政治危机所震动,迫切需要发现其原因,因此积极地推动城市政治研究;左翼政党、激进左派和工会也认识到在复杂的城市环境中,应当提高认识和斗争水平,因而鼓励他们的支持者,尤其是学者从事城市研究,提出不同于政府技术官僚的观点。这使得城市政治研究领域出现了前所未有的热潮,产生了很多具有影响力的理论和论著。到了20世纪70年代后期,西方社会普遍出现政治经济结构的再调整,政府失灵的财政危机使得自由贸易和自由市场成为主导,私有化和放松管制也促使更多的社会团体包括工商企业、非政府组织、工会、社区组织等进入城市层面,新的权力研究理论随之出现,增长机器理论和城市政制理论成为最有影响力的理论流派。

在政治行为的结构方面,城市政治视野中的公民权利与城市中的种族、民族、阶级和性别关系,城市中的公民、团体、组织、党派以及在此基础上形成的各种联盟如何对城市的治理与发展产生影响,不同的理论流派也有不同的看法。在20世纪60年代和70年代早期的城市抗议和市民骚乱之前,城市研究的学者们普遍存在城市生活非冲突的观点。然而,60年代欧美城市政治地带中的变化和城市社会运动的出现,导致了对城市政治理论中占主流地位的理论的质疑。可以说,关注城市社会运动是对城市政治理论的一个贡献,因为城市社会运动是一种促使城市结构转化的大众动员,是城市权力运作过程中所产生的矛盾的直接反映。尖锐的社会矛盾和冲突对传统城市政治理论的合法性提出挑战,新的时代条件呼唤新的城市政治理论,尤其是从更广阔的政治经济联系中寻求对冲突、矛盾的解答,这就为新马克思主义的城市政治理论的出现提供了可能性。

(四) 新马克思主义思潮的崛起

20世纪是马克思主义在全世界广泛传播和发展的时期,也是马克思主义作为人类历史上产生重大影响的一种理论学说呈现多样化格局的时期。新马克思主义就是在这样的历史条件下,以一种补充和发展马克思主义的面目而出现的学术思潮。

在20世纪的马克思主义争论中,有两个十分敏感的话题常常成为人们讨论的焦点问题:一个是关于"青年马克思"和"老年马克思"的争议,另一个是马克思与恩格斯的差异问题。这是两个相互关联的问题,对这两个问题的回答在某种意义上可以显现出人们对马克思主义的理解。但是,无论对这两个问题作何种解答,无论马克思前后期的差别以及马克思与恩格斯之间的差别是否真的存在,这一争论本身已足以构成马克思主义在当代历史条件下经历某种分化的内在理论根据了。

从外在理论条件看,马克思和恩格斯开创的马克思主义不是一种纯学院式的学术理论,而是一种具有很强实践性的社会批判理论。这就使得马克思主义自觉介入人之存在的终极关切社会历史进程,而不可能把自身封闭在纯理念的学术王国中,不可能远离时代的文化精神冲突而自足地发展,必然以开放的理论视野与同时代的各种文化思潮和理论学说相交汇或交锋,并在影响同时代的其他理论和文化思潮的前提下,也经历着自身的改变、分化或进展。由叔本华的哲学开启的现代西方人本主义思潮和孔德的学说开创的现代西方实证主义或科学主义思潮就是最有影响力的。具有人本主义倾向的新马思克主义流派,如法兰克福学派和以萨特为代表的"存在主义的马克思主义"形成了人本主义的新马克思主义;与之相对立的是具有实证主义倾向的,以德拉-沃尔佩的实证主义马克思主义和阿尔都塞的结构主义马克思主义为代表的科学主义新马克思主义。而这种分野也给新马克思主义的城市政治研究带来了张力,如亨利·列斐伏尔的"日常生活批判"等理论来源于人本主义的新马克思主义,而曼纽尔·卡斯泰尔斯则把阿尔都塞的结构主义马克思主义引入城市政治研究。

到了20世纪60年代,城市社会运动的兴起使马克思主义者提出的阶级斗争和社会正义问题成为城市政治研究的中心,政治经济已经变成一个更为普遍的研究论题。马克思主义的政治经济理论对城市政治研究产生了积极影响。如何运用马克思主义来分析资本主义城市的发展,是新马思主义学者面临的富有挑战性的课题。新马克思主义城市政治理论派就是在此基础上崛起的重要的方面军,它反映了新马克思主义的兴起及其在城市政治研究领域的突破。新马克思主义和城市政治科学两个"本不相干"的研究,在20世纪60至70年代有了很大发展,两者的结合产生了新马克思主义城市政治理论。

四、空间的生产——列斐伏尔的城市政治理论

列斐伏尔有关城市政治的思想十分繁杂,想理解这位哲学家的城市政治观,需要把握其思想体系中空间、日常生活和生产关系在生产三个要素间的内在联系。列斐伏尔城市政治理论的基本观点是:城市不仅仅是劳动力再生产的物质建筑环境,它实际上是资本主义自身发展的载体。在这种空间内,所有的资本主义关系实现再生产,通过城市空间组织作为载体,资本主义能够生存和发展。这种空间生产的辩证关系是,资本主义社会组织产生了一种空间,反过来有助于资本主义再生产。"城市"作为一种空间形式,"既是资本主义关系的产物,也是资本主义关系的再生产者"①。

(一) 空间的生产

与人类历史中时间的"富饶、多产、有生命"相比,空间"被当成死寂的、固着的、非辩证的、僵滞的"。② 空间的非流变性、有限性、固态性使得人们在对时空的认识中,始终赋予时间优于空间的特权。因为从审美的判断来看,空间是对时间所具有的永恒即美的一种撷取,是对当下流动性意识与体验的片刻凝固;从历史发展来看,以进步为理论目标的流驶性时间必定征服一切在历史中片刻停留的空间,拆毁一切空间障碍。在历史洪流的裹挟中,空间成为一个附属的范畴,最终通过时间消灭空间。在人类历史的发展中,除却武力、战争带来的领土扩张因素外,人们对空间的敏感性明显弱于对时间的感知。

这一切,都随着资本主义生产力的迅猛发展而受到巨大的挑战。空间在被有意识地组织化、利用化,越来越多的空间化范式被表达。在经典马克思主义的理论体系中,尽管囿于历史原因,空间不是核心概念,但马克思主义在空间问题上并没有失语,新马克思主义学者们十分重视空间在人类社会历史上的重要作用,并努力与城市政治相融合。列斐伏尔就是西方空间理论的思想先驱。列斐伏尔"一直是努力将空间内容纳入马克思主义思想的最执着作者"③;爱德华·苏贾也赞扬说:"有着许多这样的超学科视野,或如列斐伏尔将它们描述为'通贯现代世界复杂情势的方法',我们可能想到文学批判、心理分析、语言学、话语分析、文化研究、批判哲学,以及这个现代世界历史发展的社会组构的各种综合的、批判的阐释。列斐伏尔独不同于这许多人的地方,是从二十世纪六十年代开始,'选择空间'作为他的首要阐释线索,并且持之以恒将空间交织进他的主要著作。"④

1. 空间的生产

空间的生产源于一个哲学性的话题——空间是什么?在西方哲学史上,这一话题被无数次地论述,柏拉图、亚里士多德、笛卡尔、康德和海德格

---

① 高鉴国:《新马克思主义城市理论》,第89页。
② 米歇尔·福柯:《地理学问题》,载夏铸九、王志弘编译:《空间的文化形式与社会理论读本》,台湾明文书局股份有限公司2002年版,第392页。
③ David Harvey, *The Limits to Capital*, Oxford: Basil Blackwell, 1982, p.337.
④ 爱德华·苏贾:《〈第三空间〉导论》,载包亚明主编:《后大都市与文化研究》,上海教育出版社2005年版,第30页。

尔都对空间的概念做出了阐发。列斐伏尔把空间思想引入马克思主义，并以此作为哲学批判的基点，将经典马克思主义所关注的"资本主义生产就是要用时间消灭空间的限制"转换为后现代的思考方式，即所谓消灭空间的限制其实就是"创造出新的空间"。资本主义"为什么幸存而没有灭亡"？就在于资本主义对空间的占有，因此只有"通过占有空间，通过生产空间"[1]，最终才能达成一种"差异性空间"。列斐伏尔正是通过这种方式，实现了辩证唯物主义从时间向空间的转向。

结合20世纪空间的发展现状，列斐伏尔拓展了经典马克思主义的生产理论。在马克思那里，生产只是物质的生产，城市空间是物质生产的器皿与媒介。列斐伏尔通过对空间概念全面地哲学思辨，批判了将空间视为容器和"场"的传统观点，提出了"（社会的）空间是（社会的）产物"的核心观点。在此基础上，列斐伏尔将抽象的思考与日常生活中的政治、经济、历史、文化等多种因素结合，构建了一个包含"空间实践""空间表征"和"表征空间"以及三者辩证关系的空间生产理论框架，即"空间三元辩证法"。"空间三元辩证法"中最重要的当属"空间表征"。"表征"意指"意识形态与知识难以区分的领域"[2]，列斐伏尔指出"空间表征与生产关系及实行的秩序相联系，因此也与知识、符号、代码等关联"[3]，也就是说，有利于保障现有生产关系的意识形态，常常以知识、符号和代码的形式，操纵于统治阶级的手中，这样，统治阶级就掌握了社会空间秩序的主导权力。从这个角度看，"空间三元辩证法"既是一种哲学思辨，也不失为一种空间政治学说。"空间实践"是指"每一社会构成特有的生产、再生产及具体场景和空间体系"[4]，"表征空间"就是指居住者和使用者的空间。"空间表征"规定"空间实践"，修正"表征空间"。列斐伏尔把这种既关照空间的物质属性又关照空间的社会属性和空间与社会互动关系的"空间三元辩证法"引入城市政治研究中。列斐伏尔从资本主义城市的发展实际出发，借助马克思主义分析工具，创造性地构建了以城市空间为核心的"空间的生产"理论。他认为，空间不是观念的产物，既非神圣，也非无限，空间是政治经济的产物，是增长机器，是被生产之物。由于生产力自身的成长，以及知识在物质生产中的直接介入，"空间中的生产"会转变成为"空间的生产"。

---

[1] Henri Lefebvre, *The Survival of Capitalism: Reproduction of the Relations of Production*, trans. Frank Bryant, Allison and Busby, London: The Johns Hopkins University Press, 1976, p.21.
[2] Ibid., p.45.
[3] Ibid., p.33.
[4] Ibid.

2. 空间的政治经济学反思

浓厚的马克思主义传统使列斐伏尔的空间理论带有强烈的政治经济学的色彩,他强调"今天,阶级斗争被刻入空间"①,"空间使经济融入政治"②。列斐伏尔认定空间是资本主义从马克思时代的企业竞争形态发展到当代发达垄断资本主义形态的重要因素,说明了资本主义是怎样在一个世纪里成功地保持其特定的生产关系的。列斐伏尔指出:"资本主义和作为一个阶级的资产阶级,在战略层面上,只有在既定的生产关系中对其进行修正,才能够在根本上保持这些生产关系。"③资本主义发展的一个重要途径就是重视空间的生产,"社会空间被列为生产力与生产资料、列为生产的社会关系,以及特别是其再生产的一部分"④。资本主义的生存依赖于对空间的占据和生产。

列斐伏尔通过考察土地和资本主义之间的关系,提出了"空间的动产化"的概念。长期以来,在资本主义中,"不动产"并不是很重要,土地作为战败的地主阶级的残余,地位要低于流动的资本;建筑业作为次等的、手工性的生产分支,其重要性也曾经不及钢铁生产和制糖业。随着城市的扩张和技术的进步,这种现象被打破了。建筑业带来高额的利润,通过建筑业自身,依靠一种中介——空间——金钱又带来了金钱。就这样,"那些曾经的'不动产'后来被动产化的倾向,便在资本主义中处于中心地位了"⑤,空间被资本主义大肆劫掠,尽管有风险,但它还是引发了一种资本主义的狂热。

列斐伏尔认为资本主义与新资本主义生产了一个"抽象空间","这个抽象空间有赖于银行、商业和主要生产中心构成的巨大网络。我们也可以见到公路、机场和资讯的网络散布在空间中:在这个空间里、积累的摇篮、富裕的地方、历史的主体、历史性空间的中心——换句话说,就是城市——急速地扩张了"。⑥ 空间既是生产资料,又是消费对象,同时也是政治工具,空间作为一个整体,进入了现代资本主义的生产模式,被用来生产剩余价值。土地、地底、空气,甚至光线,这些"元素"因为有了空间性的包装,也都具有了交换价值和使用价值,都纳入生产力与产物之中,进入了交换流通

---

① Henri Lefebvre, *The Production of Space*, p.55.
② Ibid., p.321.
③ 亨利·列斐伏尔:《空间与政治》(李春译),上海人民出版社 2008 年版,第 98 页。
④ 包亚明主编:《现代性与空间的生产》,上海教育出版社 2003 年版,第 51 页。
⑤ 亨利·列斐伏尔:《空间与政治》,第 100 页。
⑥ 亨利·列斐伏尔:《空间:社会产物与使用价值》,载包亚明主编:《现代性与空间的生产》,第 49 页。

领域:生产—流通—分配;都市结构及其通信与交换的多重网络,成为生产工具的一部分;城市及其各种设施(港口、火车站等)也是资本的一部分了。资本主义正是以这种将空间纳入商品生产和资本积累的轨道的方式,不断扩大自己的"生存空间",从而调整和巩固生产关系,延续自己的生存。同时我们也应当看到,资本主义空间的扩张也强化了资本主义意识形态的统治,如美国西部开发不仅拓展了物质生活的"生存空间",同时培养和启发了资本主义精神。这种意识形态领域对人们精神空间的统治,也是资本主义生产的重要条件。

有资本主义的空间,自然会有社会主义的空间与之相对应,这既是列斐伏尔对社会主义的展望,也是对空间生产的升华。列斐伏尔承接了马克思的观点,把城市看作是由资本、政治和商业控制着的"增长机器",在资本和经济利益的驱动下,城市空间不断地扩张。与资本主义的空间不同,社会主义的城市空间追求的不是资本的扩张和积累,而是为了满足社会生活所必需的生产建设,"社会主义空间的生产,意味私有财产,以及国家对空间之政治性支配的终结,这又意指从支配到取用的转变,以后使用优先于交换"①。同时,社会主义的空间应该是一个"差异空间",因为"资本主义和新资本主义的空间,乃是量化与愈形均质的空间,是一个各元素彼此可以交换因而能互换的商业化空间;是一个国家无法忍受任何抵抗与阻碍的警察空间。因此经济空间与政治空间倾向于汇合一起,而消除所有的差异"②。也就是说,社会主义的空间形态是和而不同的,私有财产消失,国家对空间的支配也不再。在此意义上,马克思主义者是高度一致的。

3. 空间与政治

列斐伏尔不仅将空间的概念代入了马克思的生产理论之中,也把政治学的研究方法和框架应用于对城市的分析中。"因为空间是政治的而有了空间政治学……空间不仅是发生冲突的地方,而且是斗争的目标本身。空间是一种政治和政治的生产。"③列斐伏尔认为,空间不是一个被意识形态或者政治扭曲了的科学对象;它一直都是政治性的、战略性的。空间的政治性的突出表现就是城市规划。他考察了20世纪50至60年代欧洲的一些宏大工程和城市规划后发现,城市规划并不是客观中立的,而是与统治阶级的高层决策相关联。空间政治的历史是一种国家战略构想的产物,是

---

① 亨利·列斐伏尔:《空间:社会产物与使用价值》,第54—55页。
② 同上书,第55页。
③ Stuart Elden, *Understanding Henri Lefebvre*, London and New York: Continuum, 2004, p.181.

阶级斗争的博弈和演化史。在《对空间政治的反思》一文中,他举例说明了空间政策是欧洲策略的一个函数。一个例子是斯特拉斯堡的机场建设计划,本来有效地利用欧洲资本,新建的机场可以将斯特拉斯堡置于一个很好的位置。但是这个计划无疾而终,机场不建了。人们永远也不知道,为什么会有这个决定,是谁做了这个决定。人们所知道的,是这个决定的政治意义,也就是欧洲某个政客放弃了计划,放弃了北地中海的通道:空间的政治是以欧洲为准则的。另一个例子是法国的空间战略,人们恢复了巴黎的中心地位,想要将巴黎变成和鲁尔以及英国的大都市一样的财富和权力的中心。这也是一项和空间政治有关的政治策略。通过分析,列斐伏尔总结认为,城市是被创造、形塑、改造出来的人类空间,它是人类活动的结果,也是人将主观意识强加于自然的产物。因而,城市空间具有很强的政治意味,城市应当被当作一种政治经济学加以理解。

城市规划过程受到政治的干预程度,是根据国家集权化的迫切要求和去集权化的具体要求之间的深刻冲突来决定的,从这个向度上来看,城市空间是高度政治化的。"它并不是某种与意识形态和政治保持着遥远距离的科学对象。相反,它永远是政治性和策略性的。假如空间的内容有一种中立的、非利益性的氛围,因而看起来是'纯粹'的形式、理性抽象的缩影,则正是因为它已被占用了,并且成为地景中不留痕迹之昔日过程的焦点。空间一向是被各种历史的、自然的元素模塑铸造,但这个过程是一个政治过程。城市空间是政治的、意识形态的。它真正是一个充斥着各种意识形态的产物。"①

随着资本主义生产方式的确立和现代性的兴起,空间成为政治的从属,城市空间也表现出了异常强烈的政治痕迹,空间政治性的具象表现形式就是空间的占有和分割:别墅区和贫民窟形成的鲜明对比,城市中心区居住环境的逐渐恶化,社会冲突尤其是黑人社区中种族和族群冲突的发展,大都市中内城和郊区的矛盾和危机。这些问题以空间的形式彰显了阶级的对立。城市空间不再是单纯的地理概念,而是在被剧烈压缩的同时也蕴藏着革命的潜能。因而,城市空间也成为阶级斗争中各方争夺的对象。在《共产党宣言》中,马克思明确地提出了无产阶级夺取政权和实行专政的论点,城市成为两大阶级斗争的主战场。"大城市是工人运动的发源地:在这里,工人第一次开始考虑到自己的状况并为改变这种状况而斗争;在这

---

① 亨利·列斐伏尔:《空间政治学的反思》,载包亚明主编:《现代性与空间的生产》,第62页。

里,第一次出现了无产阶级和资产阶级利益的对立;在这里,产生了工会、宪章运动和社会主义。"①与传统的阶级斗争不同的是,城市化时代阶级斗争不仅仅是两大阶级力量的角逐,更多的是空间的解放与重构,"资本主义之所以能够得到长足的发展,正是通过空间化过程来实现生产并占有城市空间的,因此反抗资本主义也必将从反抗对空间的控制开始"②。城市作为生产关系再生产的场所,将成为阶级斗争的主战场,那些受到资本主义空间剥削、压抑和边缘化的人可以为自己的权利而斗争。

很多的批评家和学者都曾对空间与政治的密切关系进行讨论,并且对列斐伏尔的论述给予积极的评价。尼古拉斯·恩特里金和文森特·伯都雷曾论及:"人们对于人类空间结构的社会构成性和政治操纵性的认识应归功于列斐伏尔。"③苏贾不仅高度赞扬列斐伏尔在社会生产空间的意识形态内容方面做出的贡献,同时明确表示:"无论是形式、内容、建筑布局、生产和消费相对中心方位、行政区划、工作和收入的不均衡地区分布,还是地方象征和空间意象的意识形态含义,所有组织起来的空间都将被视作根源于社会,充满社会意义。"④斯图亚特·埃尔顿进一步阐释了列斐伏尔的空间政治,认为不仅空间是政治的,政治也是空间的。他说:"之所以存在空间政治,不仅因为存在关于空间的政治争议,不仅因为没有政治语境,就无法理解空间及空间关系;认为政治必须在空间框架中进行,虽然是很有用的一步,同样不足以说明问题,之所以存在空间政治,最根本的原因在于空间内在于政治。"⑤的确,在列斐伏尔之前,还没有新马克思主义学者对城市进程,并通过城市进程给予资本主义社会的特定空间组织这种理论上和政治上的重视。

(二) 城市革命

卡茨纳尔逊在《马克思主义与城市》一书中指出:"列斐伏尔转向城市研究的原因,一部分是由于他从正统马克思主义的脱离,另一部分是源于他所观察到的结果,即 1960 年早期,大西洋彼岸比利牛斯省新建的拉克—

---

① 《马克思恩格斯全集》第 2 卷,第 408 页。
② 赫曦滢:《新马克思主义城市学派理论研究》,吉林大学博士学位论文,2012 年。
③ J. Nicholas Entrikin and Vincent Berdoulay, "The Pyrenees as Place: Lefebvre as Guide," *Progress in Human Geography*, Vol. 29, No. 2, 2005. 转引自赵莉华:《空间政治与"空间三一论"》,《社会科学家》2001 年第 5 期。
④ Henri Lefebvre and Michael J. Enders, "Reflections on the Politics of Space," *Antipode*, Vol. 8, No. 2, 1976, p.31. 转引自赵莉华:《空间政治与"空间三一论"》。
⑤ Stuart Elden, "Between Marx and Heidegger: Politics, Philosophy and Lefebvre's *The Production of Space*," *Antipode*, Vol. 36, No. 1, 2004, pp.99-100.

穆郎镇,融合了一种在他看来是全新的而且令人欣喜若狂的现象:空间规划和解放实践被融合在了一起。"①列斐伏尔敏锐地意识到,在一个知识大爆炸和人际关系日趋影响空间重塑的时代,正统马克思主义所固守的围绕工厂组织工人政治经济运动的斗争策略已经失效,应该重新审视马克思主义的关注点。列斐伏尔选择了城市和城市人际关系作为研究的重点,提出了"日常生活批判"理论和"都市革命"理论。

1. 日常生活批判

列斐伏尔和其他马克思主义者一样,主张通过阶级斗争,改变资本主义的政治经济关系,实现向社会主义的转向。但他的革命不是通过传统意义上的夺取国家政权来实现的,而是走一种日常生活批判的革命道路。列斐伏尔不赞同恩格斯的"住宅问题,只有当社会已经得到充分改造,以致可能着手消灭城乡对立,消灭这个在现代资本主义社会里已弄到极端地步的对立时,才能解决"的观点②,认为这是"反城市主义"的空间概念,否定了城市作为日常生活和社会交往的空间。

列斐伏尔将恢复和健全新的"日常生活"作为自己基本观点的核心。所谓的"日常生活"就是指人们日常的普通的平凡的生活,是人类社会的本来属性,也是列斐伏尔社会改良思想的重要理论基础。日常生活不仅包括简单的生活琐事,还包含着社会的实质,充满了价值和礼仪习俗。日常生活能够把社会的经济现实、现存的政治上层建筑的作用和革命的政治意识包罗起来,社会也总是在日常生活中生产和再生产。所以想要理解城市、城市社会过程及其本质,就必须理解和把握日常生活,变革社会同样要求变革日常生活。

列斐伏尔把现代资本主义世界的日常生活称为"消费支配的官僚社会",是一种"消费主义世界"。③ 在这种日常生活中,男男女女成为被动的存在和原子化的消费者,对消费对象(消费品)做出消极的自动的反应。在这种主客体的相互作用中,作为客体的消费品成为能动的,而作为主体的消费者反而成为消极的了。在日常生活的领域中,新商品和大众传播工具维持着群众的消极性,使他们安分守己,循规蹈矩;工人阶级丧失了目的、目标和意义,模糊了无产阶级的阶级意识,以致无产阶级被异化到不相信自己被异化的程度。

---

① Ira Katznelson, *Marxism and the City*, New York: Oxford University Press, 1992, pp.95-96.
② 亨利·列斐伏尔:《空间与政治》,第 75 页。
③ 陈炳辉:《西方马克思主义的国家理论》,中央编译出版社 2004 年版,第 132 页。

列斐伏尔意识到在日常生活的领域内一定会发生争取崭新意识的彻底变革的先决条件的斗争,因此,他号召从广大群众的日常生活批判入手,将群众从日常生活的异化中唤醒,使其重新具有革命性和创造力。列斐伏尔认为革命不仅涉及政治和经济方面,还涉及文化方面,他指出大多数马克思主义者只重视社会、政治、经济方面的革命,即只重视宏观革命,而忽视了日常生活方面的变革,亦即忽视了微观革命。在《马克思主义中的现实问题》一文中,列斐伏尔一再强调,从资产阶级政权过渡到无产阶级政权,就其事实而言,并不涉及具体生活中的改革,那样是难以完成当代资本主义社会的变革的。列斐伏尔主张将政治、经济变革同日常生活批判结合起来,把日常生活批判放到社会主义变革的极其重要的位置上。

列斐伏尔提出通过实现"城市的权利"和"差异的权利",来实现"日常生活"对资本主义的"批判",赋予新型社会空间实践以合法性。所谓"城市的权利",也是列斐伏尔在自己最早的城市学著作《城市的权利》中所阐明的概念,指城市及其居民有权拒绝外在力量(国家、资本主义经济驱动等)的单方面控制。现代资本主义政治和金融商业活动在城市中心的集中,改变了人们的生活方式,迫使居民向城市边缘地区迁移。实现"城市的权利"意味着居民可以拒绝服从资本和国家统治的需要,拒绝从原来人际交往、文化生活的中心——城市中心向外迁移,被隔离于外围居住地区而进入"交通—工作—休息"的循环模式。

"差异的权利"是"城市的权利"的逻辑延伸,它反对资本主义不断强加的"抽象空间的同质性",即反对资本主义空间生产的商品性所造成的城市空间的异同。对列斐伏尔来说,"差异空间"的生产是革命理论和时间的目标;在资本主义发展的城市阶段,紧迫的斗争是从资本主义组织控制下争取自由的日常生活的斗争,使空间的管理由大众掌握,为大众服务。满足"日常生活"需要、实现"差异空间"生产,所要采取的基本途径不仅是要改变生产关系,也要实现地域范围的自治。"日常生活的转变应当通过有相关利益者的残余而实现,不只是根据他们对价值准则和现代政治民主进程的理解。在这个层次上,这个利益与利益者的联合体已经有了一个名字,它就是自治。"① 通过实现地域范围的基本自治,恢复新的日常生活,使居民根据自治的原则组织生产和日常生活。

2. 都市革命理论

列斐伏尔区分了城市(在法文中,列斐伏尔用了"Ville"这个词)和都市

---

① 高鉴国:《新马克思主义城市理论》,第 215 页。

的概念。在列斐伏尔看来,城市是农耕时代的产物,是早于都市出现的;而都市是在城邑分化的过程中形成的,是空间、日常生活和社会关系再生产的统一体。列斐伏尔认为"都市现实的危机比某种其他的危机更为重要、更为根本"①,而都市革命也具有更为重要的社会意义和历史地位。列斐伏尔认为,都市本身在历史上可以成为一个能动力量,他把这种从工业化向都市化演进的过程称为"都市革命",认为无产阶级革命的胜利和都市革命是密切相关的。"当我们使用'都市革命'一词时,我们是指贯穿整个当代社会的转型,这些转型带来了从一个经济增长和工业化占主导的时期到一个城市问题具有决定意义的时期的变化,在这个时期探讨适合于都市社会的方案和形式居于优先地位。"②

都市化克服了一些资本主义已有的矛盾,但是也滋生了新的政治问题——空间的扩张对日常生活的威胁。列斐伏尔通过对法国住宅问题的考察,发现与城市空间扩张相伴随的是在建筑方面和城市规划方面的退步。人们被分散了,特别是工人,被疏离了都市的中心。在都市的这一扩张中占主导的是经济的、社会的和文化的隔离行动。城市中存在着一个真实的空间的矛盾,"一方面,统治阶级和国家强化了都市作为权力和政治决策的中心功能,另一方面,这个阶级和国家的统治被城市分裂了"③。统治阶级把空间当成一种实现多个目标的工具:分散工人阶级;把他们重新分配到指定的地点;组织各种各样的流动,让这些流动服从制度规章;让空间服从权力;控制空间,并且通过技术官僚,管理整个社会,使其容纳资本主义生产关系。

对于资本主义的维持,有的人认为是通过意识形态的强制来实现的,可以被称作意识形态国家机器;另一些人会认为,新的生产关系的出现是通过政治途径来实现的,它们的建立也是通过政治途径。对于这两种说法,列斐伏尔都不满意,他认为,资本主义中的社会关系,也就是剥削和统治的关系,是通过整个的空间并在整个的空间中,通过工具性的空间并在工具性的空间中得到维持的。列斐伏尔看到,资本主义在利用空间来维持自身统治的同时,也生产出了威胁资本主义统治的利器——空间——既是

---

① 亨利·列斐伏尔:《空间与政治》,第63页。
② Henri Lefebvre, *The Urban Revolution*, trans. Robert Bononno, USA: University of Minnesota Press, 2003, p.5.
③ 亨利·列斐伏尔:《空间与政治》,第130页。

压迫的工具,也是抵抗的武器,"权力虽然占据了空间,但空间却在它下面震动"①。列斐伏尔认为,想建立新的社会关系,就必须要打破旧的社会空间形态,建立一个全新的空间,"一个革命如果没有产生出新的空间,它的潜力就无法展示和发挥出来。革命失败的原因,往往在于只是想改变社会的意识形态,即社会的上层建筑或政治机器,而不是人的日常生活。社会的转型,必须具有真正革命的性质,对于日常生活、语言、空间都必须给予创新的力量"②。

列斐伏尔认为,在发达资本主义国家,阶级斗争应该为城市权力和日常生活的控制权而战;在欠发达的国家里,"阶级斗争也应该聚焦于区域解放和重构,聚焦于空间生产及其在资本主义的全球化结构中对主导型核心与依附性边缘的两极化体系的控制"③。列斐伏尔所主张的都市革命,实质上就是要从资产阶级手中争夺城市空间,将日常生活和支配空间的权力从国家转移到民众的手中。国家形态作为权力机构破坏了社会的空间形态,因此,列斐伏尔希望打破所有制关系,依靠社会化也就是全体人民来占据和占有社会空间。

列斐伏尔的"日常生活批判"理论是对现实社会中还不存在的可能性进行分析,"都市革命"被很多人批判为是不切实际的"乌托邦",空想的成分较大。然而,列斐伏尔认为:"没有乌托邦——没有对可能性的探索,就没有思想;没有涉及实践,也就等于没有思想。"④卡斯泰尔斯批评列斐伏尔把"对都市化现象的马克思主义分析变成了对马克思主义问题都市化的改造"⑤。随着研究的深入,列斐伏尔部分地修正了自己的观点。简言之,列斐伏尔希望的是通过发展一种"人道主义"的城市政治理念,以反对资本主义对日常生活的统治。

列斐伏尔用马克思主义的分析方法分析城市现象、城市问题和城市政治,把日常生活中的异化现象和由此引发的阶级斗争、国家权力、文化革命相关联,这在城市政治和马克思主义研究领域都是巨大的创新。卡茨内尔森对列斐伏尔的贡献做出了重要的肯定:"早在20世纪70年代,当戴维·哈维和曼纽尔·卡斯泰尔斯作为两个最有影响的城市理论家寻求将马克思

---

① Henri Lefebvre, *The Survival of Capitalism: Reproduction of the Relations of Production*, p.86.
② 黄凤祝:《城市与社会》,同济大学出版社2009年版,第197页。
③ 爱德华·苏贾:《后现代地理学》(王文斌译),商务印书馆2007年版,第140页。
④ 高鉴国:《新马克思主义城市理论》,第215页。
⑤ Manuel Castells, *The Urban Question: A Marxist Approach*, p.87.

主义转向城市问题之时,他们不可避免地都聚焦于列斐伏尔的著作上。因为在当时,只有他打破了马克思主义理论在城市领域的沉默。"①

五、城市社会运动——卡斯泰尔斯的城市政治理论

列斐伏尔像是一个放浪形骸的拓荒者,在马克思主义的研究视角下开辟了城市政治的处女地,他的城市理论多是形而上学的分析理论,对于社会的许多决定性因素的认识过于抽象化。作为列斐伏尔的批判的继承者,卡斯泰尔斯用缜密细致的方法,认真考察了城市空间的生产,并借用结构主义马克思主义的分析范式,在马克思主义城市政治研究的领域树起了属于自己的鲜明旗帜。

卡斯泰尔斯通过"结构"的视角,构建了一套完整的"城市体系",并且在各种要素中选取了他认为最有代表性的"集体消费"作为研究的对象。卡斯泰尔斯在研究的过程中发现,现代资本主义城市的大部分活动都与"集体消费"有关,无论是国家对空间设置的干预,还是社会危机产生的根源。因此,城市内部围绕集体消费而引发的城市社会运动一旦与无产阶级革命相结合,就有可能成为变革社会结构的决定性力量。爱德华·苏贾精辟地指出:"在《城市问题》的法文版原著中,卡斯泰尔斯创造性地把列斐伏尔关于城市和空间的写作、杜罕的社会运动社会学和阿尔都塞的结构主义综合在这本 20 世纪后半叶有关城市的最有影响的书中。"②这也正是卡斯泰尔斯的理论渊源。

(一)城市系统

城市是一种特殊的空间形式,是人与人际关系在特定空间的聚合,因此,通过空间分析城市是城市政治研究的基本切入点。在《城市问题:马克思主义方法》一书中,卡斯泰尔斯将"城市系统"作为城市空间分析的基本术语,"把城市看作社会在空间上的投射,既是一个必不可少的起点,也是最基本的路径"③。在卡斯泰尔斯的眼中,空间是"一种物质的产物,与其他的物质要素相联系——这些要素包括牵涉于特定社会关系之中的人类本身,正是这些社会关系赋予空间(以及相互关联的其他要素)以形式、功

---

① Ira Katznelson, *Marxism and the City*, p.93.
② 爱德华·苏贾:《后大都市:城市和区域的批判性研究》(李钧译),上海教育出版社 2006 年版,第 127 页。
③ Manuel Castells, *The Urban Question: A Marxist Approach*, p.115.

能和社会意义"①。城市空间是城市社会的结构性表达,这种社会结构包含各种要素、系统及其相互关系,"把空间作为社会结构的一种表达来分析,就是要研究社会结构的各个要素和这些要素之间的连接关系以及这些连接的社会实践对空间的塑造过程"②。

卡斯泰尔斯把社会的空间构造分解成经济实体、政治制度实体和意识形态实体三种系统,每个系统又区分为一系列不同层次的亚要素。在这里,卡斯泰尔斯并没有发展马克思主义政治经济学的基本概念,而是移植了结构主义对生产方式的结构分析。根据阿尔都塞的观点,一种生产方式由经济、政治和意识形态三种相关的要素或系统组成。卡斯泰尔斯指出,这三种系统需要更具体的说明,才能用于理解城市地区。经济系统包括:生产要素,指生产商品和信息的全部活动,如工厂、办公室,用符号 P 表示;消费要素,与社会、个人或集体占有的产品相关的全部活动,如住房、公共设施,用符号 C 表示;交换要素,是生产和消费间的交换产品,如交通、商业,用符号 E 来代表。政治系统的要素是行政,是在生产、消费和交换中进行调控的过程,用符号 A 表示。意识形态系统则由符号要素构成,用符号 S 表示。③

卡斯泰尔斯认为这样的分类太过笼统,不能体现城市系统,所以每一种要素都必须进一步分解为各种亚要素,"城市系统中存在的不同亚要素及其作用和层次之间的关系以及社会结构的关系,规定了城市系统的组合"④,如表 2-1 所示。

表 2-1 卡斯泰尔斯的城市系统概念

要素	亚要素		实例
生产(P)	劳动过程的内在要素	劳动工具	P1 工厂
		劳动对象	P2 原材料
	劳动过程与经济实体的关系	劳动对象	P3 工业环境(技术氛围)
	劳动过程与其他实体间关系	劳动对象	P4 管理、信息(办事处)

① Manuel Castells, *The Urban Question: A Marxist Approach*, p.115.
② Ibid., p.126.
③ 此处原文是"process of regulating the relations between P, C, A"。联系上下文,应该是 P,C,E,疑为英文版的翻译失误,见 Manuel Castells, *The Urban Question: A Marxist Approach*, pp.126-127。
④ Manuel Castells, *The Urban Question: A Marxist Approach*, p.166.

续表

要素	亚要素		实例
消费（C）	劳动力的简单再生产		C1 住房和起码物质条件（排水、照明、道路等）
	劳动力的扩大再生产	经济系统内的扩大再生产	C2 绿地、污染、噪音等（环境）
		制度系统的扩展（政治裁决、社会化发展的能力、国家意识形态机器）	C3 学校设施
		意识形态领域的扩展（国家意识形态机器之外）	C4 社会文化设施
交换（E）	生产——消费		E1 商业与分配
	消费——生产		E2 通勤（城市交通）
	生产——生产		E3 货物运输（秩序和管理）
	消费——消费		E4 流通（居住流动）
	消费——意识形态		E5 信息传播等
	生产——意识形态		E6 历史性建筑
	消费——政治		E7 决策中心
	生产——政治		E8 商业中心
行政（A）	全球/地方 特殊/一般		
符号（S）	实践层面：不能识别/识别/沟通		
	结构性实体层面：合法性的影响		
	信息生产过程：发出者、传播者和接受者		

资料来源：Manuel Castells, *The Urban Question: A Marxist Approach*, London: Edward Arnold, 1977, pp.238-240.

卡斯泰尔斯将马克思主义部分原理与结构主义方法有机结合起来，探讨了资本主义的城市系统，这对人们了解资本主义城市化的要素、亚要素、层次和角色内在联系的过程具有一定的启发意义。当然我们也应该看到，结构主义生产方式的概念与马克思主义政治经济学之间并没有密切的联系，卡斯泰尔斯对城市系统的概念也并没有定位于马克思主义经典政治经济学理论。

(二)"集体消费"理论

卡斯泰尔斯认为,在上述的城市系统中,城市是不能用意识形态和政治来定义的,尽管城市是特定意识形态在空间的凝结,而历史上也的确存在古希腊城邦式的以政治要素为核心的城市类型。现代资本主义城市只能用经济来定义。卡斯泰尔斯和列斐伏尔一样,把城市看作是再生产的领域而不是生产领域;不同的是,卡斯泰尔斯把城市作为集体消费的场所。在卡斯泰尔斯看来,城市的确是资本积累和生产发生的地方,都市可以定义为"劳动力的集体再生产和再生产过程的城市单位"[1]。在卡斯泰尔斯看来,城市的基本特征在于它是资本主义借以组织集体消费的空间单位,如何实现集体消费是当代资本主义空间形态的基本动因之一。虽然集体消费不是城市唯一的功能,但在当今却是非常重要和显著的功能。

所谓"集体消费",也称"集体的消费方式""集体消费的方式",是指国家提供或支持的公共物品(教育、娱乐、医疗保健、住房等)消费。卡斯泰尔斯在《城市问题》一书中,把集体消费看作是"劳动力再生产的实现条件的集体化"[2]。"集体消费"在卡斯泰尔斯的城市政治理论中占有重要的地位,他认为"集体的消费方式,构成了城市单元的物质基础"[3]。

卡斯泰尔斯"集体消费"理论的基本含义是:要想工人能够每天不断地提供劳动力,就必须供应给他们食品、住房和交通工具,同时通过教育机构进行培训;由于人口更加集中,所有这些消费项目日益在城市环境中提供;教育、交通、住房和医疗保健方面的供给越来越成为国家的公共事务,因为私人资本认为其无利可图;这种由国家提供的集体消费,正在成为政治关心和行动的对象;然而国家很难支撑集体消费的巨大付出。因此,存在一个消费供给的危机趋势,并导致城市社会运动。

1."集体消费"与城市

马克思在政治经济学的研究中曾涉及生产消费(涉及生产手段的再生产)、个人消费(涉及劳动力的再生产)和奢侈消费(超出需要的个人消费),但卡斯泰尔斯认为马克思并没有区分当代消费过程中的一个基本区别:个人消费与集体消费。他发现现代资本主义城市的大部分活动与"集

---

[1] Andy Merrifield, *Metromarxism: A Marxist Tale of the City*, London and New York: Routledge, 2002, p.119.

[2] Manuel Castells, *The Urban Question: A Marxist Approach*, p.431.

[3] Ibid., p.461.

体消费"有关,因此将"集体消费"作为城市政治理论研究的特定对象。卡斯泰尔斯认为,一个城市或"城市单位"应该被定义为一种集体消费的区域。这样,整个城市问题便可以通过一种"理论方式"加以探讨。

卡斯泰尔斯提出可以从四个方面理解城市作为"集体消费"区域的含义。第一,城市区域应该被视为一种空间结构,是一种政治、经济和意识形态的集合或产物。第二,一种城市区域,至少在资本主义社会,是一种经济存在,因为它是资本主义生产方式的决定性存在。第三,经济存在由两个因素组成,即生产手段和劳动力。城市区域的定义应当取决于后者而不是前者,因为"城市似乎直接意味着与劳动力相关的过程,是一个由劳动力市场及其相关的日常生活所限定的区域"①。相反,生产手段与地区问题的范围有关。第四,劳动力的再生产由两个因素组成,即个人消费和集体消费,而城市应该被定义为后者。集体消费包含着"城市所能提供的大部分项目"②。

卡斯泰尔斯提出,城市的基本特征在于它是资本主义借以组织集体消费的空间单位。人口围绕服务设施中心集中,减少了劳动力再生产的成本,于是"居住密集区组成了集体消费的单位,而它们的管理由直接与各种集体财产的组织与管理相关联"③,城市便成为集体消费的最有效和方便的组织形式。在卡斯泰尔斯看来,如何实现集体消费不是城市的唯一功能,但却是在当今非常重要和显著的功能。当今城市的功能已经大大不同于封建城市,在封建城市,政治统治的作用是主要功能。资本主义城市的功能也随着不同历史阶段的发展变化而变化。国家提供社会保障和福利是当代资本主义的基本特征,城市建设发展的方向是越来越成为集体消费场所,而不是生产场所。

2."集体消费"与国家干预

结构主义者认为国家对维持资本主义生产方式有四种主要作用。第一,国家提供"集体消费",促进了对资本主义企业产品的有效需求,也保证了劳动力的再生产;国家在教育、社会服务、住房建设和交通设施等福利供给上作用的增长,不仅促进了社会的稳定,也提供了一种健康的和熟练的劳动力,确保了对经济的高水平需求。第二,国家对基础设施项目的投入间接或直接地促进了资本主义生产,成为生产成本的一种补助。供水排水

---

① 高鉴国:《新马克思主义城市理论》,第 145 页。
② Kieran Mckeown, *Marxist Political Economy and Marist Urban Sociology: A Review and Elaboration of Recent Developments*, London: Macmillan Press, 1987, p.97. 转引自高鉴国:《新马克思主义城市理论》,第 145 页。
③ Manuel Castells, *The Urban Question: A Marxist Approach*, p.15.

设施、道路、电力等是国家补贴私人公司成本的例子,这有利于减轻一半费用和保证市场竞争。第三,城市的集聚是资本主义功能的体现,因此,国家更加介入土地利用规划和不同发展类型的地区区划,以加快和规范集聚的合理化过程,并通过这种方式协助资本循环和积累。土地利用规划有利于克服传统土地占有制造成的资本主义企业在土地利用中的混乱、冲突问题,限制资本主义企业一味追求利润最大化,而破坏整个城市环境的有机统一。第四,国家的"相对自主"是解决政治不满的"安全阀",国家角色保持最终的镇压和裁决功能;由于资本主义及其城市形态充满矛盾和具有对工人阶级的剥削性,国家通过暂时的妥协和改革,化解反对资本主义方式的任何激进行动。

卡斯泰尔斯的理论是,国家对于集体消费不断增加的干预是发达资本主义不可避免的特征,并且也使国家成为一个迅速反映政治需求的目标。他关于城市政治的概念也确认了国家对集体消费进行干预的作用。卡斯泰尔斯指出:"发达资本主义的一个基本矛盾在于:一方面,集体消费手段(以城市组织为基础)为资本所需要,以实现足够的劳动力再生产,而同时也被大众所需要;另一方面,集体消费手段在资本主义生产中普遍也没有利润可图。长期以来努力克服这个矛盾的结果,是消除了国家对集体消费手段的生产、分配和管理方面以及组合这些手段(住房、学校、保健、文化设施和交通等)的城市单元的组织和功能方面具有决定意义的干预。这种干预代表着两种'社会力量':资本的技术、经济要求和大众需要的发展。这种干预既有直接的,也有间接的,一方面通过预算行为和行政手段,另一方面通过劳动力再生产这类具有协调作用的经济和社会机制。"[①]可见,国家干预并不是简单的管理办法,它具有双重性,即一方面代表着统治阶级的利益,另一方面又要缓解阶级矛盾、化解阶级冲突。这里有一个倾向必须关注,即国家干预的过度政治化。过度政治化意味着国家与统治阶级的利益完全结合,甚至为了统治阶级的利益而牺牲大部分阶级的利益,其结果往往会导致经济衰退或停滞,社会矛盾激化或结构转型。

卡斯泰尔斯指出了国家干预的两重性对集体消费过程及其派生的城市组织有两个主要影响:一个是最大限度地发挥了国家的规范功能,另一个是将国家推向主要负责代理者的位置,导致城市问题的政治化。消费就这样与国家权力、阶级矛盾紧密联系在了一起,围绕着"集体消费",在城市中引发错综复杂的城市危机、矛盾和冲突,城市成为各个群体和利益团体

---

① Manuel Castells, *City, Class and Power*, New York: The Macmillan Press, 1978, p.42.

的角斗场,最终会导致城市社会运动。

"集体消费"这一概念一度在西方学界流行,但也有许多学者认为,将"集体消费"作为理解城市的出发点,不足以解释城市的全部机制和复杂性。美国学者马克·戈特迪纳(Mark Gottdiener)指出,卡斯泰尔斯将城市看作集体消费场所与芝加哥学派并没有什么不同,都是将城市作为一种社会病理场所。① 到20世纪80年代初,卡斯泰尔斯很大程度上已经放弃了早期提出的理论推理,但作为70—80年代最知名的西方马克思主义城市政治理论家之一,卡斯泰尔斯所阐发的消费政治的观点已经成为城市政治研究的重要参照点,其理论创新在学术界留下了深远的影响。

(三)城市社会运动

权力在城市系统中的来源和实际运作机制,是城市政治研究的核心问题。如果说列斐伏尔对政治实践和日常生活批判的观点是对现实社会中还不存在的可能性进行分析,卡斯泰尔斯有关政治实践和城市社会运动的观点则来源和侧重于一些现实存在的事物。卡斯泰尔斯认为,当代资本主义城市的重要功能不是通常马克思主义强调的生产过程,而是作为"集体消费"的中心。阶级斗争已经主要由生产领域转向消费领域、由工厂转向社区。由国家负责组织和提供的公共住房、交通、保健医疗等集体消费是"政治动员的重要资源",城市居民围绕集体消费所受到的限制和不平等分配进行各种抗议,要求改变集体消费的既定模式;由于这些抗议斗争涉及生产力再生产,如果它们与工人阶级运动相结合,形成广泛的城市社会运动,便具有产生革命的可能性,最终打破现存的财产占有结构,改变占统治地位的政治制度。在具有阶级斗争传统的法国,卡斯泰尔斯通过对百余次城市抗议运动的实证研究,提出了一个试图解决马克思主义政治实践中的斗争策略问题的理论观点,即城市社会运动。

1. 城市的权力归属

在传统的城市政治理论中,社区权力是城市政治研究的主流话语,而政治学里一些最重要的关于权力理论的研究成果就始于对城市社区权力的研究。

社区权力研究兴起于20世纪50年代,在60年代达到鼎盛。社区权力研究主要是回应城市权力掌握在谁手上,这些权力是如何取得的,权力的运作机制与结果是什么。对这一系列问题的回答,构成了城市的政治逻

---

① 高鉴国:《新马克思主义城市理论》,第152页。

辑,并于 20 世纪 50 到 60 年代形成了精英理论和多元主义的主要辩论。以亨特为代表的精英论认为城市决策是少数政治精英的专利,他们掌握着决策权,重大的政治方案通常是由这些代表少数人意志的政治精英决定的;以达尔为代表的多元论者则认为,城市权力分散在众多的团体或个人的集合体当中,每个群体都有独立的权力中心,地方政府的官员也有自己独立的地位,官员向选民负责,选民也可以通过选票操纵政治官员。

在马克思主义城市政治理论家看来,亨特是把阶级统治问题化约成对政治权力机器的一种争夺,这显然是一种过于简单的做法;而达尔对权力的复杂情形的极力解释,又把城市决策导向了一个不确定的政治游戏之中,这就使得无论是精英理论还是多元主义都缺乏严谨的理论基础。从实践的角度上看,城市中的权力关系也绝不仅仅是城市生活中的冲突活动,城市抗议和市民骚乱等城市社会运动也是城市权力关系要着力的考察点。卡斯泰尔斯认为,权力关系必须从属于社会结构,是由政治、经济和意识形态等社会结构整体来界定的。"我们将权力关系定义为社会阶级之间的关系,而阶级关系是社会结构中全部实体所定义的相互对立的位置的组合,权力于是就成为一个阶级或阶层以牺牲对立阶级或群体为代价实现自身目标利益的能力。"① 这样,权力就不是某个个体行为者的个人意志,权力关系即成为特定的阶级关系,那么城市政治其实也就是各阶级为实现其各种目标利益而展开的政治实践活动。卡斯泰尔斯认为,政治实践可以区分为两种相互关联的领域:一种是国家干预(城市规划),即国家机器自上而下的对社会系统的调节和规制;另一种就是城市社会运动。

西方的主流城市政治理论家们通常不会关注城市中的阶级、种族或性别的统治问题,这种情况除了与研究者本人的价值观念相关外,也反映了他们对私人和政府研究基金以及官方资料的依赖。而马克思主义的城市政治理论家们都将阶级和阶级矛盾放在城市权力的突出位置,这也是对马克思主义阶级分析法的传承。因此,是否把阶级矛盾和冲突放在重要的位置,是否把阶级差异作为社会不平等的主要根源,也是马克思主义城市政治理论者与自由主义学者之间的重要区别之一。

2. 城市社会运动

卡斯泰尔斯给城市社会运动做出的定义是:"一个由城市代理人系统和其他社会实践在特定的情况下以特殊的方式结合而形成的实践系统,它的发展客观上是朝着城市系统的结构性改变或者说在阶级斗争中对阶级

---

① Manuel Castells, *The Urban Question: A Marxist Approach*, p.243.

关系的重大修改,也就是说,在不得已的情况下,对国家权力的重大修改。"① 城市社会运动是一种自下而上的社会民众的反抗,直接表现为阶级之间的斗争和冲突,目的是为了改变现有的政治秩序。在卡斯泰尔斯看来,城市社会运动具有两个特征:第一,它必须造成资本主义制度的重要变化;第二,必须与社会的其他运动相关联。在发达资本主义社会,无产阶级和资产阶级之间的矛盾依然是社会的最主要矛盾,但这并不否认以各种城市问题为基础的城市矛盾的重要意义。在新的社会条件下,资本主义主要矛盾的矛盾形式由生产领域转向消费领域,阶级斗争的场所也由工厂延伸到了社区。城市社会运动的重要意义在于将城市斗争和其他的社会斗争形式做了有机的结合,是城市斗争和政治斗争的联合。卡斯泰尔斯运用结构主义的观点,力主将城市斗争纳入到工人斗争的体系中来。他认为,如果城市斗争只是单纯为了解决某项城市议题或城市问题,那么它很容易会被统治阶级(国家政权)瓦解收编。城市斗争只有突破了有限的斗争目标,并且与挑战现有权力结构和社会秩序的工人运动相结合,才能建立起广泛的政治动员,从根本上挑战甚至是改变资本主义的财产占有关系和权力结构。"可以说'城市政治'是阶级联盟形成的一个基本元素,特别是它与小资产阶级联合的时候。"②

卡斯泰尔斯的城市社会运动因其研究方法的转变经历了不同的变化,这一点从他不同时期的著述中可以体现出来。在前期的著作如《城市问题:马克思主义方法》《城市、阶级与权力》中,卡斯泰尔斯认为城市社会运动充满巨大的能量和影响,它广泛存在于工人阶级的抗争运动之中,阶级斗争是社会运动的关键变量,它会在经济、政治和意识形态三个层面对其产生影响。他甚至认为有可能会再次发生"巴黎公社"这样的革命斗争。在卡斯泰尔斯看来,城市社会运动围绕集体消费问题可以深刻地改变现存社会关系和斗争形势。他深信,持续出现在城市中的围绕住房、交通、公共设施、规划决策等问题的大多数抗议活动,能够与劳工运动组织相结合,从而能够上升为具有改变社会结构潜力的城市社会运动形式。卡斯泰尔斯指出,城市社会运动要取得成功,必须以强大的工人阶级斗争为基础,并争取社会主义的广泛政治同盟来实现,"现在(20世纪70年代)工人阶级不可能自己提出西欧社会主义的替代方案。只有在超越资本主义的客观利益和认识到其必然性、可能性的主观觉悟基础上所建立的广泛阶级联合,

---

① Manuel Castells, *The Urban Question: A Marxist Approach*, p.263.
② Ibid., p.433.

才有可能实现这个目标"①。因此,工人阶级必须与其他阶级如"新的小资产阶级"组成广泛的联盟。城市问题促进了这种同盟的形成,因为围绕集体消费危机而产生的运动代表着广泛的社会利益,城市矛盾和斗争提供了建立新的反资产阶级联盟的基础。由于受到1968年巴黎"五月事件"的影响,卡斯泰尔斯一度认为仍有起义的可能性,随着城市危机的加深,无产阶级占主导的城市社会联盟将动摇统治阶级的基础,"城市权力出现在街头……在我们社会中重新开辟革命的道路"②。

在坚持城市抗议必须经历社会主义似的大规模政治斗争的同时,卡斯泰尔斯也逐渐意识到城市社会运动在引发民众进行起义方面的作用并不明显,但在扩大社会主义和左翼革命政党的选举基础上作用明显,建立在广泛联盟基础上的社会主义转变只能通过民主形式来实现。他指出:"新型社会斗争与替代性民主政治相结合能够导致基于公开走向社会主义的计划的左翼选举的胜利。为了这种胜利的可能性和不限于资产阶级国家的阴暗政治,它必须不能在一个相互矛盾的同盟中支撑自己,而是在大众基础上建立社会主义力量的政治和意识统治。"③选举的重要性方面有时甚至超越了工人斗争,因为通过选举的方法也可以实现对国家和政权的统治。他认为随着人们对选举的日益重视,人们的斗争方式也由流血向和平转变,因为他们希冀通过选举的途径获得一定的政治利益,这使得社会主义民主化的道路似乎变得可以预期,如英国工党等组织正是通过议会选举而非工厂斗争赢得政权。英国学者桑德斯认为,卡斯泰尔斯由强调大众起义到主张民主斗争,反映了其结构主义马克思主义总体理论的相应变化,卡斯泰尔斯确有逐步摆脱阶级分析法和阶级斗争立场的倾向。

尽管20世纪70年代资本主义国家城市中存在着大量矛盾冲突,但围绕"集体消费"不平等和不平衡现象的激进城市社会运动并没有出现,工人阶级政党也没能在城市社会运动的基础上实现政治动员。在政治上,发达资本主义国家中的城市社会运动本身没有与卡斯泰尔斯所希望的工人阶级政治运动相结合。从80年代开始,以《城市与草根》(1983)一书为标志,卡斯泰尔斯的马克思主义立场发生了很大的变化,他先前的城市社会运动理论中的许多概念被扬弃或重建。在书中,卡斯泰尔斯广泛地研究了美国、南美、西班牙和法国的一系列城市社会运动,如蒂利亚社区、1915拉斯

---

① Manuel Castells, *City, Class and Power*, p.172.
② Manuel Castells, *The Urban Question: A Marxist Approach*, p.378.
③ Manuel Castells, *City, Class and Power*, p.60.

哥租金罢工、韦拉克鲁斯抗租运动、美国内城革命、旧金山同性恋社区、拉丁美洲违建运动和马德里市民运动等,他的结论是:"虽然阶级关系和阶级斗争在理解城市冲突中是基本因素,但它们绝不是城市社会变化的唯一原因。国家的自主作用、性别关系、族裔和民族运动,以及各种市民性运动,都是城市变化的不同根源。"①首先,他认为工人运动已经无力推动全面的社会变迁,因为当代世界经济是通过全球劳动力市场组织的,在经济体系由国际化组织进行控制的条件下,劳工运动没有实际力量带来社会转型,劳工运动的狭窄经济目标使它不可能提出涉及城市核心问题的人民大众生活质量方面的目标,资产阶级可以通过全球范围的资源配置,削弱工人队伍的力量。其次,他意识到各国城市运动没有整体统一的目标纲领,因此城市社会运动应该与左派政党保持一定距离,除非它们能够不断地维持活力。再次,他认为城市社会运动不能简单地集中在集体消费的问题上或者说是消费贸易工会主义,也应当关注国家权力、城市意义、性别关系、文化认同等问题。最后,城市运动的基础是多元的,城市居民根据不同的利益目标和行动组织结成同盟。卡斯泰尔斯认为,城市社会运动应该与市民运动紧密结合,因为他们在增强地方政府的行政和管理方面发挥着积极作用。另外,他也注意到城市社会运动与社区利益紧密相连。社区的组成成分可以相对简单,如同为外来移民或黑人等;也有可能成分非常复杂,由不同的利益政治团体构成,为了保护和谋求社区的共同利益而形成一种政治联盟。面对外来势力,政治残盟会通过社会运动、社区运动或市民运动等不同的运动形式表示不满并共同反抗,而这会对国家的治理和城市的发展造成重要影响,因为"城市运动的确表达了我们时代的真实问题,虽然其表达层次和范围还都十分有限"②,它成为当代发达资本主义社会中最主要的反抗形式和社会动力之一,但不是唯一出路。

卡斯泰尔斯开始虽然从一种激进的政治实践观出发,企图探讨、解释社会运动与阶级斗争和制度变迁的内在联系,但他没有从研究结果中发现明确的因果关系。卡斯泰尔斯的基本逻辑是"历史进步的自然运动"最终是由生产力发展所决定的,而不是由资本规律或阶级斗争所决定的;至少在一些发达资本主义国家,工人阶级没有失去政治自由,他们及其组织(工会和政党)能在既有政治制度条件下争取社会改革和维护自身权利,"用社

---

① Manuel Castells, *The City and the Grassroots: A Cross-Cultural Theory of Urban Social Movements*, p.291.

② Ibid., p.331.

会学的术语来说,工人阶级运动已被(有时是不情愿地)制度化"[1];社会运动作为有意识的集体行动,反映了人们反对旧秩序、建立新秩序的要求,这些运动可以在不同历史背景和社会结构条件下发展,无法用马列主义的阶级和政党理论来解释;"虽然马克思主义除了历史预见的阶级斗争外并没有解释社会运动,但社会运动始终持续。……研究社会变迁的知识传统应当重新建构"[2]。不难发现,卡斯泰尔斯的社会运动理论与马克思主义政治理论最终没有接轨,这不能不说是一个遗憾。

六、资本积累与城市问题——哈维的城市政治理论

与卡斯泰尔斯的偏离不同,哈维以一个实证地理学家的学养实现了与马克思主义政治经济学相得益彰的完美对接。在理论构建中,哈维始终坚持政治经济学批判的话语模式,把资本批判、资本主义批判与政治经济学紧密结合,他对资本循环、空间的生产、时空压缩、空间修正以及新自由主义背景下阶级结构和城市正义方面的分析,都体现了这一点。以至于有的学者把哈维的城市学说称为"城市空间政治经济学"。[3]

(一) 资本与城市

城市空间构成了社会经济生活的两个重要方面——资本积累和阶级冲突相互作用的场合。卡斯泰尔斯强调马克思主义重视阶级斗争而不是资本规律,提出理解城市必须研究"集体消费"。而戴维·哈维认为理解城市进程的焦点不是集体消费,而是马克思最关心的基本问题——资本积累。

1. 资本的城市化

为了深入地理解马克思主义,哈维从1971年就开始仔细研读《资本论》,因此,他比其他西方马克思主义思想家更直接地运用政治经济学来分析城市问题。哈维多次谈到他的研究重点之一是构建资本主义城市化理论:"我在《资本的局限》中要做的最重要的工作是建设一个解释城市化的基本理论,那就是将空间生产和空间性结构整合起来,作为马克思主义理论核心中的一个积极因素。……这是关键性的理论创新,使我不再单纯从历史的角度看待历史地理学,而是打开思路,用理论总结城市进程,把它作

---

[1] Manuel Castells, *The City and the Grassroots: A Cross-Cultural Theory of Urban Social Movements*, p.299.
[2] Ibid., pp.298-300.
[3] 蔡禾:《城市社会学:理论与视野》,中山大学出版社2003年版,第175页。

为阶级斗争和资本积累的历史地理的一个积极部分。"①在哈维看来,资本主义城市化的主要动因是资本积累,是资本家受利益驱使的产物。

根据马克思主义的基本观点,资本积累是资本利润的形成过程,这种利润意味着用于积累更多的资本,再赚取更多的利润。资本积累是一个扩张过程,能够带来社会的重要变化。不仅是财富规模的变化,而且是经济、阶级关系、城市周边地区特点的变化。但马克思本人对城市建筑环境作为一种资本积累手段的论述并不多。哈维指出,城市化研究就是这种资本积累过程的研究,城市化是资本积累的重要形式,构成了资本主义再生产的基本条件,城市进程意味着资本主义生产流通的物质基础的生产,具有使用价值。城市化涉及"资本积累过程;劳动力的转移,商品,金融资本;生产的空间组织和空间关系的转化;信息活动和以地域为基础的阶级冲突;等等"②。资本主义城市化是在资本积累的矛盾运动中实现的,必须服从于资本积累的近期和长远目标。城市进程意味着建立一种生产、流通、交换和消费的物质基础。通过城市建筑环境的形成方式和它作为资源系统对价值和剩余价值生产的服务方式,人们可以认识到资本积累对"城市化"和"城市性"的决定作用。

2. 资本循环与城市危机

最先揭示资本循环与城市发展的重要性的学者是列斐伏尔。列斐伏尔对资本第一循环和第二循环进行了重要的区分。第一循环指资本在生产领域(如制造业)的流通,涉及商品生产的投资;第二循环指资本对土地、道路和建筑物的资本投入,涉及剩余价值从各种财产所有权投入中的产出,即从固定资本投资中的回报。列斐伏尔指出:"只要在产业部门中形成和实现的全球剩余资本出现下降,那么在房地产倒卖、建筑地产开发中实现的比重就会上升。"③

哈维"在既有的环境中对资本的循环、信贷体系以及空间结构的生产投入特别的关注"④。哈维根据马克思主义关于资本主义再生产的周期性原理,结合列斐伏尔有关建筑环境中资本循环的理论,提出了用资本三级循环理论(如图2-1所示)来解释资本运动与城市空间发展之间的关系。

---

① 高鉴国:《新马克思主义城市理论》,第130页。
② 同上书,第131页。
③ David Harvey, *Social Justice and the City*, Oxford UK: Basil Blackwell Publisher, 1985, p.312.
④ David Harvey, *The Limits to Capital*, p.xiii.

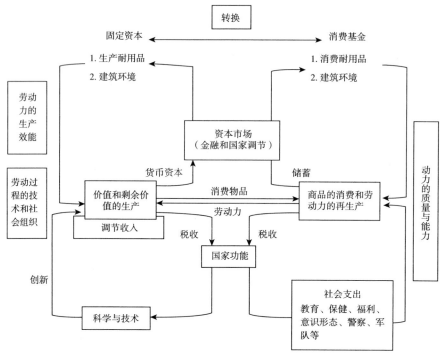

图 2-1 初级、次级和第三级资本循环的关系结构

资料来源：David Harvey, *The Urbanization of Capital: Studies in the History and Theory of Capitalist Urbanization*, Oxford UK: Basil Blackwell, 1985, p.9; David Harvey, *The Urban Experience*, Oxford UK & Cambridge USA: Basil Blackwell Publishers, 1989, p.67.

资本的三级循环包括：初级循环，即资本用于普通商品生产；次级循环，即资本用于固定资产和消费基金项目；第三级循环，即科学技术投入（旨在扩大科学技术在生产领域中的应用，促进社会生产力的革命性发展）和用于劳动力再生产过程的各项社会开支，其中包含根据资本的需要和标准直接用于改善劳动力素质的投入（通过教育和卫生投入，增强劳动者的工作能力）和通过意识形态、军队等手段，同化、整合和镇压劳工力量的投入。① 一般私人资本家倾向于初级循环过程中的巨额积累，而对次级循环投资不足，但是初级循环的巨额积累为次级循环的形成创造了条件。第三级循环主要是阶级斗争的结果，而不是私人资本利益驱动的直接后果。资本家被迫从自己整个阶级的利益出发，通过国家机构的干预加大相应的第三级循环的投资。

---

① David Harvey, *The Urbanization of Capital: Studies in the History and Theory of Capitalist Urbanization*, Oxford UK: Basil Blackwell, 1985, pp.3-8. 转引自高鉴国：《新马克思主义城市理论》，第135页。

哈维指出,"城市空间的本质是一种由各种各样的人造环境要素混合而成的人文物质景观,它包括工厂、铁路等生产性人造环境和住房、商店等消费性人造环境"①,这种人造环境是人为建构的"第二自然"。在资本循环中,初级循环由于资本主义生产的基本矛盾的作用,会出现"过度积累"危机,主要表现为商品过剩、资本闲置以及工人失业等。资本主义解决过度积累危机的办法就是将积累的资本投向次级循环,城市的人造环境的形成和发展正是由初级循环的工业资本转向次级循环的结果。也就是说,城市空间的生产是资本控制和作用的结果,是资本利润驱动的结果,"城市的发展过程就是生产、流通、交换和消费的物质基础设施的创造"②。人造环境不断地创造价值的能力,使资本在次级循环中获取利润,于是吸引更多的过剩资本进入次级循环,当城市中心区可建面积趋于饱和时,资本便迅速地向郊区移动,从而造成城市中心或中心城市的衰落。为了追求新的且更具有生产力的固定资本形式,不得不加速对老的项目投资的贬值甚至毁坏,而这又会破坏既存的空间结构,于是空间结构被重新建构。然而,重新建构的空间结构势必成为进一步积累的障碍,使过度积累这一基本矛盾在城市人造环境的生产和使用中重新产生。为了解决资本次级循环中的危机,资本向第三级循环转移,即投资于科学技术研究以及教育与卫生福利等社会公共事业。

哈维总结了现代城市的危机,这些危机包括:(1)通过扩大资本积累来增加城市的物质福利,这一计划并没有完全实现,资本积累不能满足人们的要求、需求和欲望,也不能为情感和知识的发展释放时间和空间。它承诺无限的消费主义是追求幸福的路径,但现实最多也就是不平衡的福利。(2)城市的政府标榜自由、民主,以个人权利、自由权利保护的名义,支配和剥削其他人的自由,把穷人排除在政治影响和权利之外,其政治地位被边缘化。(3)市场力量的空间自由主义削弱了静态的领土结构和力量,其作用就是向作为政治基础的领土和民族身份的回归,并产生反向的排他主义倾向。(4)市场的外部性产生了大范围的社会、经济和政治难题,主要表现在资源的浪费、环境污染、居住地破坏等方面。③

---

① David Harvey, *The Urbanization of Capital: Studies in the History and Theory of Capitalist Urbanization*, 1985, pp.15-16. 转引自高峰:《城市空间生产的运用——基于新马克思主义空间理论的分析》,《学习与探索》2010年第1期。

② David Harvey, *The Urbanization of Capital: Studies in the History and Theory of Capitalist Urbanization*, 1985, p.1. 转引自高峰:《城市空间生产的运用——基于新马克思主义空间理论的分析》。

③ 赫曦滢:《新马克思主义城市学派理论研究》。

哈维敏锐地意识到20世纪以来的城市危机大多属于生产过剩的危机而非供给不足的危机，资本的三级循环理论并不能消除这些城市危机，各国政府不约而同地选择通过城市地理扩张和空间重组的方式作为解决危机的替代性方案。同时，时间转换的方式也时常被应用，即将一部分资本转移到长期项目中，如基础设施建设、加大教育和科研经费的投入等，通过延长资本回流的时间使过度积累的趋势得到缓和，推迟经济危机的发生。他将这种推迟与缓和危机的方式命名为"时空修复"理论。

3. 时空修复

在"时空修复"理论中，"空间修复"是哈维论述的核心。哈维非常认同列斐伏尔的"资产阶级把空间作为一种统治工具"的思想。哈维主要考察了城市运输和通信业的发展对"空间修复"的巨大影响，认为从19世纪中期开始，资本主义就借助铁路等交通技术和电报等通信技术大大地改变了空间的配置。"开创世界市场、减少空间障碍、通过时间消灭空间的激励因素无处不在。""所谓排除空间障碍，就是要创造特殊的空间（铁路、公路、机场、远程运输）"，这种扩张带来的结果就是"全世界的空间被非领土化，被剥夺了它们先前的各种意义，然后再按照殖民地和帝国行政管理的便利来非领土化"。① 空间就是在这种不断寻找新领地、不断将非资本领域资本化的资本和贸易力量下重铸和修复的。就这样，城市空间被卷入了政治经济的斗争之中，资本构造出的独特空间，建构了社会标准，迫使人们去遵从并再生了社会秩序，使得人们各居其位。我们在空间中的姿态，我们和空间的关系，我们对空间的处置都有了政治意味；我们对于空间的态度就是一种政治态度。哈维就是在这个意义上断言："每个社会形态都建构客观的空间和时间概念，以符合物质与社会再生产的需求和目的，并且根据这些概念来组织物质实践。"②

"空间修复"的确提供了通过扩大市场逃避危机的可能性。但是，流动资本和固定资本之间也存在着紧张关系。通过持续的空间生产，全新的劳动区域分工形成，新的和更便宜的合成资源的开发，作为资本积累动态空间新地域的开拓，以及资本主义社会关系和制度安排，对先前社会结构的渗透，都为吸收资本盈余和劳动盈余提供了重要的途径。然而，这种城市地理的扩张、重组和重构经常会威胁已经固定在城市中，但是还没有实现

---

① 戴维·哈维：《后现代的状况》（阎嘉译），商务印书馆2003年版，第330页。
② 戴维·哈维：《时空之间——关于地理学想象的反思》，载包亚明主编：《现代性与空间的生产》，第377页。

的价值。"这一矛盾不断出现,而且由于新的城市区域实现有效运转也需要在物质性基础设施和建筑环境方面投入大量固定资本,因而将会不断重复出现。大量固定在空间中的资本成为别处实现空间修复的障碍。"① 换言之,如果资本没有或者不能转移,过度积累的资本一定会由于通货紧缩导致的衰退或萧条而直接贬值。因此,经过几轮的城市"空间修复"虽然便利了社会基础设施建设的更新,但是更新形式会根据资本是否在寻找一个"空间修复"克服生产过剩(新市场)、减少剩余人口、利用新材料、处理局部的过度积累(新的投资机会)等而呈现出多样化。另外,在城市基础设施建设和维护工作中的固定资本和劳动力只能维持资本循环到空间中的下一个地点。所有这些意味着对于资本主义内部矛盾而言,没有长久的"空间修复"。

"时空修复"只有可能暂时缓解或推迟过度积累和经济危机,但是资本主义的根本矛盾是无法调和的,经济危机的最终爆发无法避免。在他得出这个结论之后不久,他的预言在2008年美国次贷危机中得到验证。因此,哈维大声疾呼,我们的时代需要解放政治学,要在不同空间建立有广泛基础的联合政治学,通过一场全球性的阶级斗争来构建未来社会的替代性方案。

(二) 阶级力量的重建

西方马克思主义学者具体分析了资本主义新时代背景下,阶级关系的多样性和复杂性。事实上,认为马克思主义传统意义上的固定在某个国家范围内的工人阶级、无产阶级不再能够担当革命重任的观念,一直为1968年之后的西方当代左派学者认同。马尔库塞在《反革命和造反》一书中就指出,在后资本主义社会中,由于工人阶级的物质需要得到满足,生活水平大幅改进,思想已经被统治阶级同化,从而放弃了革命的想法。由于产业工人阶级在西方各国剧减,劳动状况已经改变,劳动者也相应地发生了改变,工业劳动阶级由于其所处环境的不稳定性和所担负的工作性质,已不能承担经济的、技术的和政治的权力的使命。他所推出的新的社会主体是既与传统工人阶级相区分的,也与特定集团无关的"非工人的非阶级",这是由失业者、偶尔工作者、短期或临时工作者组成的"后工业无产阶级",是被社会边缘化了的阶级,是逃脱了或拒绝了资本主义生产方式的阶级。

哈维运用马克思主义观点,并吸收了英国著名学者吉登斯和西方马克

---

① 戴维·哈维:《新帝国主义》(初立忠、沈晓雷译),社会科学文献出版社2009年版,第94页。

思主义者普朗查斯的观点,指出了造成资本主义条件下社会差别的三种理论:(1)来自于资本和劳工之间权力关系的主要理论;(2)来自资本主义的矛盾和进化性的多种次级力量;(3)反映过去旧生产方式社会关系的残余力量。哈维肯定了马克思所分析的资本和劳工之间的权力关系是资本主义的基本社会关系,也是形成资本主义社会阶级结构的主要力量;劳资双方的权力关系通过市场经济的组织方式而不是其他非市场化的形式直接表现出来。但哈维又指出,劳资权力关系所构成的主要力量并不一定必然产生整个资本主义社会"两分的阶级结构"。他认为"社会构造在现实生活中可以根据许多不同的因素表现出来",马克思在《资本论》第一卷中提出的两个阶级结构,是为了说明资本主义生产的剥削性而提出的一种假定关系,并不意味着划定一种现实社会的整体结构。[1] 哈维指出,马克思在《路易·波拿巴的雾月十八日》中根据游民无产阶级、产业无产阶级、小资产阶级、工业资本家、金融家、土地贵族和农民的阶级利益,分析1848—1851年法国的冲突,便是运用了更复杂的社会结构模式。这说明马克思本人承认资本主义在不同历史时期和地点的变化,除基本的资本和劳工关系外,阶级利益和社会结构也会围绕其他力量而形成。

哈维认为这些力量可以被称为"阶级结构的次级力量",并将它们分成两部分。第一部分为"残余的"力量,即产生于以前历史阶段某些生产方式的力量,如资本主义早期的封建残余——土地贵族和小农、现代资本主义社会中殖民主义残余,这些历史残余在资本主义社会长期存在。第二部分为"派生力量",即产生于资本主义积累自身过程中影响资本主义社会阶级结构的其他力量。哈维主要提出了五种"派生力量":劳动分工和岗位专业化、消费模式和生活方式、权威关系、意识形态和政治意识的操纵、流动机会的障碍。这些力量扩大了资本主义社会中个人或群体的差别。

哈维指出,劳动分工和岗位专业化将无产阶级和资产阶级分化为不同的阶层,社会冲突可以在这些阶层之间出现。这种情况不同于马克思认识中的阶级斗争,应当形成理解社会关系的新的指导原则。生产的增长要求改进劳动力素质与生产组织、通信、交换和分配的形式,这些改进意味着扩大劳动分工和岗位专业化,由此产生的体力劳动和脑力劳动的差别必将反映在蓝领工人和白领工人的社会差别上;日益复杂的经济活动导致专业化金融中介的出现,由此造成了金融家和工业企业家在整个资本家阶级中的

---

[1] David Harvey, *The Urbanization of Capital*, pp.111-112.转引自高鉴国:《新马克思主义城市理论》,第187页。

分化。在哈维所分析的"次级力量"中,"专业分工"和"权威关系"是认识现代城市社会结构的重要领域。在人类社会历史上,商业、手工业从农业中的分离,脑力劳动与体力劳动的分离,都包含着十分具体的内容。现代工业化和城市化引起职业结构的日益细致的分工,围绕基本的资本—劳动关系形成了许多职业集团和社会阶层,使社会政治关系极大地复杂化。岗位专业化和中产阶级扩大化,使传统阶级对立的界限模糊了。在这种情况下,迈克尔·哈特(Michael Hardt)与安东尼奥·内格里(Antonio Negri)提出了"大众"的概念。

大众是与帝国概念对应出现的,在帝国主义框架里分析革命主体是为了在新的形势下找到新的革命的力量。"大众"意在重新开启马克思阶级斗争的政治方案,重新置换出全球化资本主义时代反抗资本逻辑的新革命力量。在哈特、内格里看来,适应全球化资本主义条件下的革命形势,一个重要的努力就是重新思考马克思的无产阶级概念,重新认识它的革命力量、它的构成的变化。资本主义的剥削关系已经扩展到一切地方,不再局限于工厂,而遍及社会生活的所有领域。在非物质劳动形式下,资本主义的剥削无论从广度还是从深度上都有所增强。就广度而言,非物质劳动几乎遍及全球的所有空间,成为所有劳动必然采取或即将采取的形式,资本所要求的劳动呈现出共同性。就深度而言,非物质劳动取消了每个人的劳动时间与生活时间的区分从而渗透到所有人的生活中,甚至肉体与心灵中。资本榨取的不再是劳动力在特定时间、特定场所的劳动,而是所有劳动者的劳动力自身。大众因此应该包括所有从事生产的人,应属于普遍化的生产方式下联合的力量,无产阶级只不过是作为具有更多内容的阶级的一个部分而存在。

大众的意义在于,资本主义在树立了更多对手的同时,也积蓄了更具革命性的政治主体。面对资本新的剥削形式,曾经不属于工人阶级范畴的众多社会群体以一种更为显著的方式创造了共同的关联和共同的社会形式,以更为主动的合作而构成了多众——一个更具有包容性、更能抵抗资本统治的大范围的政治主体。多众以非物质劳动者的形象出现,决定了它不仅仅是一个生产领域的主体,而是涵盖一切人类生活领域的主体,是工人阶级退出历史舞台之后的一个范围更广、更加合作、更具革命性的政治主体。在他们看来,多众包括饱受资本奴役的传统工人阶级、合法或非法的移民、一无所有但又富有能量的穷人,还容纳了学生、妇女、黑人、同性恋者等其他一切社会边缘群体。

按照西方马克思主义学者的观点,既要看到围绕资本和劳动关系所形成的阶级对立和矛盾,又不能简单以两个阶级代替全部阶级关系,而是承认多层次、多样化的阶级关系。既然这是一个差异的世界,工人阶级运动就必须学会在差异性和多样化中寻找到可以与其他运动、其他主体进行沟通的共同议题,以此把农民运动、学生运动、黑人运动、反战运动、人权运动、女权运动、生态运动以及各种狭义的文化运动等都集中在城市运动这个共同议题的旗帜之下,"看清那些对抗资本主义秩序永存的阶级结构因素与那些有利于资本主义社会再生产的社会差别因素之间的长期斗争"①。

(三) 城市正义

正义既是人类社会对美好生活的憧憬和永恒不变的价值追求,也是无数哲学先贤巨擘热衷分析探讨的问题。但是正义理论往往流于形式,最终成为乌托邦和空想,难以付诸实践。马克思通过对正义问题的批判和对正义概念的悬置,来寻求正义由抽象的思辨哲学向具象的现实生活的转换。马克思主义城市政治理论家们继承了马克思的这一批判的思想传统,在他们看来,正义不是一个抽象的原则预设,而是可以通过社会结构来呈现的政治力量,这个结构就是城市。

戴维·哈维通过对正义概念的分析,认为关于正义的话语比较,不能脱离与之对应的社会地位的话语比较。他先是批判了维特根斯坦关于正义概念在语言中的体现,认为这是使"我们退回到了文化的、语言学的或者话语的相对主义的观点中"②;进而批判了上溯到柏拉图《理想国》中传承下的"正义的观念必定是某种话语霸权,这种话语源自任何统治阶级的所拥有的权力"的观点③。但如今从它们时而保守时而变革的态度中,我们发现这种正义仍然只是现存经济意识形态化的夸夸其谈。希腊和罗马时代的正义观是拥有奴隶就是正义,就此而言,1789 年资产阶级要求废除奴隶制度的正义就是非正义的。因此,永恒的正义的概念不仅随着时间和地点的不同而改变,而且还随着不同的相关人士而改变。④

哈维撰写其成名作《社会正义与城市》之时,正值罗尔斯的《正义论》为学界热议。哈维对罗尔斯的正义学说提出了质疑,他认为罗尔斯的理论是脱离了资本主义生产过程,抽象地对分配正义的纯粹思辨。在哈维看来,

---

① David Harvey, *The Urbanization of Capital: Studies in the History and Theory of Capitalist Urbanization*, pp.111-112.转引自高鉴国:《新马克思主义城市理论》,第 190 页。
② 戴维·哈维:《社会正义、后现代主义和城市》,载朱健刚主编:《公共生活评论》第 1 辑,中国社会科学出版社 2010 年版,第 225 页。
③ 同上。
④ 戴维·哈维:《社会正义、后现代主义和城市》,第 226 页。

城市是生活结构的社会化再造,要在公民身份、家长式统治、性别和种族歧视、集体消费、法律、政府和公民社会等问题中体现城市正义,是与其结构化本身分不开的。城市作为社会空间的再造和意识形态的空间铺陈,城市空间的任何一种规划与格局都经过意识形态的洗劫。所以空间所表达的、所代表的,必然是通过一种组织化的格局展现出来,从而约束人们的行为。因此,城市的正义与城市的政治结构有着不可分割的本质的关联。

  I. M. 杨认为,在一个正义和文明的社会里,城市生活的标准理念应该是"各类短时间构成的社会关系没有排外性。不同的群体可以紧挨着共同定居在城市中,当然一定会在城市空间中相互作用。如果城市政治是民主的,并且不以某一群体的观点为支配,对于一起住在这个城市里的那些没有固定社区的不同群体,这种政策一定会考虑和防止针对他们的暴力"。① 杨在《正义与差异政治》一书中把不正义的概念解释成五种有区别的但相互作用的形式:剥削、边缘化、弱势化、文化帝国主义和暴力。② 哈维沿袭了杨的说法,把注意力集中在压抑的来源问题上,从中总结出五种与城市规划和政策实践有关的建议:"公正的规划和政策的实行必须直面创造社会的形式和政治组织的难题,在生产和消费中、在工作和生活领域中减少对劳动力的剥削;公正的规划与政策一定要面对边缘化的现象,在非家长制的模式之外,寻找方法去组织和防止政治上的边缘化,从而将那些受到约束的群体从这个特别的压迫中解放出来;公正的规划与政策的实践必须授予各方面权力,而不是剥夺受压迫者的政治权力和自我表达的能力;公正的规划与政策一定要对文化帝国主义的问题特别敏感,在城市工程的设计和大众咨询的模式中,要通过各种不同的方式消除文化帝国主义的倾向;公正的规划与政策的实践一定要找出有排外的和没有军事化形式的社会控制,在保持受压迫者的自我表达的能力的情况下,抑制逐渐增长个人化和制度化的暴力。"最后,哈维还在杨的五种建议之外补充了第六个建议:"公正的规划政策的实践要清晰地认识到所有的计划中的生态后果,必将影响着未来的下一代和其他地域居民,要采取步骤去合理地缓解负面的影响。"③

  哈维尤其注意到城市土地收入与政治决策之间的关系。他曾以 20 世纪 60 年代经济"很不发达"的古巴的住房制度为例,提出以国家干预的"社

---

① Iris Marion Young, *Justice and the Politics of Difference*, Princeton: Princeton University Press, 2011, p.227.
② 戴维·哈维:《社会正义、后现代主义和城市》,第 217 页。
③ 戴维·哈维:《社会正义、后现代主义和城市》,第 230—233 页。

会化控制"来取代土地市场和住房部门的竞争机制,解决资本主义城市中的贫民问题。哈维认为郊区是"教化(道德)影响"的工具。通过说明美国私人住房拥有量的迅速增加,指出资本主义国家的社会控制功能。国家鼓励私人房产的占有,满足住房拥有者的既得利益,分化占有房产和不占有房产工人之间的利益。① 哈维选择了资本利益的特殊视角,分析城市生活中资产阶级与工人阶级的对立统一关系:"我将限定自己,主要分析阶级斗争的有机条件和资产阶级反应的性质。后者受到积累规律的控制,因为积累总是使资产阶级保持着自我再生产和对劳工进行统治的手段。"② 针对资产阶级所采取的一些具体政策和措施有:扩大和满足住房需求,缓和与劳动阶级的冲突;通过郊区化分散贫困和工人阶级的集中;改善社区服务,实现社会稳定。③ 哈维指出,资产阶级针对阶级对抗所实行的居住分散、社区改造和社区竞争策略,是人们理解资本主义条件下城市进程物质历史的一些基本要点,其中必然包含着资本循环的需要。

2011年在美国纽约爆发的"占领华尔街运动"无疑是对哈维所说的城市正义问题的一个现实的回应。这场运动直指当今社会的金融问题,而反映的却是深层次的城市社会阶级矛盾。自2008年美国金融危机爆发以来,金融裹挟着由广大民众创造的巨大的社会资本,但是金融市场发生崩溃后,却没想到会有政府救市的非理性行为。金融赤字与损耗变为可以一笔勾销的账目处理,而巨大的物质财富的损失却由民众承担,社会的不正义明显显现出来。由社会金融问题引起的社会不公是华尔街运动爆发的真正原因。我们可以看到,哈维提出的由住房问题引发的金融问题,进而导致城市社会结构问题的理论进路已经通过事实显现出来了。所以说"理论从来都是直面现实生活本身,这个运动的爆发已经表明了哈维理论判断的正确性"④。

七、后"三剑客"时代的新马克思主义城市政治理论

马克思主义理论家在20世纪70年代提出的新问题之一是:资本主义如何以及为何会跨越时空而延续?对此,西方马克思主义城市政治理论"三剑客"列斐伏尔、卡斯泰尔斯和哈维做出了各自的解答。20世纪70年代中期的资本主义经济危机使凯恩斯主义的福利国家受到了各方面质疑,

---

① David Harvey, *Consciousness and the Urban Experience*, Oxford: Blackwell, 1985, pp.42-43.
② David Harvey, *The Urbanization of Capital*, 1985, p.26.
③ Ibid., pp.28-30.
④ 魏海燕:《大卫·哈维新帝国主义理论研究》,复旦大学博士学位论文,2012年。

福特主义的局限性开始逐渐显现。80年代则是试图为解决这些局限性而采取一系列政治措施的十年。随着资本主义的发展变化和新一轮经济危机的出现,一批新锐的左翼学者在"三剑客"之后,对城市政治进行了拓展研究,一个更全面的马克思主义城市政治研究浮出水面。

或许是更加清楚马克思主义的传统,尼尔·史密斯的研究引用了列斐伏尔、哈维和早期的卡斯泰尔斯的观点,展现了为什么空间是资本主义的重要方面,以及资本主义是如何获取空间的。史密斯指出,发展的不平衡是现代资本主义的一个系统和必要方面,只能尽可能地通过"尺度"(scale)这个概念去理解。因此,在史密斯看来,城市是"尺度规模"的一点,从个人、家庭、社区、地区、国家乃至全球去运转。不同于卡斯泰尔斯,史密斯定义城市主要是通过劳动力市场的规模和城市土地市场。这就使他提出了"空间性的政治"的概念,"认识到空间在日常生活中的重要性和斗争超越空间的控制,成为权力和反抗的爆炸点"[1]。他认为,城市劳动力的集中有利于政治组织,城市财政危机带来的全市范围服务和雇工的削减有利于社会的发展。

在这些变化中,值得我们重视的是新自由主义的兴起给马克思主义城市政治理论带来的新的演进,法国规制学派把规制理论引入城市政治研究,而作为一种城市政治实践的新城市左派也在欧洲随之崛起。

(一) 规制理论与城市政治

马克思主义或者新马克思主义一个重要的方面是规制理论。在解释20世纪80年代城市政治理论的一些主要变化时,一些城市理论家、城市与政治地理学家和政治科学家,都将目光投向一小群法国经济学家的作品,他们的主要研究领域是马克思主义经济学传统,并以"规制理论家"而闻名。

"规制"这一术语通常是指"国家或者其他集体性组织有意识的和积极的干预活动"[2]。佩因特在《城市政治学理论》中总结到,规制理论是在20世纪80年代作为一种尝试发展起来的。规制理论最早出现在20世纪70年代和80年代早期法国的一批马克思主义经济学家的作品中,包括米歇尔·阿格利埃塔、罗伯特·博耶和阿兰·利比茨。他们试图去解释:为何危机重重的资本主义特性没有导致持续的"真正"的危机?如何进行危机

---

[1] Noel Castree, "Neil Smith," in Phil Hubbard, Robe Kitchin and Gill Valentine, *Key Thinkers on Space and Place*, London: Sage, 2004, p.265.

[2] Robert Boyer and Craig Charney, *The Regulation School: A Critical Introduction*, New York: Columbia University Press, 1990, p.20.

管理或者长期的延缓危机,就像发达资本主义国家战后繁荣一样?在规制理论家看来,对于资本主义危机和矛盾的成功规制或调节,既不会自动地和不可避免地出现,也不会完全依靠有意识的和人为的设计而出现。相反,即使这种成功的规制确实出现了,也往往是行为和过程之间相互作用的不经意结果,这些行为和过程可能是因为其他一些原因而人为实施的。而且规制模式不可能一劳永逸地解决资本主义的矛盾,只不过是将原本剧烈的危机转换成危机的倾向。

在解释这个问题上,规制理论发展了一些核心概念,特别是"制度积累"(描述投资、生产和消费之间的经济关系)和"规制模式"(指确保这种关系的政治社会机构及其行为),尝试去理解战后繁荣和之后资本主义发展形式的细节。规制理论与福特主义(战后繁荣的制度积累的特征)和后福特主义的概念有着紧密的联系。

城市政治理论家对于规制理论的兴趣主要来源于三个方面:首先,它揭示了资本主义经济体转变中的特征和在这些经济体中城市所扮演的角色。因此,规制理论提供了讨论城市政治变迁的背景。其次,规制理论检视了社会、政治、经济和文化变迁之间内在的关联。这就潜在地避开了某些理论由于只关注政治的某一方面(比如专门研究选举、领导或官僚体系)而带来的问题。最后,规制理论试图避免对正统马克思主义的某些解释,而正统马克思主义仅仅将政治过程视为次要的因素。对于规制理论来说,经济变化取决于政治、文化和社会生活的变化,而且在某种程度上是后三者的产物。

规制理论在城市地理学中,尤其是在分析城市政治和城市政策时,成为非常有影响力的理论,作为规制理论的代表人物,鲍勃·杰索普(Bob Jessop)的理论根植于马克思主义国家理论的观点。他认为,"凯恩斯主义福利国家"在福特主义规制模式中扮演了关键的角色。从凯恩斯主义福利国家到熊彼特主义工作福利国家的转化,多样化的"福特主义者"增强了本土空间和城市政府的重要性。佩因特和古德温总结了地方政府重建伴随后福特主义规制模式变化的四个关键要素[①]:(1)从凯恩斯主义福利体制到工作福利体制;(2)从以政府为中心的政治管理到强调企业型的地方关系和政府与社会资本合作(PPP);(3)财政紧缩;(4)通过一系列地方供给政策促进经济提升。

---

① M. Goodwin and J. Painter, "Local Governance, the Crisis of Fordism and Uneven Development," paper present at the Ninth Urban Change and Conflict Conference, Sheffield, 1993.

对于非马克思主义的批评者来说，规制理论不能避开马克思主义通常所具有的问题，如功能主义和经济决定论；对于马克思主义者来说，规制理论甚至福特主义和后福特主义的概念都远离了马克思主义分析的重要概念，尤其是他们复制阿尔都塞的政治经济相分离的观点，强调资本的矛盾性如同强调阶级关系一般。例如，城市政制理论试图在规制主义范式和非马克思主义范式中搭建一座桥梁，就给了这些批判更大的权重。佩因特认为，地方治理和城市政治的福特主义规制模式的盛行还不清晰，需要有更多的研究来明确城市政治和福特主义之间复杂且不均衡的联系。而且规制模式只能在事后被认定，因此，需要一系列补充性理论工具，来解释潜在的新规制时间和过程，而这些工具又不至于陷入目的论和功能主义的陷阱中。

现代城市政治在所有语境中的变化可以被看作是根据相互竞争的政治政策回应福特主义配置的衰落，无论这种衰落是经济的、社会的还是政治的。调节理论所具有的主要力量在于，它试图解释和阐述经济、政治和社会文化领域之间的种种联系，在一个新的一致的后福特主义规制模式的出现之前，至今还少有证据能够证明城市政治正在扮演着一个清晰的角色。规制的过程和客体实际上是相辅相成的，确切的评估似乎只可能在事后做出。在目前的发展阶段，规制理论可能最宜被看作是一种专业化的而不是综合性的理论。它在说明政治变迁的细节上可能仅有有限的应用，但是这一理论在理解这些变迁发生的社会和经济背景的意义上尤有助益。

在英国，福特主义的衰败伴随着"新城市左派"的兴起，它强调支持在福特主义下被边缘化的社会群体，比如说女性和黑人；而后福特主义的概念极难被充分证明，并且逐渐被新自由主义的概念排挤。

（二）新城市左派

"新左派"出现在西欧的时间正好是民主社会主义和民主社会主义国家危机达到顶峰的时候。经过长时期的福特主义的热潮之后，"新左派"提出了一个被称为"西方马克思主义"的复兴运动。在意大利，意大利共产党在20世纪70年代在全国和地方都要复兴"欧洲共产主义"，通过意大利共产党领导下的激进政策来控制一些城市，最著名的就是"红色博洛尼亚"。意共把革命的概念理解成一种进程而非一个革命的时刻，群众性政党不是在国家外部作为工人阶级的先锋队，而是作为工人阶级和国家之间的调节力量在国家内运作。意大利共产党在博洛尼亚政府制定城市政策，强调激进地拓展民主参与和改造官僚结构，以一系列政策（从交通和城市规划到医疗和教育）为平台；同时，意识到"社会主义在一个城市中"这样的危险思想能够提供"通向社会主义的元素"。

在20世纪70年代的英国,马克思主义的分析范式已经开始影响城市问题,主要是通过政府在城市贫困地区建立"社区发展计划"。始料不及的是,"社区发展计划"对城市问题采用激进的分析,强调政府失灵而非城市政策管理问题,用资本主义危机影响下的阶级分析和资本主义国家的矛盾来分析城市问题。作为一部批判改良主义和国家研究的著作,《反抗国家》在勾画地方政治轮廓上同样有影响力,并且在对抗国家,目的是"在社区文化政治和国家政治文化之间构建一种新的解决办法"[①]。

20世纪80年代早期,英国一些主要城市和地区的政治控制,包括大伦敦、中西部城市群和谢菲尔德,都被左翼政党的马克思主义思想影响所控制——尽管已经不再那么具有排他性。这些新城市左派性质的管理部门试图推行激进的城市政治和城市政策,"大伦敦理事会"就是一个模范,与"城市工党主义"形成明显的区别。

"大伦敦理事会"的城市政策寻求在社区、社会活动家、左翼公会会员、女权主义者和事业人员之间的"彩虹联盟",其核心是"伦敦工业战略"。"伦敦工业战略"受管理人员和关联理论的影响,它把"大伦敦理事会"解释成为渐进地过渡到后福特主义经济提供了可能性,为"灵活的专业化"提供借鉴。"伦敦工业战略"提倡"重建劳动力"的城市政策,目的是抵御资本主义危机下社区对抗的负面影响,同时通过对产业部门和公司的干预来提升劳动者的物质地位。这些"地方社会主义"政治和政策承认对马克思主义政治和经济分析的传统、不承认对"差异"和新社会运动的批判,试着在革命和改良主义政治之间开辟一条折衷的道路,"大伦敦理事会"中这些有影响力的任务和政策被他们描述为"预示着"的社会主义。与之相反,卡斯泰尔斯和其他人对城市政治的注意力是在集体消费上,新城市左派的政治不完全忽略消费问题,哈维等人主要面向财政和生产等核心方面。

相对于传统马克思主义的左派,新城市左派政治因其不切实际的"社会主义在一个城市"的政治策略而被反对派理论家所批判,尤其是它的政治目标主要是服务地方政府而不是组织工人阶级,"新左派"的领袖也经常出现断代的危险,而且"新左派"的内部也是纷争不断。在英国,就在第一代"新左派"和第二代"新左派"围绕阿尔都塞"结构主义马克思主义"鏖战正酣之际,撒切尔夫人领导的保守党赢得了大选,出任英国首相。在"新左派"政治和同时代的国家矿工联盟在对抗撒切尔保守政府的斗争中,也被

---

① Mae Shaw, "Classic Texts," *Community Development Journal*, Vol. 38, No. 4, 2003, pp.361-366.

撒切尔所击败,表明"新左派"不能为国家矿工联盟提供大量的支持。此外,新城市左派过分强调福特主义到后福特主义转换中劳动力重建的空间供给,工人以部分资本去"重建劳动力"来"对抗市场"的斗争策略也略显天真。"撒切尔主义"的强势推进似乎医治好了"英国病",资本主义重新焕发了勃勃生机,这使新城市左派为之奋斗的社会主义目标遥遥无期,社会运动的基础也被逐渐吞噬。

同样的情况也发生在美洲,多元的城市文化和不同种族的经济制度使蒙特利尔市在20世纪的70至90年代一直是左翼政党和城市社会运动的虚拟实验室。但是在1994年的选举中,出现了不可思议的状况:在蒙特利尔根深蒂固的城市左翼政党一败涂地。简单地说,新城市左派提供了一个"新的阶级斗争场所",不论是对抗地方政府还是对抗市场,马克思主义基本原理与城市劳工主义的结合走入死胡同。结果,随着撒切尔政府废止大城市地方政府,"新左派"的权力基础——工党党员的地方管理主义让位于被新自由主义牢牢把握的企业家主义的地方政治。

尽管如和平运动、生态运动、女权运动等各种亚政治的新社会运动逐渐取代"新左派"运动,成为新城市左派抗争的主要形式,但新城市左派作为二战后英国最重要的思想运动留下了价值不菲的思想遗产。许多重大观念被演变成文化研究、政治学和社会学等学科的重要理论主题,新城市左派引入的"治理的非集权化""强大市民社会重要性"等主题,在新时期再次成为政治家和左派学者关注的焦点。

(三)新自由主义的城市政治

"新自由主义"一词有两层含义:广义上就是"新资本主义",是在先进管理学资本主义的背景下,资产阶级力量自我修复的历史结果;狭义上是一套修复资本主义权力、领导新的发展阶段的政治策略。自20世纪70年代经济危机开始,西方世界的政治气候也开始发生变化,随着撒切尔夫人和里根总统的上台,资本主义世界的政治气候明显右转,撒切尔政府在英国大力推进私有化,"里根经济学"的精髓也是为企业减税,压缩福利国家的社会福利支出,这些政策都明显有利于新自由主义的推行。在此基础上,新自由主义成为西方发达资本主义国家的主流发展策略以及以全球化为名向发展中国家推广的新型资本主义意识形态。在《新自由主义简史》一书中,戴维·哈维强调新自由主义必须要作为一项政治工程来理解,因为这项工程是"为资本积累重建环境,修复经济精英的权力"。哈维认为,理论上,新自由主义原则之间相互冲突,表明需要重建或维持资产阶级的力量,"这原则要么被放弃,要么被扭曲得面目全非"①。新自由主义不仅仅体现在其传统支持者如英国保守党和美国的共和党执政时期,即使是在卡特、克林顿代表的美国民主党和布莱尔代表的英国工党政府执政时期,同样执行新自由主义的经济政策。至今,"新自由主义已经超出经济政策的范畴而成为一种强大的意识形态,成为资本主义全球化政策的基础"②。

鲍勃·杰索普在总结新自由主义的发展历史后指出,有三个原因使得新自由主义在20世纪70年代后变成现实:"首先,经济发展日趋国际化和全球化;其次,出现了彼此间相互关联的几个经济和政治危机,如20世纪70年代的能源危机所引发的'滞胀',最终导致凯恩斯主义本身的危机,20世纪80年代末期苏联的政治危机则导致其最终解体,也使东欧社会主义阵营瓦解;最后,由上述两点原因引发了新的社会运动,这个社会运动由新自由主义、新企业主义、新国家主义和新公社主义构成。"③杰索普指出,虽然新自由主义在经济、社会、国际政治等不同层面上出现,但是"真正存在的新自由主义,主要反映在城市政治上"④。马克思主义的分析认为,是自由主义改变了城市政治。哈维自己就建议将城市政治中的具体事件——纽约市政府的财政危机看作是城市政治由凯恩斯主义的福利制向新自由主义转换的关键点。在资本主义重建的背景下,去工业化正在侵蚀城市的经济基础,城市边缘区被中产阶级带走只留下市中心的赤贫区,公共投资和政府雇佣被认为是解决20世纪60年代"城市危机"的最佳方案。但是在20世纪70年代中期,尼克松政府和美国财政部拒绝提供长期的政府支持,在"一场由财政部对抗纽约民选政府的政变"的喧闹中,把城市推入破产的深渊,随着削减公共开支、佣工和社会性工程,美国城市财政一路下滑,是20世纪80年代从墨西哥到韩国的国家债务危机发生的预兆。

更普遍的结果是,城市重塑作为"新自由主义的空间",刺激了新的马克思主义或者新马克思主义文献的诞生,同时试图通过彰显"新自由主义"超越全球的多样性,证明新自由主义城市空间的更广泛特征。哈维强调新自由主义在地理学发展上的不均衡性。杰索普则注意到如何借助全球新自由主义策略设想一种增长方式,他认为:"地方经济和资本的全球流动,

---

① David Harvey, *A Brief History of Neoliberalism*, Oxford: Oxford University Press, 2005, p.19.
② 张庭伟:《新自由主义·城市经营·城市管治·城市竞争力》,《城市经营》2004年第5期。
③ Bob Jessop, "Liberalism, Neoliberalism, and Urban Governance: A State-Theoretical Perspective," in Neil Brenner and Nik Theodore, eds., *Spaces of Neoliberalism: Urban Restructuring in North American and Western Europe*, Oxford: Wiley-Blackwell, 2003, p.457.
④ Bob Jessop, "Liberalism, Neoliberalism, and Urban Governance: A State-Theoretical Perspective," p.459.

地方可持续发展与地方福祉和国际竞争力之间的潜在冲突,以及社会排斥的挑战和全球两极化的持续发展,在这些接口监管中,城市所扮演的角色,要求呼唤自由化,放松管制和私有化等新自由主义的意涵。"①

罗杰·科尔认为:"再造地方政府机构是'完成世界城市形成过程中整合与连接的两种形式'——对全球经济进行外部整合,对社会碎片化进行内部整合。"②布伦纳和西奥多联营公司在北美和西欧撤销对资本、财政和劳动力市场的监管,全球到各级地方政策的竞争力、财政紧缩、私有化和地方国家机器全部重新配置。他们把这种重建称为"新自由主义的城市空间"呈现的"新自由主义本地化"进程,是一种旧的地方国家机器被新形式替代的破坏性的创造,即对旧的官僚"筒仓"的一种打击,当地的政治家与之联合,是管理主义和网络机构的创作;公共垄断性地方服务被有竞争性的合同和私有化条文替换;传统的补偿性局部拆解政策被局部的有竞争力的企业策略所替换。

戴维·兰尼得出结论,新自由主义城市政治的核心是取消由国家供给的社会保障,转为强调增加"个人在市场竞争中的活力"。③ 在美国,新自由主义的城市政策主要包括以下内容:第一,以"个人责任"代替社会福利保障,即"社会责任的个人化"。政府减少社会福利,很多政府过去提供的福利改为个人自理或个人分担,如健康保险、退休保险。第二,公共住宅私有化,让市场决定住宅供应。结果住房供应从政府的"多为穷人造房"以体现公平变成市场的"多为富人造房"以追求利润。第三,就业政策从宏观经济政策的"倾向性就业援助"帮助高失业地区变为强调个人技能、质量的培养以自谋出路。通过职业培训,要求个人努力发展"具有市场价值的本领",以便在市场竞争中谋求一席之地。第四,建立城市治理的"新增长同盟"。由于政府统治已经被证明失败,故应该从政府统治转为政府和企业合作的伙伴关系,在新的治理中包括利益相关者,即掌握资源的市场力。新的管治更加适应于市场驱动的全球化的经济趋势。第五,国家的干预应该从"日常型"转为"非日常型",即政府从日常的干预退为只在危机时期才进行干预,正常时期则由市场自由运作。④

---

① Bob Jessop,"Liberalism, Neoliberalism, and Urban Governance: A State-Theoretical Perspective," p.466.
② Roger Keil,"Globalization Makes States: Perspectives on Local Governance in the Age of the World City," *Review of International Political Economy*, 1998, p.616.
③ David Ranney, *Global Decisions, Local Collisions: Urban Life in the New World Order*, Pennsylvania: Temple University Press, 2003, p.218.
④ 张庭伟:《新自由主义·城市经营·城市管治·城市竞争力》。

哈维认为，新自由主义只能依据他提到的"剥夺式积累"去适当地理解。他认为新自由主义在刺激资本积累上明显是不成功的，"新自由化最主要最实质性的成果是重新分配，而不是生产、财富和收入"，凭借"积累过程的继续和扩散，这是马克思在资本主义诞生过程中被看作'原始的'或者是'最初的'"。① 积累的一个基本的特征是对不动产的剥夺和不平等的加剧，这种不平等不是作为意想不到的结果而是作为资本权力重建的结构性特征。哈维认为，剥夺式的积累主要包含四个特征：(1)公共事业的商品化和私有化、社会福利、公共机构知识产权和其他领域，为积累开辟了新的领域，回滚了十年阶级斗争的收益；(2)金融的自由化使得价值通过大规模资产剥离、债务推广和投机来实现再分配；(3)从个人到全球各个层次的危机管理和控制，成为财富从贫困国家和个人到富人手中再分配的主要手段；(4)新自由主义状态成为政策再分配的最主要动因，再分配由上层阶级向下层阶级流转在民主社会是可以发生的。

新自由主义的这些特征很明显是世界领先的，但是在南方国家，新自由主义结构的重建和制度的加强是通过国际货币基金组织和世界银行这些跨国机构来实现的。虽然城市中的不平等在欧洲和北美逐渐加剧，但是比起南方他们还略显苍白。迈克·戴维斯在最近的研究中考察了特大城市的增长，尤其是南方的贫民窟问题，在那里"都市化已经和工业化脱节，甚至和发展本身脱节"②。尤其是20世纪70年代的债务危机和随后80年代国际货币基金组织领导的第三世界国家国际经济和政府的重建，以及作为服务供应商的地方政府的衰退，这些状况都是由新自由主义导致的。贫民窟的居住者在世界最不发达的国家中占据了城市人口的78%，至少占据了世界城市人口的三分之一。贫民窟大都相同但并不完全一致，全球非正式的工人阶级"几乎有十亿之巨，是地球上增长速度最快且史无前例的社会阶级"③。在论证到这样一个具有潜在的巨大能量的社会力量能否在事实上占据历史的进程时，戴维斯认为，这种非正式工人阶级斗争的出现往往是偶然的，他们只会关注即时消费问题，被民粹主义所吸引，信奉基督教和伊斯兰教原教旨主义形式的宗教救世主，而并非关注马克思主义政治运作。

新自由主义霸权另一个特别有意思的例子是，从20世纪90年代中期

---

① David Harvey, *A Brief History of Neoliberalism*, p.159.
② Mike Davis,"Planet of Slums: Urban Involution and the Informal Proletariat," *New Left Review*, No. 26, 2004, p.5.
③ Ibid., p.34.

往后的十年,南非的城市空间发生了一个双重的转型,不仅是从种族隔离转型到资产阶级民主,而且是从马克思主义影响下的由非洲国民大会领导的大规模的激进运动向由政府领导下的非洲国民大会政治逐步转型。

邦德认为,南非的城市政治和城市政策被两种使命推动着:"第一,城市政策的制定是通过城市企业性竞争的优先原则与世界银行的城市政策案例保持一致,这意味着要降低社会成本;第二,社会再生产和再私有化的基本元素,不仅是指诸如交通、污水、饮用水、电力和医疗等城市公共事业,为妇女和儿童所提供相应的服务也尤为重要。"①在邦德看来,这些新自由主义城市政策和南非城市恢复种族隔离行为有紧密联系,虽然在城市中基本上不再按照种族进行隔离,但是会以阶层进行划分,在受保护的飞地中巩固自己,在城市的其他地区"表现得更加不平等和发展不平衡,甚至超过了在种族隔离的情况下的程度"②,这种影响尤其体现在女人、年轻人和残疾人身上。邦德认为非洲国民大会权力的增加意味着许多大众普及运动的领袖们把权力带入了政府,形成了"精英过渡"和"高度限制的政治民主化",回应了哈维强调的新自由主义状态对民主制的模棱两可。关于住房、城市基础设施、用水、电力等其他城市公共事业等城市政策,通过改革社区组织和城市运动等措施,实现了非常广泛的城市性状态,但是政府的让步已经被严格地限制:私有化的速度放缓而不是遏制或被逆转,社会成本也只是小幅度增加。

如果说南非的斗争是 20 世纪最后几年世界的焦点,那么聚光灯现在已经转移到拉丁美洲。20 世纪 80 年代尼加拉瓜的桑地诺民族解放阵线的革命运动被美国不懈的敌对干预所瓦解;墨西哥长期的"自下而上的民族解放运动"明确地反对资本主义和新自由主义的政策,在美洲大陆引起了极大的影响。左翼政府近些年在委内瑞拉、巴西和玻利维亚被选为对抗新自由主义的平台。虽然巴西卢拉政府的改革项目已经陷入腐败问题的泥潭,越来越多地从属于国际资本,但是在玻利维亚,埃沃·莫拉莱斯和社会主义运动联盟的胜利给反对新自由主义运动一个新的动力。社会主义运动联盟松散地集合了工会、工人、农民、土著、欧洲移民和混血人口等元素,在多年的斗争后于 2005 年的总统选举上获得了一个意想不到的巨大胜利:他们反对美国支持的根除古柯计划;反对国际货币基金组织强加的增税;

---

① Patrick Bond, *Cities of Gold, Township of Coal: Essays on South Africa's New Urban Crisis*, Trenton, NJ and Asmara, Eritrea: Africa World Press, 2000, p.337.

② Patrick Bond, "Globalization/Commodification or Delocalization/De-commodification in Urban South Africa," *Policy Studies*, Vol. 26, No. 3-4, 2005, p.358.

对玻利维亚的天然气计划保持控制,实行天然气国有;成功地挫败了科恰班巴的私有化"水战"(水系统的私有化)。社会主义运动联盟的成功证明了在南方反对新自由主义"累积拨款"是目前最活跃也是最有成效的方法。21 世纪初期其他描述拉丁美洲反对新自由主义和关于左派城市政治的书籍也进一步证明了这个观点。

始于 2007 年 4 月的美国次贷危机,在经过一年多的发展后演变为全球性金融风暴,形成了国际金融危机,导致了全球经济的衰退。金融危机的爆发与新自由主义经济政策在资本主义世界的大行其道有着重要的关联,这已经在知识界达成共识。新自由主义作为一个影响全球秩序的思潮,对城市政治的影响是巨大的。新自由主义引发了地方政府角色的调整,而认识地方政府角色是理解新自由主义的关键。"新自由主义不是简单的市场脱离政府监管,政府与市场存在多种形式的契合。虽然表面上看自由的市场环境隐含政府角色的淡化,但是新自由主义不等于无政府。如果政府缺位或者错位,经济社会的发展势必沦为资本逐利的牺牲品,回到自由主义的极端并饱尝自由主义的弊端。"[①]

第三节　马克思主义城市政治理论的评价与展望

马克思和恩格斯把"城市空间"纳入历史唯物主义的整体范畴中,使之成为他们对资本主义制度进行批判的重要视角。他们认识到资本主义工业城市既是资本主义大工业运行的主要场所,也是资本积累的重要载体,城市直接体现和维护资本主义生产关系;资本主义生产方式使城市与乡村之间的对立凸显出来,并在资本积累中不断生产这种空间的对立,由此形成了城乡二元化的空间结构;这种空间差异和断裂也使城市日益成为阶级矛盾最尖锐的地方。

尽管马克思和恩格斯有着强烈的地理和空间的直觉,在城乡的对立中隐晦地表达了对空间某种程度的强调,但在经典马克思主义理论体系中,空间只是被视为诸如生产场所、市场区域之类的自然语境,空间在历史进程中的自主力量被忽视。新马克思主义的城市政治理论家们继承并延伸了马克思、恩格斯的城市思想,他们坚持马克思主义对资本主义城市所持的批判精神,强调和突出经济利益(资本积累)和阶级关系(阶级斗争、国家

---

① 胡燕、孙弈:《新自由主义与国家空间:反思与启示》,《经济地理》2012 年第 10 期。

干预)在城市形成和城市活动中的重要作用。

一、对新马克思主义城市政治理论的批判

新马克思主义作为一种批判性理论,其城市政治理论自然也会受到其他思想家和学者的批判。皮克万斯认为,新马克思主义研究范式的问题似乎超过了它的积极性。首先,他尤为批判那些功能主义的马克思主义者,认为他们把地方政府看作是没有利益自主权的统治阶级的一种"工具"。其次就是对一些新马克思主义者的阶级化约论的批判。新马克思主义者宣称,只有阶级或阶层才是有意义的分析实体,其他所有组织都是次要的。比如拥有者、公共交通使用者、当地居民或女性等分类,都被新马克思主义者看作是分配领域而不是生产领域的产物,所以,它们是次要的。皮克万斯认为,无论是科伯恩对公共服务消费者和地方政府之间的冲突以及对女性公共雇员和地方政府之间冲突的关注,还是卡斯泰尔斯的城市社会运动的概念,都确认那种基于男性工人阶级反抗私有雇主的阶级冲突景象已经过时了。这说明马克思主义的分析方法在阶级化约论上已经同时受到来自外部力量和内部理论的双重批判。皮克万斯也认为新马克思主义是整体写作,既"比较关注政党、选举和投票行为的研究,也比较关注地方政府内部功能的研究"[①]。

更根本的是,皮克万斯质疑作为抽象概念的新马克思主义的分析,认为它们的"应用"在具体情况中很少关注调节程序。"明显具有海绵特质的马克思主义理论"用阶级利益或者阶级冲突来"解释"政府干预,但是并不能将这种事情称之为解释,因为理论解释需要基于现有的假定解释因素对于可得到的证据进行分析。因此,"马克思主义理论的真正问题是:概念的抽象性,阐述着共存的相互矛盾的过程,以及对于证据挑剔的和有选择性的做法"[②]。

在对卡斯泰尔斯的评论中,皮克万斯指出,本质上城市运动的发生率、军事力量以及特征既是由其内部机制决定的,也取决于其所处环境的功能;由此,脱离环境仅仅考察运动本身不能够发展出有用的关于城市社会运动的理论。此外,皮克万斯还认为,对运动成败的决定性因素的理论,对于任何城市社会运动的理论都是至关重要的;卡斯泰尔斯对运动本身系统的聚焦,排除了背景环境特征,暗示运动的成功仅仅是由于其本身,而预期

---

① 戴维·贾奇等编:《城市政治学理论》(刘烨译),上海人民出版社2009年版,第317页。
② 同上书,第318页。

与运动发生所处的经济和政治环境无关。在某种程度上,这种争论归根到底是语意的问题——卡斯泰尔斯对于一个城市社会运动的严格定义仅仅是指成功的运动,否则就只是城市运动而非城市社会运动。尽管如此,两种方式在城市社会运动的比较研究中形成了不同的方法论:第一种产生了像《城市与草根》那样的关注点,其中卡斯泰尔斯专门研究了运动本身;第二种方式形成了一种对于政治制度和文化理解这些塑造城市社会运动的环境变量更为广泛的考察。

苏珊·费斯汀认为,在诸如市民社会以及身份认同的概念中,城市社会运动研究的基础激起了对于那些模糊运用这些术语的学者的批评。更为严重的是,城市社会运动的参与者被认为误解了资本逻辑形成城市过程以及阶级立场影响大众意识的方式。根据这条推理线索,克林和波斯纳批评了"新民粹主义"城市运动,这些运动旨在倡导参与性民主,但是回避了一种实质性的、以阶级为基础的议程。他们认为,新民粹主义没有能够将其诉冤的原因追溯到政治经济,因此未能带来有意义的变化。

苏贾的研究是不断试图去描绘一个后现代的马克思主义或者是一个马克思主义的后现代主义。后现代主义的反对者们主要是拒绝"元叙述",苏贾试图"把后现代主义与历史唯物主义的正确性紧密联系在一起"①,认为后现代时期是"被看作一系列资本主义发展浪潮的最新表现,后现代主义社会理论的主要目标是使随着这个时代产生的资本主义重建更有意义"②。苏贾试图采用后现代主义的重要观点,如开放性地看待不同意见,这种意见可能是广泛的左翼政治潜在的基础,通过这些事情他试图在马克思主义和后现代主义之间建立一座桥梁,尽管这架桥梁并不能让彼此都满意。与苏贾的情况相似,迈克·戴维斯根植于马克思主义,即一个更广泛的激进理论,展现了后现代主义者所需要的开放性和多视角。在《水晶之城》一书中,戴维斯详细、生动、仔细地分析了洛杉矶的"团伙、掠夺土地的精英、盖世太保和高度政治化的保守的私房屋主们"③,在接下来的书中他轻披马克思主义理论的外衣,避开关于左翼政治的抽象言论,但仍然显示了"强烈的阶级意识(记录了在长期的历史进程中压力对日常生活的影响)和强烈的人文意识甚至是个人意识(记录了资本主义对洛杉矶人生活

---

① 爱德华·苏贾:《后现代地理学——重申批判社会理论中的空间》(王文斌译),商务印书馆 2004 年版,第 105 页。
② Alan Latham,"Edward W. Soja", p.235.
③ Mike Davis and Robert Morrow, *City of Quartz: Excavating the Future in Los Angeles*, London: Verso, 1990, p.45.

的影响)"①。

一些具有后现代精神的马克思主义者试图去和解的态度并不意味着批评者会减少批判。斯托波"强调了马克思主义式的激进政治经济取得的实质性成果,同时批评他乌托邦似的冲动并且建议更新这种激进的政治经济"②。这种"实质性成果"根植于西方马克思主义,斯托波强调:要认识到资本主义不是一个像市场一样会失灵和矛盾的自我导向的系统;权力的重要地位是资本主义发展和分配的结果;市场和民主之间存在着张力。

斯托波认为,在马克思的全部观点中,资本主义经济发展不再占有很大比重,"马克思主义重要的支点是他认为资本主义是一个系统:资本主义的基本性质是基于财产关系和相应的社会关系……这个成为马克思主义最大的局限性:它不能对资本主义内在动力和进程的因果关系分析做大规模的描述。对于这一点,需要在微观分析和宏观描述之间建立一条通道。因为没能建立一个真正的多层次的理论,当马克思主义者用他们基本的描述性的分类去阐释这类系统的短期或长期进化过程,他们通常做得不是太好"③。斯托波因此拒绝的不仅是作为基本分析方法的新马克思主义,还拒绝新马克思主义的政治目标。

斯托波的批评引起了批评家的共鸣,这种情况从20世纪90年代开始非常地强烈,并且从后现代城市主义学派中延伸出来。也许是需要最好的已知事例,迪尔批评道:"通过坚持累加和还原的愿景,苏贾和哈维挥霍了来自不同声音的观点和可置换的主题性。差异被放置到一种障碍物的状态,阻碍了连贯的理论和政治实践。"④迪尔尤为批判哈维,因为哈维坚持信奉历史唯物主义而且尝试在城市理论的重建中包含"深深的现代主义"理念。根据迪尔的认识,这种尝试有三种主要错误:"持续参与中'差异'的缺失;哈维对他自己的认识论立场缺乏批判性反思;对后现代性政治的曲解和误读。"⑤第一,迪尔批评的不仅是哈维的边缘性问题(如性别),还有

---

① Donald McNeill,"Mike Davis," in Phil Hubbard, Robe Kitchin and Gill Valentine, *Key Thinkers on Space and Place*, London: Sage, 2004, p.415.
② M. Storper,"The Poverty of Radical Theory Today: From the False Promise of Marxism to the Mirage of the Cultural Turn," *International Journal of Urban and Regional Research*, Vol. 25, No. 1, 2001, p.156.
③ M. Storper,"The Poverty of Radical Theory Today: From the False Promise of Marxism to the Mirage of the Cultural Turn," p.58.
④ Michael J. Dear, *The Postmodern Urban Condition*, Oxford & Maiden, Mass.: Blackwell Publishers, 2000, p.81.
⑤ Ibid., p.76.

他"多次忽略非马克思主义社会理论家在本性和环境方面各种不同的声音"①。第二,他绝对相信他的历史唯物主义分析方法,坚持认为"社会进程的全部方面都能毫无悬念地包含在基本的历史唯物主义门类之下",如果"真正的世界"可以被放置在马克思主义的门类下,那么就不需要进一步的证明。第三,哈维所宣扬的马克思主义有能力通过链接社会思潮来推动渐进式的政治行动,在迪尔看来,这不仅是现代主义政治"为邪恶的目的所吸收或为不当的行为所应用"②,也被迪尔看作是颂扬差异的后现代政治的潜在解放。十分富有侵略性的是,迪尔把哈维和苏贾的马克思主义城市主义的特征表述为"霸权戾气"。

后现代主义与现代主义的争论,也刺激了女权主义对马克思主义城市主义的批判。在一篇众所周知的短评中,梅西批评哈维的《后现代的条件》和苏贾的《后现代地理学》中存在"灵活的性别歧视",理由是"在这两本书中,否认女权主义及其做出的贡献",包括争辩"在女权主义研究这些领域,政治行为和智力活动更加紧密地联系起来,她们一直在做更主流的白人男性工作,包括马克思主义"。③ 梅西认为:"现代主义不仅仅是对时间、空间和金钱权力关系的特殊衔接",哈维完全忽略了空间建构的其他权力关系。梅西同样注意到哈维承认需要认识到种族、性别和差异的重要性,她指出这仅仅是一种对"任何事情都会被降级——正如理论上降低到这类问题——的一种分析,而且如果阶级斗争被假定为一般状态,那么女权主义就被降级为'局部'斗争"。梅西拒绝"所有人都在括号里的持续隶属关系",她总结道:"我绝对赞成在'历史唯物主义的框架内'思考性别问题"④,但是"唯物主义不仅是强调金钱权力和资本的循环"⑤,"我们思考构建'解放斗争的统一'方式……这种断定不能迫使所有的斗争都在'阶级政治的框架之下'"⑥。

类似的问题也在种族关系中被提出:一些对种族和城市政治的分析寻

---

① Michael J. Dear, *The Postmodern Urban Condition*, Oxford & Maiden, Mass.: Blackwell Publishers, 2000, p.76.
② Ibid., p.79.
③ Doreen Massey, "Flexible Sexism," *Environment and Planning D: Society and Space*, Vol. 9, No. 1, 1991, pp.31-34.
④ Ibid., p.48.
⑤ Ibid., p.50.
⑥ Ibid., p.55.

求种族和阶级的连接,比如说美国南部的特征就是"南方种族性"①,其他地方在黑人种族传统上态度就更加公正,比如瓦尔加斯描述的洛杉矶市区和巴西的贫民窟。

纵观这些不同的评判,对新马克思主义城市政治理论的主要批评是一致的,甚至是那些不想全部批评,希望认识到新马克思主义重要贡献的人也如此。简要来说,主要是以下几点:(1)新马克思主义的排外性限制了它从其他传统中汲取力量的能力;(2)新马克思主义在有说服力的微观分析中没能解释元理论;(3)新马克思主义革命的阶级政治不再是(如果它曾经是)社会进步变化的恰当策略。

二、对新马克主义城市政治理论的评价

尽管在不同时期存在着不同的批评声,我们仍然不能忽视新马克思主义城市政治理论所带来的理论和实践意义。迈克尔·格迪斯认为,新马克思主义为全球化和新自由主义时代下的城市政治提供了一个新的视角,新马克思主义城市政治理论的贡献无疑是巨大的。② 城市学家乔纳森·戴维斯指出,想了解当代的城市政治,新马克思主义是必不可少的。在《城市政治学理论》中,皮克万斯用新马克思主义的城市政治理论提出了问题。皮克万斯说,新马克思的城市政治理论"既给'更传统的理论'一个探讨的主体可替代的解释,也界定了新的研究对象"③。特别是,皮克万斯认为马克思主义的方法中的中心资本积累和阶级斗争提供了一种连接经济和政治领域的观点,这种观点在学术专业化时代尤为重要。因此,在皮万克斯看来,新马克思主义在城市政治领域的研究,已经关注了经济利益和阶级斗争在城市政策中的角色。关于阶级是如何通过城市政策再生产和地方政府在劳动力再生产中的角色的回答,是新马克思主义最特殊的贡献。

尤金·麦卡恩评价道:"社会理论,如列斐伏尔的社会空间生产理论既为日常生活提供资料,又从日常生活获取资料。这样,社会理论定能从一种语境转移到另一种语境。因此,我认为,如果要深化理解城市社会空间过程,必须将列斐伏尔的《空间的生产》所勾画出的理论置于美国城市种族化地理语境。我认为,通过集中关注想象和表征在空间生产中的重要作

---

① David R. James, "The Transformation of the Southern Racial State: Class and Race Determinants of Local-state Structures," *American Sociological Review*, Vol. 53, No. 2, 1988, p.191.
② Jonathan S. Davies and David L. Imbroscio, *Theories of Urban Politics*, London: Sage Publications, 2008, p.68.
③ 戴维·贾奇等编:《城市政治学理论》,第 295 页。

用,列斐伏尔的论述确实能用来系统讨论美国城市语境的种族和种族身份问题。"①

苏贾认为,卡斯泰尔斯和哈维为我们提供了从20世纪60年代都市危机中发展出来的新的都市研究学派的适合引导,并且也提供了理解普遍危机根源的一种最好的方法,提供了理解在接下来30年由危机产生的都市重构根源的一种最好的方法。在这30年中,通过一系列引人注目的著作,卡斯泰尔斯和哈维二人在都市研究宽泛的"马克思主义化"中保持了在智识和政治上的领导地位。他们的著作对"后现代大都市"的城市空间的重新概念化有着非常显著的贡献。

在许多文献当中,城市社会运动被理所当然地认为代表了一种进步的趋势。哈里·波蒂在其关于美国20世纪70年代"公民运动"的历史研究中,主张城市社会运动形成一种"伴随着对大的公共和私人机构不信任的直接民主的更新视野"②。他暗示这种视野可能创造由城市社区治理并且服务于城市社区的城市,认为社区权力代表社会进步。而寻求维持他们文化认同的邻里群体可能会以社区的名义阻碍多样性。并且,作为其最为极端的反对抵抗派,城市社会运动可以被那些排除了低收入人群的资产所有者所主导,这些所有者将社会渴求的土地使用排除于他们的社区之外。

马克思主义理论的基本原理,即资本积累的集中化和对于积累生产的冲突的包容力,使新马克思主义城市政治理论非常强调城市政治不应当被视为一个自治领域,而应当从资本积累的动能来谈城市政治,在一个专业化的时代,这是一种很好的结合类型。新马克思主义者关于城市政治的著作既关注经济利益的政策效果,也关注对经济利益和阶级冲突的政策效果。皮克万斯认为,这对于工具主义方法来说,是一个重要的对比点,工具主义方法关注选举,而且并不寻找外部的社会和经济影响,或者观察政策的分配性作用。马克思主义者一贯将意识形态看作是利益调节的而非描述利益的工具。

与此同时,新马克思主义作品的注意力已经发生了转向,原来这些作品比较关注政党、选举和投票行为的研究,也比较关注地方政府内部功能的研究。当然,功能在不同层级政府之间的分配这一新马克思主义的论题

---

① Eugene J. McCann, "Race, Protest and Public Space: Contextualizing Lefebvre in the U.S. City," *Antipode*, Vol. 31, No. 2, 1993, pp.163-184. 转引自赵莉华:《空间政治与"空间三一论"》。

② Harry Boyte, *The Backyard Revolution: Understanding the New Citizen Movement*, Temple University Press, 1981, p.77.

建构了政治争论的话题,而这个话题可能会发生在各个层级上,但是新马克思主义者还不能从总体上超越上述范式来研究官员和政客之间的关系。新马克思主义者现在也已经比较清晰地掌握了组织层面上的分析。因此可以这样说,新马克思主义理论已经为现存的问题提供了几种可供选择的答案,并且在议程上加入了新的问题,如阶级是如何再生产的,地方政府在劳动力的再生产中所扮演的角色,这反映了新马克思主义理论与众不同的"自家领域"。

新马克思主义学者将马克思主义的理论方法引入城市政治科学,使城市政治理论超越了狭窄的范围,促使马克思主义逐渐进入现代西方社会科学阵地。城市研究开始更多地通过社会生产方式的理论框架来审视城市现象。"将城市性模型与更广阔的社会结构相联系,而不是将城市作为自我存在的进程;说明人们在城市所创造和发展的生活方式以及各种邻里性物质格局,表达了工业资本主义发展的广泛特征。"①在现代西方学术界,马克思主义的科学力量主要是通过新马克思主义者的学术研究反映出来的;马克思主义与城市政治科学的有机融合,也是通过新马克思主义学者的不懈努力而实现的。在很长的历史时期,西方学术界没有系统的马克思主义研究,新马克思主义城市政治理论者不仅研究和运用马克思的城市思想,更重要的是研究和运用马克思的政治经济学和辩证法。

三、马克思主义城市政治理论的前景展望

在过去的三十年里,新马克思主义城市政治主要的关注点在欧洲和北美城市,而现在新马克思主义城市分析越来越多地关注南方国家,尤其是在新自由主义的全球霸权已经展露在南北差异面前的情况下。马克思主义对新自由主义的批判带来了新的强有力的概念(剥夺式积累)同时参与南方质疑一些北方的观点(南方的贫民窟城市与正式生产脱节,南方政治运动中"城市"不需要优于"乡村",因为城市和乡村斗争相互融合)。认识"南方"和"乡村"问题与观点,对现在的城市政治理论是一个挑战,这种挑战不仅仅是对马克思主义范式而言。

新马克思主义的问题在于不能把元理论转换成强有力的微观分析,这始终是对新马克思主义中肯的警告,而且这种断言毫无疑问是存在的。然而,马克思主义的城市分析确实可以生产出强劲的时政研究——从卡斯泰尔斯的《垄断城市》到哈维的《资本的限制》,但是元理论——马克思主义传

---

① 高鉴国:《新马克思主义城市理论》,第 281 页。

统的精髓确保它不会像一些非马克思主义的研究那样陷入天真的经验主义。

后现代主义批判新马克思主义的排外主义和他不愿意借鉴其他范式,尤其是那些寻求分析剥削和压迫的,而一些马克思主义的写作仍然如此。但是,对非马克思主义分析的批判是它不愿意承认和吸收马克思主义的重要贡献。更重要的是,现在许多新马克思主义者十分渴望把种族、性别和其他种类的"差异"作为研究剥削和压迫的关键因素,在这里仍然存在很主要的挑战。许多新马克思主义城市理论家都尝试在阶级、性别、种族等分析基础间去建立一座桥梁,来提供一些推进方法,虽然不太令人信服。特别是论证阶级分析需要提供大量的对阶级、性别、种族、无酬和有酬工作等相互构成过程的认识,提供一个更广阔的"社会底层阶级",政府和雇主的社区集体关系而非个人雇佣等,在分析城市政治的过程中,这些挑战必须被接纳。对于一些挑战,导致了更广泛的历史唯物主义概念,包含但是不限于西方马克思主义或者西方理性主义。这些观点带来机会,但是也会威胁到马克思主义的分析,现在看来新马克思主义和其他种族分析观点之间似乎存在一条模糊的界限,比如说迈克·戴维斯的研究。这种模糊可能会掩盖重要的理论分歧,而这反过来又产生政治影响,同时又会产生"多重种族"分析。同样,在20世纪80年代的新城市左派和同时期拉丁美洲及其他南方国家的激进社会政治运动中,马克思主义影响了一批又一批,并与其他激进左派城市政治相互缠绕,这种缠绕关系有时是动态的,有时也会出现问题。新马克思主义城市政治分析的挑战是确保马克思主义的贡献能够在激进城市左派中继续形成主要影响的因素。

新马克思主义城市政治研究带来这样的情况,它认为新自由主义不仅是一套思想体系还是阶级统治策略,始终把阶级关系作为政治策略和行为的基础。很显然,"实际存在的社会主义"的崩溃,除其他原因外,已经剔除了很多马克思主义政治目标的历史必然。近期许多马克思主义和新马克思主义的城市政治与新自由主义辩论对抗大都是以反对私有化为例,有的时候是争辩社会主义,马克思主义替代方案的轮廓往往不是那么清晰。例如,重塑地方状态被新自由主义理解成"市场状态",把地方政府作为斗争的潜在的积极阵地这种观点已经不再可行了。

环境的可持续发展,尤其是气候变化的影响使得全球资本主义积累势在必行,这很可能是现今"城市政治"最严峻的问题,世界上许多人口众多的城市和地区都在毁灭的威胁之下。尽管生态问题不是新马克思主义者写作的重点,但是有明显的例外,如利皮耶茨的合并监管理论和生态主义,福斯特在环境和马克思主义生态政治的视角上对新自由主义进行的批判。如哈德逊所说,世界可持续发展的蓝图,常常涉及激进的社会化和全球新自由主义经济重新部署的结合。如果是这种情况,对于新马克思主义城市政治来说,生态危机所展现的既是最大的挑战,也是最大的机会。

对新马克思主义城市分析来说,这是一个很难应对的挑战。反思马克思主义的实践,从20世纪80年代的欧洲"新左派"到今天的南方国家反对运动,都证明了马克思主义并没有崩盘而是继续影响着激进的城市政治。

更值得我们关注的是,21世纪初的资本主义金融危机之后,新自由主义的发展模式如同四十年前的凯恩斯主义一样,受到了全世界的广泛质疑和批判,即便是最极端的自由主义者,也开始要求政府对经济生活等各方面的更多干预。金融危机延缓了新自由主义的进程,动摇了新自由主义的信念,新自由主义究竟是向后新自由主义转化还是退回到从前?在新自由主义经济模式趋于崩溃,全球政治经济向后新自由主义过渡的重要时期,哈维在《新自由主义是否真的终结》一文和《关于资本的逻辑——哈维访谈录》中,继续坚持运用马克思历史唯物主义和《资本论》中所揭示的政治经济学原理来论述新自由主义对当代资本主义城市的重要影响。哈维认为,"新自由主义实践的地理非均衡发展后果是资本在生产与积累过程中不可避免的社会、经济问题可以通过时间、空间成功地转移或嫁祸,新自由主义在全球尺度内的实践是典型的社会财富转移手段和经济社会危机转嫁的途径"[①]。在经济危机面前,哈维的"空间修复"理论仍然是对抗经济危机的最主要工具;世界左翼运动也出现了回潮现象,虽然总体上看是理论探讨多于政治实践,但这些状况都会对后危机时代的城市政治产生影响。

哈维把超越阶级分歧的激进政治作为新自由主义的根本替代方案。新自由主义全球资本积累模式加强了国际金融垄断资本对国内外无产阶级和广大劳动人民的剥削和统治,引发了全球范围的反新自由主义和反全球化的斗争浪潮。

在过去的50年当中,工人遭受了相当多的不平等待遇,他们在这个制度中一无所获。首先,20世纪80至90年代,以计算机和网络技术为核心的信息技术产业飞速发展,在极大促进产业结构优化升级和提高劳动生产

---

① 吴启焰:《新自由主义城市空间重构的批判视角研究》,《地理科学》2011年第7期。

率的同时,也造成了严重的贫富两极分化和大规模的结构性失业。其次,在经济全球化时代,跨国公司纷纷到海外寻找最廉价的劳动力,"东欧剧变、苏联解体以及中国向社会主义市场经济体制的转轨,使全球的工人阶级增加了近二十亿"①。全球劳动力过剩日益剥夺劳工权利,工人阶级总体生存状况恶化,但因文化民族主义和多种社会抗议运动等原因,大规模的反抗运动始终没有出现。

哈维批判了当前西方左翼运动中存在的夺取国家政权式的政治斗争已经没有意义的观点,他坚信市民社会组织将会改变世界,认为国际金融危机的难关能否度过取决于阶级力量的对比和人们对根本改造资本主义制度的决心。"从西雅图到伦敦,从科隆到东京,从马尼拉到利马,从首尔到魁北克,从巴塞罗那到热那亚、纽约、卡尔加里……反对新自由主义全球化的群众示威游行已成为燎原之势。印度人民反对由世界银行所支持的大坝建设项目的计划,巴西争夺土地耕种权的农民运动,墨西哥的萨帕塔起义,反对转基因食品、确保当地生产体系的斗争,反对私有化的政治斗争,发展中国家争取劳动权或妇女权利的运动,抗议国际货币基金组织所强加的财政紧缩方案的运动"②,对新自由主义和扩大再生产的各种反抗交织在了一起。哈维号召欧美国家的民众掀起像拉丁美洲那样的大众政治运动,提出社会平等的政治要求,以及经济、政治和文化公正的开放的民主;对过剩积累资本的生产、利用和分配实施更强大的社会和政治控制,特别是对公共教育、健康医疗以及房屋供给实行社会化。

在 2008 年的金融危机中,新自由主义虽然饱受诟病,但做新自由主义时代的终结这样的论断还为时过早,毕竟新自由主义源于危机,有很强的适应性,但是由于新自由主义与生俱来的缺陷,是不能提供"比'自由市场'或'国家干预'更有效的'第三条道路'的"③。但毫无疑问的是,无论在哪种社会制度下,政府对市场的过度放任都是极其有害的。类似于"占领华尔街"的城市社会运动证明了马克思主义的"幽灵"在作为指导社会变革和人类解放的基本理论方面仍然具有生命力,新马克思主义城市政治理论依旧有很强的解释力和建构力。

---

① David Harvey, "Is This Really the End of Neoliberalism? ——The Crisis and the Consolidation of Class Power," *Counterpunch*, March 13, 2009.转引自吴茜、苑秀丽:《戴维·哈维对新自由主义的批判》,《国外社会科学》2011 年第 6 期。
② 同上。
③ 胡燕、孙弈:《新自由主义与国家空间:反思与启示》。

第三章 城市社区权力理论

在一定意义上,对城市社区的研究可以追溯至古希腊。当时,柏拉图和亚里士多德在考察希腊城邦的政治时,就从人性的角度系统阐述了实然和应然的城市政府。不过,城市社区理论诞生的标志则要追溯到1887年德国社会学家斐迪南·滕尼斯的扛鼎之作《共同体与社会》的问世。在该书中,滕尼斯首先提出了"社区"的概念。美国社会学家、芝加哥学派的领军人物罗伯特·帕克在1936年也对社区下了定义。而我国的社区研究则远远落后于西方。20世纪30年代我国社会学家吴文藻先生才第一次将社区的概念引入国内并积极倡导展开社区研究。

关于社区的概念,见仁见智。例如,有学者从社会系统的角度将其定义为社会系统的组成部分;也有学者从行政管理的角度将其等同为具体的行政单元;还有学者基于地理区划的视角将其视为一种具体的聚落形态。综合各家之言,我们不难发现这些界定都将人口、区位、结构以及社会文化视为社区的构成要素。因此,我们认为社区是这样一种区域性社会:它具有一定的人口,位于具体的区域内,由相应的社会关系网络组成,并且拥有特定的社会文化。

具体就城市社区而言,20世纪二三十年代的研究仍处于早期阶段,其主要着力点是探讨由城市化、工业化以及移民等衍生的包括贫民窟、城市犯罪与暴力冲突在内的一系列治理问题。这一时期,主要研究的是揭示大城市生活的阴暗面。罗伯特·帕克与他人的合著《城市研究》(1925)就是其中的经典之作。大萧条之后,美国社会学家开始反思关于美国社会的理论预设。在此背景下,社会分层理论也重新受到重视。罗伯特·林德和海伦·林德夫妇的代表作《中镇》(1929)以及《转型中的中镇》(1937)的问世,成为将社会分层理论运用于案例研究的拐点。究其原委,它比此前的著作更加强调社区权力结构。

在此,就有必要从政治学与行政学的角度澄清社区权力结构的内涵。由于下文将要介绍的几位理论家在很大程度上都采用了美国政治学家哈罗德·拉斯韦尔的权力观,所以在此我们也援引拉斯韦尔对权力的界定。他指出:"权力指参与决策过程:G 如果参与到影响 H 在价值 K 相关政策的决策过程时,G 就对 H 拥有关于价值 K 的权力。"①在此基础上,理论家纷纷通过考察公共政策的制定流程来探讨美国城市的社区权力结构。而所谓权力结构是指权力在各阶层的分配状况,它主要研究的是各社会阶层在制定和执行政策过程中的地位与作用。

与早期社会学家相比,美国政治学家对城市社区问题的研究,特别是对城市社区权力结构的研究则起步较晚。自 19 世纪末以来,作为一个刚刚建立的独立学科,美国政治学对城市社区权力结构的研究大致经历了以下几个阶段:20 世纪初,美国政治学家们认为研究城市社区时,规范研究比实证研究更加重要。20 世纪二三十年代,行为主义之父、芝加哥大学政治学系教授查尔斯·梅利亚姆领衔的研究团队虽然开始关注地方政治,但研究重点却是政党和投票行为。直到二战后,美国政治学对城市社区权力结构的研究成果才如雨后春笋般涌现。不过,这一现象的出现与美国社会学家、政治学家弗洛伊德·亨特在城市社区权力结构研究方面取得的重大突破紧密相关。由此,也开启了以亨特为代表的精英主义和以罗伯特·达尔为旗手的多元主义之争。这一争论一直贯穿着 20 世纪六七十年代美国城市社区权力结构的研究,甚至到了无法收场的地步。不过,它也极大地促进了美国城市政治学的发展和社区研究的再度繁荣。

第一节　城市由少数精英统治:精英主义的城市社区权力观

早期,包括林德夫妇在内的社会学家已经对城市社区权力结构有所研究。他们采用的主要是参与观察、调查分析以及文献追踪等方法。这些方法大多属于描述性质的,亟待改进,而且他们的研究也缺乏理论深度。随后,亨特极大地推动了这一问题的研究。如彼得·罗斯所言:"赋予社区权力结构以可操作的形式可能是亨特最大的贡献。"②亨特认为,城市社区结

---

① 哈罗德·拉斯韦尔、亚伯拉罕·卡普兰:《权力与社会:一项政治研究的框架》(王菲易译),上海人民出版社 2012 年版,第 83 页。
② Peter Rossi,"Power and Community Structure," *Midwest of Journal of Political Science*, Vol. 4, No. 4, 1960, p.392.

构主要由经济精英掌控。在此,有必要从精英主义的传统阐述亨特的理论贡献。精英主义理论历史悠久,早在两千多年前的古希腊雅典,柏拉图在叙述"理想国"的社会结构时就借用上帝通过在不同的人身上分别掺入金、银、铜、铁之说,来论证等级严密的社会秩序的合理性。自此之后,奥古斯丁、阿奎那以及霍布斯等思想家都先后论证了君主制的优越性。直到18世纪,法国思想家卢梭才肯定了民主和平等的价值。不过,精英主义传统并未就此断绝。近世,莫斯卡、帕累托、米歇尔斯以及韦伯等社会学家都为精英主义理论提供了新的理据,如"寡头统治铁律"。然而,他们都是在"社会"或者"国家"这一宏大的空间内探讨精英主义理论的。"第一个严格意义上将精英理论运用于城市研究的人是亨特。"①

亨特先后任教于北卡罗来纳州立大学、智利天主教大学、加州大学、肯塔基大学以及哈佛大学。他几十年如一日地研究美国社会的权力分配状况。其代表作除了《社区权力结构》(1953)之外,还有《社区组织》(1956)、《美国最高层领导》(1959)、《大富与小富》(1965)以及《社区权力续编》(1979)等。

《社区权力结构》是亨特在博士论文的基础上修订的,为收集第一手资料,亨特扎根雷吉纳市(Regional City,即亚特兰大市)将近一年。其间,他不仅建构起了成熟的研究方法,即声望研究法,而且为精英主义理论提供了具有说服力的实证案例。在该书中,他有力地证明了精英主义的核心观点:即使是在城市社区层面,少数经济精英也占据着统治地位,他们控制了城市的政策制定权。

此后,许多学者纷纷采用亨特建立的声望研究法分析美国城市社区的权力结构,如罗兰·佩勒格林和查尔斯·科茨对比格镇权力结构的研究。② 也有的学者运用声望研究法进行跨国的比较研究,探讨社区权力结构的国别差异。如德尔伯特·米勒就对英格兰小城"英国城"和美国小城"太平洋城"进行了比较研究。③ 还有的学者则在声望研究法的基础上加入历史比较研究方法,分析特定城市社区的权力结构演变史。如罗伯特·舒尔策就研究了美国小城锡沃拉一百多年间的权力结构演变历

---

① 戴维·贾奇等编:《城市政治学理论》,第47页。
② 参见 Roland Pellegrin and Charles Coates, "Absentee-Owned Corporations and Community Power Structure", *American Journal of Sociology*, Vol. 61, No. 5, 1956, pp.413-419。
③ 参见 Delbert Miller, "Industry and Community Power Structure: A Comparative Study of an American and English City", *American Sociological Review*, Vol. 23, No. 1, 1958, pp.9-15。

程。① 通过仿效舒尔策的方法,唐纳德·克莱兰和威廉·福姆也探讨了美国小城韦尔斯堡的权力结构演变史。② 这些研究也部分地修正了精英主义的城市社区权力结构观。

一、雷吉纳市的权力结构：亨特的精英主义理论

在研究雷吉纳市的权力结构时,亨特虽然发现经济精英主导影响城市经济社会发展,但他并不是一位否定民主价值的精英主义者。用他的话说就是:"凭借一系列的公共关系和宣传活动,领导与大众的交流渠道需要拓宽并加以强化。否则,在处理影响所有人的一般事务上,我们的民主观念就会处于失去活力的危险之中。……基于此,我才研究有着50万人口的城市——雷吉纳市的领导模式。"③也就是说,他研究雷吉纳市权力结构的初始目的不仅是为了揭示谁是真正的领导者以及他们制定公共政策的幕后流程,而且为扩展民主奠定基础。

权力对于维系任何一个社会的秩序都是必不可少的。在城市社区,它同样也是不可或缺的。究其原委,它事关公共政策的制定与执行。那么,对其进行研究无疑也具有重大价值。如上所述,以往对精英主义权力理论的研究都仅仅停留在国家这一空间尺度内。对此,亨特指,出在城市社区这一空间尺度的组织框架内更容易考察权力关系。他认为:"权力是这样的词汇,它用来描述的是在涉及自己和组织或非组织的事务方面人驱使他人行动的行动。"④在具体研究雷吉纳市的权力结构之前,亨特还提出了衡量权力结构的几个重要命题。⑤

（1）权力涉及的是个人与组织,控制与被控制的关系。

推论：因为权力涉及这类关系,所以可以结构性地予以描述。

（2）在美国的国家、州以及地方层面,权力可以结构性地社会化为政府权威与经济权威之间的双重关系。

推论：两类权威可能都有从属于它们的有效的社会性组织权力单位。

（3）相对而言,在作为变量的政策的社会关系中,权力是常量。

---

① 参见 Robert Schulze, "The Role of Economic Dominants in Community Power Structure", *American Sociological Review*, Vol. 23, No. 1, 1958, pp.3-9。

② 参见 Donald Clelland and William Form, "Economic Dominants and Community Power a Comparative Analysis", *American Journal of Sociology*, Vol. 69, No. 5, 1964, pp.511-521。

③ Floyd Hunter, *Community Power Structure: A Study of Decision Makers*, New York: The University of North Carolina Press, 1953, p.1.

④ Ibid., p.2.

⑤ Floyd Hunter, *Community Power Structure: A Study of Decision Makers*, pp.5-6.

推论 a：在权力这一常量中，财富、社会地位以及声望是变量。

推论 b：在这些权力单元中，权力单元的力量变化或政策变化影响整个权力结构。

（4）个人的权力必须有效地结构化为社团、派系或组织模式。

推论 a：社区提供了一个有组织的权力关系微观世界，在这个世界里个人行使其最大化的有效影响力。

推论 b：在决策的制定与拓展方面，代议制民主提供了评估个人影响力的最大可能。

（一）声望研究法

在提出这些命题的基础上，亨特建构了一套完整的研究方法，即声望研究法，又称社会分层理论。具体而言，这一研究方法大致有以下几个实施步骤。

首先，收集领导人名单。鉴于雷吉纳市既是金融、商业和工业中心，又是服务性城市，还是佐治亚州的中心，亨特选择在四类群体中收集一个社区领导人的名单。他认为，这些群体与权力存在千丝万缕的联系。他们分别是商界精英、市民领袖、政府官员以及社会贤达。在这当中，社区议会提供市民领袖的名单，妇女投票协会提供政府官员的名单，商会提供商界精英的名单，新闻媒体和市民领袖一起提供社会贤达的名单。最终名单中总计有 175 人之多。亨特假定，这 175 人对于社区事务都拥有举足轻重的发言权。

其次，专家测评。为了增强研究的可操作性，亨特决定缩减这份名单的规模。为此，他设计了一套挑选程序即专家测评。这一步骤是声望研究法的核心。亨特精心挑选出了 14 位对雷吉纳市政治、经济和社会等方面情况了如指掌的专家。他要求这 14 位专家在 175 人的名单中选出他们认为在上述四个方面最有影响力的领导。随后，根据挑选结果，亨特按照声望的得票数排列出每个方面最有声望的 10 位领导。于是，亨特得出了一份雷吉纳市最有声望的 40 位领导人名单。

亨特发现，40 人中，"大多数人掌控或管理着大型商业企业的主要活动。名单中，有 11 位这样的人。……金融主管、银行监管和投资顾问是仅次于前者的群体，有 7 人之众。……有 6 位专业技术人员。……5 人承担着主要的工业责任。政府官员有 4 位代表。……有 2 位劳工领导代表工会。……剩下的 5 位可以划分为闲散人士"①。这与雷吉纳市的经济结构大致相符。优越的地理位置使得雷吉纳市一跃成为金融、商业以及工业的中心。这一经济结构也反映到了社会结构之上。

最后,访谈与结论检测。由于时间以及经费等条件的限制,亨特着重深入地访谈了其中的 27 位领导。在访谈的过程中,亨特主要围绕以下三个问题展开:(1)在他们眼中,谁是最有影响力的 10 位领导?(2)平时,他们之间接触与互动的频率与方式,即人际关系网络。(3)近年来,对雷吉纳市社会各阶层影响最为重大的决策和项目都由哪些人制定,又由哪些人执行?为了进一步弄清雷吉纳市政策制定的流程,亨特又采用相同的研究方法对 34 位黑人社区领导以及 14 位社区专业技术人士进行了访谈。在此基础上,亨特掌握了大量的第一手资料,也基本找到了这些问题的答案。亨特发现,在这些领导人相互投票的过程中,声望越高的人,得到的票数越多;相反,声望越低的人,得到的票数也就越少。不过,投票也不完全与现实一致。②

(二) 经济精英主导着雷吉纳市的政策制定

亨特不仅在研究方法上取得了重大突破,而且更加重要的是他的结论对于自诩生活在自由民主社会的美国民众来说,也不啻为绝妙的讽刺。

首先,经研究,亨特发现除宗教、教育以及文化等领域的事务外,经济精英几乎垄断了雷吉纳市其他所有领域的重大政策制定权。可以说,差不多所有的市政工程和项目都是由一小撮经济精英主导的。"在雷吉纳市,商人是社区领导。财富、社会声望以及政治机器都是社区经济精英的权力工具。……在公共事务方面,经济精英也占据着突出的位置。"③这些人的职业基本都是工商界大佬、银行家以及极少数为公司、银行以及其他机构提供法律服务的律师。他们的办公场所装修豪华,且都配备多位秘书安排行程;他们的住所位置极佳,相互为邻;他们相互熟悉,经常在各种高级俱乐部和私人住所,一边享用着各种美食,一边商讨关乎社区发展的大政方针;他们不会遭遇普通大众在日常生活中经常碰见的交通拥堵和治安混乱等各项社会难题。而这些难题的有效解决又都得指望他们。

更加重要的是,他们能够通过说服、威胁、游说甚至是强制和暴力方式推行自己制定的政策,或阻碍有悖于自己利益的政策、言论和项目的出现。

---

① Floyd Hunter, *Community Power Structure:A Study of Decision Makers*, p.13.
② Ibid., pp.68-69. 具体见 Table 3 and Fig. 2。
③ Ibid., p.81.

例如,社会工作者克莱奇特·乔经常发表反对住房计划的各项言论。对此,大佬们怀恨在心。他们采用了各种手段,试图让乔闭嘴。如请私家侦探调查他的底细,许诺加薪甚至是逼迫他辞职。但乔还是不为所动。最后,他被解雇了。① 即使是高层领导自己,一旦没有处理好重要议题也会被这个集体剔除出队伍。例如,罗伯特·瓦因斯和安东尼·默多克就是两位被清除出队伍的大佬。②

与之相比,就物质条件而言,各企事业单位的中层领导、社会组织的领导人和专业技术人员的办公条件、居住的社区以及聚会场地都无法与顶层领导相提并论。更加重要的是,他们对事关经济发展的公共政策的影响也是微乎其微。基于此,亨特把雷吉纳市的权力金字塔划分为四个等级。③第一等级:工业、商业、金融所有者以及大公司的高层执行官;第二等级:运行官、银行副总、公关人、小商人、高层公共官员、公司法律顾问以及承包商;第三等级:市民组织从业者、市民机构委员会从业者、报纸专栏作家、媒体时事评论员、底层公职人员以及被选组织的负责人;第四等级:专业技术人员,如监管、教师、社会工作者、人事指导、高薪会计以及小商业经理等。

与此同时,城市的领导人往往凭借他们和州立法机关(议会)的紧密联系,采取包括个人接触、提供政治献金在内的各项游说手段引导州议会出台符合他们利益的法规,从而压制乡村领导人的诉求。如詹姆斯·特里特就为州长的当选提供了不可估量的帮助,因此他的政治影响力不容忽视。州长在重要政策议题的选择上往往都会与特里特以及查尔斯·霍默等人协商,甚至一同前去华盛顿游说以期获得国会的支持。此外,他们总是试图说明商业集团的利益往往与社区整体利益一致。④

其次,他发现,虽然极少数经济精英对政策制定的影响十分重大,如雷吉纳市最富有的人查尔斯·霍默,但单一的权力金字塔在雷吉纳市并不存在。不同领域的经济精英对不同政策议题的发言权迥然有别。宗教、教育以及文化领域的政策基本都是由专业技术人士做出的。⑤ 因此,亨特才说:"就目前掌握的情况而言,雷吉纳市本身并没有单一的老板。在政治领域,没有人能够独断所有的政策。大的经济利益团体或许可以团结一致地处理事务,并促成任何项目。但即使有这样的人的话,也几乎没有任何一个

---

① Floyd Hunter, *Community Power Structure: A Study of Decision Makers*, pp.187-190.
② Ibid., pp.197-199.
③ Ibid., pp.107-108.
④ Ibid., pp.158-166.
⑤ Ibid., pp.94-97. 具体见 Fig. 9 and Fig. 10。

大佬能够单独行动。"①不但如此,而且也没有人会认为在雷吉纳市存在拥有这种权力的大佬,任何大佬都必须依赖其他人的合作才能实现自己的目的。就这一发现而言,亨特的理论似乎倾向于多元主义的城市社区权力理论。

再次,他指出经济精英往往都是在幕后制定社区的重大政策。在政策出台之前,普通大众几乎对此一无所知。在雷吉纳市,政策制定大致遵循以下流程:某个商界大亨如霍默突然就某一议题冒出一个点子,然后他在其私人住所或社会俱乐部里组织一次他的核心小圈子成员参加的宴会。在三个小时的宴会上,大家一边用膳,一边各抒己见。在宴会上,启动资金等各项重大问题都解决了。经过商讨和部分修改之后,大家对此达成一致意见。随后,这个主意便被提交至49俱乐部或者101委员会,更多的经济精英开始对此进行协商。获批后,根据实际情况,或者成立一个由专业技术人士组成的专门委员会讨论具体的实施方案,或者不经这一步骤直接通知新闻媒体示意记者在报纸上大肆宣传他们的政策以便获取大众支持,从而减轻政策执行过程中可能会遇到的阻力。然后,一项新的政策便开始执行。② 由此,不难看出,经济精英在商讨决策时几乎不与大众沟通。实际上,很多政治议题也是如此。因为它们很多都是经济议题,所以经济精英仍然具有重要的影响力。此外,亨特还发现,在各个等级的领导都会参加的会议上,开会时高层领导会与中下层领导一起入座,但他们的座序泾渭分明。会上,高层负责制定政策,政策的具体实施则由中下层领导负责。

最后,为了增强理论说服力,亨特还运用声望研究法考察了雷吉纳市黑人社区的权力结构。他发现,"黑人社区的权力结构模式基本遵循大社区的模式。……和大社区一样,黑人领导为制定政策也倾向于在社区内挑选相同的人,而且在高层领导之间,委员会互动的频率也很高"③。不过,34位黑人领导的职业构成却与前述40位大社区领导的职业构成有差异。在调查黑人领导的职业状况时,亨特发现他们中间有"19位专业技术人员、8位商业企业主、3位在银行和保险业工作、2位闲散人士(社会领导)、1位社区义工(1位退休的邮递员)以及1位政治家"④。此外,在黑人社区,组织投票协会拥有的影响力远远超过商业组织。在亨特看来,这些差异主要与黑人总体的社会经济状况有关。由于方方面面的条件限制,黑人的经济社

---

① Floyd Hunter, *Community Power Structure: A Study of Decision Makers*, pp.48-49.
② Ibid., pp.170-172.
③ Ibid., p.113.
④ Ibid., p.114.

会地位远远不如白人的高。但他们可以利用手中的选票影响当局,特别是影响候选人的竞选纲领,所以才会出现这些差异。

从表3-1、表3-2、表3-3中,我们不难看出,在议题的选择上,高层领导、中下层领导以及专业技术人员和亚社区的黑人领导关注的重点迥然有别。可想而知,最后自然是高层领导的偏好成为雷吉纳市优先考虑的重点。由此,亨特也间接说明了雷吉纳市的权力由少数经济精英主导。

表3-1　1950—1951年雷吉纳市26位上层领导提出的重大议题或项目报告

议题或项目	报告的次数
发展规划	23
交通控制	9
黑人问题(一般性的问题)	4
投票者的计划	4
医疗规划、黑人住房、鼓舞战争士气、一般性税收	每一个议题2次
教育(大学项目)、黑人教育、午餐会的会议设施、增加担保债务	每一个议题1次

资料来源:Floyd Hunter, *Community Power Structure:A Study of Decision Makers*, New York: The University of North Carolina Press, 1953, p.210.

表3-2　1950—1951年雷吉纳市14位专业技术人士的重大议题或项目报告

议题或项目	报告的次数
发展规划	4
住房和贫民窟整治	4
黑人问题(一般性的问题)	3
投票者的计划、种族隔离、交通控制、黑人教育、政治改革、房屋租金控制、治安(消防)	每一个议题2次
增加福利基金、通过社区专项基金为福利提供足够的资金、启示黑人的警务行为	每一个议题1次

资料来源:Floyd Hunter, *Community Power Structure:A Study of Decision Makers*, New York: the University of North Carolina Press, 1953, p.211.

亨特发现,随着城市的发展,市政服务远远落后于城市蔓延的节奏和人口膨胀的步伐。因此,专业人士视住房以及贫民窟的整治为重点。不过,不论是高层领导、中下层领导,还是专业技术人士,都将自己的计划表述为符合社区的整体利益,从而更好地获得资金支持。

表 3-3　1950—1951 年雷吉纳市 22 位亚社区领导的重大议题或项目报告

议题或项目	报告的次数
改善学校	18
住房和贫民窟整治	10
投票权	7
儿童福利、售酒许可证、公职人员的招募、平等的劳动权、控制犯罪、保护民权、发展规划	每一个议题 1 次

资料来源：Floyd Hunter, *Community Power Structure: A Study of Decision Makers*, New York: the University of North Carolina Press, 1953, p.218.

亨特的研究成果一经问世很快就在美国学术界乃至美国社会引起了巨大反响。究其原委，他的发现对美国民众引以为豪的民主理念造成了不小的冲击。如亨特所言，美国历来标榜自由平等，实际上许多城市却如雷吉纳市一样，公共事务的政策制定权都被极少数经济精英控制。这不能不说是对民主的极大嘲讽。因此，亨特完成这项研究之后，包括社会学和政治学在内的各学科学者纷纷投入到美国城市社区权力结构的研究当中去。在这一过程中，有的学者沿用亨特的研究方法得出了基本一致的结论；有的学者则借鉴亨特的研究方法，或进行跨国的比较研究，或加入其他变量进行历史的比较研究，从而部分地修正了亨特的观点。

通过访谈 50 位高级经理，佩勒格林和科茨收集了 1954 年 6 月至 1955 年 5 月间与比格镇权力结构相关的数据。他们发现，在比格镇社区项目如果缺少工业和"所有者不在场的"（Absentee-owned）企业的支持，往往都会流产。不过，这些企业的高级经理表面上主导了比格镇的政策制定，但企业的所有者才是真正的幕后老板。此外，"在相对较长的时间内，某个特定社区的社会分层体系很固定，且相对不变。因为，正如近期的研究发现，控制社区事务政策制定的主导性利益集团很少有动力去打乱现存的主从模式"[①]。

二、精英主义的升级版：比较研究和历史分析

根据上面的描述，我们不难发现亨特、佩勒格林和科茨等人的研究没有进行跨区或跨国的比较，收集的资料只是短短一年之内的数据。因而，他们的研究不仅不能反映地区差异，也很难反映社区权力结构的长期演变

---

① Roland Pellegrin and Charles Coates, "Absentee-Owned Corporations and Community Power Structure," p.413.

轨迹。下面几位学者的发现则弥补了这些缺陷,也部分修正了精英主义的理论。

(一) 工业与社区权力结构：英美两国小城的比较研究

为了检测亨特理论的适用范围,米勒运用声望研究法考察了英美两个小城的社区权力结构,并将之与雷吉纳市进行了比较分析。

米勒的实证研究发现,太平洋城核心领导的职业构成已经充分证明了亨特的理论假设,即在太平洋城和雷吉纳市,经济精英的确在社区权力结构中占据多数。不过,英国城的数据却反驳了亨特的理论预设。米勒认为,主要原因有以下两点。

其一,英美两国之间职业声望价值的差异。"相较于美国,与律师、医生以及大学职员相比,英国工业的行业地位及其老板的社会地位均相对较低。"[①]更加深刻的是,它代表着两国文化的巨大差异。英国的教育重视人文主义,而美国则是一个重视金钱和商业的国家。这一点也反映在了社区权力结构的差异上。

其二,政府机构的差异。如上所述,太平洋城市议会只有9位议员。规模小,便于议员之间的协商。正是经过较长时间的争论和社区权力转移至议会之后,议会才能做出决策。与之相对,英国城的议会议员都是兼职的,仅仅在开会期间他们的雇主才批准他们参会。这样,社区权力自然就落到了市政府的行政首脑手上。

(二) 经济精英在社区权力结构中的角色：历史分析的视角

跨国的比较研究已经说明了亨特理论的适用范围。不过如舒尔策总结的那样,美国的社会学家们在研究美国的社区和社区权力结构时已经对这一假设达成共识,即经济精英在地方事务和政策制定方面占据着举足轻重的地位。由此不难看出,很少有学者研究地方权力结构的历史演变。这些地方权力结构的变化与大都市区化和行政权逐步主导美国生活的趋势紧密相关。基于此,舒尔策便着手考察一个中等规模的美国城市社区权力结构。他的基本假设是,"如果社区与大的社会职能关系发生变化的话,那么其控制结构的属性和形式也会发生相应的变化,社区权力结构中经济精英的主导性角色也会随之而变"[②]。具体而言,一个社区如果越能自给自足

[①] John Scott, ed., *Power: Critical Concepts* II, London and New York: Routledge, 1994, pp.420-421.

[②] Robert Schulze, "The Role of Economic Dominants in Community Power Structure," *American Sociological Review*, Vol. 23, No. 1, 1958, p.4.

并与外界的社会经济体系没有联系的话,那么它的权力结构越会呈现为金字塔型,权力就越会集中在少数经济精英手中。反之,人口的增长以及经济社会发展的需要导致它与外界联系越来越紧密,那么经济精英在地方社区组织中的作用以及他们对地方政治的影响力就都会下降。

同样,通过仿效舒尔策的方法,克莱兰与福姆分析了锡沃拉以西60英里的小城韦尔斯堡的权力结构演变史。该城有居民近18 000人,主导产业为汽车制造。1900—1920年间,该城的人口迅速膨胀,工业飞速发展。自1920年之后,所有者不在场的企业大量入驻该城。它与大都市的经济社会联系也不断增强。结果,如同在锡沃拉发生的一样,该城的权力结构也出现了类似变化。[1]

三、对精英主义研究的批评

通过概述米勒、舒尔策以及克莱兰与福姆等人的研究成果,我们对亨特理论的局限也有了大致的了解。实际上,在社区权力结构研究方面,精英主义的理论假设还面临着以下几项主要的批评。

首先,精英主义使用的"权力结构"这一概念,在很大程度上是含混不清的。精英主义假设,在任何组织系统内均存在有秩序的权力体系,而且是组织分层的镜像写照。但事实并非如此,任何社区都不存在绝对的权力。如果存在的话,那么我们就无法去解释在社会底层谁统治他们。难道又在社会底层内部划分阶层,以致无穷?所以,"权力结构"这一概念有严格的适用范围。

其次,精英主义假设权力结构和社会分层一般均比较固定,也是值得商榷的。一般而言,测量经济精英的权力既要从历史的角度进行考察,又要与特定的议题相联系。前者,舒尔策已经有深入的研究。后者,亨特也有所论述。如他所言,即使是在雷吉纳市也不存在可以控制一切的大佬。此外,根据议题的性质和类型,利益集团与公民之间的联盟也是不固定的。原因很简单,每个利益集团都有自己的利益,很多时候还与他人的利益存在冲突。此外,个人偏好也是各具特色。所以,就不能将单一领域和单一议题的影响力扩展至所有领域和所有议题。比如,在自由民主国家,决定候选人去留的关键因素是大多数普通选民的选票,而不是大财团的政治献金。这一刻,我们就不能称其为精英统治了。

---

[1] Donald Clelland and William Form, "Economic Dominants and Community Power a Comparative Analysis," pp.511-521.

再次,我们既不能将权力的基础等同于权力本身,也不能仅仅将经济资源视为权力的唯一基础。在城市社区权力研究上,精英主义理论家们却犯了这一错误。就第一个问题而言,如果混淆两者的话,那么我们也就可以将任何国家视为军事独裁国家了。原因一目了然,军事力量的影响力肯定会远远大于经济资源的影响力。总之,"潜在的控制力不能等同于实际的控制力"①。就此而言,我们也就不能简单地根据个人或组织拥有的潜在影响力去评定他们的实际权力。就第二个问题而言,其他类型的资源也是权力的重要基础。实际上,"在政策制定的过程中,许多种类的资源都会被用上。这些资源比分层理论理所当然地认为的要多得多"②。作为一种主客体支配与从属关系,权力的产生根源在于不同社会群体掌握的资源迥然有别。在一定意义上可以说,个人或组织拥有资源也就掌握了资本。在物质或者象征的意义上,这种资本可以进行生产、积累和消费,甚至是转化。"从类型学的角度分析,那些塑造权力关系的资本可以具体划分为经济资本、社会资本、文化资本与符号资本。"③人生命的延续需要相应的经济资本,但人不仅是一种物质性存在,还是一种精神性存在并且处于一定的社会关系网络之中。所以,包括社会资本和符号资本在内的其他资本也构成了权力的重要基础。更为重要的是,在不同的历史时期、不同的国家,这些资本的重要性有天壤之别。因此,通过检测个人或组织的声望和影响力,精英主义简单地裁定个人或组织的权力等级,是值得商榷的。

最后,精英主义将本应证明的假设视为理所当然的结论予以接受。正如赫伯特·考夫曼和维克多·琼斯所言,"由少数群体主导城市是假设,而非已经证明了的。这一假设减轻了亨特发展任何评价权力客观标准的义务"④。就此而言,他们面临的最大的困境就是科学地证明某些个人或群体的权力高于其他人,但我们几乎没有完全客观的标准去衡量权力。假如我们遵循亨特的研究方法,我们就会在原始社会找出很多领导。可是,事实并非如此。因为我们知道,在原始社会习俗的力量大于任何个人或组织的权力。我们不能在这样的条件下测量权力,"如果 A 与 B 之间的关系是非

---

① Robert Dahl,"A Critique of the Ruling Elite Mode," *The American Political Science Review*, Vol. 52, No. 2, 1958, p.465.
② Nelson Polsby,"How to Study Community Power: The Pluralist Alternative," *The Journal of Politics*, Vol. 22, No. 3, 1960, p.483.
③ 彭斌:《作为支配的权力:一种观念的分析》,《浙江社会科学》2011年第12期。
④ Herbert Kaufman and Victor Jones,"The Mystery of Power," *Public Administration Review*, Vol. 14, No. 3, 1954, p.207.

对称性的——即 A 影响 B,但 B 对 A 毫无影响"①。不过,试图影响他人的人本身也会受他人反应的影响,并根据他人的反应调整自己的行动。这种相互影响实际上就存在着一种相互制约关系。因此,只要经济精英与普通大众的关系是非对称的,我们就不能简单地测定城市社区的权力结构。

第二节 城市由多重少数人统治:多元主义的城市社区权力观

其实在达尔提出多元主义的城市社区权力论之前,就已经有很多学者着手批评精英主义的城市社区权力论了,但大都没有掀起多少强劲的冲击波。达尔倡导的多元主义不仅在研究方法上取得了重大突破,而且其结论也在一定程度上捍卫了美国民众引以为豪的民主体制。此后,在回应新精英主义流派和新马克思主义流派的批判时,达尔的重要合作伙伴查尔斯·林德布洛姆提出了新多元主义的理论框架。此后,甚至有学者提出了超级多元主义的城市社区权力模型。不过,不管是多元主义、新多元主义还是超级多元主义,在方法论上的缺陷都是非常明显的。那就是,它陷入了社会中心论的漩涡,忽略了国家及其制度的重要性,特别是不够重视政治制度对个人的重大影响。

达尔的名字在国内学术界可谓耳熟能详。作为 20 世纪 60 年代美国政治科学行为主义革命的领军人物,达尔以其对多元主义民主理论的杰出贡献著称。达尔之所以提出多元主义民主理论,恰恰是希望在回应精英主义理论对自由民主的批评的基础上建构起一套更为成熟的民主理论。它具体表现为,达尔以多元主义理念为指导分析纽黑文市的权力结构及其演变历程。付梓于 1961 年的《谁统治:一个美国城市的民主和权力》就是这项研究成果的结晶。如达尔所言,"在资源不平等的状态下,一个'民主的'体制怎样运行呢?这些都是我想通过考察康涅狄格州这样一个美国城市社区加以探究的问题"②。达尔在 1967 年任美国政治学会主席时发表的就职

---

① Herbert Kaufman and Victor Jones,"The Mystery of Power," *Public Administration Review*, Vol. 14, No. 3, 1954, p.207.
② 罗伯特·达尔:《谁统治:一个美国城市的民主和权力》(范春辉、张宇译),江苏人民出版社 2010 年版,第 6 页。

演讲《城市与民主的未来》进一步强调"作为一个民主政府单元,城市更具优势"①。在他看来,观察城市公共政策的制定流程,是检测民主程度的最佳样本。不过,达尔在此之后很快就将学术兴趣点转移到了探讨其他领域的多元主义民主。就国内的研究现状而言,很少有学者从城市政治学学科发展史的谱系出发,探讨达尔在促进这一政治学的分支学科发展时所发挥的重要作用。

一、从寡头统治到多元主义:纽黑文市权力结构的历史演变与现状

通过考察纽黑文市权力结构的演变历程,达尔发现大众和他们的领导者都没有垄断该市的公共权力:"'谁统治?'答案不是大众,也不是他们的领导者,而是两者共同进行统治;领导者迎合大众的偏好,反过来又以大众的忠诚和服从产生的力量来削弱,乃至铲除所有的反对势力。"②具体而言,达尔是在创立"决策分析法"的基础上分析纽黑文市的权力结构的。究其实质而言,运用决策分析法探索多元主义的社区权力结构模式,只是将多元主义政治理论运用于城市社区领域的结果。

(一) 决策分析法

很多学者又把决策分析法称为"事件"分析法,或者"议题"分析法。概括地讲,就是考察纽黑文市制定特定公共政策时的权力关系。具体的操作流程如下。

首先,为了降低田野调查的成本和难度,达尔选择仅考察三个关键议题领域的决策。之所以如此,也是为了部分回应如下批评:"假设研究发现,在一个社区内三个议题领域都遵循着不同的决策制定模式,并不会排除所有其他议题领域都会被一个权力精英主导的可能性。"③这三个议题分别是 1941—1957 年间政党候选人的政治提名、1953—1959 年间纽黑文的城市重建以及同时期的公共教育(具体包括八个决策)。纳尔逊·波尔斯比指出,他的导师达尔选择这三个领域作为考察对象的原因就在于它们的重要性:"城市再发展是一个显而易见的选择,因为它'从很多标准上对纽黑文来说都是最重要的事情';公共教育'至今为止是最大的市政预算';而'如果政府机关是影响公共政策结果的基础'的话,那么政府官员的提名就

---

① Marion Orr and Valerie Johnson, eds., *Power in the City: Clarence Stone and the Politics of Inequality*, Kansas: The University Press of Kansas, 2008, p.6.
② 罗伯特·达尔:《谁统治:一个美国城市的民主和权力》,第 10 页。
③ Nelson Polsby, "How to Study Community Power: The Pluralist Alternative," p.477.

必须被作为重要的议题来对待。"①

其次,追踪决策制定过程,考察各个主体的行为。这个步骤的主要工作是访谈,参加各种组织以及委员会的会议,整理报告、报刊以及访谈对象的发言,从而收集第一手资料。就政治提名而言,达尔主要考察了选民登记、次级领导者的组织活动、选票统计以及各政党候选人获得的票数等情况。在城市重建的议题上,通过运用访谈和评估报表等方法,达尔分析了市长理查德·李、开发行政官、公民行动委员会、商界大佬、社会名流、专业人士以及选民等主体在政策倡议、制定与实施过程中的影响力。此外,达尔还考察了成功和失败的案例,统计这些案例倡导者的职业构成。在公共教育议题上,达尔统计了就读于公立和私立学校的学生数,分析了在纽黑文六个不同等级的小区中分别就读于公立中学和私立中学孩子的百分比,总结了不同社会阶层的孩子接受教育的地方。随后,达尔还仔细考察了市长、教育委员会和教育局长、学校管理者以及家长—教师协会等个人和组织在八组不同决策中的影响力。

最后,建构概念,提炼结论。在收集以上三个领域决策制定流程的相关资料的基础上,达尔区分了两组关键概念。第一组是累积性不平等和分散性不平等。累积性不平等具有这样的特征:"当一个人比另一个人在某一种资源(诸如财富)上更为充裕时,他通常也会在几乎其他所有资源上更为充裕——社会地位、合法性、对宗教和教育机构的控制、知识、官职。"②与之相对,分散性不平等则具有相反的特征。一个人比其他人在占有一项资源上更有优势,并不会导致他拥有更多的其他资源。分散性不平等主要具有以下六大特征:"(1)不同的公民可以适用多种不同的资源影响政府官员;(2)除极少数例外,这些资源的分散是不平等的;(3)因适用某种资源获益的人经常缺乏许多其他资源;(4)在所有的甚至是最为关键的决策中,没有一种影响力资源能够主导所有其他资源;(5)除了某些例外,一种影响力资源在某些议题领域或某些特殊的决策中是有效的,但并非所有的情况;(6)事实上没有人,而且可以确定的是没有任何一个仅由少数几个人构成的政制,完全缺乏某些影响力资源。"③

达尔区分的第二组关键概念是直接影响力和间接影响力。直接影响

---

① 戴维·贾奇等编:《城市政治学理论》,第 22 页。达尔本人也说明了选择这三个领域作为考察对象的原因,请参见罗伯特·达尔:《谁统治:一个美国城市的民主和权力》,第 71 页。
② 罗伯特·达尔:《谁统治:一个美国城市的民主和权力》,第 96 页。
③ 同上书,第 255 页。

力和间接影响力的含义相对简单。对此,用一个实例即可说明。例如,选民凭借手中的选票进行选举,影响候选人的政策纲领。与之相对,候选人上台之后,利用手中的权力直接可以规制选民的行为。也就是说,间接影响力主要是指主体需要利用特定的中介才能影响客体,拥有直接影响力的主体则不需要借助中介影响客体。

在区分这两组概念之后,达尔总结出来了这样的结论:"在一个世纪内,一个由具有凝聚力的领导者团体主导的政治系统已经让位于一个由许多不同阶层的领导者主导的系统,每个人都能以各自不同的方式将政治资源组合起来。简言之,它是一种多元主义政制。"①这种多元主义政制在以上三个关键领域就表现为:"只有很少的人有直接的影响力。……选民们在关键性选举中做出的选择,的确对领导者的决策产生巨大的间接影响力。……许多选民根本没有直接影响力;大部分人只有很少的直接影响力。当然,次级领导者拥有更多的直接影响力。"②当然,在不同的议题领域,不同的人或组织拥有不同的直接影响力。

(二) 多元主义政制:纽黑文市的权力结构

为深入研究"谁统治"纽黑文市,达尔又把这一问题具体细化为以下七个方面:"(1)影响力资源的分配不平等是'累积性的'还是'非累积性的'?(2)重要的政治决策是怎样作出的?(3)人们发挥最大影响力的决策有哪些?(4)领导的类型是寡头式的还是多元主义式的?(5)最广泛分配的政治资源——选举权的相对重要性是什么?(6)影响力模式是持久的还是变化的?(7)最后,对民主与平等之类的'美国信条'的普遍拥护是否对政治系统的运转产生影响?"③对这些问题的回答,也构成了《谁统治》一书的主旨和主要内容。

首先,达尔以宏大的历史分析为开端,考察了1784年至20世纪中期纽黑文市的权力结构演变史。他发现,"在过去的两个世纪中,纽黑文已经逐渐从寡头统治转变为多元主义政制"④。这一转变共经历了以下三个阶段:1784—1842年是第一阶段,这一时期贵族阶层几乎垄断了公共职位;1842—1900年是第二阶段,这一阶段白手起家的新兴企业家群体逐渐取代了贵族阶层,成为公共职位的新掌控者;1900—1950年,"前平民阶层"又逐

---

① 罗伯特·达尔:《谁统治:一个美国城市的民主和权力》,第96页。
② 同上书,第182页。
③ 同上书,第10—11页。
④ 同上书,第12页。

步取代了企业家群体,开始成为公共职位的新主人。达尔指出,这一转变的背后反映的是美国社会的深刻变化,即政治资源由累计性不平等向分散性不平等的转变。

起初,在财富、社会地位、受教育程度以及名望等方面,贵族都占尽优势。这一时期,纽黑文市的显要家族垄断了市长职位。这些领导人一般都是耶鲁大学毕业生并且在律师事务所任过职,而处理公务则支配了他们的主要精力。"在任何情况下都几乎可以断定,像康涅狄格的声望阶层一样,纽黑文的精英群体完全主宰着政治系统。"①这些精英群体血统相同,宗教信仰一致,对一切事务都持保守之见。无人能够撼动其权威,他们牢牢控制了包括教育系统、工商企业在内的一切社会机构。这些掌握了至高无上权力的精英群体可以毫无阻碍地推广自己的政策。总而言之,这一时期整个纽黑文市的等级结构森严,贵族占据着权力金字塔的顶端。

但自 18 世纪末至 19 世纪上半叶,美国社会在以下几个方面发生了翻天覆地的变化:人口迅速膨胀、紧随选举权门槛降低而来的选民群体的壮大、秘密投票政策的出台、政党政治的形成以及自由平等理念的传播。接踵而至的便是,在人数上处于极不利位置的贵族阶层一点一滴地失去了对公共职位的控制。至 1840 年,"贵族阶层已经从政治领域淡出,而将注意力转移到了经济事务上,或者说他们已经与新秩序妥协了。当社会地位、教育背景、财富和政治影响力都被统一为同一种权力时,一个时代就这样结束了。再也不会有与之类似的情况发生了"②。这些贵族对随后主导经济发展的制造业极度厌恶,所以他们被迫转向专业领域以及商业和银行业。(见图 3-1)

伴随贵族阶层退出的是,新兴企业家群体的崛起。由此,市长竞争也沦为商人之间的战争。其标志是 1842 年地毯制造商兼任保险公司秘书的菲利普·加尔平当选为纽黑文的市长。这家主要开展火灾和海事业务的保险公司是当时纽黑文最有名气的企业。对此,达尔总结道:"如果不是新生的实业家,还有谁应该占有公共职位呢?不是城市劳工,尽管他们在人数上越来越多并超过了所有其他群体,但他们都是缺乏社会地位、政治技能和经济资源的移民。"③19 世纪后半叶,财大气粗的企业家们几乎可以不受任何干扰轻松地主导着公共生活。这也预示着物质财富在政治

---

① 罗伯特·达尔:《谁统治:一个美国城市的民主和权力》,第 19 页。
② 同上书,第 28 页。
③ 同上书,第 35 页。

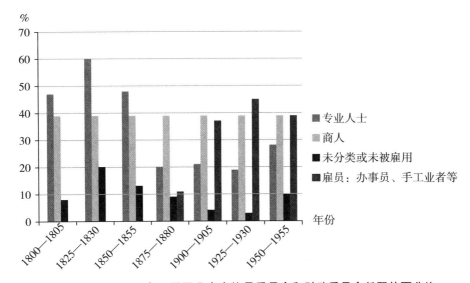

图 3-1 1800—1955 年不同职业在市议员委员会和财政委员会任职的百分比

资料来源：罗伯特·达尔：《谁统治：一个美国城市的民主和权力》（范春辉、张宇译），江苏人民出版社 2010 年版，第 29 页。

生活中扮演的角色越来越重要，而社会地位与专业知识的影响力则有所下降。

表 3-4 1856—1899 年市长候选人的职业构成

职业	民主党	共和党
工商业	10	12
制造业	8	8
保险业	1	1
银行业	—	3
批发业	1	—
法律界	2	—
情况不明	4	4
总计	16	16

资料来源：罗伯特·达尔：《谁统治：一个美国城市的民主和权力》（范春辉、张宇译），江苏人民出版社 2010 年版，第 33 页。

如表 3-4 所示，进入 19 世纪后半期，伴随着制造业的发展，从事这一职业的企业家在政治上也逐渐活跃起来。对此，达尔就指出，"随着制造业的增长,新的一类人群开始并在当地的经济秩序中占据着首要地位"①。他们几乎垄断了包括市场、市议员委员会到这一阶段刚刚成立的财政委员会在内的所有公职。

总而言之,这一时期是新生的实业家而非城市劳工控制了公共职位。原因就在于,"重要的企业家们享有的对纽黑文主要民选公职的垄断,在相当大的程度上依赖于第三种资源,即名望,名望并不总是与财富或社会地位同时出现"②。与之相对,城市劳工无法掌权的原因主要有:一方面,选举权的门槛虽然已经有所降低,但仍然限制了许多普通城市劳工参政;另一方面,与企业家相比,他们不仅缺乏声望、政治技能和经济资源,而且社会地位也有待提升。

但进入 20 世纪之后,一旦政治选举的门槛降低到前平民阶层可以利用他们同胞的选票来弥补他们的名望、财富和社会地位不足的时候,企业家群体就会重蹈贵族的覆辙进而逐渐退出公众的视线。达尔发现,和其他许多城市一样,这些前平民阶层都是"种族成员"。他们的身份上都有这样的标签:移民、天主教徒、犹太人或者黑人。"任何政治领导者,如果能够帮助一个族群的成员克服与其身份相关的障碍和耻辱,并能提升一个种族或宗族外围群体的权力、声望和收入,就自然而然地掌握了赢得支持和忠诚的有效策略。"③凭借人数优势,政治候选人就能利用自己的族群身份赢得选举,从而掌握政治权力。但是,随着经济社会的发展,政治候选人的族裔身份也逐渐失去了号召力。达尔发现,种族政治大致经历了以下三个发展阶段。

在第一阶段,这些初来美国的移民几乎都是无产者,他们大都仅凭借自己的双手挣取微薄的工资。进入第二阶段之后,通过自己的努力,原本具有高度同质性的移民群体变得越来越多样化。越来越多的人从无产者阶层跃升为从事白领工作的中间阶层。最后,这些人逐渐接受了中产阶级的价值理念和生活方式。凭借社会地位以及可观的收入也能确保一些移民出身的中产阶级获取举足轻重的政治影响力。至此,公民身份逐步与种族成员的身份分离。结果便进入第三个阶段,即种族政治的终结以及新兴人群开始取代前平民阶层成为政治上的新宠。到这一阶段(20 世纪 50 年代末),"政治态度和忠诚度已经变成了社会经济特征的产物。族群成员很

---

① 罗伯特·达尔:《谁统治:一个美国城市的民主和权力》,第 29 页。
② 同上书,第 36 页。
③ 同上书,第 38 页。

少表现出政治同质性"①。总之,就权力的客观基础而言,伴随种族影响力的下降,社会经济因素的影响力必然会再度增强。当然,种族政治并没有因此就销声匿迹了,不同族裔的移民先后经历这三个阶段的具体时间也是迥然有别(见表3-5)。

表3-5 不同族裔的移民经历三个阶段的时间差异

	第一阶段	第二阶段	第三阶段
德国人	1840—1880	1880—1920	1920—
爱尔兰人	1840—1890	1890—1930	1930—
"俄国人"	1880—1920	1920—1940	1940—
意大利人	1880—1930	1930—1950	1950—
黑人	1784—1950	1950—	

资料来源:罗伯特·达尔:《谁统治:一个美国城市的民主和权力》(范春辉、张宇译),江苏人民出版社2010年版,第41页。

其次,为进一步说明纽黑文市权力结构的现状,达尔详细考察了政党候选人提名、城市重建以及公共教育等领域。他发现,社会经济精英并没有垄断所有的政策制定。在政党候选人政治提名和公共教育议题上,高级公职人员中社会名流的比例极低。不过,社会名流在城市重建领域担任高级公职人员的比例要高得多。经研究达尔发现,在这一领域"他们所担任的职位要比期望通过侥幸赢得的职位多达约27倍"②。

与社会名流相比,经济名流会更多地参与公共事务。但在20世纪中期,经济名流的参与仅限于城市重建领域。"有48位经济名流人士在城市重建中任职,与之相比,在政治党派中任职的有6人,而在公共教育中则无一人任职。"③因为这一领域与他们的利益紧密相连。而在其他两个领域中,由于时间的限制和住所位于郊区的原因,他们很少参与。很明显,"在任何一个由忙碌之人组成的群体中仅有少数人愿意像其他耗费时间的需要一样参与公共事务"④。总而言之,经济名流和社会名流都没有成为垄断权力的政治精英。他们仅仅参与与自身利益攸关的领域,并在其中发挥重要影响力。

当然,参与政策制定并不等于拥有重要的直接影响力。对此,达尔指

---

① 罗伯特·达尔:《谁统治:一个美国城市的民主和权力》,第41页。
② 同上书,第72页。
③ 同上书,第77页。
④ 同上书,第79页。

出,在许多议题领域,并不能高估经济名流的直接影响力。在城市重建领域是如此,在政治提名和公共教育领域更是如此。"这既是因为他们不能达成一致意见,也是因为他们的确从来没有进入过政策活动领域。"①在此,达尔也就说明了三个重要的问题:首先,在当时纽黑文的政治系统中,虽然各个领域的名流掌握的资源总量迥然有别,但资源占有的不平等一般都是非累积性的。其次,对某一资源的占有优势(例如社会财富)并不构成他们占有其他所有资源(例如社会地位)的条件。最后,不同领域的人士对不同领域的公共政策拥有迥异的影响力,这种决策模式和领导模式就构成了一个多元主义的形态。总之,"纽黑文的政治系统是属于一种分散性不平等的政治系统"②。

随后,达尔又进一步考察了纽黑文市影响力的分配模式。他发现,在政治提名领域,除了领导人自己以外,几百名担任政党职务或民选公职的次级领导人也具有巨大的影响力。但除非这些人试图挑战高层领导人的权威,否则"大多数次级领导者都情愿让少数高层领导者对提名进行协商并最终做出决策"③。此外,这些人的影响力都是直接的。还有一类人拥有不可低估的间接影响力,即普通选民,因为他们手中的选票最终决定了谁能当选。

因此,为了实现成功当选的目标,政治候选人提出的纲领就必须满足次级领导者和普通选民的利益诉求,从而确保前者能够提供源源不断的服务,并保证后者提供充足的选票支持。简而言之,"政策是一种重要的手段,尽管不是唯一的手段,领导者们可以借此从选民那里吸引他们所需的支持"④。也就是说,候选人和次级领导者具有举足轻重的直接影响力,但普通选民却具有可在一定程度上与之相抗衡的间接影响力。在此,达尔也就说明了,作为一种政治资源,选举权的重要性是不言而喻的。为了当选,领导者必须有效回应普通选民的利益诉求。

但并不是说候选人和次级领导者就完全垄断了所有的直接影响力。同样,在其他领域,不同人士的影响力是截然不同的。达尔发现,在城市重建领域,经济名流的支持"仅是一种必要条件,而对需要市政官员采取积极进取的行动来全面重塑城市的面貌来说,却并不是充分条件"⑤。虽然开发

---

① 罗伯特·达尔:《谁统治:一个美国城市的民主和权力》,第89页。
② 同上书,第96页。
③ 同上书,第118页。
④ 同上书,第108页。
⑤ 同上书,第127页。

行政官的建议比其他任何人的建议都更有可能上升为政府的决策目标,但李市长的判断却起着关键作用。不过,两者的关系总是亲密无间,因而不可能始终存在分歧。李市长及其重建团队虽然在城市重建领域最具直接影响力,但他们必须与潜在的开发商谈判以获取他们的支持。"如果纽黑文的所有银行都抵制重建,那么即使是在李、洛格和泰勒极具技巧的支持下,重建也根本不可能会有什么进展。"①

同样,在公共教育领域,实际参与重要决策的领导人也是少数。不过,"对公共教育决策施加直接影响力的看起来几乎全都是政府官员"②。李市长在这一领域同样扮演了核心角色。由他任命的教育委员会也具有巨大的直接影响力。不过,达尔发现,家长—教师协会在此扮演的角色就如政党次级领导者在政党候选人提名领域扮演的角色一样。由于上述原因,经济精英很少参与这一领域的决策。同样,多数选民可以通过投票对这些政策表示认可或不满。

至此,我们就不难总结出多元主义城市社区权力论的核心观点,即"大多数社区决策集中在少数人手中,但实际上,不同小群体会在不同社区问题上做出决策"③。大众通过选举的纽带实现对政治领导人的间接控制。就直接控制而言,不同领域的名流在各自的领域发挥着影响力。这样,选民与政治领导人以及政治领导人与名流的持久互动就塑造了纽黑文市的影响力模式。究其实质而言,这也与多元主义理论对不平等与民主关系的认识有关。不平等并不是什么新鲜事物,关键是这种不平等是累积性的,还是分散性的。如果是分散性的,那么这种不平等就可以在一定程度上与民主相容。

二、新多元主义:林德布洛姆的创造性贡献

《谁统治》一经付梓,许多学者便纷纷仿效达尔的研究方法进行实证研究,以检测其理论的适用范围。其中,达尔的高徒纳尔逊·波尔斯比以及雷蒙德·沃尔芬格(Raymond Wolfinger)等政治学家进行了类似的研究。而在20世纪七八十年代,多元主义理论不仅面临着新精英主义学派和新马克思主义学派的批判,而且在很多方面也不再能很好地解释现实。正是在这种背景下,林德布洛姆提出了新多元主义的城市社区权力理论。

---

① 罗伯特·达尔:《谁统治:一个美国城市的民主和权力》,第154页。
② 同上书,第169页。
③ Nelson Polsby,"The Study of Community Power," in David Sills, ed, *International Encyclopedia of the Social Sciences*, Vol. 3, New York: Macmillan and Free Press, 1968, pp.159-160.

林德布洛姆是耶鲁大学教授,美国著名的政治经济学家,曾任美国政治学学会主席和比较经济学学会主席。在20世纪五六十年代,他与达尔一道坚定地捍卫多元主义民主理论。但是,他很快就发现了多元主义在民主治理方面的缺陷:"现在的多头政治不是非常民主的,它们内部的政治争论是很自由的,它们的决策实际上把握在那些想要维护经营和财产的特权的人手中。"①

观察由政府组织与商业集团做出的决策对经济社会福利分配的直接影响,是林德布洛姆研究的起点。在他看来,政府组织和商业集团是实行市场经济的自由民主社会的两个核心权威体系。他发现在制定公共政策时,与其他领导集团相比,商业集团的优势会立刻凸显出来。与之相对,普通大众的影响力可以说是微乎其微的,大众控制徒有虚名。他们任何真正的选择都十分有限,甚至是由精英的意愿决定的。林德布洛姆将此称为商业的"结构性权力"和"工具性权力"。

商业集团的结构性权力仅仅是在提供公共福利方面,是商业决策极端重要性的反映。他指出,政府的财政收入、受欢迎程度以及社会整体福利水平都是由经济发展水平决定的。所以,政府官员绝对不会对经济发展视而不见。由此,他们也就不会仅仅将商业集团的利益视为普通特殊利益的代表,而是会视它们为社会正常运转不可或缺的部分。鉴于政府对经济发展的依赖性,林德布洛姆说道:"任何一个理解自己位置要求和依靠实业家的市场取向制度的责任的政府官员,都会给予实业家们以特权地位。他不是只有在受贿、被蒙蔽或遭到压力时才这么做的。"②

通过各种院外活动和游说行为,工具性权力还能够有效地弥补结构性权力的不足。在林德布洛姆看来,商业集团可以迅速地使它们的偏好与诉求得到表达,并得到及时有效的回应。原因有二:其一,它们在金融和组织资源方面天然地具有优势。与其他组织相比,商业集团更容易使自己的集团利益"友好地"在政党高层得到倾诉。通过提供大量的政治献金、募捐以及组织选民等方式帮助政党候选人竞选,商业集团的利益就会很快地在候选人上台执政后得到"照顾"。其二,即使不考虑商业集团自我组织的权力,政府官员在制定政策时也会优先顾及它们的利益。因为政府官员明白,政府税收和社会福利在很大程度上都依赖于商业集团,所以他们总会

---

① 查尔斯·林德布洛姆:《政治与市场:世界的政治—经济制度》(王逸舟译),上海人民出版社1997年版,第245页。

② 同上书,第253页。

确保公共政策满足商业集团的需要。此外,他们会向商业集团授予特定的权威。总之,林德布洛姆发现,"与任何其他的公民集团不同,实业家可以从他们支配的资源里提取所需的部分,以公共'官员'的身份支持他们在多头政治过程中的行为"①。不过,他并不是承认商业集团垄断了政府公共政策的制定。而只是说,与工会等其他组织相比,商业集团的影响更大。

对于多元主义民主的这些弊端,达尔在随后的研究中也注意到了。他指出,政治资源的不平等往往会导致累积性不平等,从而"固化政治不平等"。而每个利益集团都只顾自己眼前的短期利益,不惜牺牲更广泛群体的利益,并在公共政策的制定过程中,施加不平等的影响。其结果必然是,"扭曲公民意识""歪曲公共议程",甚至是"让渡最终控制"。②

林德布洛姆的研究的最大特点是运用政治经济学的分析方法,综合运用比较政治学与比较经济学的学科优势。他的研究进一步地激发了精英主义理论与多元主义理论的学术论辩,这一点突出表现在下文将要论述的代表精英主义的增长机器论和代表多元主义的城市政制论之间的论争。

三、对多元主义的批评

在达尔提出多元主义城市社区权力论之后,也有许多学者纷纷运用这一模型进行跨国的比较研究。例如,格里·斯托克(Gerry Stoker)就以达尔的研究方法为指导分析了英国城市的社区权力结构。此外,也有一些学者试图在比较研究中得出更具有普遍性的解释和结论。据此,一些学者提出了"超级多元主义"(Super-Pluralist)的城市社区权力模型。典型的代表人物有道格拉斯·耶茨(Douglas Yates)、汉克·萨维奇(Hank Savitch)以及约翰·托马斯(John Thomas)等。通过对比纽约和纽黑文两市的社区权力结构,耶茨发现,"现在存在的是极端的政治、行政和社区的利益。这造成了'大街上争斗的多元主义'"③。在这种超级多元主义的权力结构内,城市的公共政策变得毫无组织性,并且极不稳定,致使城市"难以统治"。总之,耶茨认为,"现代城市政治混乱、效率低下,没有人真正在做决策。或者说,如果制定了政策,却很难追溯至决策过程中,谁在哪个阶段施加了多少影响"④。与之相类似,通过对比美国13个城市的社区权力结构,萨维奇和托

---

① 查尔斯·林德布洛姆:《政治与市场:世界的政治—经济制度》,第280页。
② 参见罗伯特·达尔:《多元主义民主的困境:自治与控制》(周军华译),吉林人民出版社2006年版,第36—48页。
③ 戴维·贾奇等编:《城市政治学理论》,第30页。
④ 同上书,第31页。

马斯也得出了与耶茨大同小异的结论。他们发现,美国城市的政治权力分配越来越分散,越来越呈现出多元化的特征。

同样,多元主义理论不仅面临着新多元主义的挑战,也面临着其他学派的批评。首先,如波尔斯比所言,为了减少田野调查的操作难度、降低研究的成本,达尔等理论家运用的研究方法往往会选择考察少数几个核心议题领域的政策制定细节。但这一方法"没有提供一个区分政治领域的'重要'的议题和'不重要'的议题的客观标准"①。我们知道,由于客观条件、成长环境、价值观念以及政治体制等方面的差异,每个人心目中对公共事务的价值排序都迥然有别。同样,对于 A 而言,城市重建是重要议题;但是,在 B 看来,医疗保险更加重要。所以,每个人的偏好排序并不能简单地叠加。"阿罗不可能性定理"已经科学地证明了这一点。多元主义流派批评精英主义流派选择的议题都是可以证明它们结论的重要议题,那么,多元主义流派同样犯了这样一个逻辑错误:他们假定在政治领域,任何社区都会有重要议题。不过,他们却把重要性存在疑问的议题当作事实接受。所以,多元主义研究方法还必须进一步改进,并对此进行系统的论证。

其次,多元主义流派考察实际的政策制定过程中的权力结构,这一点虽然比精英主义流派将潜在的影响力等同为权力有很大的改进,但仍然是值得商榷的。权力的范围并不能局限为政策的制定。毫无疑问,当 A 做出的决策能够影响 B,我们可以说 A 具有权力。如果 A 可以参与到创造或更改社会的意识形态和价值规范中,而这些都会影响政策的制定,那么在这个意义上,我们也可以说 A 具有权力。实际上,意识形态和价值规范对个体行为的影响是潜移默化、润物细无声般的。所以,研究社区的权力结构还必须注意到权力的价值维度。

最后,多元主义流派还忽视了新制度主义强调的制度对个人的重大影响。他们指出,精英主义流派视"美国社区的政治为社会结构的一个附属方面"②。但是,他们同样陷入了这种社会中心论的漩涡。如埃里克·诺德林格所言,"经验民主理论的每一个主要变种各自有其中心目标,并以此来解释国家权威行动和不作为,解释着所采取的和不被采取的公共政策。这些解释不只是决定性的社会中心论,它们始终依赖于一系列社会化的约束

---

① Peter Bachrach and Morton S. Baratz, "Two Faces of Power," *The American Political Science Review*, Vol. 56, No. 4, 1962, p.948.
② Nelson Polsby, "How to Study Community Power: The Pluralist Alternative," p.474.

性假设"①。这一约束性假设就是忽略国家对社会的反作用力,而简单地强调社会对国家的作用力。他指出,包括多元主义民主理论在内的诸多流派均面临的缺陷实际上就是新制度主义强调的要素,即制度对个人选择的约束。多元主义强调利益集团相互竞争,力争将自己的诉求输入政治系统,然后政治系统以输出政策的形式予以回应。如果将这一方法运用到考察权力结构,就会忽略国家机构(包括政治制度、机制与体制以及政府官员)对利益集团的影响。因此,为了深化城市社区权力结构,就必须进一步改进研究方法。

第三节 争论"谁统治"的学术意义与探索普适性解释框架的努力

回顾美国城市政治学的发展历程,我们不难发现,城市社区权力的精英主义与多元主义之争意义重大。究其原委,它不仅吸引了一大批美国政治学家参与学术论争,进而推动了城市政治学的发展,而且规定了随后的学术研究方向。与此同时,也有学者为超越精英与多元之争,试图在其基础上找寻普适性的解释框架。

一、探索城市社区权力结构的学术意义

虽然关于城市社区权力结构的争论主要发生在20世纪五六十年代,离现在将近半个世纪,而且精英论和多元论的研究方法也面临着种种缺陷,但绝不能因此低估城市社区权力论争在城市政治学的学科发展史上的重要价值和学术意义。对于城市政治学发展,这一争论至少有以下三个方面的意义。

其一,它首次将城市政治作为研究的焦点。众所周知,权力是政治学的核心范畴。人类社会正是有了权力,才出现了政治现象。紧随权力而来的问题是,谁拥有权力,权力在社会各阶层是如何分布的,这些主体又是如何运用权力的。这些问题一直困扰着古今中外的政治思想家。因此,研究这些问题自然也就构成了政治学的核心主题。如上所述,在此前的城市问题研究上,多数学者都把焦点放在城市化的社会影响上,如城市犯罪、移民

---

① 埃里克·诺德林格:《民主国家的自主性》(孙荣飞等译),江苏人民出版社2010年版,第2页。

以及卖淫等社会问题,对城市社区的权力结构则很少涉足。而在这一争论出现之后,学者们才站在政治学的角度,把目光纷纷转向城市社区权力结构的研究上。因此,它也就成为城市政治学发展的起点。

其二,它为城市政治研究提供了基本的概念范畴和方法论基础。与其他研究范式和研究进路相比,它可能并没有为澄清权力的复杂本性提供任何应对之策,但"权力结构"概念的提出,却极大地鼓舞了各学科的学者,他们纷纷将精力投入到对这一问题的研究上。自此之后,各项研究成果层出不穷。就研究方法而言,虽然如上文所言,精英主义流派和多元主义流派均存在各种各样亟待改进的问题,但不可否认的是它们至少奠定了城市社区权力结构研究入门方法的基础。就此而言,我们也就不难发现它的第三个理论贡献了。

其三,它影响了随后城市政治学的学术研究方向。在已有争论的基础上,有些学者进一步运用政治经济学的分析方法,研究城市的政商关系;有些学者则开创性地运用公共选择理论的方法,分析城市社区权力结构。在此基础上,又有学者着手研究城市社区的治理结构。可以说,后文论述的增长机器论、城市政制论、城市公共选择理论以及城市区域主义理论都是在借鉴和批判这一争论的基础上发展出来的。

二、探索普适性解释框架的努力

结合上面简单介绍的几个案例,我们不难发现,多元论与精英论不仅就城市社区的权力结构存在难以调和的分歧,而且在这两派内部也同样存在种种差别。实际上,美国学者基本都是采用案例研究法分析各地社区的权力结构。但紧随而至的问题便是,是否存在一套普适性的解释框架去整合如此众多的案例。如彼得·罗斯所言,"在过去数年间,出现了一个社区接一个社区的案例研究,每一个都对知识体有部分贡献。但这一研究却概括了这一知识体的特征,即'此处别于他处'"[①]。这一特征说明了,几乎没有公认的普遍模式去整合这些案例。究其原因,一方面是比较研究太少,很多研究都是只研究单一社区的权力结构。特别是在全球化迅速推进的今天,各种跨国公司以及国际组织入驻各地更是需要加强跨国的比较研究。另一方面是现行社会理论的不足,这突出表现为可供使用的术语非常

---

① Peter Rossi, "Power and Community Structure," p.390.

有限。① 不过,也有少数学者尝试性地建构普适性的解释框架。

彼得·罗斯就试图从地方政府的制度特征、政府官员当选的规则及其数量入手,建构起一套整合所有案例分析的理论框架。他指出,根据专业化的程度,可以将政府官员划分为以下两个档次:全职和兼职。在兼职的情况下,政府官员的其他角色"就会在政策制定过程中,扮演非常重要的角色"②。就选举规则而言,主要有党派性选举和非党派性选举两种。前者可以促进政治结盟,后者却不利于结成同盟。在罗斯看来,官员的数量也会影响社区的权力结构。如果是仅有一小部分候选人竞争重要职位,那么就会减少组织的重要性。

根据这些分析要素,罗斯认为可以将主要的四种权力结构模式整合进这一分析框架内,即金字塔型、极少数精英统治型、多头政制以及无固定模式型。他指出,前两者可以归为一类,即都是极少数精英主导着社区的政策制定;后两者可以归为一类,即社区的权力都是分化的,各个集团主导着各自的领域。他认为,社区权力结构呈现多头政制的原因是,"在政党型选举中,官员是全职的,政党基本与社会阶层和社会地位重合。政党受社会底层集团的支持,并有良机获取公职"③。

对此,特里·克拉克则提出了迥异于罗斯的分析模型。通过借鉴和改造社会学家帕森斯(Talcott Parsons)建构的模型,即适应性、达标、整合、维模,克拉克提出了自己的分析框架。他认为,通过分析任何社区是否具备这四个功能,可以建构起整合所有案例的理论框架。根据自变量的主要类型,他把命题按照以下顺序分组:"(1)基本人口统计学变量;(2)适应性:经济变量;(3)达标:法律和政治结构变量;(4)整合:自愿组织和政党;(5)维模:文化和教育变量。"④据此,克拉克分别提出了几个命题。这些命题有些已经被实践证明了,有些则被实践证伪了。⑤

鉴于以往的社区权力结构研究均只是侧重于从政策输入的角度分析问题,有的学者则指出,社区权力结构的研究重点应该由政策输入分析转向政策输出分析。"前者关注政策制定以及权力的不同维度,后者则重视

---

① Terry Clark, "Power and Community Structure: Who Governs, Where, and When?" *The Sociological Quarterly*, Vol. 8, No. 3, 1967, p.292.
② Peter Rossi, "Power and Community Structure," p.394.
③ Ibid., p.399.
④ Terry Clark, "Power and Community Structure: Who Governs, Where, and When?" p.295.
⑤ Ibid., pp.314-316.

谁受益以及不同层级的政府对政策有什么不同的影响。"①在政策输出方面,主要的考核指标是政府的回应性。回应性又可以划分为政治回应性和行政回应性。政治回应性主要涉及政治体系与社区的关系。"在政府的所有机构内,组织网络具有不同的回应性,这包括当选议员、获选政府、内阁、议会、高级政治性的中央机构、任命的政治官员以及政党。"②行政回应性主要涉及的是政府和行政机构是否会采取符合它们自身利益的方式,以回应特殊的利益。我们不难看出,这两项内容与权力结构的民主化程度紧密相关。如果仅仅是回应商业集团的诉求而对普通大众的诉求熟视无睹,那么,该社区的权力结构十有八九是精英主义型的。如果各种利益集团的诉求都能得到政府的有效回应,那么,其权力结构必然是多元主义型的。

  综上不难看出,这些尝试提出整合案例研究的理论框架仍然有待于比较研究的检验。基于此,未来城市社区权力结构的研究应该加大比较研究的力度,特别是要加强对发展中国家的城市社区权力结构与发达国家的城市社区权力结构的对比研究。正如格申克龙的理论所说,越是后发国家,政府在经济发展中发挥的作用就越大。像美国这样发展相对较早的联邦制国家,其城市社区权力结构呈现精英与多元的二元对立。而在单一制的发展中国家,前期经济发展往往是由政府引导。政府既要促进经济发展,还要培育社会组织。那么,这一时期,这些国家的权力结构是否呈现为政治精英主导呢?之后,随着市场经济的发展,社会组织力量的壮大,这种权力格局是仍然保持政治精英主导的特征不变,还是转变为政治精英与经济和社会精英共同主导的社区权力结构,抑或转变为政治精英、经济和社会精英以及底层大众多元合作的社区权力结构呢?这些问题不仅关涉城市的社区权力结构,更加重要的是,还反映了民主的转型与巩固。

---

① John Wanna, "Community Power Debates: Themes, Issues and Remainging Dilemmas," *Urban Policy and Research*, Vol. 9, No. 4, 1991, p.193.
② Ibid., p.197.

第四章　城市机器政治理论

城市机器政治论是城市政治学理论谱系的重要组成部分,研究的主题是19世纪60年代在美国城市中兴起的一种被称为"机器政治"的城市政治形态,又称为"老板政治"。从历史维度上看,城市"机器政治"的兴衰与美国社会的政治经济发展紧密相关。自19世纪上半叶以降,第二次工业革命的浪潮开始席卷美国。伴随着美国的城市化和工业化进程的迅速推进,交通运输领域依次经历了"运河时代""汽船时代"以及"铁路时代"。与此同时,在两个方向出现了大规模的人口迁移:一方面人口由乡村涌向城市;另一方面,海外移民由国外涌入美国。经济前所未有的繁荣也使美国从乡村社会转变为城市社会,从农业社会转变为工业社会。这些汇聚在一起的潮流从根本上改变了美国社会经济的权力结构。

不过,城市的大规模兴起,也引发了各种各样的"城市病"以及城市公共治理问题。例如,在社会政治生活方面,社会贫富差距愈演愈烈,基层政治腐败日渐盛行,最终导致社会矛盾呈井喷式爆发。可是,从地方到联邦的各级政府仍然奉行自由放任的价值理念。显然,建立在这一理念基础上的政府治理结构已经远远不能有效地应对上述难题了。更加糟糕的是,它们表现出的腐败无能、效率低下使其本身亟须改革。在城市,包括纽约、芝加哥以及费城在内的绝大多数地方政府都背负着"城市耻辱"的罪名。当时的英国驻美大使詹姆斯·布赖斯更是一针见血地指出,"城市政府是美国的一个显著失败"①。它们的一举一动也纷纷由身居"机器政治"幕后的城市老板掌控,形成了城市范围内的庇护—附庸制。老板们与企业家们相互利用,索贿受贿之风盛行。

面对聚集在狭小城市空间内的各种问题,某些社会阶层强烈不满,他们对腐败无能的城市"机器政治"尤为不满。因而,这一时期相继涌现了各

---

① 刘易斯·古尔德编:《进步主义时代》,第134页。转引自李剑鸣:《大转折的年代:美国进步主义运动研究》,天津教育出版社1992年版,第116页。

种各样的社会改革运动,例如劳工运动、"扒粪运动"、第三党积极参政、社区改良运动和妇女参政运动。随后,"进步主义"时代或者说"改革时代"的兴起成为城市"机器政治"衰落的先声。

19世纪末20世纪初,美国城市管理体制改革的实践的发展则为改革提供了经验支持。不过,直到19世纪90年代,城市管理体制改革的浪潮才正式席卷全国。经历了"进步主义"时代的改革之后,美国城市政府的办事效率也得到了显著提升。在此过程中,美国人相继创造了三种全新的城市管理体制,即强市长型的市长—议会制、城市委员会制和城市经理制。改革的相继落实也标志着"机器政治"的衰落。

第一节 "机器政治"兴起的背景:飞速推进的城市化

内战结束之后的美国,经过第二次工业革命的洗礼,各种技术创新层出不穷,国内商品市场快速融合发展,工业化与城市化迅速推进。但在这一过程中,也出现了各种各样亟待解决的社会问题。无疑,这些都考验了当时各级政府的治理能力。

一、城市化的迅猛推进

内战结束至19世纪末,美国成功地推进了工业革命,经济呈现出前所未有的繁荣之景。"从19世纪80年代开始,美国工业已据世界领先地位,很快已成为世界头号工业国家。"[1]20年之后,英国、法国以及德国制造业生产总量的总和都不及美国制造业的总量。接踵而至的是,大量工人汇聚到作为工业生产中心的大城市。在这些大城市,人口的集中制造了巨大的消费市场,同时也刺激了相关产业的发展。至19世纪末,美国成为工业国家的领头羊,也成为全世界最富有的国家。其国民生产总值也由19世纪80年代中期的110亿美元猛增到一战后的840亿美元。但经济的迅速增长也使经济竞争愈演愈烈,工业和金融业逐步垄断在少数寡头手中。"美国的资本主义经济转变成主要以大公司或大企业为核心的公司资本主义。"[2]

---

[1] 李剑鸣:《大转折的年代:美国进步主义运动研究》,第16页。
[2] 马骏:《经济、社会变迁与国家治理转型:美国进步时代改革》,载马骏、侯一麟主编:《公共管理研究》第6卷,格致出版社2008年版,第6页。

工业化的高歌猛进,导致美国的城市也经历了大推进式的发展(见表4-1)。工业的迅猛发展不仅促使美国公民由农村向城市聚集,也吸引了欧洲公民向美国迁移。在此背景下,美国的城镇人口由1790年的5.1%发展到了1860年的19.8%;至1890年,这一数字又上升为35%;到人口突破1亿大关的1920年,美国已有51%的人口生活在城市。鉴于此,早在1906年,德国经济学家、社会学家桑巴特就说:"今天,美国已经——我想再次强调,尽管它很年轻——是一个城市组成的国家,或者更准确地说,是一个由大城市组成的国家。"① 不过,绝大多数城市人口都分布在美国中西部和东北部的大都市区。

表4-1 1790—1920年间城市化情况及各种规模城市所占比重

年份	所有城市		2500—24 999 人口城市		25 000—249 999 人口城市		250 000 人口以上城市	
	数量	占美国总人口的%	数量	占美国总人口的%	数量	占美国总人口的%	数量	占美国总人口的%
1790	24	5.1	22	3.5	2	1.6		
1800	33	6.1	30	3.7	3	2.4		
1810	46	7.3	42	4.1	4	3.2		
1820	61	7.2	56	3.9	5	3.2		
1830	90	8.8	83	4.7	7	4.1		
1840	131	10.8	119	5.3	11	3.7	1	1.8
1850	236	15.3	210	6.4	25	6.7	1	2.2
1860	392	19.8	357	7.9	32	6.7	3	5.2
1870	663	25.7	611	10.5	45	7.0	7	8.2
1880	939	28.2	862	11.0	69	8.4	8	8.8
1890	1348	35.1	1124	12.9	113	11.2	11	11.0
1900	1737	39.7	1577	13.6	145	11.6	15	14.5
1910	2262	45.7	2034	14.7	209	14.2	19	16.8
1920	2722	51.2	2435	15.5	262	16.0	25	19.7

资料来源:王旭:《美国城市发展模式:从城市化到大都市区化》,清华大学出版社2006年版,第6页。

---

① 维尔纳·桑巴特:《为什么美国没有社会主义》(王明璐译),上海人民出版社2005年版,第11页。

二、快速城市化衍生的治理难题

可以说,工业化与城市化从根本上改变了美国的经济、社会与政治三元制衡格局,并且进一步加剧了人与自然、经济与社会的失衡。不但社会结构发生了剧变,而且人们的生活方式也与此前有着天壤之别。不过,各种政治、经济和社会问题也随之出现,这些问题尤其集中发生在城市这一狭小的区域内。具体而言,首先,自19世纪中叶以降的技术进步、城市化以及经济发展从根本上改变了美国人的生活方式,也改善了美国人的生活质量。经济的发展首先创造了数之不尽的工作机会,为个体实现"美国梦"提供了最佳平台。技术的进步以及工业化的推进则使美国企业为民众生产出了以前闻所未闻的商品。例如,电话、电报、汽车、电梯以及包括电扇、空调清洗机、加热器和洗碗机在内的各种电器。这些都大大方便了美国人的日常生活。由此,也扩大了美国人移动的空间范围。

其次,与之相伴随的政治、经济、社会以及环境难题同样不容忽视。例如,工业化大生产需要消耗大量的自然资源,工业"三废"更是直接破坏了自然环境。又如,虽然规模巨大的市场为个人提供了数之不尽的创造财富的良机,但它同样也导致个人前所未有地对自己的生活预期产生不确定感。一方面,经济发展的周期通常会带来严重的失业;另一方面,私营企业主,特别是大资本家为消除这种不确定性,在市场经济发展尚不规范的初期会采取包括官商勾结在内的一切手段谋取私利。接踵而至的自然便是,社会财富日渐垄断在极少数人手中,而大多数人依然赤贫。换言之,在这些问题当中,最突出的一点就是贫富两极分化。

一方面,财富迅速集中在少数富人手中;另一方面,社会底层民众却只能生活在条件极差的贫民窟中。当时,"可以毫无争议地说,世界上任何一个国家的绝对财富的差异都没有像美国这样悬殊。……美国大城市里贫民窟的穷困也只有伦敦的东部才可以相比"[①]。19世纪末,美国进入"镀金时代",当时,美国社会拜金主义盛行,资本家唯利是图、嗜钱如命。"到1900年,美国的财富基本集中到73个工业联合体,每个资产都超过一千万美元,其中许多联合体对本行业的控制达到50%以上,而仅仅两年前,这样的联合体还不过20个,到1901年,美国1%的公司生产了全国44%的制造

[①] 维尔纳·桑巴特:《为什么美国没有社会主义》,第13页。

品,铁路网也已经集中到五至六个经营者群体的手中。"①此外,还出现了令许多美国人惊恐不已的金融资本主义,整个国家的财富大部分都集中在华尔街的金融寡头手上。为了挽救国家于危急之中,美国总统曾三次向摩根公司求援。1907年,摩根财团更是主动请缨,派人到白宫向总统建言让它为拯救美国贡献"绵薄之力"。

与之形成鲜明对比的却是,无数穷人在困顿中艰难度日,这一点特别体现在沿海的入港城市。当时,国内外移民的涌入,使得城市的贫困问题进一步凸显出来。"1890—1917年间,共有17 991 468名移民进入美国(包括1906年从海外回国的32 897名美国人),其绝大部分来自欧洲和世界其他地区的贫困国家,其中中欧移民占27.1%,南欧移民占24.3%,西北欧移民占20.2%,东欧移民占18.5%,中南美洲移民占2.63%,亚洲移民占2.6%。"②1890年之后,随着边疆的封闭,移民已经不能获得土地了,他们只能在城市里寻找工作机会。这些初来乍到的移民,很少具有一技之长。为谋生,他们的唯一选择就是在城市出卖劳动力。

移民中,虽然有少数精英能够迅速从社会底层跃居社会上层成为财富大亨,如钢铁大王卡内基。但是,绝大多数人却不得不为养家糊口而终日劳作。1897年,有20%的城市人口生活居无定所、衣不蔽体、食不果腹。即使到经济发展形势得到整体改善的1903年,这一数字仍高达14%。他们的住所集脏、乱、挤、暗、破和差于一身,这样类型的贫民窟开始大批地出现。而越是城市发展迅速的地方,贫民窟越是集中。

城市化迅猛发展的同时,供水、排水、交通、治安、消防、住房以及卫生等一系列问题也亟待城市政府解决。糟糕的是,城市政府的基础设施建设和公共服务能力并不能跟上城市化的发展步伐。一方面,城市的扩张以及人口的集中,特别是大都市区的蔓延问题,对市政基础设施和公共服务的供给也提出了越来越高的要求;另一方面,工业化与大众消费带来的工业污染和生活垃圾则直接增加了公共服务的成本。生产生活用水的供给,治安和消防的保障,垃圾以及地下污水的处理,食品安全的监管,道路及其附属设施的建设,住房和环境条件的提升,学校、医疗机构、公园游乐场所以及图书馆等公共服务事业的推进,无一不考验着城市政府的治理能力。在当时的条件下,许多城市的议会往往通过特许权制度向社会购买市政服

---

① 钱满素:《美国自由主义的历史变迁》,生活·读书·新知三联书店2006年版,第66—67页。
② 李剑鸣:《大转折的年代:美国进步主义运动研究》,第30页。

务。通常情况下,特许权的期限都在 50 年至 100 年之间,一些特许权的期限则高达 999 年,少数特殊工程的特许权甚至没有时间限制。为获取特许权而独占利益,私营企业主竞相行贿收买市议员和其他政府官员。结果可想而知,即腐败肆虐。

有了特许权这一护身符,大企业便可以肆无忌惮地攫取巨额利润。虽然城市政府投入了巨资加强市政基础设施建设,但贪婪的企业主一心只为获取垄断性的高额利润。在施工的过程中往往偷工减料致使工程质量堪忧。1880 年,普尔曼城的创建就是最好的例证。当时,普尔曼公司创建该城的目的就是提高投资回报率,工人的生活条件根本不在考虑范围之内。"因而,那里居住条件的恶劣程度和其他城市相比,有过之而无不及。1894 年爆发的震惊全国的普尔曼工人大罢工,其重要原因之一就是居住条件的恶化。"①

除此之外,工业生产制造的"三废"和得不到有效处理的生活垃圾使得环境污染问题日益严重,环境社会运动的"邻避现象"丛生。亟须改进的环境又导致各种传染病肆虐,严重威胁了城市居民的身体健康。于是,城市居民的平均寿命迅速下降,死亡率飞速上升。"1900 年,城市的死亡率为 18.9%,而农村反而只有 15.2%。"②

针对上述这些现象,意大利人朱塞佩·贾科萨(Giuseppe Giacosa)有很好的总结:"许多街道的路面都很糟糕,而且很少有照明设施;街道上到处是垃圾和动物的尸体;成千上万的穷人拥挤在破烂不堪的出租屋里,没有新鲜的空气和清洁的水,也没有下水道;社区里肆虐着各种由污水引起的疾病(例如霍乱);肺结核等疾病使得死亡率,尤其是婴儿的死亡率居高不下;空气和饮水都被烧煤的烟囱冒出的黑烟污染,工厂的垃圾直接倾倒进各种水源。"③

在贫民窟,这些问题更加集中,也更加严重。"1879 年,纽约市的贫民窟住宅就已有 2.1 万个,至 1900 年更增至 4.3 万个,容纳居民高达 150 万,而当时整个纽约市人口尚不足 400 万。"④在贫民窟内部,住房和其他市政服务条件亟待改进。室内的照明、取暖、通风以及卫生等条件极端恶劣;室

---

① 王旭:《美国城市发展模式:从城市化到大都市区化》,清华大学出版社 2006 年版,第 127 页。
② 李剑鸣:《大转折的年代:美国进步主义运动研究》,第 30 页。
③ 转引自马骏:《经济、社会变迁与国家治理转型:美国进步时代改革》,第 12 页。
④ 王旭:《美国城市史》,中国社会科学出版社 2000 年版,第 123 页。

外的排水系统、生活垃圾与生活污水的处理措施、卫生设施以及治安与消防状况同样惨不忍睹。"1873 年,孟菲斯的贫困窟区首先发生一场流行病,随后迅速扩散,致使该市人口损失达 10%。……随着移民的不断涌入和贫民窟环境的日益恶化,市中心区逐渐变得破旧而混乱。"①同时,贫民窟的治安状况也令人堪忧,犯罪率节节攀升。

这一时期,值得注意的现象还有郊区化和居住区的分化,以及各个社区的隔离。鉴于市中心破旧而混乱的生活环境,腰缠万贯的资本家们纷纷外搬迁往郊区。在这里,分布的都是错落有致、宽敞恬静的别墅豪宅。与此同时,贫困的大众只能拥挤在破烂不堪的市中心。而经济条件相对不错的中产阶级则把住所安置在位于他们住所的中间位置。同期,黑人聚居区也开始形成。在内战刚刚结束的头十年,黑人和白人还是混居在市中心。但 19 世纪八九十年代之后,由于南方种族主义日益严重,黑人的社会地位每况愈下。随着黑人不断涌向城市,对他们的种族歧视也由南部蔓延至北部,由农村扩散至城市。为了避免种族主义者的暴力威胁,黑人往往会选择居住在一起。逐渐地,市中心也成为黑人的聚居地。黑人与白人社区的相互隔离与分化不仅限制了黑人向社会上层流动的机会,而且进一步加剧了不平等。居住在郊区的白人则穿梭在城市与郊区之间,享受中心城市的基础设施,却不用为此承担公共服务的生产成本。对于黑人而言,他们却必须为此付出高额的成本。但是,在他们的社区内,由于支付能力有限,致使公共服务的供应与生产严重不足。因此,黑人居住的社区或是很快沦为贫民窟,或是处于沦为贫民窟的边缘。这就进一步加剧了本已十分严重的各种政治、经济和社会问题。

所有这些矛盾通通集中在城市这一狭小的空间里,必然会引发种种社会冲突。19 世纪末,美国工人运动此起彼伏。如 1886 年 5 月 1 日,为争取八小时工作制,美国工人在全国范围内掀起了罢工。同样,黑人为摆脱歧视和屈辱,也不断地进行抗争,可以说,"黑白"问题贯穿美国城市政治的始终。由此,这个国家的首要问题就变成了如何有效地治理城市。而原有城市管理体制存在的缺陷以及支撑它的理念不但不能承担此重任,反而给一种被称为"机器政治"的现象出现提供了条件。结果便是,城市便被"无形政府"和城市老板所控制。

---

① 王旭:《美国城市史》,第 124 页。

第二节 "机器政治"的兴起及其原因解析

随着 19 世纪二三十年代"政党分肥制"在美国的普遍推行,"机器政治"也开始萌芽。至 19 世纪 60 年代,"机器政治"最早在纽约正式兴起。究其原因,在大众民主化浪潮的侵蚀下,它的出现既与美国传统城市管理体制的不足紧密相关,也与大量移民涌入城市密不可分。不过,"机器政治"并非一无是处,它在一定程度上是移民向社会中上层流动的阶梯。但总体而言,它的弊大于利,走向衰落势在必然。

一、"机器政治"的兴起

1789 年,随着美国《宪法》的修订,约有 5% 的成年白人男性开始拥有选举权。至 1850 年,基本上所有的成年白人男性都享有选举权。随着大众民主在美国的兴起,掌握政治权力的前提条件演变成了必须获得选民的多数投票。为了适应这一新形势,在城市出现了一种被称为"机器政治"的政党政治。"从 1829 年到 1833 年,安德鲁·杰克逊第一次当选总统以来,所谓的分赃体系就在美国普遍蔓延开来,不过在更早的时候,在某些州内,如纽约州和宾夕法尼亚州,这种体系就已经制度化了。"①随着"政党分肥制"的普遍流行,机器政治就已经萌芽了。19 世纪后 20 年至 20 世纪前 30 年,"机器政治"就像毒瘤一样寄生在绝大多数美国城市里。

"机器政治"的典型特征是,候选人为了争取到选民与支持者的选票和经费资助,从而向他们提供包括政府公职、政府特许权、政府采购合同等各种各样的好处。不难看出,"机器政治"的实质就是以选票为中介,进行互惠互利的利益输送与交换。毫无疑问,在这些候选人的背后,通常都有一位掌控全局的"城市老板"。他们一般不会直接抛头露面参与公职竞选,不过,这些人才是城市真正的实际领导者。

如图 4-1 所示,基层选区和基层选区的头目构成了"机器政治"的基石。当时,"每个基层选区有 400 到 600 位选民,头目基本上对每位选民的情况都知根知底。30 到 40 个基层选区构成了一个选区"②。这些头目服

---

① 维尔纳·桑巴特:《为什么美国没有社会主义》,第 51 页。
② Dennis Judd and Todd Swanstrom, *City Politics: The Political Economy of Urban America*, Pearson Education, 2011, p.54.

务于市议员,市议员则听命于城市老板。

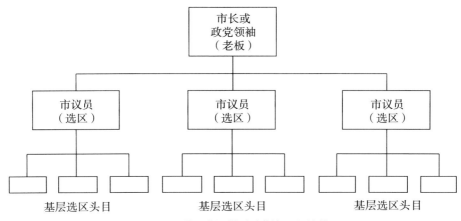

图 4-1　美国"机器政治"的组织结构

从时间上来看,"机器政治"最早出现在纽约市,它的组织载体是"坦慕尼协会",它又称"哥伦比亚团"。该组织的前身是 1789 年 5 月 12 日成立的圣坦慕尼公会。起初,它还是一个慈善组织,其目的是反对世袭贵族,促进民主。1798 年,该组织的领袖阿隆·伯尔将其改组为政治组织。1817 年,爱尔兰裔移民加入该组织,凭借选举和利益的交换,爱尔兰裔移民的上层控制了该组织并将其重组为坦慕尼协会。例如,"在 1837 年,坦慕尼大楼所分配的食物篓——在没有老板统治时——使成百上千的人脱离赤贫。善心和友情对于老板及其机构来说,与合同和佣金一样重要"①。1855 年,该组织推选的候选人费尔南多·伍德成功当选纽约市市长,这也成为它控制纽约的起点。此后,通过操纵选举、欺诈选票,伍德彻底控制了纽约。在竞选的过程中,伍德高调宣布要为恢复纽约曾经失去的荣誉而战,以争取更大的地方自治权。但他在 1854 年 11 月 7 日能够赢得市长选举原因却是:"爱尔兰人的第六行政区投给他的选票,竟然比登记的选民数量还多 400 张。纽约现代老板上台掌权的这一新方式,很快就使人们习以为常。"②

1860 年以后,威廉·特威德控制了这一组织。内战结束后,它成为美国民主党在纽约的总部组织。与此同时,它也开启了一个腐败到极点的时代,并将之由政治领域扩展至经济和社会领域。从原因来看,这与美国城市化的推进,供电、供水、铺路以及住房等基础设施建设如火如荼地开展紧

---

① 乔治·兰克维奇:《纽约简史》(辛亨复译),上海人民出版社 2005 年版,第 115 页。
② 同上书,第 119 页。

密相关。于是，城市老板竞相争夺市政基础设施建设项目。例如，1868年至1871年的三年时间里，"特威德为他自己和他的狐朋狗友，鲸吞了3000万到1亿美元的公共基金"①。在主持市政工程建设的过程中，实际的开销往往是设计时的数十倍。例如，一个初步估价在25万美元的法院大楼，最终花了1400万美元。在他的治下，"机器政治"的每一位成员均痴迷于追求财富。最后，他不但失去了对协会的控制，自己也锒铛入狱。1872—1901年是约翰·凯利和理查德·克罗克掌控"坦慕尼协会"的时期，虽然它的腐败体系有所松动，但仍然让人触目惊心。迟至1901年克罗克卸职之后，查尔斯·墨菲掌控"坦慕尼协会"的1902年至1924年，这一组织才逐渐衰亡。

实际上，这只是当时美国腐败现象的冰山一角。在绝大多数城市，都存在大大小小的城市老板。在圣路易斯，有爱德华·巴特勒；在明尼阿波利斯，有阿尔伯特·阿隆索；在匹兹堡，有克里斯托弗·马吉；在芝加哥、费城和其他美国大城市，都有这样的城市老板。② 他们的存在使得贪赃枉法、假公济私以及索贿受贿蔚然成风。为了获得政府的市政基础设施建设工程和其他各类特许权，几乎所有的私人企业都竞相行贿。最后胜出的往往是行贿最多的人。人们对腐败现象也早已习以为常。"从1860年到1900年，全国市政部门的债务由2000万美元猛增到14亿美元。这笔钱绝大部分流入了城市老板及其党徒们的腰包。在美国史学家哈罗德·津克考察的18个城市老板中，有10个拥有至少100万美元的财产。其中，芝加哥的罗杰·沙利文留下的遗产价值150万美元以上，费城的麦克梅内斯至少'赚'了240万美元，匹兹堡的克里斯·马吉至少拥有450万美元以上的不动产和其他财产。城市政府实际上已成为腐败与无能的象征。"③

二、"机器政治"兴起的原因解析

究其本质而言，城市老板和"机器政治"的出现与盛行，不过是政党"分肥制"在城市政治中的具体表现，是美国的国家治理结构，尤其是城市管理体制滞后于经济社会转型进程的结果。不过，在大众民主成为历史潮流的情况下，"机器政治"的出现既与美国早期城市管理体制的内在缺陷紧密相关，也与紧随工业化而来的大规模外国移民的涌入密切相连。当然，它的

---

① Dennis Judd and Todd Swanstrom, *City Politics: The Political Economy of Urban America*, p.57.
② 林肯·斯蒂芬斯：《美国粪：城市的耻辱》（朱晓译注），海南出版社2011年版。
③ 王旭：《美国城市史》，第119页。

兴起与发展还存在更加深刻的社会经济文化根源。

早期,美国并没有统一的标准规定城市管理体制。殖民地时期,往往都是由英国的殖民机构赋予某些重要的城市以市政宪章和城市特许状,它们规定了城市的管理体制以及市政府的权责范围。根据市政宪章和特许状,几乎所有的城市都设立了一院制议会,立法、行政与司法三权统统由它掌控。市长、议员以及其他市政官员都是议会的成员。在这种体制之下,总督一般会任命具备丰富工作经验的人为市长,市长代行总督甚至是宗主国英国皇室的权力。他们在地方事务中扮演着决定性的角色。但是这也是它的缺陷,市长权力过大,没有制度性的安排对其进行约束。

在对公共权力持严重怀疑态度的美国人看来,公共权力过大势必会对个人权利造成极大的威胁。因此,独立之后,美国人很快摈弃了这一制度。在城市当中,地方政府只是简单地仿照联邦政府结构来设置城市政府机构,推行两院制。但是,主要的市政管理大权仍然掌握在议会手中。当时,自联邦至地方各级政府都奉行有限政府的理念,它们都是消极的"守夜人"。联邦政府不会干预城市的事务,而各州议会对城市奉行的管理原则天壤有别,有的城市由州议会直接管理,有的则由城市议会自主管理。

至19世纪中期,随着杰斐逊式民主价值观念的普及,美国大众对地方事务的参与越来越多。自波士顿和圣路易斯19世纪20年代开始推行民选市长之后,至1840年几乎所有城市的市长都由民选产生。与此同时,其他主要行政官员也开始由民选产生。这一时期,虽然出现了很多独立的城市行政部门,市长的行政权也逐渐增强,但由于州立法机构逐步加大对城市事务的干预力度等原因,行政权的独立性仍然十分有限。在1880年前后,美国的城市普遍实行"弱市长型"的市长—议会制(见图4-2)。在这种城市管理体制下,议会除了行使立法权之外,还掌握着部分人事任免权。教育、卫生、消防、警察以及其他市政服务部门的负责人也由议会选举产生,并接受议会监督,不对市长负责。因而,作为行政首长的市长的权力微乎其微。

与市长享有的权力一样,整个城市享有的权力不仅十分有限,而且特别分散,以致呈现出碎片化的特征。更糟糕的是,城市的财政制度严重约束了城市的基础设施建设和公共服务能力的提升。"直到20世纪初,绝大部分美国城市只有有限的治理权和征税权,除了财产税之外,城市不能筹

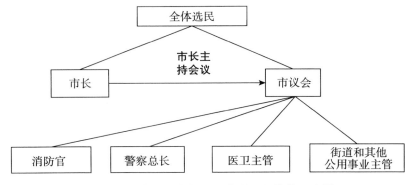

图 4-2 弱市长型市长—议会制组织结构示意图

集其他的财政收入。"①在当时的社会环境和理念下,企图通过增加财产税以达到增加政府收入的目的几乎不可能实现。联邦政府和州政府也不会通过转移支付资助城市。与此同时,为了解决日益突出的社会矛盾,城市政府亟须提升公共服务能力,尤其是要加强基础设施建设。为了解决这些问题,城市政府不得不尝试使用各种办法来筹集市政建设经费。在这一背景下,包括特许权制度在内的各种融资方式便应运而生。私人企业通过公开竞标便可以获得供给服务的合同。尽管如此,"城市政府通常还是很低效无能。因为它们建立在这样的基础之上,即各个独立的官员、委员会和部门之间的责任分配不清"②。

城市权力的碎片化主要体现在委员会的组织构成上。城市议会一般由几十人构成,最少也有七八人,最多有上百人。这些委员一般按照分工原则担任相关委员会的委员,享有一定的职权。他们都由选民选举产生,外加包括审计官、监察官以及治安官在内的行政长官也由选举产生。面对如此之多的候选人,选民往往很难作出负责任的选举。在这套体制之下,权力极度分散。就城市事务的管理而言,往往政出多门,相互推诿,权责不清。这套体制在管理上的漏洞十分明显,它为能够暂时满足市民要求的组织即机器政治的兴起提供了温床。

城市与州政府之间的关系也进一步加剧了传统城市管理体制的缺陷。在美国,虽然存在一条可直接或间接应用于任何政府形式的基本原则,即"'人民有权''改变或废止'任何对人民大众的共同利益造成破坏的政府形式,并有权'创立新政府,其赖以奠基的原则,其组织权力的方式,务使人

---

① 马骏:《经济、社会变迁与国家治理转型:美国进步时代改革》,第 20 页。
② Dennis Judd and Todd Swanstrom, *City Politics: The Political Economy of Urban America*, pp.56-57.

民认为唯有这样才最可能获得他们的安全和幸福'（引自《美国独立宣言》）"①。简而言之，这一原则就是自治政府原则。城市是否可以根据这一原则实行自治，一直以来就存在争议。另一方面，州的统治权决定州议会对包括城市事务在内的所有地方事务拥有绝对的主导权。因此，在整个19世纪，它在很大程度上取决于州政府是否实施以及实施这一原则的程度。但1868年确立的"迪龙法则"却从根本上改变了州政府和地方政府的关系。

迪龙法则规定"市仅仅是州的创造物，仅拥有州赋予它们的权力，州掌握着地方政府的生死大权。任何由州给予的权力，州都可以剥夺、修改和收回"②。在这一法则的约束下，城市的自治权受到了严格限制，城市政府基本无权根据经济社会发展出现的各种新问题进行改革。在这一原则的支配下，"使得19世纪晚期所谓的'强盗式财主'对城市的掠夺合法化"③。一直到进步改革运动之前，迪龙法则都限制了城市政府的改革尝试，使得传统的城市管理体制不能满足经济社会发展要求的状况进一步恶化。

如上所述，外国移民的大量涌入是"机器政治"出现的另一重要原因。"19世纪30年代至20世纪20年代，超过3000万移民涌入美国，他们当中的大多数驻足在城市。一旦他们成为公民，只要是男性，就都可以享有投票权。"④那些刚刚从他国移居而来的移民，远离家乡，孤独无助，迫切需要食物、工作以及住房等物质保障。不幸的是，落后的城市管理体制使得城市不能有效地为这些移民提供相应的公共服务，满足他们的基本生活需求。在这种情况下，他们首先想到的通常是向自己的族裔组织寻求帮助，族裔组织往往会向他们的同胞提供包括失业救济和医疗保险在内的各项社会保障服务。

于是，在竞选的过程中，职业政客充分利用这一有利条件。平时，他们或是城市老板的代理人，凭借自己的族裔身份对移民施以小恩小惠。初来乍到的移民，对美国政治几乎一无所知。由此，政客们能轻而易举地骗取他们同胞的选票。而这些政客的幕后主使者就是城市老板。但是，城市老板通常不是第一代移民，而是移民的后裔，且大都是爱尔兰人。因为，"在大多数城市里，爱尔兰裔的政治家比其他族裔的政治家都更早地深谙"机

---

① 文森特·奥斯特罗姆、罗伯特·比什、埃莉诺·奥斯特罗姆：《美国地方政府》（井敏、陈幽泓译），北京大学出版社2004年版，第13页。
② 同上书，第11页。
③ 同上书，第33页。
④ Dennis Judd and Todd Swanstrom, *City Politics: The Political Economy of Urban America*, p.53.

器政治"之道"①。

种族政治是这一时期政治生活的真实写照。例如,罗伯特·达尔在研究纽黑文市的权力结构演变史时,就对种族政治在选举政治中的作用做了很好的概括。他指出,在19世纪中叶,刚刚移居美国的移民,只能凭借自己的双手争取微薄的收入。此后,通过自己的努力,原本高度同质化的移民越来越具有多样性。他们中的许多人从无产者跃居为中产阶级。于是,公民身份与族裔成员的身份逐渐分离。至此,便预示着种族政治的衰落。以纽黑文市为例,在爱尔兰人之后,德国人、俄国人、意大利人以及黑人纷纷采取此策。(见表4-2)

表4-2 纽黑文市不同族裔运用种族政治进行政治选举的时间

族裔	时间
德国人	1840—1880
爱尔兰人	1840—1890
"俄国人"	1880—1920
意大利人	1880—1930
黑人	1784—1950

资料来源:〔美〕罗伯特·达尔:《谁统治:一个美国城市的民主和权力》(范春辉、张宇译),江苏人民出版社2010年版,第41页。

不过,为了赢得选举,把持市政大权,城市老板并不会单打独斗,更不会亲自出马,而是积极投靠政党组织。利用政党机器的各级组织,拉拢选票。"例如,一个黑人选票的平均价格大概在3.00美元左右。当然,大多数的选票,即使是下层阶级的选票也不会以这样拙劣的手段获得。然而,政党领袖很了解如何通过帮助困境中的穷人来赢得更广大民众的爱戴。"②因此,"机器政治"又是在政党机器的框架内运转的。在这种政治生态下,城市的市政大权往往掌控在政党手中,而政党的权力又掌握在党魁即城市老板手中。不过为了当选,他们必须允诺一旦获胜后,就给予选民和支持者各种好处。就官位而言,它"不是根据能力来分配,而是要看候选人对政党的忠心程度"③。

此外,为了获取紧随快速城市化带来的无限商机,以及数不胜数的发

---

① Dennis Judd and Todd Swanstrom, *City Politics: The Political Economy of Urban America*, p.60.
② 维尔纳·桑巴特:《为什么美国没有社会主义》,第49页。
③ 同上书,第51页。

财致富机会,无数企业主和利益集团纷纷通过提供竞选经费和动员选民的方式,支持城市老板,以便获得中饱私囊、营私舞弊的特权。由于这些资本家忙于企业经营,对城市公共事务的兴趣不高,这也给了城市老板钻营市政大权以可乘之机。19世纪80年代起,这样一种实行"分肥制"的"机器政治"便在美国城市迅速蔓延开来。

在这种体制下运行的城市政府,既不能保障效率,也不能保障责任,更不能保障廉洁。"机器政治"也不可能是民主的政治,即使它建立在大众民主的基石上,也只能是一种堕落的民主例证。因为,民主从理论上讲意味着,作为权力所有者的全体人民与权力的具体行使者存在着授权与被授权的关系,这种关系的必然逻辑结果就是国家服务于公民的责任政治。而且,只有"当受治者同治者的关系遵循国家服务于公民而不是公民服务于国家,政府为人民而存在而不是相反这样的原则时,才有民主制度存在"①。

"机器政治"的出现,还与当时占主导地位的意识形态紧密相关,即推崇自由放任的古典自由主义。许多移民迁至美国不仅是为了寻找更好的就业机会,对他们而言,逃避欧洲的专制主义和宗教迫害也许是选择移居美国更加重要的原因之一。法国大革命的疾风骤雨更加坚定了他们对自由和平等的信念,以及对大政府的畏惧。为此,他们主张建立有限政府,"反对政府直接经营经济活动,反对政府将经济活动纳入计划的控制"②。他们信奉英国经济学家亚当·斯密提出的经济自由主义,进而认为市场是实现资源配置最有效的手段,它由一只"看不见的手"自发地调节着。追求自我利益最大化的个体在市场中相互竞争,既能有效实现自己的利益,同时整个社会的利益也随之实现。这不仅是最有效的制度安排,而且也是最公平的制度安排。

在这种意识形态的支配下,美国政府对市场,特别是对企业的监管被视为是对财产权的侵犯,绝大多数美国人也相信最好的政府就是管的最少的政府。在他们看来,任何对富人征税进行再分配以改善穷人社会处境的行为都是对自由的僭越。"企业——尤其是大企业——是这种有限政府理论最铁杆的支持者,也是最大的受益者。然而,最有讽刺性的是,对于那些有利于它们获取更多利润的政府干预,大企业却是非常支持的。"③总之,对

---

① 乔治·萨托利:《民主新论》(冯克利、阎克文译),东方出版社1998年版,第38页。
② 李强:《自由主义》,吉林出版集团有限责任公司2007年版,第218页。
③ 马骏:《经济、社会变迁与国家治理转型:美国进步时代改革》,第18页。

市场经济的推崇和对有限政府的强调构成了这一时代主流的价值观念。在它的指导下,原本腐败的城市政府对经济社会发展过程中出现的一系列问题更是置若罔闻。因此,就其间接作用而言,这一价值观念也就为"机器政治"的兴起提供了思想温床。

三、"机器政治"的功能

不过,"机器政治"并非一无是处,"机器政治"的兴起恰恰说明了城市政府的无能和低效。实际上,它的存在本身是以履行某些功能为基础的。正如罗伯特·莫顿所言,"城市老板的核心结构性功能是在良好的工作条件下,组织、集中和维系'碎片化的权力'。这一权力在我们的政治组织结构内很分散。通过集权的政治权力组织,老板及其随从能够满足大共同体内部各种各样亚团体的需求。而这些需求既不能通过合法的渠道得到政治性满足,也不会被社会结构在文化上予以承认"[1]。除了小恩小惠之外,最重要的激励性因素就是市政公职岗位。除此之外,"机器政治"还在一定程度上弥补了城市政府职能缺陷造成的服务不足。

此外,"机器政治"还是移民向社会中上层流动最重要的阶梯之一。这一点尤其体现在那些受到他们同胞支持的移民身上。"虽然这并不是一个完全真实的典故,但是,在肯尼迪家族由贫困通向财富再问鼎国家权力的道路上,政治是最重要的因素。"[2]在此之前,美国前总统约翰·肯尼迪的祖父约翰·菲茨杰拉德就是首先从选区代理人发展为市议员,最后成功地坐上波士顿市长的宝座的。在美国,类似的事例数不胜数。不过,对于普通的移民而言,他们向社会中上层流动的主要渠道是获取公职。

爱尔兰裔移民是最好的例证。在美国,大多数城市老板都是爱尔兰裔的移民。一旦在他们同胞的支持下控制了市政大权,他们就会予以回报,将市政工作岗位大批地分配给同胞。以纽约市为例,19世纪末20世纪初,坦慕尼协会彻底控制了纽约市。"1920年,尽管犹太人和意大利人占纽约市人口的43%,但同期只有15%的市议员是犹太人,仅仅只有3%的市议员是意大利人。"[3]而占纽约市人口三分之一的爱尔兰裔移民却占据着将近一半的议席。1900年至1930年间,纽约市新增了将近十万个薪金丰厚的市

---

[1] Robert Morton, *Social Theory and Social Structure*, revised edition, Glencoe: The Free Press, 1957, p.73, 转引自 Raymond Wolfinger, "Why Political Machines Have not Withered away and other Revisionist Thoughts," *The Journal of Politics*, Vol. 34, No. 2, 1972, p.376。

[2] Dennis Judd and Todd Swanstrom, *City Politics: The Political Economy of Urban America*, p.60.

[3] Ibid.

政工作岗位,差不多有6万个工作岗位都被爱尔兰裔移民占据着,警察岗位则几乎由他们垄断了。同样,只要其他族裔的政客成功地取代了爱尔兰裔城市老板的位置,他们就会把自己的同胞安插在市政工作岗位上。

在一定程度上,"机器政治"还弥补了城市政府的服务缺位。如上所述,城市政府松散的管理结构并不能有效地履行公共服务的职能。对于居住在贫民窟的移民来说,就更是如此。而城市老板及其随从总是会及时出现,为亟须帮助的穷人送上食物、衣服、药品、供暖的煤炭以及其他物质援助,从而缓解他们的燃眉之急。正是由于"机器政治"有效地输送了这些服务,即使其真实意图是为了获取选票,城市老板有时还是被视为为民办实事的好人。

更加重要的是,这些援助是以个性化和人性化的方式给予的。众所周知,许多思想家都对传统社会与现代社会做出了详细的区分,如滕尼斯就提出了"共同体"和"社会"的二元化分。"共同体"是一个有机整体,靠传统和习俗等媒介组织起来。"社会"本质上则是一个机械的联合体,靠法律法规等观念及其制度载体组织起来。前者强调情感和习惯的角色,后者重视普遍化和形式化规则的作用。与之相对应,在城市化与工业化的"社会","机器政治"的成员恰恰是凭借族群身份这一天然的情感纽带为移民提供各种援助。正因如此,很多平民都是基于情感而非利益的考虑,投票支持城市老板。

不过,如上所言,由于既不能保证政府的责任、效率和廉洁,更不会有助于民主的实现,所以,"机器政治"的弊远远大于利。它具体体现为以下两点:首先,这一体制很难保证政府对人民负责。我们知道,契约论是证成政府合法性的重要思想基础,对此,作为自由主义宪政原则奠基人的约翰·洛克进行了经典的表述,政府的权力源自人民的授予,权力的正当性在于它能够有效保障人民的权利,具体表现为有效回应公民的利益诉求。因此,现代政治从根本上说是权利政治和责任政治。但在这一体制中,公共权力沦为少数人牟取利益的私器,它也就不可能对全体人民负责。其次,这一体制很难保障政府的效率。官员的晋升标准也沦为对城市老板的忠诚,个人的专业技能完全不在考虑之列。此外,这一时期,美国也未建立起现代的预算管理和人事管理制度。这些因素纠集在一起势必会造成政府效率的严重下降。而城市老板的掺和导致原本已经混乱不堪的城市管理体制更加无能。所以,对它的改革势在必行。

第三节 "机器政治"衰落的先声：接连不断的
进步运动

如上所言，19世纪末20世纪初的美国，一方面经济史无前例地向前发展，另一方面贫富的两极分化、政府的腐败无能等问题接二连三地出现。这些必然会引发某些社会阶层的严重不满。由此，这一时期也相继引发了各种各样的社会改革运动。1880年左右，为了争取自己的利益，各种劳工运动层出不穷。与此同时，出于对下述现象的直接反应，即农产品价格的直线下跌以及农村地区的经济被强行纳入到统一的全国性市场导致其逐渐丧失独立性，美国南部和中西部平原地区的农民也成立了自己的组织，力争改善生存状况。而由于城市人口增多带来的巨大市场潜力以及新技术的采用和推广，美国新闻出版业也不断成熟。在此情境下，新闻界兴起了撕开城市黑幕、揭露政治腐败的"扒粪运动"（又称"揭幕运动"）。此外，还出现第三党积极参政、社区改良运动和妇女参政运动等进步运动。这些进步运动的出现，都对随后的改革产生了重要影响。更重要的是，投票者逐渐对政治机器所提供的东西不感兴趣了，随着移民逐渐被同化、公共福利项目的大规模拓展以及人均收入的稳定增长，小恩小惠的诱惑力和区域领袖的号召力不断下降。这一转变的重要意义在于，中产阶级发现政治的核心价值应当基于公共目的而非私人动机，因而他们开始强调忠诚、不偏不倚和效率等公共品德。这些都昭示着"机器政治"即将衰落。

一、劳工运动以及平民党为核心的第三党参政

随着工业化的推进，美国劳工阶级的队伍也不断壮大。但是，"从内战到19世纪末，美国经历了一场其他国家从未经历过的最深刻的经济革命，见证了资本主义发展史上发生于劳资双方之间的最剧烈的斗争"①。与此同时，"'劳工问题'取代奴隶制成为公共生活中最有影响的问题"②。虽然极少数熟练劳工凭借自己的技能和集体的自治能力在新兴的工业体系内部享有一定程度的"自由"，但极大多数非熟练工人却与这种"自由"无缘，并且时刻面临着失业的风险。当时，社会的主流价值观念却是社会达尔文

---

① 埃里克·方纳：《美国自由的故事》（王希译），商务印书馆2002年版，第175页。
② 同上书，第178页。

主义、契约自由以及财产权利神圣不可侵犯。工人没有任何尊严可言,生活更是得不到任何保障。"迟至1900年,除了那些住在贫民院的人以外,美国大城市中的穷人将近有一半人得不到任何形式的社会救济。"①为了减缓资本主义经济的冲击力度,劳工运动迅猛兴起。究其实质而言,这也是现实对社会达尔文主义和契约自由理论的批判性回应。

在19世纪50年代之前,工人一般都是通过自己的缩衣节食和精打细算勉强度日,而不是通过成立工会有组织地表达诉求。但是,"在50年代,工人运动出现了新的变化,第一次出现了以提高工资和改善工作条件为宗旨的工会,成为美国现代工人运动的先驱"②。在组织工人运动时,工会的领导者们发展出了一套完整的话语体系,从而为批判当时流行的价值观念提供了理论武器。不过,他们也认识到了那种家庭作坊式的小生产时代已经一去不复返了。鉴于资本的力量已经发展到比政治权力还要强大的现实,他们希望通过实施一系列的社会改革计划来改善自己的贫困处境。这些计划"包括八小时工资制、困难时期的公共雇佣制、货币改革、无政府主义、社会主义乃至创造一个定义模糊的'合作共和国'"③。在1886年,声势浩大的罢工潮一浪接一浪地席卷美国各地。至90年代,"随着劳工骑士团的消失和美国劳联(AFL)的兴起,劳工运动的方向也发生了重要的转折"④。由于现实的强大压力,他们的目标不再是"废除工资制"和恢复经济自主,而是修改为努力争取更好的工作条件和更高的工资。

与此同时,美国南部和中西部的农民也开始组织起来,成立"农场主联盟",以改善自己日益恶化的生存状况。借此,通过"推动合作性的资助和销售农产品的计划,企图恢复他们处于困境中的经济自主"⑤。与劳工运动的目的类似,它也是为了减缓资本主义经济对传统农业社会的侵蚀。

1892年,农场主联盟联合劳工骑士团、俄亥俄煤铁工人协会、亨利·乔治创建的单一税俱乐部以及其他劳工组织,宣布成立平民党。当时,在所有第三党中,平民党是势力最大的政党。成立之初,它就积极参与竞选,展开政治攻势。"1892年,它已经获得选票1 055 424张,而且更显著的是,赢得了22个选举团的投票。不仅如此,这是内战后选举团首次将投票投给

---

① 埃里克·方纳:《美国自由的故事》,第182页。
② 马骏:《经济、社会变迁与国家治理转型:美国进步时代改革》,第22页。
③ 埃里克·方纳:《美国自由的故事》,第185—186页。
④ 同上书,第201页。
⑤ 同上书,第189页。

第三政党。"①不过,它的纲领比较混乱。例如,他们主张铁路收归国有、自由铸币、实行累进税制、总统直选以及八小时工作制。可是,自1896年之后,这一政党很快就偃旗息鼓进而退出了政治舞台。

在整个19世纪,美国涌现了一系列的政党,平民党只是成立较晚但最具影响力的一支。其他比较著名的政党还有1830年成立的反共济会党、1840年组建的废奴主义者党、1843年兴起的本土美国人党、1854年建立的无所知美国人党、1872年出现的禁酒党以及1874年成型的美钞党。② 这些政党提出的主张都是意欲解决某个特定的问题。例如,针对金融寡头意图操纵国家的货币供给,美钞党就主张进行货币改革。它们的纲领和主张很快就被美国传统的两大政党吸纳进自己的政治纲领之内。就此而言,它们对随后的改革也起到了重要的推动作用。

二、揭开城市黑幕的"扒粪运动"

19世纪末,读者群的扩大以及新闻出版业的发展为一批有良知的知识分子揭露美国社会的种种恶行提供了广泛的社会基础和牢固的技术支撑。"19世纪后期,随着城市人口增多,形成对报刊书籍的迫切需求,使新闻出版业成为一个相当有利可图的部门,吸引了大量投资。在竞争中,新闻出版业不断采用新技术。七八十年代以后,排版机、轮转印刷机和折报机等相继发明并投入使用,变革了整个印刷过程。"③70年代,整个美国报纸的发行总量仅仅只有280万份,至90年代末,这一总量跃居到了2400万份。其中,在各大报纸中,举办得最成功的是《世界报》,它由约瑟夫·普利策一手策划。

针对实业界的种种丑闻,美国的新闻从业者们连续刊发了两千多篇抨击时政、讽刺现实的文章。从事这些工作的记者们被当时的美国总统西奥多·罗斯福戏称为"扒粪男子"。他们接受了这一戏称,并以"黑幕揭发者"自居。19世纪90年代,这些行动汇成了一场声势浩大的揭发黑幕运动。林肯·斯蒂芬斯、艾达·塔贝尔与厄普顿·辛克莱是这场运动的三位主力军。当时,约瑟夫·普利策主办的《世界报》、塞缪尔·麦克卢尔创办的《麦克卢尔》杂志是这场运动的桥头堡。随后,《妇女家庭》《星期六晚邮报》和《哈珀周刊》等刊物也相继问世。以报纸为舞台,包括普利策和麦克卢尔在

---

① 维尔纳·桑巴特:《为什么美国没有社会主义》,第61页。
② 参见同上,第59—61页。
③ 王旭:《美国城市史》,第127页。

内的有志人士以辛辣的文笔、最浅显易懂的语言,针砭时弊从而形象生动地揭露了当时美国社会的种种假恶丑。他们力陈私营企业主的横行不法,披露城市老板的贪赃枉法,历数官商的相互勾结、朋比为奸,揭示传统城市管理体制的低效无能。例如,"在纽约市老板特威德'当政'期间,《纽约时报》和《哈珀周刊》等曾刊载大量文章,把他和'坦慕尼厅'的大量丑闻公之于众"①。总体上,就其实效而言,这一持续十年之久的进步主义运动产生了深远的影响,促使社会觉醒,从而为美国推动一系列改革提供了坚实的舆论基础。

林肯·斯蒂芬斯于1866年出生在旧金山的一个商人家庭,他曾经先后在美国加州大学伯克利分校以及法国和德国研习伦理学和心理学。1982年,斯蒂芬斯回国,旋即进入报界。不久,便逐步深入地揭露和报道美国城市各个领域的腐败。1901年,斯蒂芬斯开始出任《麦克卢尔》杂志的主编。1902年9月起,在该杂志上,他相继发表了七篇揭露匹兹堡、费城、克里夫兰、密苏里城、明尼阿波利斯、芝加哥以及纽约等大城市的政府腐败和官商勾结的文章。随后,他将这些文章汇编成书,即《城市的耻辱》(1906)。在随后采访的过程中,他越来越意识到腐败已经成为绝大多数美国城市政府的唯一实业,其主要特点就是政商勾结、权钱交易。通过调查他发现,"一旦贪污腐败以同样一种形式在各地出现,那么这种普遍的罪恶一定是有自身原因而非个人的结果,不是某些坏人道德败坏的偶然事件"②。"对我们造成损害的正是特权。"③正因为如此,为了惩治腐败,就要严格监督政府的权力。斯蒂芬斯的文章在美国引起了深刻的反响,人们纷纷开始反思政府腐败的根源。由此,他也被视为"揭开地狱盖子的美国新闻人"④。

作为一个被美孚石油公司挤压破产的小石油企业主的后代,艾达·塔贝尔于1894年至1906年任《麦克卢尔》杂志的副主编。通过五年的走访,耗资五万美元,她终于调查清楚了美孚石油公司的肮脏内幕交易。1902年10月起,《麦克卢尔》分19次连载了塔贝尔揭露美孚石油公司的商业腐败和牟取暴利的系列文章。最后,这些文章被汇集成《美孚石油公司史》(1904)一书。在该书中,塔贝尔详细披露了美孚石油公司是如何利用抬高

---

① 王旭:《美国城市史》,第127—128页。
② 林肯·斯蒂芬斯等:《新闻与揭丑Ⅱ:美国黑幕揭发报道经典作品集》(展江、万胜主译),海南出版社2000年版,第329页。
③ 同上书,第417页。
④ 展江:《评序:揭开地狱盖子的美国新闻人》,载林肯·斯蒂芬斯等:《新闻与揭丑Ⅱ:美国黑幕揭发报道经典作品集》,第1页。

竞争对手的石油运输价格、阻碍其产品装船配货和强逼卖家取消订单等卑劣手段,从而达到垄断石油市场的目的。① 该书一经问世,便在美国引起了强烈反响。紧随其后的是,在强大的公众舆论压力下,1911 年美国联邦地区法院援引 1880 年颁布的《反托拉斯法》起诉美孚石油公司及其下属的 70 个子公司,最终导致了美孚石油帝国的解体。此举也奠定了女性在"扒粪运动"中的重要地位,塔贝尔被冠以"无冕之王"的称号。

厄普顿·辛克莱于 1878 年出生于美国马里兰州的巴尔的摩。辛克莱是"扒粪运动"中的另一健将。1906 年,他完成了小说《屠场》。该书是 20 世纪初叶"扒粪运动"的第一部小说。在书中,他描述了立陶宛农民约吉斯·路德库斯移居美国之后,在腐败而又混乱不堪的芝加哥市艰难谋生的历程。约吉斯因工受伤,进而失业。他的妻子惨遭包工头的奸污。为复仇,他痛殴包工头,反而被捕入狱。出狱后,他的妻子和儿子都已去世。随后,他四处流浪。在一些社会主义者的教育下,他终于看到了光明。以约吉斯为主线,辛克莱披露了芝加哥肉类加工业令人作呕的生产条件。该书出版之后,各方反应强烈,美国民众也为之哗然。"最终,促成国会于 1905 年成立美国食品与药品管理局。"②随后,辛克莱又先后创作了《煤炭大王》(1917)、《石油》(1927)以及《波士顿》(1928)等小说,进一步从各个方面揭露了美国政治经济等领域的腐败。

"扒粪运动"的触角遍及美国社会的方方面面。这些新闻记者不断揭露各级政府的腐败行径,曝光企业投机倒把的不轨行为。他们的报道让整个美国社会陷入了深刻的反思,进而促成了他们公民责任意识的觉醒。最终,为随后的改革打下了坚实的舆论基础。

三、社区改良运动以及妇女参政运动

社区改良运动的倡导者多是有良知的中产阶级知识分子,特别是以刚毕业的青年女大学生居多。他们认为,如果任由穷人的生活状况不断恶化,必然会导致社会的动荡,后果肯定会不堪设想。因此,在他们看来,政商勾结、权钱交易固然可憎,但首要问题还是改善平民的生活条件,提高他们的物质文化水平以达到改造贫民窟的目的。

通过仿效英国的"汤因比厅",美国社区改良运动的领导人简·亚当斯

---

① 参见艾达·塔贝尔:《美孚石油公司史:1872 年的石油大战》,第 25—46 页;《美孚石油公司的崛起》,第 274—292 页,载林肯·斯蒂芬斯等:《新闻与揭丑 I:美国黑幕揭发报道经典作品集》。

② Dennis Judd and Todd Swanstrom, *City Politics: The Political Economy of Urban America*, p.80.

和她的朋友一起,"于1889年创办了'赫尔会所'。……赫尔会所建成后,最初是作为日间托儿所兼辅导妇女怎样做家务,后来增设成人文化补习课程,以及音乐、美术教育等,参加这些活动者一概免费"①。这一举措得到了许多志同道合之人的纷纷效仿。至1895年,类似的机构就达到50余所,随后其数量仍在进一步的增加之中。借此,他们希望逐步改善穷人的生活条件,提高其文化水平,增强其谋生能力。此外,通过对贫民窟的深入调研和认真考察,他们还收集了大量的第一手资料,并在此基础上撰写了数量可观的研究报告,如亚当斯的《赫尔会所图文集》、罗伯特·亨特的《芝加哥贫民窟状况》。这些报告在一定程度上为随后的改革性立法提供了重要的事实依据。

就其实效而言,社区改良运动虽然不可能解决美国贫富两极分化的格局,但在一定意义上它还是启迪了公众,提升了公众的文化水平,对后续的社会改革起到了积极的推动作用。与这一运动紧密相关的还有妇女参政运动。

工业化的推进和受教育程度的提升,促使美国妇女纷纷走出家门,进入职场。19世纪下半叶,她们已经成为城市生活中一支不可或缺的力量。起初,她们的生活和工作条件与男性劳工一样恶劣。更加糟糕的是,她们还时刻面临着性侵犯。为了改善这一状况,她们也加入到了劳工运动的队伍之中。不过,她们很快就意识到,"妇女的种种不平与不幸,盖源于妇女不能在政治中表达自己的意愿,不能选举替妇女说话的决策人物,因此,妇女参政权的获得,将使其他问题迎刃而解,或至少有了解决的希望与前提"②。这一运动虽然于19世纪40年代就已经起步,但当时的影响非常有限。直到19世纪末,这一运动的影响才扩散至全国,涌现了包括苏珊·安东尼在内的众多领袖人物。直到20世纪20年代,美国宪法第19条修正案才"宣布各州不得以性别为理由拒绝给予任何人选举权"③。总之,妇女参政运动为美国妇女提升自己的社会政治地位敲开了大门。

此外,这一时期美国还涌现了包括禁酒运动和"社会福音"运动等各种进步运动。这些运动尽管关注的焦点各有侧重,但是对随后的社会改革都起到了重要的推动作用。特别是"扒粪运动",它为城市管理体制改革铺就了舆论基础。劳工运动、妇女参政以及"第三党"参政等进步运动提出的要

---

① 王旭:《美国城市史》,第129页。
② 李剑鸣:《大转折的年代:美国进步主义运动研究》,第125页。
③ 同上书,第127页。

求,也很快反馈到了美国的政治体系之中。因为在大众民主的浪潮下,候选人若想当选就必须在一定程度上满足民众的诉求,而这些诉求基本上都必须在城市中予以解决。就此而言,作为面向城市社会底层发起的进步运动,它们也构成了城市管理体制改革的一部分。

第四节 "机器政治"的衰落与进步时代的城市管理体制改革

任何管理体制,只要它无法履行当初的职能就会被摒弃。同样地,它如果不能满足随着社会经济条件的变化而来的新要求,不能与时俱进,也会被摒弃。对于美国的城市管理体制而言,也是如此。大体而言,它主要先后经历强市长型市长—议会制、城市委员会制和城市经理制等三种管理体制改革。这些城市管理体制的相继确立,也标志着城市"机器政治"的衰落。

一、城市管理体制改革的原因探析:对"机器政治"的摒弃

改革传统城市管理体制的根本原因是它已经完全不能适应经济社会发展的需要。更加糟糕的是,这套体制在城市老板和"机器政治"的操纵下,贪腐肆无忌惮,管理极端混乱,成本居高不下。因此,改革就显得尤为必要了。但其直接原因绝不是如有些学者指出的那样,是中上层阶级基于效率和公共关怀的目的而发起的,更不能简单地从宗教和文化的角度予以分析。实际上,中上层阶级之所以摒弃"机器政治",推动城市管理体制改革,恰恰是为了更好地实现自己的利益。

例如,爱德华·班菲尔德和詹姆斯·威尔逊两位学者就从宗教和文化的角度分析了"机器政治"兴衰的原因。同样,他们还开创性地运用"公共关怀"(Public-Regardingness)以及"私利主导"(Private-Regardingness)这两个概念来分析城市管理体制改革的原因。在他们看来:"城市有分裂为两种对立模式的趋势。这些模式反映了大众持有的两种关于公共利益的观念。第一种观念源自中产阶级的道德信念,他们支持这样的市政改革运动,即高效、公正、诚信、有规划、执行力强、反对庇护主义和遵守法律准则。另一种观念源自移民的道德信念,这些人秉持这一观念,他们将基层选区或邻里社区而不是城市视为一个整体,他们待见政客就是为了寻求'帮助'

和'支持'。与对种类繁多的物质回报的兴趣相比,他们对效率、公正以及诚信的地方政府漠不关心。"①另一学者蒂福德(J. C. Teaford)也指出,"19世纪后期是文化专制主义盛行的时期,中上阶层的新教徒不能容忍多数属于天主教徒、处于社会底层的新移民来主导城市政府,他们自诩为具有民主信念和公共关怀的社会精英,认为城市政府应该由他们这些受过良好教育的人来管理"②。

简而言之,在这一派的学者看来,美国传统城市管理体制之所以会出现如上所述的种种漏洞,是因为伴随欧洲移民不断涌入而来的还有他们的文化。他们指出,欧洲移民非常认可官僚等级制和服从威权等观念。自然地,在这一观念的指引下,他们就必然会基于家庭需要的动机参与政治生活,讲究对领导的政治忠诚。这就为"机器政治"的兴起与发育提供了肥沃的文化土壤。他们指出,在美国清教徒的政治文化传统中,政治参与往往被视为是基于公共利益的目的,公民参与政治的目的是更好地促进和维护社会的整体利益。当这种文化取代欧洲移民带来的文化而在政治生活中占主导地位时,必然会促使中产阶级的有识之士改革美国传统的城市管理体制。

从宗教和文化的角度分析改革的动因,理据未免太过单薄。确实,城市管理体制改革的主要推手是包括企业家、商人、银行家以及律师、医生、新闻记者和各类管理人员在内的社会中上层阶级。但他们的初始动机并不是基于城市的整体利益。与此相反,他们在城市老板和"机器政治"主导下的城市管理体制内,比下层民众拥有更多的牟利的机会,特许权制度和城市基础设施建设都让他们财源滚滚。"某些商人和专业人士的利益更有可能与公共机构有着错综复杂的联系。因此,与工人阶级相比,他们潜在地是'机器政治'更为坚定的支持者。"③具体的实例多不胜数。例如,有学者指出,在19世纪中后期,"宾夕法尼亚在几十年前就由共和党主政,至少有40 000个州政府的工作岗位被控制州政府的共和党瓜分掉了。而当

---

① Edward Banfield and James Wilson, *City Politics*, Cambridge: Harvard University Press and the MIT Press, 1963, p.46, 转引自 Raymond Wolfinger and John Field, "Political Ethos and the Structure of City Government," *The American Political Science Review*, Vol. 60, No. 2, 1966, p.306。
② 转引自罗思东、何艳玲:《城市应该如何管理:美国进步时代的市政体制及其改革》,《公共行政评论》2008年第2期。
③ Raymond Wolfinger, "Why Political Machines Have Not Withered Away and Other Revisionist Thoughts," p.390.

时的共和党由扎根于小城镇的土生土长的美国人组成"①。所以,我们就不能简单地从宗教和文化的角度分析他们支持改革的动机。

实际上,中产阶级之所以转而推动城市管理体制的改革,与美国城市的市政基础设施建设情况密不可分。进入 20 世纪之后,美国城市经历了一大波市政基础设施建设的高潮,从硬件设施方面看,美国已经基本完成了城市建设。因而,与此前相比,城市政府所能提供的商机迅速下降。城市老板掌控的特许权也就逐渐失去了吸引力。由此,也不难理解"机器政治"的衰落和对城市管理体制改革的动力了。与社会中低阶层反对改革的态度形成鲜明对比的是,中上层阶级鼎立支持改革。中上层阶级倡议城市政府应该朝着有利于城市整体利益的方向改革,但社会的各个阶层在城市政策制定过程中的发言权天壤有别。"如果商业团体控制了城市政府,那么他们关于城市福利的概念就会得到最好的实现。"②他们发现在现行的选举机制下,他们关于城市的首要目标应该是经济扩张的主张往往被忽视,其代价便是将城市的繁荣与增长的希望置于危险的境地。为此,他们主张要推动包括选举机制和城市管理体制在内的市政改革。因此,说到底中上层阶级关心的还是在新的经济社会条件下,何种城市管理体制更能促进他们的利益。只不过,他们将自己的利益诉求包裹在城市整体利益的外衣之内。

二、城市管理体制改革的实践基础和理论支撑

19 世纪末 20 世纪初,为了杜绝城市老板操纵选举、控制市政,进步运动的改革者们对城市的选举机制进行了相应的改革。此举为城市行政管理体制改革确立了实践基础。此外,同时期出现的由威尔逊和古德诺掀起的"政治与行政二分"的呼声以及当时风靡全美的科学管理运动则为美国城市管理体制的改革奠定了理论基础。不过,对于市政改革运动的动因绝不是为了消除腐败就可以解释的,政治经济学的解释似乎更具有说服力。塞缪尔·海斯就指出,"该运动并非是商业和职业群体驱动的结果,而是劳工队伍和中产阶级驱动的产物"③。与之相对,丹尼斯·贾德(Dennis Judd)和托德·斯万斯特拉姆(Todd Swanstrom)则认为,"改革推荐的结构和选举

---

① Raymond Wolfinger and John Field, "Political Ethos and the Structure of City Government," p.307.

② Samuel Hays, "The Politics of Reform in Municipal Government in the Progressive Era," *The Pacific Northwest Quarterly*, Vol. 55, No. 4, 1964, p.160.

③ Ibid., p.158.

规则变革,其目的是试图削弱低收入群体的政治力量"[1]。在这一意义上,改革者意在约束腐败现象、提高城市的运作效率的目标就是一种表面现象了,其真正目的在于维护高收入群体和商业群体的利益。他们并不是真正的社会改革者,真正的改革者应该期望降低公用事业收费、提供安全和买得起的房子、为改善穷人生活提供额外服务。可见,所谓"进步运动"背后仍然隐藏着阶级、种族和族裔冲突的内在原因。

19世纪90年代之前,在传统的城市管理体制下,选举的投票规则奉行的是"长投票"的党派选举和分区选举。此外,也没有选民登记制度和读写测试制度。这样,仅仅需要目测政党的标识,目不识丁的平民就可以毫无阻碍地投票。在"机器政治"的鼓动下,他们甚至会多次投票。这一选举机制就给城市老板的舞弊以可乘之机。此外,规定州政府与地方政府关系的迪龙法则仍发挥着重要的作用,严重约束了进步党人的改革尝试。改革者们在以下几个方面进行了改革。

其一,对州立法权进行限制。在进步改革运动之前,迪龙法则确立了州政府对包括城市政府在内的所有地方政府拥有领导权,这就限制了实践者改革传统城市管理体制的尝试。在进步改革运动期间,实践者纷纷修订宪法,限制州立法机构的权力。此后,州立法机构就无权对特定的地方事务通过立法进行干预了。"因此,由于改革后的州宪法中包括了地方自治的条款,进步党人改革运动就削弱了迪龙法则的力量。"[2]此举就在很大程度上约束了州立法机构的权力,从而限制了政治腐败的机会。

其二,进行选举改革。首先,进步党人进行了选民登记和读写测试的改革。他们严格落实《登记法》,实施选民登记,实施的"澳大利亚式选票"规定了选票的公共印制标准。此外,他们还推进了读写测试。这一规则的出台不但基本上消灭了重复投票现象,而且导致许许多多目不识字的平民失去了投票权。结果,"机器政治"也就失去了选民基础。其次,推行公开的直接预选制度、"短投票"和超党派普选。直接的预选制度规定对竞选公职候选人的提名必须通过公开的选举产生。在进行"短投票"的改革之前,推行的是"长投票"制度,选民需要选出包括市长、各行政首长和议会各委员会的委员在内的许多公职人员。结果便是,选民往往作出不负责任的投票。通过推行"短投票",压缩候选人的竞选数量,就可以提高选民的积极

---

[1] 转引自戴维·摩根等:《城市管理学:美国视角(第六版)》(杨宏山、陈建国译),中国人民大学出版社2011年版,第60页。

[2] 文森特·奥斯特罗姆、罗伯特·比什、埃莉诺·奥斯特罗姆:《美国地方政府》,第34页。

性和责任心。"在1910年之前,大众对超党派普选几乎闻所未闻。但是,1929年57%的人口超过3万的城市都实行了这一选举。至1960年,绝大多数州政府都要求它们的城市采用超党派选举。"①这一举措不仅可以削弱城市政府的政治色彩,而且可以逐步取缔实行"分肥制"的政党政治,也即可以达到弱化"机器政治"的目的。在这一选举机制下,受过教育的富有者和社会地位高的人必然会占据极大优势。

其三,实行文官考核录用制度,即推行公务员制度。改革者提议,不再推行政党分肥制,行政官员完全经由考核录取,并根据行政绩效体制晋升。此举是对"机器政治"最为有力的一击。"这些发展也明显提高了专业化标准在公务员的组织和解散过程中的主导地位。"②在此基础上,改革者还推行城市政府会计与预算制度改革。这些举措的意义十分重大,就最低层面的意义而言,"进步时代城市会计改革的成果奠定了美国州和地方政府会计的基础"③。就最高层面的意义而言,它使美国的城市政府变成了透明政府、阳光政府以及负责任的政府。

其四,推动城市自治。19世纪,各个州基本控制了自己的城市。州议会纷纷将特许权售卖给私营公司,给城市的财政带来沉重的额外负担。至19世纪末,这一弊端愈发明显。于是,改革者们就提出了城市自治的要求。1875年,"密苏里州宪法授权每个人口在10万以上的城市为自己的政府制定宪章,但必须与州宪法和法律一致,并且服从州宪法和法律"④。此后,加利福尼亚、得克萨斯、马里兰和纽约等州都陆续制定了自己的城市自治宪章。进步党人推行地方自治之后,"美国一半以上的州,将制宪权扩展到了地方社区,允许它们制定自己的地方自治宪章"⑤。

此外,当时的政治与行政相互分离的理论主张则为推动城市管理体制改革朝着科学化和专业化的方向发展提供了理论支撑。在传统的城市管理体制之下,政治与行政不分,往往导致政府低效,腐败横行。美国政治学会首任主席、城市行政学家弗兰克·古德诺就尖锐地指出,"政治对行政功能的控制最终容易产生无效率的行政。因为它会使行政官员感到,要求他们做的并非是努力改进他们自己部门的工作,而是唯政党之命是从"⑥。因

---

① Dennis Judd and Todd Swanstrom, *City Politics: The Political Economy of Urban America*, p.87.
② 文森特·奥斯特罗姆、罗伯特·比什、埃莉诺·奥斯特罗姆:《美国地方政府》,第49页。
③ 张光:《美国进步时代的政府会计改革》,载马骏、侯一麟主编:《公共管理研究》第6卷,第52页。
④ 查尔斯·比尔德:《美国政府与政治》下册(朱曾汶译),商务印书馆1987年版,第836页。
⑤ 文森特·奥斯特罗姆、罗伯特·比什、埃莉诺·奥斯特罗姆:《美国地方政府》,第35页。
⑥ 弗兰克·古德诺:《政治与行政》(王元等译),华夏出版社1987年版,第46页。

此,十分有必要推动政治与行政的分离。就城市政府而言,就更应该如此。因为,"城市政府比州政府更具有行政的特征"①。基于此,改革者们想尽各种举措,力图废止政党分肥制,使政府日常的行政管理活动摆脱政治的影响。既然城市政府更具有行政色彩,那么它就应该按照行政规律进行改革。这一规律就是马克斯·韦伯所主张的建立理性化的官僚体制,集中行政权力。对此,伍德罗·威尔逊就指出,越多的分权,必然会导致越多的不负责任。

与此同时,美国还兴起了席卷全国的科学管理运动。1911年,泰勒的《科学管理原理》的出版将这一运动推向了高潮。在他看来,只要运用一套科学的管理原理,就能为人类带来普遍的繁荣。他自信地宣称,"过去,人是第一位的,将来,体制必须是第一位的"②。随后,他的信徒将这一套强调效率和科学的管理模型运用到了城市管理体制改革上。而且,当时美孚石油公司和美国钢铁公司等商业帝国取得的巨大成功也强化了人们对这一模型的信任。就这样,"高效率的商业企业模型,而非新英格兰市政会议,为市政改革者提供了积极的灵感"③。经济与效率也成为好政府的核心评定指标。

三、三大城市管理体制的相继确立与"机器政治"的衰落

自19世纪七八十年代就有少数城市针对当时日趋严重的腐败现象,尝试性地进行了一些零星的改革。但是,直到19世纪90年代,城市管理体制改革的浪潮才正式席卷全美。"1894年,'好城市政府'首届年会在费城召开,与会代表纷纷云集,成立了第一个全国性的市政改革组织,即全国市政联盟。……至1899年,他们再次碰头的时候,全国市政联盟的会员们已就模范城市宪章达成共识,并将此作为'好政府'的范本。"④在这一组织的推动下,美国出现了城市管理体制改革的浪潮。

在1899年,全国市政联盟提出的第一个模范城市宪章就是强市长型市长—议会制城市管理体制(见图4-3)。为了弥补在传统城市管理体制下市长软弱无力的缺陷,改革者们建议实行短投票,减少由选举产生的行政官员的数量,并改为由市长任命。同时,赋予市长否决决议的权力。城市

---

① 弗兰克·古德诺:《政治与行政》(王元等译),华夏出版社1987年版,第47页。
② 弗雷德里克·温斯洛·泰勒:《科学管理原理》(胡隆昶等译),中国社会科学出版社1984年版,第155页。
③ Samuel Hays,"The Politics of Reform in Municipal Government in the Progressive Era", p.168.
④ Dennis Judd and Todd Swanstrom, *City Politics: The Political Economy of Urban America*, p.81.

议会由 5 到 9 位在普选的基础上产生的议员组成,任期 4 年。三分之二以上的多数议员达成共识之后,也可以推翻市长的决议。这样,与联邦政府和州政府一样,城市政府也是建立在相互分权和制衡的原则基础上的。毫无疑问,这种体制提升了市长的独立性,提升了政策的制定和执行效力。

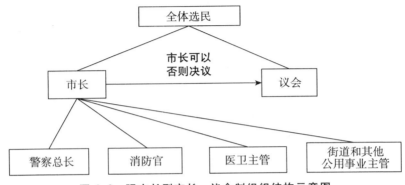

图 4-3　强市长型市长—议会制组织结构示意图

需要指出,这种城市管理体制的缺陷也是很明显的。其中最不容忽视的是行政机关与立法机关分享立法权,相互制衡,同样会导致相互掣肘和权力冲突现象的发生,从而降低政府效能。此外,市长由选举产生,那么,他就使政府具有了政治色彩。但是,他又得负责处理城市错综复杂的日常行政事务。这就对市长的素质提出了非常高的要求。因此,由于这一缺陷,其适用性就存在一定的限度。在实践的过程中,采用这一管理体制的多数是日常事务相对简单的小城市。

鉴于上述城市管理体制的局限性,一些改革者就尝试建立类似委员会制的城市管理体制。第一个推行城市委员会制的城市是得克萨斯州的加尔维斯顿市。1894 年,该市就进行了选举机制改革,试行普选。但是,预期效果并不理想。1900 年 9 月 8 日,一场飓风扫荡了该市,致使 6000 人丧生。当时,该市的总人口才 37 000 人左右。此外,飓风几乎损耗了城市一半的财产。对此,原有的城市管理体制却束手无策,而它的腐败无能却尽显无遗。改革的呼声接连不断。为了重建城市,改革者们提议组建一个掌控政府的"深水委员会"。这一提议很快得到州议会的批准。它由五位在当地颇具威望的商业领袖组成,每位委员分别领导一个行政部门。其典型特征就是商人主政。在该委员会的领导下,加尔维斯顿市很快在废墟上重新建立起来了。在 1903 年,该市还试图通过修改城市宪章将这一管理体制制度化。

委员会制的绩效很快吸引了全国的目光。1907 年,基于对加尔斯顿市城市委员会制的认可,爱荷华州得梅因市的检察官也要求该州立法机关批准在得梅因市采用城市委员会制。在增加一些改革举措的基础上,形成了"得梅因制"的城市委员会制。随后,城市委员会制逐渐在全国推广,并于1910年达到顶峰。"1915年9月,至少有465个城市由这类委员会领导。1920年,20%的人口超过5000的城市都采用了这一模型。"①

在这一城市管理体制下,委员会不仅拥有立法权,而且拥有行政权。通常,城市委员会由3—9位委员组成,多为5名。他们由超党派普选产生,任期一般在2—6年。不同的城市采取不同形式的委员会制,委员的工作时间和职责也都各有不同。

不过,虽然这一管理体制存在许多优点,如简化了政府机构设置,增强了选民对政府的控制。但在1917年之后,越来越多的城市放弃了这一管理体制。究其原因,就在于它本身存在许多缺陷。其中最重要的一点就是,委员会中的各位委员之间相互独立、地位平等。这种情况不仅导致权力太过分散,而且使得城市政府缺乏政治领导人。假如这些委员在某一议题上存在分歧,就很容易引发相互拆台、拒不合作的现象。此举势必会耗损行政效率。此外,有效治理错综复杂的城市问题,需要渊博的专业知识。但是,并不能保证选举产生的委员都具备这些素质。

为了回应对城市委员会制的批评,提高城市政府的行政效率,减低行政成本,改革者们又探索出了城市经理制这一新型的城市管理体制。对这一体制贡献最大的是理查德·蔡尔斯,他也被称为"城市经理制之父"。1904年毕业于耶鲁大学之后,蔡尔斯就积极投入到城市管理体制的研究和改革实践中去。1909年,在时任耶鲁大学校长的伍德罗·威尔逊和詹姆斯·布莱斯的鼎立支持下,他成立了"短票选举协会",旨在推动选举机制改革,以此弱化"机器政治"的作用。

1913年,蔡尔斯经研究发现,与传统的城市管理体制相比,强市长制和城市委员会制都具有一定的优越性。例如,委员会制奉行"短投票制",它"还打破了我们关于'分权原则'诉求的迷信并提供一个完整统一的权力"②。但是,市长制和委员会制的缺点都是显而易见的。例如,"破坏行政政策的统一性,……官员的选举在原则上容易出问题,……使行政部门

---

① Dennis Judd and Todd Swanstrom, *City Politics: The Political Economy of Urban America*, p.97.
② Richard Childs, "The Short Ballot and the Commission Plan," *The Annals of the American Academy of Political and Social Science*, Vol. 38, No. 3, 1911, p.151.

各自为政,……破坏政府的统一性"①。在此基础上,蔡尔斯通过将城市经理制和"得梅因制"整合在一起,提出了城市经理制的理论框架。

在操作层面上,1908 年弗吉尼亚州的斯汤顿市最先采用了这种管理体制。是年,斯汤顿市的人口超过 10 000 人。根据弗吉尼亚州的法律,斯汤顿市就达到了一级城市的标准。于是,州议会要求该市将一院制改为两院制,议员也由 12 人增加到了 22 人,行政权则由议会下属的大约 30 个委员会行使。在这一管理体制下,权力十分分散,管理混乱不堪。鉴于此,就有委员建议改革,重组政府。经研究,议会任命的调查委员会发现可以在保留原有委员会的基础上聘用一位向议会负责的"经理"全权负责市政管理工作。这一建议得到了议会的通过。除财政、审计、立法以及教育等政务之外,其他政务都由城市经理负责。

此后,经过蔡尔斯等理论工作者的努力,城市经理制的组织框架得以完善。1912 年,南加州的萨姆纳市采用了这一管理体制。1914 年,俄亥俄州的代顿市是第一个采用经理制的较大城市。该市采用经理制的背景与加尔维斯顿市推行委员会制的背景相似。当时,迈阿密河决堤,罕见的洪水几乎吞噬了代顿市。市政府行动迟缓,组织救援不力。与之相对,商人约翰·佩特森却迅速行动,将自己的工厂改造成灾民的临时住所。此举让他成为民众心目中的英雄。于是,商界领导向州长建言,让佩特森重新制定一部城市宪章。随后,佩特森建议的城市经理制很快得到选民投票通过。1915 年,经理制被全国市政联盟增添到城市宪章范本中。

在这一管理体制下,市长、议会以及城市经理分工明确。前两者仍然负责重大的决策制定,后者则只负责城市政府的日常事务。这一体制将企业化管理原则运用地更加彻底:一个城市代表着一家企业,市民是股民,市议会是董事会,而城市经理是总经理。"经济与效率"的原则在这一体制下也得到了更加充分的展现。"城市经理制自确立后,一直稳定发展,在两次世界大战后和 20 世纪 90 年代形成了三个发展高峰,只是在战争时期和大萧条时期发展速度有所减慢。"②但是,城市经理制本身也存在许多重大缺陷。在这一城市管理体制之下,城市经理由议会任命,独揽包括预算编制、议程准备、决策制定以及财政管理在内的几乎所有市政大权。不过,他只

---

① Richard Childs, "The Theory of the New Controlled-Executive Plan," *National Municipal Review*, Vol. 2, No. 1, 1919, pp.80-81.
② 李壮松:《美国城市经理制:历史到现实的综合考察》,厦门大学博士论文,2002 年,第 32 页。

是城市的行政领导,而非政治领导。因此,城市不但缺乏政治领导,而且由于对城市经理权力缺乏制度性的约束机制,也就很难保证他对选民负责,并杜绝其渎职行为。

以上便是进步时代美国城市管理体制改革的大致过程,改革的相继落实也标志着"机器政治"的衰落。但是,面对社会经济条件的瞬息万变,美国仍在探索新的城市管理体制。结合上文,我们不难看出,作为先发国家,美国也是从腐败中走过来的。在快速的城市化和工业化面前,传统的城市管理体制显得腐败无能,效率低下。但自内战结束之后,美国政府在改良的过程中有效地化解了各种社会矛盾。面对"机器政治"的腐败,也是如此。经过社会中上层阶级的艰辛努力,美国城市政府的管理体制经历了重大的改革。

实际上,进步时代也是美国国家治理转型的重大时期。尽管对"机器政治"是否彻底寿终正寝存在疑问,但不可否认的是,美国城市政府的治理能力确实取得了有目共睹的提高。对于许多正处在城市化转型关键时期的发展中国家而言,美国的宝贵经验无疑值得学习。它们惩治腐败的举措、提高政府效能的改革、规范市场主体的经验以及改善底层大众处境的努力,都值得发展中国家的政府,特别是它们的城市政府借鉴。

第五章　城市增长机器理论

20世纪五六十年代,精英主义与多元主义之间关于城市社区权力的争论,促成了七八十年代代表精英主义的增长机器论和捍卫多元主义的城市政制论的学术论辩。20世纪70年代,在借鉴政治经济学的研究方法和反思以往城市社区权力争论的基础之上,纽约大学社会学系教授哈维·莫罗奇、哈佛大学肯尼迪政府管理学院教授保罗·彼得森以及俄亥俄州立大学地理系教授凯文·考克斯和安德鲁·梅尔等理论家先后提出并改进了自己的城市增长机器理论和增长联盟理论。其核心要旨是认为美国城市政治学的关注焦点应该转向研究"谁"为了"什么"而参与制定公共政策,而不是侧重于仅仅研究"谁统治"。简而言之,就是应该研究在追求各自利益基础上形成的各式各样的政商联盟关系。

随后,就有学者试图运用案例研究的方法进行横向的国别比较和纵向的历史研究,以揭示增长机器理论的解释范围与内在不足。在此基础上,增长机器理论也遭到了许多学者的批评。例如,克拉伦斯·斯通就指出,彼得森提出的城市利益概念非常缺乏现实基础。实际上,并不存在单一的城市利益,利益是多种多样的。这也就间接地挑战了增长机器的解释力。针对这些批评,莫罗奇、彼得森和考克斯等学者纷纷给出了自己的回应。在此基础上,城市增长机器理论也得以完善。

第一节　城市增长机器理论的兴起与发展

1976年,哈维·莫罗奇在《美国社会学杂志》上发表的《作为增长机器的城市:空间政治经济学的视野》一文,首次提出了"增长机器"的概念。这篇鸿文的问世也标志着城市增长机器理论的兴起。在此基础上,莫罗奇不断深化研究,并于1987年与约翰·洛根一道推出了他们的研究成果《城市财富:空间的政治经济学》。在汲取莫罗奇和洛根的研究成果后,通过区分发展型政策、分配型政策以及再分配型政策,彼得森于 1981 年也提出了自己的增长机器理论。类似地,考克斯和梅尔则以"地方依赖"这一概念为支撑建立起了自己的增长机器理论。在大量实证研究的基础上,有的学者试图找出影响增长机器运作的新变量。

与其他理论一样,增长机器论一经问世同样招致许多批评。其中最重要的两点就是后工业社会的来临,以及全球化带来的挑战。批评者指出,在后工业社会,社会已经富裕到不再需要以发展为主导,因此对城市增长的政治共识也就早已失去了民意基础。与此同时,伴随着全球化的浪潮,资本、信息和劳务等生产要素的跨国流动以及生产在全球范围内的重新分工,也导致增长机器论衰落。此外,还有学者通过考察美国城市经济发展政策的历史变迁试图找出其背后的原因,以此说明增长机器解论释力的历史限度。面对这些批评,包括莫罗奇和考克斯在内的许多学者都积极地予以回应,并相应地改进了自己的理论体系。如考克斯就指出,即使是全球化也不可能改变地方依赖的本性。

如上所言,20 世纪 30 年代至 60 年代,对城市政治问题的研究主要有两条线索:一是探讨城市空间的内涵,分析发生在城市空间中包括暴力犯罪在内的种种社会问题的成因及其应对之策;二是探讨城市社区的权力结构,它对关乎城市土地使用、公共预算以及城市社会生活的公共政策有着举足轻重的影响。不过,正如莫罗奇所言,"虽然探讨社区权力和如何界定以及概念化城市或城市空间的文献非常丰富,但很少有能够将两者连贯地整合起来的概念。这一概念需要从政治经济学的角度关注城市区域"①。基于此,通过运用政治经济学的方法,莫罗奇试图将这两条线索整合起来。他提出:"就目前美国的情况而言,任何给定地方的政治和经济本质都是增长。……一个地方的内在本质都是按照增长机器的方式运行的。"②在此需要强调的是,莫罗奇对增长的内涵有严格的限制。在他看来,增长"既包括人口的增长,也包括经济的扩张"③。

一、政商联盟追求土地的交换价值

区分土地的使用价值和交换价值是莫罗奇与洛根建构理论的基础。

---

① Harvey Molotch,"The City as a Growth Machine: Toward a Political Economy of Place," *American Journal of Sociology*, Vol. 82, No. 2, 1976, p.309.
② Ibid., pp.309-310.
③ John Logan,"Notes on the Growth Machine-Toward a Comparative Political Economy of Place," *American Journal of Sociology*, Vol. 82, No. 2, 1976, p.351.

与这两者分别对应的主体是居民和企业家。"前者使用土地满足生活所需;后者通常通过加强对他们财产的利用,渴求金融回报。"①就土地的使用价值而言,既包括居民的物质需求,也包括他们的非物质需求。硬件环境、社区服务以及提升社区档次的社会关系网络,都是影响居民评定城市土地使用价值的重要指标。莫罗奇指出,主要存在六种类型的使用价值:(1)日常需要。社区为居民提供了购物、儿童医疗、学校、工作场所以及交通等公共服务。这些配套设施是满足人的物质需求的基本条件。(2)非正式的支持网络。人作为一种精神性存在还需要情感的交流。社区为居民提供了相互帮助、日常话语交流的公共空间。这一公共空间构成了维系生命存在的非正式支持网络。(3)安全与信任。在一个由熟人构成的社区就能强化居民之间的信任,进而通过参与社区巡逻强化彼此之间的安全感。(4)认同。社区在满足前两个功能的基础之上,自然就会提升居民对整个共同体的情感认同。(5)规模效应。"在一个单一的区域内,共享相互重叠的使用价值是一种界定邻里关系的有益方式。邻里关系不仅是房屋的简单集合,更是对基础性规模效益的共享。"②(6)伦理。在前五类价值的共同作用下,整个社区就构成了一个伦理共同体,而居民都是其中的成员。③

就土地的交换价值而言,"租金"是评定这一价值的主要标尺。莫罗奇是在广义上运用这一术语的,它主要包括购物的开销、购买者和租房者向房东以及房屋经纪人、房地产公司,甚至是抵押借贷者支付的贷款。不难发现,地方企业家主要追求的是土地的交换价值。在一个特定的区域内,不管这个区域是小到一个社区的购物区,还是大到一个国家,企业家们总是会结盟,创造一切有利于土地开发、提升土地交换价值的便利条件。"实际上,不管地理位置或者社会地位如何,所有地方的企业家和他们的增长机器联盟,都会很容易地就增长本身达成共识。"④由此可见,追求两种价值的方式以及它们生产商品的方式是天壤有别的。

莫罗奇和洛根认为,追求交换价值会对邻里关系构成威胁,它会从各个方面损害以上六种类型的使用价值。在建设城市硬件基础设施的过程中,土地往往会被集中。此时,穷人的社区总会面临包括拆迁在内的各种危险。

---

① John Logan and Harvey Molotch, *Urban Fortunes: The Political Economy of Place*, Berkeley: University of California Press, 1987, p.2.
② Ibid., p.108.
③ Ibid., pp.103-110.
④ Ibid., p.32.

"在破坏穷人日常需求的过程中,地方官员总是扮演着积极的决策。……为了生活在别处的人的利益和租金,穷人的生活机会总是被牺牲。"①

他们指出,为处理土地的使用价值和交换价值的张力,化解交换价值内部的利益分配矛盾,地方企业家采取的主要应对措施是:"通过主导地方政府以及利用对土地使用和生产等事务的意识形态领导力,食利者及其联盟在资本投资人和其他社会阶级之间进行协调。"②换言之,地方企业家化解张力和矛盾的手段是诉诸意识形态的话语。这一意识形态就是增长符合市场经济的理念。在他们看来,市场经济是"价值中立的发展"。因此,他们主张自由的市场经济应该决定土地的使用,而任何规制土地使用的行为都有可能使城市陷入衰落的危险境地。更加重要的是,增长能够促进"公共利益",可以有利于提升整个社区的福祉,它能够创造工作、扩大税基从而偿付城市服务。尽管地方商人存在利益分歧,有时这一分歧甚至会公开化。但是,他们不会挑战追求土地的交换价值这一共同底线,因为他们对增长本身具有高度的共识。更加重要的是,"在追求使用价值和交换价值的过程中,地方通过社会组织实现他们的目标"③。

在所有的利益相关者中,最重要的就是政府。作为一种生产要素,资本同样具有稀缺性。因此,为了吸引投资,各个地方的增长机构就必须展开激烈的竞争。而一个城市的整体经济发展水平、税收政策、基础设施建设以及政府服务能力等条件都是决定投资商是否投资的重要因素。所以,"一个城市商业区的所有者会团结一致地与其他城市进行竞争。……如果一个特定区域的政府与辖区边疆的地理边界对应,那么精英就能动员政府以促进增长目标"④。就此而言,地方政府最重要的一个功能就是服务于资本力量,促进经济增长。可以说,"地方政府主要关心的是促进增长。虽然它不是地方政府的唯一功能,但却可能是最重要的功能之一"⑤。莫罗奇指出,尽管增长机器内部会在具体的发展策略出现分歧,但是,他们不会就增长本身有任何异议。在这种条件下,就形成了一种政商协作的联盟关系。本质上,它就是一种增长机器。

莫罗奇指出,在美国城市发展的历史过程中,增长机器早已有之。"没

---

① John Logan and Harvey Molotch, *Urban Fortunes:The Political Economy of Place*, p.113.
② Ibid., p.200.
③ Ibid., p.43.
④ Ibid., p.35.
⑤ Ibid., p.63.

有其他地方比18世纪和19世纪美国城市的历史更清晰地反映了这一点。"①当时,"城镇的创立者们与城市的建设者们竭尽所能地运用他们手中的所有资源,包括天然的政治影响力,为地方创造更多的财富"②。芝加哥、洛杉矶以及休斯顿等城市的发展历程就充分地说明了这一点。1835年的芝加哥仅仅是一个只有4000人的小城。自威廉·奥格登在当年成为市长之后,就积极促进城市发展,使芝加哥一跃成为大都市。在19世纪中后期,洛杉矶和休斯顿则充分利用联邦政府的资助,扩建港口,前者建成了现在世界上最大的人工港,后者建成了美国第三大港。总之,伴随着水路、铁路、港口以及高速公路等基础设施的建设,美国涌现了一大批新兴城市。③现在,自联邦至州政府再到地方政府,都采取包括降低人力成本和企业运行成本在内的各种措施积极促进城市发展。"更普遍的是,每个城市都尝试创造一个'良好的商业氛围'。"④此外,包括地方政府和地方企业家在内的主体还会塑造当地民众的发展意愿,以此激发他们对"价值中立"的市场经济的认同,减少他们对发展举措的反对。总之,"增长机器还会热情地资助在建设地方过程中发挥作用的任何文化机构"⑤。

据此,我们不难看出,地方企业家和地方政府都是增长机器的核心成员。而地方政治家是地方政府的核心成员,因此,他们自然地也是增长机器的组成成员。究其原因,就在于许多地方政治家,如市长在当地都有自己的产业。此外,商人还往往会为他们提供包括资助竞选、动员选民在内的各项帮助,以助其当选。当选后,他们则会给予商人各种各样的优惠政策。对于那些不支持地方商人利益、不实施促进当地经济发展政策的政治候选人,地方商人则会绞尽脑汁想出各种办法阻止其上台。鉴于此,地方政治家为了自己的政治前途也会支持增长。

洛根和莫罗奇还认为,地方媒体、出版商以及事业单位等主体也是增长机器的组成成员。"大多数报纸主要受惠于它们的发行量。因此,它们与增长有直接的利益关系。在发行量上升的基础上,随着大都市的扩张,报纸可以卖出大量的广告版面。电视台和广播台的处境也相似。"⑥报纸虽然与增长策略有关,但是与具体的发展规划和项目并没有多大关联。同

---

① John Logan and Harvey Molotch, *Urban Fortunes: The Political Economy of Place*, p.52.
② Ibid., p.53.
③ 参见 Ibid., pp.54-56。
④ Ibid., p.59.
⑤ Ibid., p.61.
⑥ Ibid., p.70.

样,在增长机器内部,出版商以及各种公共和准公共机构如事业单位也会发挥与地方媒体相似的作用。它们积极宣传"增长创造工作"等信条,为增长机器提供舆论支持。

此外,还有一些支持增长的辅助机构,主要是包括博物馆、剧院、大学、交响乐队以及职业体育队在内的文化机构。这些文化机构是一个地方宝贵的艺术资本,它们可以吸引大量慕名而来的游客,从而促进旅游业的发展。莫罗奇指出,文化机构主要基于以下四个原因支持增长:"有的参与者因为他们自己的组织目标依赖于地方的发展;有的因为他们在交际方面支持地方承租人;还有的因为他们自己的财富是宝贵的资源;再有的是因为他们是与地方精英关系甚密的董事会的成员。"[1]此外,工会领导同样对增长也充满了热情,他们自然也是增长机器的热情伙伴。"工会领导认可价值中立的发展,因为它将会'带来工作'。特别是建筑行业的组织,它们的发言人在口头上尤其支持发展。"[2]

但是,莫罗奇和洛根发现,增长的实效并不如地方企业家和地方政府官员所宣称的那样,净收益必定会超过所付出的成本。对此,他们指出,"宣称增长强化了地方税收基础,创造了工作岗位,为解决现存社会问题提供了资源,并且允许市场在住房、社区以及商业发展方面迎合公众的口味。……在某些时间和某些地点上,这些宣称是正确的。不过,增长的成本与收益依赖于地方情境"[3]。以财政健康而言,在招商引资之前,地方政府必须投入大量的资金以建设经济发展所需的基础设施,如廉价的水资源、电能以及四通八达的道路交通网,此举势必会导致成本上升。而地方企业家和外来商人投资带来的收益未必就一定会超过此前付出的成本。另外,以就业为例,增长机器宣称增长可以创造更多的就业岗位。但是,经济的溢出效应决定了许多外地人口可以源源不断地涌入发达地区,寻找工作机会,挤占当地居民的工作岗位。因此,增长并不一定会增加本地民众的工作机会。就阶级分化和种族隔阂等问题而言,经济增长带来的人口扩张以及财富积累的不平等可能不但不会缓解这些问题,反而会加剧这些社会问题。自然地,经济增长对自然资源的需求也会相应地增加,而工业生产所排除的废水、废气和废渣也必定会损害当地的生态环境。总之,就实效而言,增长机器的收益与成本依赖于具体的地方情境。

---

[1] John Logan and Harvey Molotch, *Urban Fortunes: The Political Economy of Place*, p.79.
[2] Ibid., p.81.
[3] Ibid., p.85.

二、地方奉行有利于城市利益的发展型政策

不过,保罗·彼得森对城市增长机器的论证与莫罗奇等人的论证逻辑迥然有别。彼得森在分析城市政治的局限和界定城市利益的基础上,区分了三种不同类型的公共政策,即发展型公共政策、分配型公共政策以及再分配型公共政策。不同层级的政府往往会实施不同类型的公共政策。具体而言,地方政府往往热衷于有利于城市利益的发展型公共政策,而且它们比联邦政府更能有效地执行对城市经济影响呈中性的分配型政策,联邦政府则负责实施使低收入群体受益的再分配型公共政策。

彼得森界定城市利益并区分三种类型的公共政策的目的是要重新构建一套现代联邦制理论,从而"使一种独特的、中观层次的政府间关系理论得以浮现。……一旦地方政府存在前文所界定的特定极限,就可以建立一种政府结构的理论,将一些职能赋予中央政府,另外的给地方政府"[1]。也就是说,区分三种类型的公共政策是彼得森建构起新联邦制理论的基石。

彼得森指出,与国家政治相比,城市政治存在许多局限。例如,城市政府没有中央政府所具备的发行货币、国防以及外交等权力。正是由于这些局限,导致城市政府不能执行许多公共政策。为此,就需要从城市在国家的地位出发,把脉城市实施的各项公共政策。在他看来,"在作出这些决策时,城市以其作为一个整体的利益为导向。正是这些城市利益,而不是城市内部的权力斗争,对城市政策以及政府行动的条件构成了限制"[2]。

因此,就需要界定城市利益。在他看来,城市利益并不是爱德华·班菲尔德所说的个人利益的简单之和,也不是查尔斯·蒂伯特所言的是对地方政府最佳规模的追求。在此基础上,彼得森主要是根据政策和项目产生的后果,来界定城市利益的。这些利益由城市的所有居民共享,促进这一利益就可以提升空间地域的整体福利。

彼得森认为,城市利益具体包括以下两个方面:经济利益和法律地位利益。经济利益主要促进三大生产性要素的增值,即土地、劳动力和资本。作为一种生产要素,土地是生产空间区位的依托。"城市的经济前景因土地经济潜质的不同而各异。"[3]城市政府对城市辖区内的所有土地享有最大的控制权。为了促进城市利益,城市就必须吸引人力资本,即劳动力。与

---

[1] 保罗·彼得森:《城市极限》(罗思东译),上海人民出版社2012年版,第14页。
[2] 同上书,第3页。
[3] 同上书,第26页。

土地不同,劳动力具有一定的流动性。所以,城市就必须想方设法吸引一定规模的熟练劳动力。不过,为了促进经济的多样性,保持一个多样化的劳动人口也是必不可少的。就资本而言,它的流动性比劳动力的流动性还要强。所以,"城市必须吸引尽可能多的资本和质量尽可能高的劳动力以利用它的土地资源"①。

法律地位利益主要是指城市在全国所有城市中的战略地位。对此,彼得森则有意忽略经济利益与法律地位利益之间的分歧,并认为地方政府的首要目的是促进城市的经济利益,进而有利于提升城市在全国所有城市中的战略地位。

这些因素综合在一起就从根本上规定了城市地方政府的职能,即促进城市的经济利益。具体而言,地方政府主要是基于以下三个方面的考量,积极促进城市利益。第一,经济繁荣对保护地方政府的财政基础是必要的。第二,好政府就是好政治。通过寻求对地方社区的经济繁荣有所贡献的政策,地方政治家会挑选对其自身的政治优势有所助益的政策。第三,也是最重要的,地方官员通常具有社区责任的意识。他们明白,除非社区的经济福利能够维持,否则,地方商业将蒙受损失,工人会失去就业机会,文化生活将趋于凋敝,城市土地价值会缩水。②

在此基础上,彼得森具体分析了发展型政策、分配型政策以及再分配型政策。如上所言,不同类型的政策所产生的经济效应是截然不同的。此外,不同的政治经济条件也决定了占主导地位的公共政策。"一则,对于每种政策类型,不同的因素影响了州和地方政府能够和愿意提供的财政支持的水平。二来,政府在财政上对一项政策应有的支持水平随政策领域的变化而不同。最后,与每一种政策类型相联系的政治的形态也是变化多端的。"③就此而言,彼得森主要是从财政支持水平的角度分析政策转换的。

再分配型政策不但不会带来积极的经济效应,反而会有损城市的经济地位。究其原因,最重要的一条便与彼得森对"再分配"的内涵界定有关。它主要包括两个方面:"一是我只说从社区的富裕人群向生活困难人群的再分配。……二是我只说那些对地方经济产生负面效应的再分配政策。"④也就是说,实施这类政策需要向富人征税以救济穷人。"在向地方经济最

---

① 保罗·彼得森:《城市极限》,第30页。
② 同上书,第30—31页。
③ 同上书,第42页。
④ 同上书,第44页。

不需要的那些人提供福利的时候,就要向那些地方经济最需要的人征税。"①此举势必会迫使富人用脚投票迁移出实施再分配型政策的社区。

发展型政策之所以会有利于城市利益,就在于它带来的经济效益大于社区居民为其所负担的各项成本。例如,工业园区建设可能会有损社区的生态环境,排放的"工业三废"会造成大气污染、水污染以及噪音污染。但是,它带来的就业机会、财政收入以及土地价值的增加如果超过了这些成本,那么地方政府就会推行这类项目建设。

分配型政策对地方经济既不会产生积极效应,也不会带来负面影响。这些政策主要包括地方政府的内部服务、治安、消防和城市生活垃圾的处理等公共服务。这类政策不会像再分配政策一样,会向社区的富裕群体征税从而帮助社区的困难群体。包括治安和消防在内的公共服务对社区的全体成员都等同地有益。

彼得森认为,主要存在三大影响政策供给的因素,即"财政能力、服务供给的成本、服务需求"②。不同类型的政策对这三大因素提出的要求各有差异。彼得森将这些关系加以总结,见表5-1。

表5-1 地方政府支出的决定性因素

政策类型	支出的决定性因素			
	财政能力	需求	供给	需要
再分配	高	……	低	低或者负的
分配	适中	适中	适中	……
发展	低	高	适中	……

资料来源:保罗·彼得森:《城市极限》(罗思东译),上海人民出版社2012年版,第49页。

就再分配政策而言,它与地方政府的财政能力呈正相关关系,这就决定了财政能力有限的社区不可能提供高水平的再分配型公共服务。原因一目了然:公共服务的供给是建立在高税率的基础上的。这一举措势必会导致资本、生产性劳动力以及其他可移动的生产要素用脚投票选择离开税率高的社区。因此,从长远来看,过度推行再分配型政策势必会导致经济陷入衰退的恶性循环之中。可见,"再分配政策不能轻易地由地方政府来执行。从它们被颁布执行的程度看,这些政策出现于对它们具有最低需要

---

① 保罗·彼得森:《城市极限》,第44页。
② 同上书,第47页。

的地方。只有在财政基础相对充实的社区,这些有利于少数族裔和穷人的政策才能得以实施"①。总之,只有推行发展政策从而为地方政府提供更加雄厚的税收基础,地方政府才有能力推行一定程度的再分配政策。

就此而言,地方政府就不会推行再分配政策。即使是联邦政府要求地方政府推行,它们也会阳奉阴违。在彼得森看来,地方政府越是推行再分配型项目,就越会给地方经济带来损失。例如,如果地方政府制定各项法规严格控制工业"三废"的排放量,工厂的生产成本就必然会提高。这就会使得本地的工厂在激烈的市场竞争中处于不利地位。

不过,在城市中,却存在一些积极促使地方政府推行再分配型政策的利益集团。首先,"工会可能是在大城市政治中提出再分配政策的最有权势的一套组织。……工会在为他们的工人阶级选民争取再分配政策上也有一种强大而明示的利益"②。其次,由于严重依赖于占人口多数的工人阶级的投票,所以代表他们利益的政党组织必然也会向地方政府提出再分配的要求。最后,20世纪60年代出现的民权运动以及在此基础上形成的抗议集团也要求地方政府推行一系列再分配政策,从而提升少数族裔的福利。

可现实却是,尽管存在这些要求推行再分配政策的利益诉求,但地方政府却采取种种手段,不断推诿、拖延,或者"招安"抗议集团的领导以达到平息抗议和规避再分配政策的目的。反之,如果地方政府不顾财政承受能力强行推行再分配政策,势必会有损整个城市的利益,进而导致城市的衰落。

典型的案例就是20世纪六七十年代的纽约。由于推行各项再分配政策,其债务不断上升,地方开支节节攀升,结果纽约市不可避免地出现了财政危机甚至面临倒闭的危险,城市发展停滞不前。因此,为了避免这一现象的出现,"一个再分配问题即使摆出主要政治议题的架势,也会被各种设计出来的策略预先组织、拖延以及防止其执行"③。如果城市推行再分配政策的话,那么它只会对低收入者有吸引力。用彼得森本人的话说就是,"如果一个城市将它的服务扩展至贫困市民,它只是增强了作为穷人栖息地的吸引力"④。因此,再分配政策一般不会被地方政府纳入考虑范围。

与之相对,"发展政策促进一个城市的经济增长,对它的财政支持的数

---

① 保罗·彼得森:《城市极限》,第65页。
② 同上书,第182页。
③ 同上书,第194页。
④ 同上书,第222页。

量取决于对这种政策的经济需求。需要更多的产业的城市将对迁入的行业给予税收减免"①。正因为如此,地方政府一般都会积极实施发展型政策。具体而言,在彼得森看来,这类政策是能够确保地方在与其他城市竞争时胜出,并可以提升自己经济地位。它们不但会促进地方经济的发展,而且可以为地方政府扩大税基。另外,还可以提升社区的整体福利。由此,也不难看出,一方面,一个地方的发展政策往往会给其他地方带来损失,且只有在竞争中胜出时,本地区的利益才能得到保障;另一方面,就本地区内部而言,发展又不是一场"零和"博弈。

具体说,发展政策主要由两类行为主体积极推动:"发展政策常常由自治机构制定和执行,对它们自己的项目带来的收益产生作用,免于通常的政治限制。若这个过程不可行,发展政策就由有名望的社区领袖通过全体一致的方式制定出来,这些领袖通常是一些商人,熟悉如何促进经济的增长。"②虽然存在这两类行为主体,但是社区的政治领导同样是必不可少的。此外,还需要社区各个领域的领导对城市的整体利益达成共识。否则,就会充满对抗。

根据发展领域的研究,彼得森也就推演出了全新的权力关系:"它是社区作为一个整体认识它的目标的能力。权力所需要的不是把领导力理解为将某种意志强加于他人的能力,而是能够游说他人为共同的目标做出贡献。"③就此而言,他也就回应了精英主义与多元主义之间的学术之争。在他看来,无论是精英主义还是多元主义,都没有抓到权力的本质。究其原委,从城市发展领域来看,更应该将权力视为一种多元主体相互合作,以此协力促进城市利益、推动城市发展的综合能力。

彼得森指出,虽然地方政府比中央政府能更好地执行分配政策,但分配政策具有非常明显的多元主义色彩。究其原因,他认为,"分配议题可以带来大量的交易和竞争,产生的结果是在不同竞争者的诉求之间达成妥协"④。政治候选人竞选纲领则会影响妥协。在这一领域,典型的议题就是为少数族裔提供就业岗位,同时改善城市政府雇员的工作条件和福利水平。这些要求是没完没了的,因此,"分配的政治没有终结"⑤。这些都越来越多地约束了城市政治领导自主决策的空间。

---

① 保罗·彼得森:《城市极限》,第50页。
② 同上书,第155页。
③ 同上。
④ 同上书,第138页。
⑤ 同上书,第174页。

据此,彼得森提出了一种全新的联邦制理论。为凸显其理论的"新",就需要说明传统的联邦制理论。美国传统的联邦制理论的出发点是划分两个享有主权的主体,即联邦政府和州政府。"每一主权者在其应尽的职责方面,对其公民享有最高的权力;无权干涉另一主权者应有的地位;由一部宪法来界定二元主权者之间的权力分配。"①在这一传统理论的框架内,政府结构就与政治过程以及政策输出有机地联系起来了。

与之相对,彼得森根据联邦政府和地方政府各自应该承担的职责重新界定了上下级政府之间的关系:"地方政府更关注有效的运转,以保护其经济基础,而全国性政府的国内政策结构更关心在发展目标和再分配目标之间取得平衡。"②也就是说,联邦政府应该更多地实施再分配政策,而各级地方政府主要负责实施发展政策。不过,联邦政府和地方政府在政策目标上又会发生冲突。例如,联邦政府的再分配政策与地方政府的发展政策就可能存在张力。对此,彼得森指出,其实质是平等与自由这两大价值的实现形式的冲突。为此,就需要政府之间的合作与协调,并对冲突进行有效的管理。

三、地方依赖促成增长联盟

同样,与莫罗奇和彼得森等人的论证逻辑迥然有别的是,凯文·考克斯和安德鲁·梅尔两位理论家则从经济地理学的角度出发,借用"地方依赖"这一概念为增长机器提供了新的理论证明。他们指出,无论是资本主义企业,还是地方政府,抑或是当地居民,都无一例外地对地方或多或少地存在一定程度的依赖。正是这种依赖使得资本主义企业必须与地方政府相互合作结成政商联盟,共同促进地方经济的发展。由于当地居民仅仅分享少量的发展成果却承担着绝大部分发展成本,所以他们势必会反对发展。对此,政商联盟则会诉诸意识形态的话语营造共同体意识,从而为发展塑造民意基础。总之,"地方依赖是一个在经济学、政治学和社会地理学上十分有用的概念"③。据此,考克斯还进一步指出,这一概念必然会突破这三大学科的限制,从而成为研究地方区域的核心概念。

地方依赖是指,"在特定的空间内,就特定的社会关系的再生产而言,

---

① 保罗·彼得森:《城市极限》,第67页。
② 同上书,第69页。
③ Kevin R. Cox and Andrew Mair, "Locality and Community in the Politics of Local Economic Development," *Annals of the Association of American Geographers*, Vol. 78, No. 2, 1988, p.308.

多种多样的角色——资本主义企业、政治家以及普通大众间会产生依赖"①。在美国,绝大多数企业多多少少都会依赖于地方。同样,政府机构也面临着地方依赖的困扰。由于上文提到的扩大税基等需求,它们也必须促进地方经济的发展。由此,这些地方依赖共同地促成了地方政商联盟。

具体以资本主义企业对地方的依赖为例,它之所以会产生依赖是因为公司在生产与交易的过程中,会形成比较稳定的社会关系网络,如高素质的劳动力、稀缺性生产原料以及产品销售市场等因素都会约束企业的生存与发展。所有这些一旦结构化、制度化,必然会使企业与特定地域的自然和社会关系形成紧密的联系。由此,也构成了对企业产业链的限制。虽然地方政府会创造良好的投资环境,企业本身的多元投资也会增强企业产业链的弹性,同时提升投资点的安全性,而开设连锁店也会分散企业面临的风险。但是,企业的投资环境、再选址的不稳定性以及高成本,使得企业严重依赖地方经济的健康和可持续发展。即便不考虑这些因素,企业在采取这些降低风险的措施之后,仍然会在更大的地理区域内依赖于地方,进而形成区域性和全国性的地方依赖。"作为一种尝试规避地方依赖的路径,公司可能因此会试图通过直接干预地方经济发展过程来克服它。这一干预又会保护、提高或者是创造一种使之受惠的交易链。"②

考克斯和梅尔指出,典型依赖于地方的企业是公用事业单位和金融机构。公共事业单位生产的公共服务严重地依赖特定的消费群体和消费群体的再生产能力。而金融机构的地方依赖主要体现在它们需要保护现存的价值流通模式。其他的实例不胜枚举。于是,为了抵御地方依赖,许多地方企业往往会通力合作,结成地方商业联盟。对此,他们总结道:企业的地方依赖直接导致了地方商业企业形成联盟。

此外,地方企业家还会游说政府推行有利于企业发展的政策。在抵御风险、降低依赖程度的过程中,地方商业联盟又会尝试性地利用国家权力进行干预,从而降低投资风险。"在不同的地方商业联盟的竞争面前,国家权力是一种很有价值的工具。地方国家机构积极表现的原因就在于它们也需应对地方依赖。它们依赖地方的税基:财政的地方依赖与公司不可替代性的地方商品交易一样。"③例如,发展公用事业和建设基础设施都要求

---

① Kevin R. Cox and Andrew Mair, "Locality and Community in the Politics of Local Economic Development," p.307.
② Ibid., p.309.
③ Ibid., p.311.

财政收入。总而言之,为了促进地方经济发展,地方政府便会与地方企业一道建立起稳定的政商公—私联盟。

他们指出,地方居民也同样会面临地方依赖的问题,地方居民的日常生活都被限定在特定的地域内。"根据牵涉到的社会关系类型,可以将居民的地方依赖划分为'传统'和'现代'两种。"①在传统社会,家庭、宗教、伦理、权威以及邻里关系都是维系社会关系的重要情感纽带,它们也是大众心理认同与归属感的标的。这些情感纽带和个人认同可以促成居民之间的合作、互惠,同时平衡权威与义务。但我们知道,随着现代国家的形成和资本主义的发展,传统的社会认同逐渐瓦解,原有的情感纽带和标的也相继被新型的社会关系网络取代。对此,考克斯和梅尔指出,在现代社会,"传统依赖的物质基础变弱并不意味着居民地方依赖的消失"②。作为对传统形式的替代,现代形式的地方依赖随之而起。工作和日常生活的需要如住房都会与地方发生紧密的联系,这些要素势必会导致居民依赖于地方。更加重要的是,人们认同地方的基础也发生了改变。此前的宗教、伦理和家庭等情感纽带逐渐被职业、物质消费和社会地位等因素取代。不过,在考克斯和梅尔看来,这些新的认同只是地方依赖的外在表现形式而已。正是由于对地方的依赖,限制了居民的社会流动。也恰恰是这种认同与地方依赖为政商联盟塑造共同体意识创造了条件。

如上所言,由于收益与成本不成比例,地方居民往往会反对政商增长联盟。在地方经济发展的过程中,主要的收益往往被政商联盟拿走了。而当地居民却要承担环境污染、交通拥堵以及物价上涨等负担,他们的收益与付出严重失衡。随着经济由工业经济发展到后工业经济,工人阶级丧失了许多工作机会。为了捍卫旧工作,这一早已形成身份认同的共同体往往会通过选举和发起社会运动等方式表达自己的不满。总之,"围绕工作场所或居住空间组织起来的阶级、大众民主或民粹主义运动对地方商业联盟构成了重大挑战"③。更加不利的是,传统认同愈加强烈的地方,以阶级为基础的反对也会随之加强。为了回应这一挑战,"政商联盟一般总是诉诸意识形态的语言进行宣传:地方的每一个人据说都属于这个共同体"④。此外,政商联盟还宣称发展能够促进就业,创造工作机会。由此,在发展问题

---

① Kevin R. Cox and Andrew Mair, "Locality and Community in the Politics of Local Economic Development," p.312.
② Ibid., p.313.
③ Ibid., p.315.
④ Ibid., p.317.

上,地方企业、政府以及居民就可以达成统一的共识。

第二节　比较视野下的增长机器

城市增长机器论兴起之后,就有许多学者将这一范式运用到案例研究当中去。借此,有的学者试图检验这一范式的适用性,并在此基础上提出了新的解释变量。典型的代表人物就是理查德·莫勒、詹姆斯·克里斯滕松、劳埃德以及纽兰兹等。还有学者在跨国比较研究的基础上,分析了各个国家地方增长机器的差异。据此,有学者指出政治而非经济才是地方经济发展的决定性要素。例如,阿兰·哈丁以及约翰·莫罗奇本人就进行了跨国的比较研究。此外,还有学者则通过分析美国城市经济发展史,检测增长机器论的历史限度。最具代表性的学者便是保罗·康特。

一、小城镇的增长机器

正如理查德·莫勒和詹姆斯·克里斯滕松所言,莫罗奇和洛根的增长机器理论虽然宣称任何地方的政治领导都会推行促进经济发展的政策,但是前者主要是基于大都市的经验,而后者主要研究的是郊区的经济增长情况。对于大都市而言,经济精英为了促进自我的利益最大化,必然会促进经济发展,因而会通过政治游说等活动迫使政府实施发展型公共政策。与之相类似,政府官员为了获得经济精英提供的政治经济支持从而确保自己的政治前途,也会主动采取发展型公共政策。就郊区的情况而言,洛根则通过考察房地产开发商、工商界精英以及本地居民对待发展的态度,来检测增长机器的适用性。洛根经研究发现,"一些社区通常对保护郊区的生活方式更加感兴趣"①。在洛根看来,郊区是否会支持发展在于其居民对增长的抵制是否奏效。究其原因就在于,郊区的居民并不依赖本社区的经济增长。

可见,在此之前,并未有学者分析小城镇的经济发展是否具有增长机器的特征。因此,增长机器理论是否适用于小城镇则有待于进一步的实证研究。为此,莫勒和克里斯滕松就试图利用这一模型去分析乡村地区的经

---

① Richard Maurer and James Christenson,"Growth and Nongrowth Orientations of Urban, Suburban, and Rural Mayors: Reflections on the City as a Growth Machine," *Social Science Quarterly*, Vol. 63, No. 2, 1982, p.352.

济发展和工业化。他们发现,虽然小城镇的民选官员一般都认为工商业的发展肯定会减缓政府面临的财政压力,因而倾向于支持工商业的发展。但是,事与愿违。"研究表明,地方政府的成本经常超过它们的收益,而且地方居民必须承担这些工业附加成本中不成比例的份额,而少数私有者却获益。"① 由此也不难看出,在小城镇,增长机器带来的收益并不像莫罗奇所设想的那样,即大于成本。为此,就有必要重新寻找能够解释小城镇增长机器的新变量。

莫勒和克里斯滕松访谈了美国肯塔基州 403 座城市的 325 名市长,收集了自 1975 年以来统计年鉴的数据。由于信息的不完整,他们着重分析了其中 260 座城市的数据,这些城市占据了肯塔基州 65% 的国土面积。为此,莫勒和克里斯滕松还提出了五大参考变量:"(1)市长对增长的态度,(2)大都市或非大都市的地理位置,(3)人口的规模,(4)人口的变迁,(5)城市的平均收入。"② 在美国,1975 年人口超过 20 000 的城市都属于大都市区,而城市人口在 20 000 以下的都属于郊区。非大都市又细分为人口超过 1000 的大城镇和人口少于 1000 的小城镇。他们主要考察了 1970 年至 1975 年的人口变迁,以及 1975 年各个城市的人均收入情况。就人口变迁而言,主要细分为四个档次:(1)人口缩减超过 5% 的城市;(2)人口稳定在缩减 5% 和增长 4% 区间的城市;(3)人口增长 5% 到 19% 的城市;(4)人口增长超过 20% 的城市。根据人均收入的数量,又分为较低档、中间档以及较高档三个等级,即少于 3400 美元的较低档,3400 美元至 4299 美元之间的中间档,以及 4300 美元以上的较高档。

据此,莫勒和克里斯滕松得出了以下三大结论:"(1)与人口增长缓慢的城市相比,人口增长越快的城市的市长越会支持工业和商业的发展;(2)与大都市核心城市和非大都市城市的市长相比,大都市郊区的市长更多的是以非增长为导向;(3)人均收入越高的城市,市长越是以非增长为导向。"③ 也就是说,增长机器理论的适用范围是存在限度的,并不是所有的城市都会形成共同促进经济发展的增长机器。具体而言,还必须将增长机器理论放到特定的社会经济环境之中予以考量。

与研究美国小城镇的增长机器不同的是,劳埃德和纽兰兹经研究发现,尽管英美两国中央与地方的关系截然不同,前者强调中央集权,后者奉

---

① Richard Maurer and James Christenson, "Growth and Nongrowth Orientations of Urban, Suburban, and Rural Mayors: Reflections on the City as a Growth Machine," p.352.
② Ibid., p.353.
③ Ibid.

行地方自治,但莫罗奇的增长机器理论也非常适用于分析英国小城阿伯丁城的政商关系。

在进行比较研究之前,劳埃德和纽兰兹还说明了莫罗奇提炼出这一理论的政治经济环境,以及英美两国在这一环境上的差异。首先,在该理论模型中,这一点是不言自明的,即以土地为基础的地方经济利益通常是增长联盟的核心。与美国地方政府一般能够有效地控制土地市场的情况形成鲜明对比的是,英国地方政府并不能有效地规制地方的土地市场。

其次,莫罗奇可能过度强调了增长联盟内部地方商业力量与其他地域附属公司的利益差异。实际上,以一个超大规模的综合型跨地域企业为例,在各个地区之间,该企业下辖子公司的利益在很大程度上都是一致的。

再次,莫罗奇的政府理论并未得到多少发展,在这一模型中,地方政府仅仅是经济精英的俘虏,并为其利益服务,不具备自主性。但是,实际情况并非如此。地方政府需要处理包括工商业利益集团在内的各种利益集团的诉求。

最后,莫罗奇只是检验了20世纪70年代美国城市经济发展的特定情况。英美两国城市面临的政治经济环境迥然有别。就政治形态而言,英国是一个单一制国家,而美国是一个联邦制国家。例如,与美国的地方政府相比,英国地方政府的自主权就受到了很多因素的限制。总之,根据这一情境提炼的理论是否具有普适性则有待实践的进一步检验。

虽然存在上述差异,不过劳埃德和纽兰兹还是指出,"就目前而言,增长联盟的概念非常适用,它是解释英国地方经济行为以及地方政府和城市政策关系的有益概念"[①]。这一点尤其体现在报告《阿伯丁:超越2000》上,它由当代商人主导的委员会发布。劳埃德和纽兰兹发现,通过解读这份报告,可以发现阿伯丁政商增长联盟的踪迹。

这份报告的主要内容是探讨如何建立促进阿伯丁经济发展的增长联盟。对此,可以从委员会的成员构成中窥得一二,它包括:"跨国石油公司、地方商业领袖、金融机构以及苏格兰发展委员会。此外,还有来自格兰扁区议会以及阿伯丁区议会的政治代表。土地利益集团如阿伯丁建设协会,以及发展意识形态的宣传者即阿伯丁大学、格兰扁电视台和阿伯丁杂志也是这一委员会的成员。"[②]

[①] M. Gregory Lloyd and David A. Newlands, "The 'Growth Coalition' and Urban Economic Development," *Local Economy*, Vol. 3, No. 1, 1988, p.34.

[②] Ibid., p.35.

在此，就有必要说明阿伯丁县提出这一报告的背景了。在20世纪60年代，该县的主要产业是原油开采和炼油加工。至70年代，该县的经济发展越来越依靠石油业，以致超过40%的就业人口以及60%的私营企业都与炼油业紧密相关。因此，一旦炼油业面临危机、出现衰退，或者石油资源枯竭，阿伯丁县的经济就必然会陷入危机当中。为此，促使产业多样化和地方经济多样化就势在必行了。为此，以上成员便组成了一个旨在促进地方经济发展多样化的委员会，并起草了《阿伯丁：超越2000》。

由此可见，该报告的主旨就是促成工商界和政界人士的合作，从而促进阿伯丁的可持续发展。这些委员会的成员构成了增长机器的主体。此外，劳埃德和纽兰兹还发现，包括阿伯丁杂志在内的地方媒体也积极宣传增长的意识形态。不仅如此，该委员会还为此组建了执行报告的正式机构，并制定了详细的发展规划和项目实施细则。执行机构的成员主要是跨国石油公司以及以当地企业家为主体的经济精英。此外，这一行动也得到了地方政府的积极响应。更加重要的是，英国中央政府对此也鼎力支持。不过，劳埃德和纽兰兹发现，这一增长机器联盟也存在不少问题。例如，联盟并不是经由选举产生的，因此也就很难保障其对当地居民负责。此外，它很可能挑战传统的地方政策制定过程，并使得联盟仅仅是简单地从事再分配性的经济活动。

以上都是增长机器理论问世后相对较早的案例研究。在随后的考察中，研究者们发现，各方对增长的支持度，并不像此前莫罗奇和彼得森等人的研究成果所揭示的那样，即都会相对一致地支持增长。例如，伊丽莎白·格伯和贾斯汀·菲利普斯就发现，"选民对增长的态度取决于一系列的问题或者因素，例如利益集团的暗示、发展的地理位置、发展本身的特征以及公共物品的供给。因此，偏好并不是简单地反映社会经济因素、市场或利益集团的要求，它是这些因素的复杂结合"[①]。为了进一步说明增长机器的影响因子，他们以个人对自我利益重要性的认可程度、地理位置、利益集团的支持以及与发展有关的公民对公共服务的偏好等四个因素为变量，考察了美国加利福尼亚州圣地亚哥市的政商关系以及民众对增长的态度。例如，在1985年，"当地居民会为了保护他们个人的自我利益而投票反对所有或者是绝大多数新发展"[②]。基于这一复杂性，通过统计并分析加州的

[①] Elisabeth Gerber and Justin Phillips, "Development Ballot Measures, Interest Group Endorsements, and the Political Geography of Growth Preferences," *American Journal of Political Science*, Vol. 47, No. 4, 2003, p.627.

[②] Ibid.

公民投票、美国统计年鉴以及加州大学伯克利分校的加州数据库,他们得出了以下五点结论。

(1)"随着与倡导发展的地域距离的增加,对发展规划的支持也会增加。"①它主要是基于这一事实,即发展的成本一般仅仅由发展规划建设地的居民承担,而规划带来的收益却由社区全体居民承担。因此,离规划建设地越远的居民,越会支持发展。

(2)"来自环保和规划组织的热情呼吁会增加对发展措施的总体支持,而来自环保和规划组织的反对则会减少对发展规划的支持。"②该条结论是基于这一事实,即选民会依据竞选过程提供的信息衡量投票。既存在提供正面信息以支持发展的组织,也存在提供负面信息否定发展的组织。前者如社区规划委员会,后者如环保组织。所以,在发展问题上,它们的态度和提供的信息对选民的投票行为具有重要影响。

(3)"在迅速规划的领域,支持性规划委员会的赞成会进一步增加对发展措施的支持。在规划领域,反对性规划委员会的支持则会进一步减少对发展措施的支持。这一规划委员会的支持态度与距离紧密相关。"③根据这一假设,规划委员会的态度会对辖区的居民意向产生重要影响。

(4)"支持性的环境动议会增加对发展措施的热情,反之则会减少对它的热情。这些效果与发展的距离无关。"④这一点主要与民众的环保理念相关。一项规划如果有利于环保,就能够得到支持。反之,就会遭到反对。

(5)"地方公共物品的供应会增加对发展的支持,这一效果会随着距离的增加而减少。"⑤一个规划项目如果能够更好地为当地居民供应公共物品,就会得到当地民众的支持。

此外,还有学者研究发现,美国哥伦布市政府试图利用对饮用水和污水处理的垄断权,不断扩张本区域的行政边界,即它是通过行政区划整合的方式建构增长机器的。"自从1834年建市以来,1954年起推行整合政策的那段时期见证了哥伦布市有史以来最快速的增长。"⑥不过,从上述的分析当中,我们不难看出,随着各地经济发展水平的提升,各界人士对发展规

---

① Elisabeth Gerber and Justin Phillips,"Development Ballot Measures, Interest Group Endorsements, and the Political Geography of Growth Preferences," p.629.

② Ibid., p.630.

③ Ibid., p.631.

④ Ibid.

⑤ Ibid.

⑥ Andrew Jonas,"Urban Growth Coalitions and Urban Development Policy: Postwar Growth and the Politics of Annexation in Metropolitan Columbus," *Urban Geography*, Vol. 12, No. 3, 1991, p.204.

划的态度也发生了相应变化,他们对待增长的态度也迥然有别。这些差异也体现在不同国家增长联盟的构成上。

二、增长机器的国别差异及其反思

我们知道,一方面,美国实行的是联邦制,中央与地方的关系相对松散,地方自主权相对较大;另一方面,美国虽然实行两党制,但政党纪律比较松散,自党中央至基层选区,并没有严格统一的组织实体。英国、日本以及意大利等国的中央与地方关系以及政党制度都迥异于美国。英国与日本实行的都是单一制中央集权体制,政党自基层至中央有统一的组织设置和严格的纪律要求。在意大利,政党则是整合社会的黏合剂。这些因素的差异必然会反映到增长机器的组成与特征上。

在研究英国城市增长机器时,阿兰·哈丁发现,无论是使用公私伙伴关系(PPP)和地方企业主义还是地方治理等概念分析20世纪80年代中期以来英国地方的政治经济运作流程,其实质都与增长机器强调的建立在共同经济增长议程基础上的政商联盟关系是一致的。更加重要的是,增长联盟还是对此前"由地方公共部门主导的城市经济政策范式的逐步替代"[1]。也就是说,哈丁也发现,增长机器是分析英国地方政商关系的有益概念。

哈丁是在界定财产关系的基础上建构起自身的增长机器理论的。他指出,此前的学者直接将"财产关系"等同为"利益"。虽然建立在这一概念基础之上的分析可能非常具有价值。但是,此前的学者对财产关系概念的界定太过简单。究其原因就在于,"利益结构随着时间会急剧变迁,而且符合一部分人利益的政策提议可能有悖于其他人的利益"[2]。此外,推行有利于地方经济发展的政策可能对各级政府利益的实际影响有天壤之别。因此,他们对推行这一类型政策的态度截然不同。所以,就有必要详尽地分析财产关系的具体内涵。

土地、建筑物和基础设施是三种最主要的资产。此外,哈丁还具体区分了三种形式的财产关系,即所有权、处置权以及使用权。其中,所有权与处置权和利益联系得最为紧密。所有权意味着主体对包括建筑物、土地以及其他标的享有排他性的权利,可以任意处置该标的物,并享有由此产生的收益。处置权表明主体虽然不享有所有权,但是可以变更包括建筑物在

---

[1] Alan Harding, "The Rise of Urban Growth Coalitions, UK-style?" *Environment and Planning C: Government and Policy*, Vol. 9, No. 3, 1991, p.295.

[2] Alan Harding, "The Rise of Urban Growth Coalitions, UK-style?" p.296.

内的标的物的自然属性。使用权则仅仅意味着主体只能使用标的物,而不享有其他权益。此外,还存在两种间接的财产关系,即服务和管制。服务主要是指为财产交换或交易提供服务。管制则是指制定并实施与财产所有制、财产的处置以及服务有关的规则。以上几种财产关系都会受益于发展。不过,哈丁也指出,对财产关系的这几种分类只是在理论上予以说明而已,在现实世界中并非一一对应。

根据对财产关系的详尽分析,就可以判断增长联盟对财产关系的影响。"根据情境,联盟不可避免地会选择性地支持有利于一些团体而不利于另一些团体的特定的财产关系,甚至可能以后者的直接利益为代价。"① 也就是说,增长联盟推行的政策对不同财产主体的影响是截然不同的,增长也不会满足所有各方的利益。

在此,为了进一步分析它对不同主体的影响,就有必要划分不同类型的财产主体。哈丁主要区分了三类主体,即公共机构、私营机构以及介于两者之间的中性机构(例如公私合营机构、非营利性组织)。他指出,就不同层级的公共机构而言,决定它们是否支持增长联盟的影响因子主要有以下三种:(1)发展为其所能提供的额外收益额度;(2)发展为地方利益提供多少益处,从而增进居民对他的政治支持;(3)现行财政结构的承受能力。按照这一分类,就可以清楚地发现在城市复兴的过程中,哪些主体以及哪几类财产关系从中受益(见表5-2)。

表5-2 各类机构与不同性质的财产的关系

机构		与财产的关系			
		所有权	处置权	服务	管制
私营机构	金融机构	次要利益		主要利益	
	物业公司	边缘利益	次要利益	主要利益	
	开发商	边缘利益	次要利益	主要利益	
	房地产公司			主要利益	
	咨询公司			主要利益	
	建筑公司	边缘利益	次要利益	边缘利益	
	建筑供应商			边缘利益	
	房屋建设者	次要利益	主要利益		
	其他产业	边缘利益	边缘利益		

---

① Alan Harding,"The Rise of Urban Growth Coalitions, UK-style?" p.297.

续表

机构		与财产的关系			
		所有权	处置权	服务	管制
公共机构	中央政府	边缘利益	边缘利益	边缘利益	主要利益
	国有企业	边缘利益			
	准政府组织	边缘利益	依其性质而定	依其性质而定	依其性质而定
	地方政府	次要利益	边缘利益	边缘利益	主要利益
中性机构	专业组织		次要利益	主要利益	次要利益
	公—私组织		次要利益	次要利益	

资料来源：Alan Harding, "The Rise of Urban Growth Coalitions, UK-style?" *Environment and Planning C: Government and Policy*, Vol. 9, No. 3, 1991, p.298.

实际上，哈丁是在借鉴菲尔·库克的研究成果之上进一步分析英国地方经济发展策略的。库克认为，"有充分的证据表明，与商业主导或者保守党构建的地方联盟相比，地方增长政治或'经济助推器'与地方工党组织的联系更多"[1]。但是，哈丁并不认可库克的观点。

哈丁发现，虽然在20世纪70年代以及80年代早期，"大学特许权、城市区域的非商业利益的政治动员、经济精英的从属地位、公司企业官僚化以及资本的全球化都使得商人参与城市政治的程度在不断弱化，工党及其组织逐渐成为城市政治的主角"[2]。但这一时期，工党并没有足够的市政权威和资源支持增长联盟。此外，私营企业既没有相应的经济能力，也没有足够的组织资源去促进地方政府推行有利于经济增长的发展政策。对此，哈丁说道："私营利益集团既没有凝聚力，也没有组织能力，亦没有意愿成为复兴至关重要的推动者，在中央层面和地方层面都是如此。"[3]

直到20世纪80年代后期，保守党上台之后，英国地方才形成了类似美国城市的增长机器。究其原因就在于，20世纪70年代发生的世界经济危机促使中央政府不得不改变政府策略，将发展提上政治日程。保守党上台之后，在意识形态上大力鼓吹增长有益于各方。哈丁指出，在中央层面保守党基于以下三大考虑，积极推行有利于地方经济发展的财政政策和立法

---

[1] Phil Cooke, "Municipal Enterprise, Growth Coalitions and Social Justice," *Local Economy*, Vol. 3, No. 3, 1988, p.192.

[2] Alan Harding, "The Rise of Urban Growth Coalitions, UK-style?" p.300.

[3] Ibid., p.303.

活动：(1)削弱地方政府干预经济的职权,从而确保地方推行与中央意志一致的政策;(2)积极动员私营经济参与市政服务的生产;(3)为促进经济发展,大力强化中央政府对公共项目的影响力。

在这些举措的推动下,英国的增长机器肯定会与美国的增长机器不同:"在英国,与美国相比,食利者以及有组织的商业利益在城市政治中的作用较弱。"①这一时期,英国中央政府的权力得到了很大提升,与之相对,地方政府的权力就遭到了削弱。因此,它们在地方经济发展中扮演的就不是主角。最后,英国的增长机器主要由中央政府和私营企业主导,特别是公私伙伴关系。由此,我们也不难发现,当时的英国,"在保守主义主导下政策的迅速调整并不是由经济决定的,而是共识性的政治选举的结果。变革主要是由意识形态而不是由经济驱动的"②。对此,哈丁指出,在这种增长机器的推动下,增长也许只是简单的利益再分配。

与英国的增长机器相比,日本和意大利的增长机器具有自身的特色。为了完善自己的增长机器理论,莫罗奇与意大利学者塞雷娜·维卡里一起综合分析比较了美国、日本以及意大利三国的增长机器的特色。他们发现,"在美国,三大因素促进了地方增长机器的兴起:弱管理的传统、地方自治的传统以及公共预算和税收的分散化"③。正是在这种政治生态环境里,美国联邦政府并没有全国性的城市规划项目,地方政府则积极采取各种推动地方经济发展的措施。

同样,日本的政治经济环境也造就了具有自身特色的增长机器。与美国截然不同的是,日本的行政权高度集中在中央政府手上。例如,虽然地方政府有权征税,但税率却是由中央政府确定的。此外,二战后,日本虽然建立起了代议制民主体制,但自民党一党独大,长期控制各级政府。与美国经济活动的分散化不同的是,日本的商业同其行政权力一样,也是高度集中在一系列垄断公司即财阀手中的。每一个行业都由一个全国性的垄断企业主导。大财团纷纷支持自民党掌权,自民党则相应作出回报。因此,在地方经济发展过程中,由于政治效能感的低下以及对增长效果的认识存在分歧等原因,地方精英对中央推行的发展项目漠不关心。虽然有学者发现美国的增长机器模型仅仅部分适用于日本,但是推动发展的"核心

---

① Alan Harding,"The Rise of Urban Growth Coalitions, UK-style?" p.301.
② John Logan and Todd Swanstrom, eds., *Beyond the City Limits: Urban Policy and Economic Restructuring in Comparative Perspective*, Philadelphia: Temple University Press, 1990, p.87.
③ Harvey Molotch and Serena Vicari, "Three Ways to Build: The Development Process in the United States, Japan, and Italy," *Urban Affairs Review*, Vol. 24, 1988, pp.190-191.

主体却是政府性的全国性大企业"①。

莫罗奇还通过转述杰弗里·布罗德本特(Jeffrey Broadbent)对日本九州岛东北岸港口城市大分市的案例研究来说明日本城市增长机器的特点。20世纪60年代中后期,大分市由一个从事蘑菇生产的"半农村"急剧转变为一个钢铁和石油化工占主导的工业城市。

布罗德本特发现,在这一转变的过程中,大分市的地方精英并不像他们的美国同行一样在其中发挥着举足轻重的影响。1969年之后,包括中央政府和全国性的垄断集团为大分市规划了一幅发展成为新兴工业城市的蓝图。但是,当地的地方精英不是冷漠对待,就是坚决反对。详细说来,地方经济精英对待规划项目的态度大致经历了三个阶段。第一个阶段,地方经济精英对此毫无热情。"在中央政府的强势权力和巨型全国性公司主导的背景下,鉴于自己的力量太过弱小,地方商人感到与此无关。"②第二个阶段,地方经济精英有热情,但是参与有限。这一时期,他们主要参与一些商品零售、小物品批发和私人住房开发等小型项目。第三个阶段,地方经济精英对增长的共识破裂。由于钢铁和石油化工业是重污染行业,地方经济精英特别是小公司所有者与地方环保主义者一起坚决反对这一重污染行业在大分市的扩张。

综上不难看出,地方民众对发展的支持是相当有限的。与此同时,在这一急剧转型的过程中,日本的通产省也扮演了至关重要的角色。这一点与美国的增长机器形成了鲜明的对比。美国最大程度地保护企业自由,政府干预只会损害效率和民主。与之相对,日本则较少强调经济自由。通产省作为中央政府的关键部门,在推动包括大分市在内的所有地方发展的过程中,发挥了积极作用。在此意义上,约翰逊将日本列入"发展型国家"的队伍。

莫罗奇和维卡里指出,如果说日本还存在部分美国式增长机器的话,那么在意大利的米兰,连"米兰式"的增长机器都不存在。究其原因,莫罗奇和维卡里认为,主要有以下四个方面:(1)米兰居民的财产规模和使用方式受到严格的法律限制;(2)米兰丰富的历史文化遗产使得保护文物古迹而不是促进增长成了政府的主要任务;(3)中产阶级的力量弱小,而且深受天主教以及其他左翼思潮的影响,他们比较认可福利分配,对市场经济的

---

① Harvey Molotch and Serena Vicari, "Three Ways to Build: The Development Process in the United States, Japan, and Italy," p.194.

② Ibid., p.195.

认同度有待提升;(4)政府具有高度的自主性,而政府又掌握在具有稳定选民基础的左翼政党手中。

在意大利长期联合执政的基督教民主党和社会主义左翼政党通常会推行福利政策,从而更好地满足公民对公共服务的需求。塞雷娜·维卡里发现,1947年至1963年,基督教民主党执政期间,地方政治家们还曾将政府转变为一个促进经济发展的增长机器。但是,这一机器很快就衰落了,政党政治的本质很快就凸显出来了:"米兰项目的特定形式因此只是政党利益的外在体现,特别是基督教民主党和社会主义者的利益体现。他们共同构成了全国性的统治联盟,同时负责批准这些项目。"①总而言之,在这种政治生态环境里,"政党官员是私营企业经营的一部分,并对许多公司的工业投资决策有直接影响"②。

三、美国城市经济发展政策的历史考察

与上述几位学者进行横向的跨国比较研究不同的是,美国福特汉姆大学政治学系教授保罗·康特则通过分析美国1789年以降城市经济发展的历史差异,试图提出一套理论框架以揭示出增长机器存续的时间及其背后的理据。在他看来,作为一个自由民主政制,美国所有层级的政府都存在促进经济发展和提升商业投资的动机。究其原因就在于,经济绩效决定了财政收入和选举是否成功。"因此,在这一类型的政治经济学之中,公共官员受限于调和回应公民诉求(大众支持)与促进经济发展(市场控制)之间的张力。"③在美国这样的联邦体系之内,更是进一步加剧了这一张力。对此,已有的理论解释主要有两种:一个是彼得森的城市极限论,这一解释前文已有详尽的论述,在此不再赘言;另一个是阿尔伯特·赫希曼(Albert Hirschman)提出的"退出"选择,即公民可以"用脚投票"选择能够更好地提供满足自身需求的地方政府,由此,促使地方政府提高回应性。④ 在此基础上,康特提出了三大变量,用以解释1789年以降美国城市发展型政治的一些基本历史变革,即城市在市场秩序中的地位、大众控制的过程以及联邦的府际体系。

---

① Harvey Molotch and Serena Vicari, "Three Ways to Build: The Development Process in the United States, Japan, and Italy," p.202.

② Ibid., p.201.

③ Paul Kantor, "The Dependent City: The Changing Political Economy of Urban Economic Development in the United States," *Urban Affairs Review*, Vol. 22, No. 4, 1987, p.495.

④ Ibid.

第一个变量主要指的是城市的经济依赖。众所周知,城市的经济依赖会随着时间的变迁而发生显著的变化。康特指出,这一变化包括地方、区域以及国家层面形成的特定城市经济体系。一个城市的市场地位决定了它与另一个城市的竞争范围。第二个变量主要关涉民主政治的发展程度。对此,我们同样不难发现,随着时间的推移,作为一种约束政府权威的手段,民主制度的有效性在不同的历史时期也是迥然有别的。康特认为,就理论层面而言,民主是大众控制政府并使之抵制市场经济力量侵蚀的有力手段。虽然实际情况因时因地而异,但是一个主流的趋势却不容乐观。对此,查尔斯·林德布洛姆就指出政治权力逐渐成为经济权力的附庸,大众控制徒有其名。第三个变量即联邦的府际关系体系在美国也是变动不居的。究其原因就在于,市场环境和政治结构变迁的影响。总而言之,在康特看来,"城市经济体系、府际关系以及大众控制体系的互动已经影响了促进城市发展的现行地方策略,以及地方发展领域的权力关系,尤其是政治权威、大众和城市商人的权威"[1]。

以这三个变量为工具,康特发现1789年以来美国城市的经济发展先后经历了三种类型,即商业城市、工业城市以及后工业城市,这三类城市也分别地对应了三种截然不同的政治经济关系和经济发展政策。康特发现,1789年至1860年,美国的城市仍是商业性城市。这一时期,美国的经济由农业经济主导,并且没有形成统一的区域或全国性市场。城市的主要功能是区域的商贸中心,为农产品的销售提供一个集散空间。与经济不发达相对应的是,政治发展水平较低。虽然美国宪法规定美国是一个自由民主国家,但是迟至1850年,所有的白人成年男性公民才享有选举权。不过,当时大众对政府的控制程度却微乎其微。经济精英对城市享有广泛的控制权,选举以及政府结构只是强化他们统治的工具。众所周知,美国采用的是联邦制。在这种政治经济生态环境下,联邦虽然采取包括建立自由贸易区在内的各种措施促进经济融合和政治整合,但是,有限的资源却限制了联邦政府的宏观调控能力。"实际上,有限的联邦活动致使区域导向的经济秩序掌控在州政府和地方政府手中。"[2]结果,"商业经济的组织就决定性地形塑了城市经济发展政策的本质"[3]。总之,在商业经济主导时期,各个城

---

[1] Paul Kantor, "The Dependent City: The Changing Political Economy of Urban Economic Development in the United States," p.497.
[2] Ibid., p.498.
[3] Ibid., pp.497-498.

市的政府均推行发展型政策,据此试图建立区域的商贸中心并为此展开激烈的竞争。因此,在这一时期,形成了政商相互合作、相互依赖的关系。

康特经研究发现,1860 年至 1930 年美国经济发展仍处于工业化的时期,城市也升级为工业型城市。这一时期,制造业主导了各个城市的经济生活,城市主要的功能也转变为独立地组织工业化大生产。也是在这一时期,开始形成了从中心到边缘的城市等级体系。就政治发展而言,包括联邦政府在内的各级政府信奉的是古典自由主义。在这一意识形态的主导下,各级政府纷纷推行自由放任的经济政策。不过,随着选举权的普及,大众民主也随之兴起。但这一时期,"机器政治"主导了城市政府,作为城市老板的商人才是城市政府的真正掌权者。也就是说,极少数商人掌控了城市政府,并左右着重大的决策制定。这些城市老板利用种族政治,牢牢地掌握了城市的市政大权。他们与商人一道相互勾结,相互利用,鲸吞公共财产。如前所述,至 19 世纪末 20 世纪初,由于传统城市管理体制不能满足工商业势力的利益要求,商业驱动了进步时代的城市政府改革,进而相继建立起了强市长制、委员会制以及城市经理制等三种新型城市管理体制,并将市政大权集中在少数领导手中。

进入后工业社会之后,美国的城市经济发展政策又发生了相应的变化。这一时期,原有从中心到边缘的城市等级体系开始瓦解,生产以及人口也出现了分散化的趋势。就府际关系而言,在 20 世纪 30 年代,为了解决经济大萧条带来的各种政治经济社会问题,联邦政府的权力迅速扩张,强化了对经济和社会的干预,具体表现之一就是促使工业向城郊、乡村和不发达地区扩散。与之相类似,州政府也开始积极促进地方经济发展。不过,随着民主政治的发展、社会力量的壮大以及城市政府关注焦点的社会转向,大众控制的能量开始显现。但是,这一时期政府的核心议题仍是促进经济发展,"城市企业家化已经成为地方发展政策的核心主旨"①。究其原因就在于,地方政府的税收和竞选压力以及维系城市市场地位的强烈动机迫使政治精英与经济精英合作,共同促进城市经济的发展。为此,城市政府还想方设法降低大众的参与和控制,并创建了独立于选民压力的各种发展机构。然而,商业特殊的重要地位并不意味着商业完全主导了政策制定,地方政治领导人会尽其所能地确保公共政策制定的独立性。因为,"城市政府如果不具备一些相对于资本的独立性,就不能有效地促进他们的市

---

① Paul Kantor,"The Dependent City: The Changing Political Economy of Urban Economic Development in the United States," p.510.

场地位"①。

总之,通过梳理美国 1789 年以降的城市经济发展脉络,康特为我们揭示了增长机器的历史性。仅就美国城市政治经济的演变史而言,虽然各个时期的各级政府都重视发展,但在不同的历史时期,政商关系是迥然有别的。在商业主导时期(1789 年至 1860 年),形成了良好的政商同盟。工业化时期(1860 年至 1930 年),虽然各级政府奉行自由放任的经济政策,但商人控制了政府,而他们推行的政策并不都是有利于城市经济发展的。后工业化时期(1930 年至今),政府虽然采取种种举措促进地方经济发展,但是却力争保持一定的独立性。

由此,我们不难看出,世界上并不存在普适性的增长机器范式。为了说明各国地方经济发展的动力机制,就有必要将其纳入到具体的政治、经济以及社会的关系之中予以考量。资本的运作形式往往都是限定在特定的社会和地理环境之中。就此而言,通过反思跨国比较研究,我们至少可以得出三点启示:"(1)特定地方的经济重构是多样化的,政策回应也是多种多样的;(2)在形塑城市的过程中,国家政策比地方政策的影响更大;(3)地方政府或地方动机可能抵制经济重构的趋势以及国家政治的目标。"②

第三节 增长机器理论面临的挑战与回应

有些学者经研究发现,经过长期的发展之后,许多已经进入到后工业化社会的美国城市已经不再视发展为第一要务了。所以,许多城市的增长机器虽然没有崩溃,但是已经衰落了。有的学者则指出,伴随全球化浪潮而来的"去地方化"和跨国公司的发展,增长机器的解释力度越来越弱。对此,约翰·莫罗奇、保罗·彼得森以及凯利·考克斯等理论家都先后部分地完善了自己的理论体系。

详细说来,首先,增长机器并不会像它的支持者认为的那样,会创造工作,它只是会重新分配工作。因为人口通常会涌向经济发达的地区,这些

---

① Paul Kantor, "The Dependent City: The Changing Political Economy of Urban Economic Development in the United States," p.514.

② John Logan and Todd Swanstrom, eds., *Beyond the City Limits: Urban Policy and Economic Restructuring in Comparative Perspective*, pp.237-238.

外来人口挤占了当地居民的工作岗位。此外,经济发展带来的环境污染、交通堵塞以及生活成本上升等问题使得当地居民越来越追求土地的使用价值。"它预示了反增长联盟也是会发展的,因为仅仅有一小部分地方居民受益,而他们却要承担更多的成本,以及对他们生活质量的消极影响。"①因此,承担的成本超过收益的居民极有可能反对增长机器。

其次,经济权力的集中更是进一步促进了反增长联盟的实力的壮大。自20世纪80年代之后,地方的经济生产活动日益被纳入国际市场中,并被纳入少数几个巨型企业中,即出现了莫罗奇所言的去地方化现象。工厂、地方传媒以及金融机构统统成为巨型企业的分支机构。"这意味着供应商更多地来自外部,因此,工厂可能更少地受惠于地方企业。"②由此,地方生产也越来越成为整个产业链的某个特定组成部分。生产产生的收益也越来越去地方化了,其中绝大部分都被跨国公司拿走,而生产的绝大多数成本却由当地居民承担。这势必会导致当地居民增长共识的进一步下降。

特里·克拉克以及理查德·劳埃德等学者就指出,后工业社会的来临以及全球化的扩展,使得经济增长不再是地方居民关注的第一要务。地方越来越积极地融入全球化的市场中了。强调消费的娱乐机器逐步取代了增长机器,成为城市的主要机器,保障人权也成为这些社会的普遍共识。而且,在后工业社会,金融和旅游等服务业成为主导行业,信息等高新技术从业人员则成为新兴群体。这些因素导致了一系列的变化:"(1)消费者权力的增加;(2)公司组织中科层制官僚的数量有所减少;(3)影响经济运行的以阶级为基础的权力开始弱化;(4)与工作相比,居民更追求休闲;(5)艺术与审美要求的上升;(6)为了回应公民这些独特的品味需求,政府和公共官员必须承担新角色。它对政府供应公共服务提出了更高的要求。"③接踵而至的便是,居民对生活质量的要求越来越高,他们也开始追求舒适的生活方式。政府为了回应这些要求,改变了其政策导向,转而更关注社会服务职能。因此,"使用价值逐渐重要,在一些环境相当适宜的郊区,增长

---

① Penelope Canan and Michael Hennessy,"The Growth Machine, Tourism, and the Selling of Culture," *Sociological Perspectives*, Vol. 32, No. 2, 1988, p.239.

② Harvey Molotch and John Logan,"Tensions in the Growth Machine: Overcoming Resistance to Value-Free Development," *Social Problems*, Vol. 31, No. 5, 1984, p.484.

③ Terry Clark, Richard Lloyd, Kenneth Wong and Pushpam Jain," Amenities Drive Urban Growth," *Journal of Urban Affairs*, Vol. 24, No. 5, 2002, pp.497-498.

机器的动力很快被反增长的政制政治所取代"①。

这些尤其体现在进入到后工业社会的洛杉矶。对此,马克·珀塞尔经研究发现,在20世纪80年代中期之后的十五年里,"洛杉矶对增长的政治共识已经逐步减弱了"②。在20世纪60年代到80年代,洛杉矶的增长机器始终保持高效运转。但自此之后,它却不断地逐步走向衰落。究其原因,珀塞尔认为主要有五点。

(1)布拉德利政制的衰落。自1993年起,由于年事已高,布拉德利的健康状况不断恶化。由此,他被迫放弃洛杉矶市长的职务。而后上台的新市长却没有足够的权威,去动员充足的财政资源以弥补布拉德利主政时期由联邦政府提供的城市项目建设资助的资金漏洞。

(2)全球化。随着全球化的推进,资本的跨国流动越来越频繁。通过市场这一纽带,人力、资本、技术以及其他生产要素都可以源源不断地从外地予以配置。由于外来人口的涌入,当地居民不得不与之共享各项公共物品和市政服务。此外,外来人口也抢占了当地居民的工作机会,经济发展的成本却不由他们承担。由此,也强化了当地居民反对增长的意识。

(3)抵制增长运动。自1985年以来,洛杉矶居民还发起了"减缓增长运动"。这一运动的组织者在包括《洛杉矶时报》在内的地方媒体上大肆倡导环保主义理念,竭力反对增长。这一行动有效地侵蚀了当地居民的增长共识。

(4)地方以土地为基础的利益碎片化。增长带来的利益逐步分散化、碎片化,使得地方精英开始质疑增长带来的效应,当地居民也日益难以感受到增长的收益。

(5)城市政府的改变,导致其作为增长伙伴的能力弱化。自1985年之后,洛杉矶的城市管理体制又重新变革为城市委员会制。有关城市发展的大多数决策都是在委员会制下作出的,紧随而来的就是权力的分散化。分散的权力无法"集中力量办大事",许多委员会相互掣肘、相互推诿,难以高效地制定有利于经济发展的公共政策。

至此,我们也就不难看出,随着后工业社会的来临以及全球化的推进,增长机器已经面临着深刻的挑战。不过,莫罗奇、彼得森以及考克斯等人

---

① Nicholas Phelps,"The Growth Machine Stops? Urban Politics and the Making and Remaking of an Edge City," *Urban Affairs Review*, Vol. 48, No. 5, 2012, p.676.

② Mark Purcell,"The Decline of the Political Consensus for Urban Growth: Evidence from Los Angeles," *Journal of Urban Affairs*, Vol. 22, No. 1, 2000, p.85.

在完善各自理论的基础上,也部分地回应了这些挑战。例如,莫罗奇就指出,虽然出现了去地方化以及全球化的趋势,但是增长机器的解释力度仍然是很强劲的。莫罗奇发现,为了回应这些全球化带来的各项挑战,一些跨国公司的总部往往会鼓励他们子公司的职业经理人积极参与公司所在地的公共事务。为此,这些职业经理人会"帮助选举出更有发展意愿的政治家,以维持物质投资和人口的增长"[1]。他们还会成立自己的组织,游说地方政府,促使地方政府推出有利于扩大他们利益的各项公共政策。此外,他们还会支持当地的慈善事业和文化事业,以换取公众对他们的支持。

在随后的研究中,通过完善自己的理论体系,莫罗奇进一步回应了这些挑战。他指出,"通过增加人类动机和文化、物理环境、城市的多样性以及政治变迁等要素,建构起一个城市政治经济学的升级版,我们就可以回应关于增长机器的争论"[2]。在莫罗奇看来,以往地方政府会基于扩大税基和增加财政收入的考虑,支持增长机器,但现在,"预算建构仅仅是政府考量的事务之一,而不是主要的考虑。……其驱动力并不是收入的最大化,而是支持增长的欲求"[3]。最后,莫罗奇指出,基于这些理由,社会各阶层都会支持增长机器:地方媒体和文化机构会从文化上努力塑造居民的增长共识,地方政府为解决地方面临的治理难题会支持增长,各个领域的咨询专家会提出支持性建议,居民对利益的渴望总是战胜对环保的考虑。因此,他指出,从根本上说还是应该将命题的根基牢牢地建构在人类追逐自我利益的本能上。只要这一点可以成立,增长机器就不会衰败。

凯利·考克斯则回应了全球化对增长机器的挑战。他指出,即使是全球化也不能改变地方依赖。因此,即便是全球化浪潮的侵袭,也不能撼动增长机器的根基。"由于空间的不可替代性,不仅是公司,而且工人、失业者、退休者以及地方政府都会依赖于地方社会关系。"[4]虽然全球化使得生产要素可以在全球范围内自由流动,但这种流动性并不是绝对的。在新的空间里,企业的生产活动和劳动者的生活同样会镶嵌在新的社会关系网络里,一旦结构化、制度化,他们同样摆脱不了地方依赖。

---

[1] Harvey Molotch and John Logan, "Tensions in the Growth Machine: Overcoming Resistance to Value-Free Development," p.490.

[2] Harvey Molotch, "The Political Economy of Growth Machines," *Journal of Urban Affairs*, Vol. 15, No. 1 1993, p.31.

[3] Ibid., p.33.

[4] Kevin R. Cox, "The Local and the Global in the New Urban Politics: A Critical View," *Environment and Planning D: Society and Space*, Vol. 11, No. 4, 1993, p.439.

然而,斯通等人对增长机器提出的异议则不是他们可以简单地予以回应的。斯通指出,增长的结果肯定是多元的。有利,必然也有弊。如他们所言,"增长和再分配的实现,既产生赢家,也制造输家"①。而且,精英与大众的利益并不一定一致。参与各方也并不必然会就增长达成共识。究其本质而言,地方发展政策只是处于主导地位联盟的政治需要而已。从这点来看,"城市利益的概念单一性不仅忽视了城市冲突的整体特征,而且高估了商业利益的政治资源"②。虽然彼得森希望证明"发展型政策会得到精英和大众的支持"③,但是斯通的批评却不容忽视。利益多元意味着政策选择也是多元的。更加重要的是,它还意味着其背后的价值观是多元的。

不过,对于解释许多不发达国家地方政府的行为动机而言,增长机器理论仍是一个十分具有说服力的理论范式,这一理论尤其适用于有着强烈发展意愿的发展中国家。对于这些国家而言,发展仍是解决各项社会问题的基本前提。从中央到地方的各级政府,乃至各个社会阶层的成员,都对发展都有强烈的愿望。因此,在一个民主体制尚不健全,官员的晋升标准主要是根据他们政绩的政治生态环境之中,地方政府官员必定会优先考虑制定各种发展型政策,从而促进当地的经济增长。由此,他们也会与商业力量一道构成增长机器的主角。但是,这些发展中国家的政府官员在主观上也往往会忽视增长机器理论所揭示的另一面,即如何公平地分配增长的社会成本:经济增长的收益绝大部分由商业力量掌握,而当地居民却要承担沉重的社会成本。例如,自然资源的枯竭、生态环境的恶化和财富分配的两极分化,以及由此而来的日益紧张的官民关系。在民主程度尚有待提升的政治体制下,当地居民没有合法的渠道表达他们对这些议题的抗议,这势必会引发国家与社会之间的对抗,进而加剧应对这些社会问题的难度。

---

① Heywood Sanders and Clarence N. Stone,"Developmental Politics Reconsidered," *Urban Affairs Quarterly*, Vol. 22, No. 4, 1987, p.538.
② Ibid., p.550.
③ Paul Peterson,"Analyzing Developmental Politics: A Response to Sanders and Stone," *Urban Affairs Review*, Vol. 22, No. 4, 1987, p.541.

第六章 城市政制理论

20世纪八九十年代以来,在批判增长机器论以及新马克思主义城市政治理论的基础上,包括诺曼·费恩斯坦和苏珊·费恩斯坦夫妇、斯蒂芬·埃尔金、克拉伦斯·斯通和戴维·英布罗肖在内的理论家先后提出了自己的城市政制理论。不过,在城市政制论的内部,学者们采用的研究方法则因人而异,这主要体现为英布罗肖和斯通之间的学术论辩。这一理论模型一经问世,便有学者将其运用到比较地方政治和地方治理的研究中去。在分析的过程中,有学者发现了该理论的许多缺陷。其中,最重要的一点就是城市政制论最多只是一个概念模型,而不能升格为一套完整的理论体系。此外,通过对比欧美城市政治经济环境的差异,他们还发现这一概念仅仅是基于美国城市的政治经济背景提出来的,因而不能简单地运用于跨国的比较研究。为了回应这些批评,斯通完善了自己的城市政制论,并提出了治理联盟的概念。治理联盟主张的国家与社会之间的合作,尤其值得我们慎重地对待。不过,这一理论给予我们的最大启示还是斯通提出的新型权力观。

第一节 城市政制理论的兴起

关于城市政制的内涵,见仁见智。费恩斯坦夫妇、埃尔金以及斯通等理论家提出的国家与市场之间的二元分工模型是城市政制论的立论前提。费恩斯坦夫妇是城市政制论的理论先驱,随后埃尔金也提出了自己的城市政制理论。他们的努力促成了城市政制论的兴起。

一、城市政制的内涵

在费恩斯坦夫妇和埃尔金等早期理论家看来,城市政制主要是指城市的政治、经济和社会之间的动态关系,以及在此基础上由城市政府制定的占主导类型的公共政策。例如,埃尔金就以国家和市场之间的劳动分工为逻辑起点,来界定城市政制的内涵。他认为,在这种分工体系之下,城市政治存在三种连续性的特征,即土地利益集团与城市政治家形成的土地使用联盟的组织形式特征、选举的组织形式特征以及官僚机构在引导土地使用联盟事务上的作用。这三大特征也是决定城市政制类型的三大变量,这些变量的差异与组合造就了不同的政制。"于是,城市政制就可以被定义为这样一种政治模式,它包括每一个连续性维度的特定变量,以及它们之间的联系。"①

如果说以上三位学者的理论特色是"政治经济学的研究路径和政治学多元主义研究路径的混合"②,那么,斯通就发展出了一套以治理城市为导向的理论。在考察1946年至1988年亚特兰大的政治、经济以及社会关系的演变时,斯通正式提出了自己的城市政制理论。基于对亚特兰大市的实证研究,斯通指出城市政制是一种非正式的公私合作关系,以及在此基础上形成的治理联盟。如其所言,城市政制特指"这样一种非正式安排,它围绕并补充着政府性权威的正式机构。……因为就法律和传统而言,地方政府性权威比州和中央层面会受到更多的限制,所以,在城市政治中,非正式的安排显得尤其重要"③。

可见,以上几位理论家对城市政制内涵的界定都是根据美国城市的政治经济境况。后期,学者们以这一理论模型为工具进行跨国的比较研究时,发现埃尔金和斯通对城市政制内涵的界定并不能很好地概括行为主体为满足经济发展和解决社会问题的需要所进行的多元合作。为此,他们扩展了城市政制的内涵。如保罗·康特就将城市政制定义为"不同类型自由民主政制下政治经济关系中的协商机制"④。

纵观学者们对这一概念的界定,最完备的当属阿兰·迪戈塔诺以及约翰·克利曼斯基的定义。首先,迪戈塔诺指出有必要区分城市政制和治理联盟这两个概念的差异。在他看来,尽管许多学者将这两个概念交叉使用,例如斯通,但是,"治理联盟是控制地方国家机构政治利益的联盟。……另一方面,政制构成了治理的模型。……城市政制是一种治理模式,指的

---

① Stephen Elkin, "Twentieth Century Urban Regimes," *Journal of Urban Affairs*, Vol. 7, No. 2, 1985, p.14.

② Keith Dowding, "Explaining Urban Regimes," *International Journal of Urban and Regional Research*, Vol. 25, No. 1, 2001, p.7.

③ Clarence N. Stone, *Regime Politics: Governing Atlanta, 1946-1988*, p.3.

④ Paul Kantor, Hank V. Savitch and Serena V. Haddock, "The Political Economy of Urban Regimes: A Comparative Perspective," *Urban Affairs Review*, Vol. 32, No. 3, 1997, p.349.

是城市治理联盟"①。随后,迪戈塔诺与克利曼斯基又进一步发展了城市政制的内涵。他们认为城市政制是这样一种治理模式:既包括为了政策制定和执行的正式安排,也包括非正式安排,它既包含公共—私人领域,也涵盖了公共领域,以及不同国家不同时期的差异性平衡。② 由此,我们不难看出,城市政制在广义上既包括公私之间的合作,也包括不同公共部门之间的合作。就此而言,斯通才说:"在一个非常重要的意义层面,政制就是赋权"③。为了涵盖国别和历史差异,我们也应在广义上界定城市政制的内涵。城市政制是指在充分利用各自资源优势的基础上,形成的公共部门之间以及公私主体之间的合作关系,其目标是解决包括促进经济发展和化解各种社会问题在内的各项议题。

二、城市政制论的理论基础

如上所言,在批判增长机器论和新马克思主义城市政治学的基础上,斯通等理论家才发展起了自己的理论模型。由于前文已简述了斯通对增长机器论的批判,在此无须赘言,故将重点转向简述新马克思主义城市政治学的核心要点。对它们的批判性分析,也构成了城市政制论的理论基础。20 世纪七八十年代是新马克思主义城市政治学的全面发展时期,主要有三位代表人物,即亨利·列斐伏尔、戴维·哈维和曼纽尔·卡斯泰尔斯。他们认为城市既是资本主义生产关系的衍生物,也是资本主义发展和资本集中与扩张的物质体现。在他们看来,城市作为一种空间,一方面,其"结构的生产和组织是资本主义政治经济的核心功能"④;另一方面,"资本主义生产力的发展和社会关系的再生产是通过空间的物质和文化生产而实现的"⑤。总之,作为地方国家的城市,就必须服务于资本的利益,提供包括"集体消费"在内的各项措施促进资本的积累。

为了回应新马克思主义者的城市政治理论,斯通等学者借鉴了林德布洛姆的分析方法。如前所述,林德布洛姆在反思多元主义民主理论时发现,作为"工具性权力"的政府组织会服务于作为"结构性权力"的商业集团的利益。究其原因就在于,社会的经济发展水平决定了政府的税收总量,

---

① Alan Digaetano and John S. Klemanski,"Urban Regimes in Comparative Perspective: The Politics of Urban Development in Britain," *Urban Affairs Review*, Vol. 29, No. 1, 1993, p.58.
② 同上。
③ Clarence N. Stone, *Regime Politics: Governing Atlanta, 1946-1988*, p.4.
④ 高鉴国:《新马克思主义城市理论》,第 103 页。
⑤ 同上书,第 101 页。

乃至社会整体的福利水平。根据这两种权力的分类，费恩斯特夫妇、埃尔金和斯通等人提出了市场和国家的二元划分。

在费恩斯特夫妇看来，城市政治经济的两大特征决定了城市政制的类型："首先，鉴于财政支付能力，地方政府须有组织地依赖财产税；其次，资本主义经济的一个基本特征是生产的私人控制。"①就前者而言，政府为维持自己的财政收入，会想方设法招商引资，促进城市的经济发展。就后者而言，私人投资以及由此带来的就业机会在很大程度上决定了一个地方所能供养的人口规模。从这两个结构性特征出发，我们就不难得出结论：在美国的地方政治生活中，经济力量占据着主导性地位。

与之相类似，埃尔金也指出，"美国政治经济的突出特征是市场和国家之间的劳动分工"②。一方面，私人掌控了大量的生产资料，左右着重大的社会决策。例如，社会化大生产的组织形式、工厂选址以及生产技术的改进。就此而言，市场经济的发展深刻地影响着社会的繁荣。另一方面，作为自由民主国家，美国的政府权威又受制于大众以及包括选举在内的一系列其他机制。埃尔金还指出，官员和公民之间的选举纽带是美国政治经济关系的另外一个突出特征。具体而言，美国的政商关系又统摄了以下十四条具体的结构性特征：(1)国家和市场之间的劳动分工；(2)国家官员与公民通过选举的纽带发生联系；(3)官员的关注焦点导向经济绩效，存在包括国家收入依赖于经济绩效等原因；(4)由交换关系构成的经济活动并不能单独地维系商业绩效的状况；(5)官员会持久而深切地关注经济绩效；(6)为了追求经济绩效，官员会严重依赖商人对如何才能最好地实现经济绩效的意见；(7)但是，商人并不总是对此持有主见，而且他们的意见存在分歧；(8)对于如何最佳地运作，国家官员有他们自己的主见；(9)在商人和官员之间以及这些集团之间，冲突和联盟都是地方性的；(10)国家官员对如何促进经济绩效的观点随条件而变；(11)与资本相比，虽然劳工和官员在公共政策的制定过程中是重要的主体，但劳工与国家官员的互惠关系并不是坚不可摧的；(12)公众对经济绩效及其安排可能会失望；(13)存在公民的不满，有时比例会很高；(14)不足为奇的是，在经济绩效方面，政商关系的主要表现很明显是存在风险的。③

---

① Mickey Lauria, ed., *Reconstructing Urban Regime Theory: Regulating Urban Politics in a Global Economy*, London: Sage Publications, 1997, p.2.
② Stephen Elkin, "Twentieth Century Urban Regimes," p.11.
③ 限于篇幅，笔者仅仅列举了这十四条特征，各条特征的具体内容请参见 Stephen Elkin, "Business-State Relations in the Commercial Republic", *The Journal of Political Philosophy*, Vol. 2, No. 2, 1994, pp.116-118。

由此,埃尔金也回应了卡斯泰尔斯等人的观点,即国家不能简单地被视为就是由资产阶级统治的,城市也不能被简化为资本聚集的物质形态以及资本主义生产关系的组织载体。在城市层面,市场和政府掌握了不同领域的资源。为有效应对各自面临的问题,政府与市场就需要结成一种相互依赖的合作关系。但是,这种关系又是不稳定的。

对此,斯通也指出,城市政制的形成受到了美国政治经济方面的两个基础性制度条件的限制:"(1)大众对正式政府机器的控制,(2)商业企业的私人所有制。"①"在私人所有制主导的经济领域,政府行动受到了促进投资活动需要的限制。这一政治经济学的洞见是城市政制理论的基础。"②更进一步说,"地方政府的效率在很大程度上依赖于非政府行动者的合作,以及国家能力与非政府性资源的结合"③。

综上所述,正是这种政治与经济、政府与市场的二元分工导致了政府没有足够的资源去应对各种政治经济社会问题,而市场如果没有政府的保驾护航也不能有效运转。基于此,各类公私行为主体才有必要结成形式各异的同盟关系,进而形成非正式的城市政制,合力化解共同面对的各种发展难题。

三、城市政制理论的兴起

在城市政制论刚刚兴起的时期,主要代表人物有费恩斯特夫妇和埃尔金等。费恩斯特夫妇提出了指导型政制、特许型政制以及保护型政制。与之相对,埃尔金则区分了多元主义政制、私利至上主义政制以及联邦主义政制。指导型政制与联邦主义政制较类似,政府都在其中起主导作用。保护型政制与私利至上主义政制相差无几,在这两类政制之下,政府主要服务于资本的利益。不过,埃尔金还提出了理想的城市政制,即商业共和政制。

(一)费恩斯坦夫妇:城市政制理论的发展先驱

具体而言,通过分析美国城市20世纪50年代至80年代中期的政治经济环境,费恩斯坦夫妇指出美国城市先后出现了指导型政制、特许型政制以及保护型政制。④ 自1950年至1964年,主导美国城市的政制是指导型

---

① Clarence N. Stone, *Regime Politics Governing Atlanta*, *1946-1988*, p.6.
② Ibid., p.7.
③ Clarence N. Stone, "Urban Regimes and the Capacity to Govern: A Political Economy Approach," *Journal of Urban Affairs*, Vol. 15, No. 1, 1993, p.6.
④ Keith Dowding, "Explaining Urban Regimes," pp.7-8.

政制。这一时期,城市政治精英控制了主要的规划议案和增长议题。虽然他们与开发商紧密合作,但仍是合作的主导者。在政治、经济以及社会三派力量的角逐中,政治力量占据着主导地位。

但是,随着形势的变化,各派的力量又是此消彼长的。进入20世纪60年代之后,包括黑人民权运动、学生运动以及女权运动在内的各项新社会运动在美国风起云涌。这些运动提出的自由、平等以及人权等道德诉求形成了一股强大的政治压力,考验着当时主政的民主党政府。为此,联邦政府不得不采取种种措施,改善黑人以及其他少数族裔的境况。这些措施在城市就促成了特许型政制,它流行于20世纪60年代中期至70年代中期。当时,虽然经济发展的议题仍占主导地位,但城市政府也实行了一系列社会福利措施,以保障公民的社会权利。

进入20世纪70年代之后,美国经济陷入危机,出现了滞胀现象。为此,联邦政府采取了包括降低税率、缩减开支在内的政策,以促进经济增长。接踵而至的便是减少对城市政府的联邦援助。与此同时,城市政府也越来越难以承担社会福利带来的财政压力。此外,资本的力量也开始反击社会运动提出的福利诉求。在这种情况下,社会力量受到打压,经济力量与政治力量开始合作。于是,至20年代80年代中期,在美国城市中出现了保护型政制,以维护资本的利益,从而促进经济的发展。由此,城市政府也变成了增长机器。

(二) 埃尔金的政制理论:从政治经济学到政治理论

埃尔金指出,二战后至20世纪80年代美国城市相继出现了多元主义政制、私利至上主义政制以及联邦主义政制。20世纪50年代至60年代早期,多元主义政制率先出现在美国东北部和中西部的大都市之中。20世纪60年代中期至70年代晚期,这一地域又出现了联邦主义政制。二战后至20世纪80年代,主导美国东南部城市的城市政制是私利至上主义政制。

土地利用联盟是多元主义政制最重要的主体。这一联盟的成员主要有当选的官员、土地利用方面的专业人士以及政党领导。当选的官员具有广泛的民意基础,因此,相对于商业利益集团,他们具备较高的自主性。联盟成员的关注焦点是重整市中心的土地规划,提升城市的交通网络,降低税率,以达到增强城市对资本投资吸引力的目标。不过,重整土地规划并实现城市的复兴需要以重大项目为依托。政府虽有民意基础,却没有充沛的资金以实施项目。对此,埃尔金指出,"费城的案例表明,确保联盟合作者保持团结的最重要因素就是私人资金,它通常源自地方商人"①。可见,在这种政制之下,虽然政府官员主导着城市发展的规划项目,但城市商人的资金支持也是必不可少的。实际上,在这一政制下,政商合作的关系非常松散。究其原委,每位商人仅参与与其利益攸关的项目。

工商业企业主是私利至上主义政制的主要成员,这一政制也主要服务于他们的利益。"城市是私人积累的引擎,城市政府是侍女。"②城市政府的主要任务就是扫清经济发展的一切障碍,为资本投资和工业扩张提供一切力所能及的服务。就经济发展而言,这一政制的确促进了城市的繁荣。埃尔金指出,城市的政党组织只是商人的政治代理,就此而言,政府官员的自主性也相对较弱。与多元主义政制下松散的政商合作关系有天壤之别的是,在这一政制之下,土地利用集团与地方政治家之间的关系可谓亲密无间。

联邦主义政制在20世纪60年代中期至70年代晚期出现,它的兴起有着深刻的社会经济根源。当时,各种新社会运动在美国城市中风起云涌,这些运动要求城市政府将工作重点转向改善社会底层的生活状况。这就扰乱了土地使用联盟与公共官僚的合作关系,破坏了他们促进城市发展的努力。针对社会底层的诉求,经济精英纷纷选择用脚投票退出城市。埃尔金指出,"在许多城市,当服务递送、城市就业以及社区主张的政治居于主导地位的时候,错综复杂的合作模式就濒临衰败"③。多元主义政制在这一时期衰落了。于是,一方面,为了应对社会底层的诉求以及由此带来的财政压力,城市政府不得不向州政府和联邦政府求援;另一方面,联邦政府也强化了对城市政府在社会保障方面的转移支付力度。联邦资助直接用于重建土地利益集团与地方政治家之间的联盟。由此,也就逐渐形成了联邦主义政制。由于联邦政府的资助,城市政府的自主性也受到了相应削弱,而且土地使用联盟与官僚机构的合作关系也变得更加脆弱,以致难以为继。

通过对这三类政制演变的分析就会发现,并不是所有利益集团的诉求都会得到有效的回应。例如,在美国城市的政治经济环境里,工商业利益集团占据着得天独厚的优势地位。在埃尔金看来,需要建构一套理论去说明为什么并不是所有的这些状况都是可以接受的。由此,仅就研究方法而

---

① Stephen Elkin,"Twentieth Century Urban Regimes," p.17.
② Ibid., p.18.
③ Ibid., p.23.

言,就需要超越政治经济学的分析视角并使之升格为政治理论。基于此,埃尔金试图从应然的角度出发,建构起一套理想的城市政制。他将这一政制命名为商业共和政制。

商业共和政制对政治制度和公民都提出了相应的要求。从政治制度来看,它最大的特征就是协商。"对于一个商业共和政制而言,组织的协商模式是至关重要的。"①具体而言,埃尔金主要是从美国国父詹姆斯·麦迪逊那里借鉴智识资源。埃尔金为商业共和政制的制度提出了六项建议:"(1)对于这一政制而言,法律制定的恰当形式必须部分基于协商;(2)一旦制定法律,公民必须具备'公共关怀';(3)在以协商为基础的地方政治制度中,这一原则意味着公共关怀可能源自参与,并通过参与得以强化;(4)为了确保以协商为基础的制度运行,公民之间实质性的相互尊重必不可少;(5)就公民之间的相互尊重而言,公民之间一些不确定的但又是非实质性的物质平等也是不可或缺的;(6)在一个主要关心谋取私人利益的地方政治环境中,以协商为基础的地方政治制度是不能运转的。"②从这六条来看,我们不难发现,协商和公共关怀是建构商业共和政制的基石。

商业共和政制对公民提出了许多具体要求。如埃尔金所言,解决了商业共和政制的政治制度问题之后,"紧随而至的问题便是,当代美国公民是否具备维系一个共和政制所必需的公共关怀"③。在他看来,为了培育公民的公共关怀,地方政府就必须创造条件,促使其参与协商。埃尔金相信19世纪英国思想家约翰·密尔和同时代的法国思想家托克维尔提出的公共参与可以激发公民的公共关怀,而不仅仅是只关心一己私利的论断。然而,为了确保足够规模的公民能够参与地方政治生活,并培育他们审慎的协商精神,作为商业共和国的地方政府就必须提供持久而强烈的动机。鉴于商业社会的现实境况,与其将这一动机建立在抽象公共利益的基础之上,不如将其建立在强烈私人利益的基础之上。正如他所言,"大多数公民貌似不会为了公共利益接受一些事务,除非与他们的私人利益紧密相关"④。埃尔金还指出,尊重他人也是强烈的动机之一。那些高度尊重他人的公民会感同身受地反思他人的利益及其背后的理据,进而激发出他们对公共利益的关怀。由此不难看出,协商的地方政治制度与培育具有公共关

---

① Stephen Elkin, "Business-State Relations in the Commercial Republic," p.128.
② Ibid., p.135.
③ Stephen Elkin, "After Madison: Public-Spiritedness and Local Political Life," *Perspective on Political Science*, Vol., 33, No. 2, 2004, p.79.
④ Stephen Elkin, "After Madison: Public-Spiritedness and Local Political Life," p.81.

怀的公民是密不可分的,这两者共同构成了商业共和政制的制度基础。

提出商业共和政制这一模型之后,埃尔金又把它升华为一套宪政理论。正如他所言,"宪政理论就是说明如何创建和维系良好的政制以及如何使糟糕的政制变革为良好的政制"①。此外,宪政理论还为良好的政制提供具体的制度设计。对此,埃尔金把焦点放在了立法形式上。他认为,必须以协商的方式公开地制定法律,具体要求大致与他提出的商业共和政制的六项制度建议相同。也就是说,商业共和政制还是一种宪政理论。由此可见,埃尔金不仅分析了二战后至20世纪80年代美国城市相继出现的三种城市政制,而且探究了理想的城市政制。更加重要的是,它还是一套宪政理论。

综上不难看出,在城市政制论兴起的初期,包括费恩斯坦夫妇和埃尔金在内的城市政治学家主要是通过考察美国城市的政治、经济和社会等三派力量的对比情况以及在此基础上形成的占主导类型的公共政策来划分城市政制。与城市增长机器论仅仅从政治与经济的双向互动关系出发考察城市的权力结构相比,早期的城市政制理论家引入了"社会"这一新维度。就方法论而言,确实取得了很大突破。但是,他们仍然是仅仅从现实主义的角度出发,考察城市中的权力机构。就此而论,他们只是从"政治科学"的角度分析政治现实,这也就限定了他们的理论抱负。与之形成鲜明对比的是,以斯通为代表的后期城市政制论理论家则从提高城市治理能力的高度出发,探讨城市政制。在此基础上,斯通还推演出了全新的权力关系。

第二节　城市政制理论的发展:斯通与英布罗肖的论辩

如上所言,与早期城市政制论的理论家相比,斯通的城市政制理论的特色是它的定位为一套以提高城市治理能力、解决社会问题为导向的理论。可以说,斯通是城市政制理论承先启后的集大成者。在考察1946年至1988年亚特兰大政商关系演变的基础上,斯通正式提出了自己的城市政制模型。

英布罗肖对斯通的分析方法提出了质疑,他试图提出一种替代性的经

---

① Stephen Elkin, "Constituting the American Republic," *Journal of Social Philosophy*, Vol. 41, No. 2, 2010, p.223.

济研究方法。具体而言,他提出了建构城市政制模型的六大变量,并且在此基础上先后总结出了四种类型的城市政制。由此,在英布罗肖和斯通之间,也引发了一场旷日持久的学术论辩。斯通认为,英布罗肖的研究方法对政治经济环境进行了非政治的处理。英布罗肖则对此予以否认,并指出他与斯通以及埃尔金等城市政治学家之间的一个基本共识是,为限制经济权力,就必须进一步扩大地方政治民主。客观地讲,这一论辩也促进了城市政制理论的发展。

整体而言,"不像同时代其他学者在城市政治学领域不断地进进出出,斯通把他的一生都投入到了探究城市政治学"[1]。斯通于1935年出生于南卡罗来纳州,并在南卡罗来纳州州立大学取得硕士学位。1963年,斯通在杜克大学政治学系获得了博士学位。其博士论文研究的主题和方向是20世纪初叶以来在进步主义改革浪潮的席卷下,城市改革者如何推行城市经理制。1966年至1967年,斯通考察了联邦立法机构对城市复兴项目的立法和规制议程。此外,他还是美国政治学学会下辖的城市政治学学会的创建者,并于1988年至1989年任该学会的主席。他先后执教于埃默里大学、马里兰大学以及乔治·华盛顿大学等美国一流高校。主要著作有《经济增长与邻里不满:亚特兰大城市复兴项目的制度倾向》(1976)、《官僚时代的城市政策与政治》(1986)、《城市发展的政治》(1987)、《政制政治:治理亚特兰大,1946-1988》(1989)、《变革中的城市教育》(1998)、《构建公民能力:改革城市学校的政治》(2001)。

一、斯通早期的城市政制理论:亚特兰大城市政制的变迁

通过考察1946年至1988年亚特兰大市的种族政治以及在此基础上形成的政商关系,斯通建构起了自己的城市政制理论。亚特兰大是一座黑人人口占多数的城市,黑人政治精英凭借这一优势往往能够掌控诸如市长选举之类的市政大权。他们和白人经济精英对待彼此的态度又左右了亚特兰大自二战后以来的政商关系变化,以及在此基础上形成的城市政制治理能力的变迁。

在二战之前的几十年里,白人的地方政党机器几乎垄断了亚特兰大的城市政府。与同时期美国其他城市政府一样,亚特兰大市政府腐败盛行。面对经济社会的急剧变迁,传统的城市管理体制显得无能为力。严重的种

---

[1] Marion Orr and Valerie Johnson, eds., *Power in the City: Clarence Stone and the Politics of Inequality*, p.10.

族冲突进一步加剧了亚特兰大面临的本已十分严峻的各项问题。1906年，亚特兰大的新闻媒体不断鼓吹反黑人的种族主义言论，使得该市变成了种族暴力骚乱的中心。虽然亚特兰大于1919年成立了旨在促进种族互信的种族合作委员会，但是种族骚乱仍在继续。此后，"亚特兰大还沦为三K党的总部。在20世纪20年代，三K党享有广泛的支持，在城市选举中具有举足轻重的影响力"①。即便是在两次世界大战期间，"白人使黑人处于从属地位的努力一直没有减弱"②。二战结束初期，与三K党类似的组织——哥伦比亚党甚至试图使用恐怖手段阻止黑人扩张到白人社区。

不过，随着选举门槛的降低以及黑人人口的迅速扩张，黑人选民的数量也随之急剧增加，并威胁到了白人独掌市政大权的传统格局。例如，在1946年，黑人选民数就由之前的3000位，占总选民数的4%，增加到21 000位，占总数的27%。③ 对这一问题的探讨成为斯通的研究焦点："黑人投票对城市政治不断上升的影响力以及对这一影响力的逐步回应，特别是亚特兰大市中心商业精英的回应。"④由此，对于他们而言，剩下的问题就是黑人中产阶级如何有效地动员黑人选民，从而更好地实现自身的利益诉求。为此，他们还成立了"亚特兰大黑人选民联盟"。此外，这一时期，亚特兰大市的经济状况不断恶化。州际高速公路的飞速发展严重威胁到了亚特兰大作为铁路枢纽的地位。中心城区的基础设施建设因财政紧缩也是年久失修，包括交通拥堵在内的市政服务滞后现象愈发严重。这些错综复杂的难题纠结在一起严重地威胁了亚特兰大的城市地位和传统优势。

在这一情势下，亚特兰大的政治精英、经济精英以及黑人中产阶级并未延续此前相互敌对的态度，反而积极寻求合作，朝着一个共同的目标一起努力，相互支持，从而使亚特兰大在经济发展方面取得了重要的成就。具体而言，自二战结束至20世纪80年代末期，亚特兰大的政商关系和种族关系大致经历了以下历程。

二战结束至20世纪50年代，亚特兰大的经济社会发展出现了三大趋势：经济发展朝向后工业的服务型经济发展，"机器政治"出现衰落，黑人中产阶级可以聚集一定的资源。在这一背景之下，为实现亚特兰大的城市复兴，各个社会阶层就诸多社会议题展开了协商，"这些协商涉及市政厅、学校机构、警察部门、黑人商业利益集团、黑人社会组织的雇员、黑人政治领

---

① Clarence N. Stone, *Regime Politics Governing Atlanta*, *1946-1988*, p.11.
② Ibid., p.18.
③ Ibid., p.28.
④ Ibid., p.13.

导、白人金融利益集团、新闻媒体以及私人运输公司"①。在城市复兴规划、商业中心的建设以及黑人公共廉租房的供应等议题上,各方都进行了广泛的协商和一定的妥协。

这一时期主政的威廉·哈茨菲尔德市长积极促成了政治精英、经济精英与黑人社区领导之间的合作。为促进种族和解,哈茨菲尔德取消了机场、公交车以及学校等公共空间内黑人与白人之间的区域隔离。为复兴亚特兰大,哈茨菲尔德还积极推动由经济精英倡议的建设城市高速公路的项目。为换取掌握大多数选票的黑人的支持,哈茨菲尔德和经济精英也不得不在一些议题上妥协。例如,针对住宅区日益衰败的现状,黑人强烈要求改善居住条件。为此,亚特兰大城市联盟成立了一个由黑人任领导的住房临时协调委员会。该委员会积极为黑人改善住房条件而奔走。建设高速公路并回应黑人社区改善住房的诉求,共同构成了亚特兰大土地规划与使用的第一个阶段。

"在第二个阶段,亚特兰大市的城市复兴项目占据了中心地位。"②经济精英在这一项目中扮演了核心的角色。城市复兴项目也面临着两大挑战:其一,经济精英的权力碎片化,组成化程度不高;其二,黑人的潜在反对以及联邦法律和州法律对城市建设的限制。针对第一个挑战,经济精英成立了一个城市复兴联盟,以统一力量。针对第二大挑战,经济精英通过改善黑人的住房条件以换取黑人社区的支持。此外,他们还与佐治亚市政联盟紧密合作,促成州立法机关修订州宪法并确保新的法案得以通过。总而言之,这一时期,"由城市经济精英主导的亚特兰大的治理联盟,使得一切都能够运转自如"③。

在20世纪60年代,白人伊万·艾伦在黑人选民的支持下,两次当选亚特兰大的市长。虽然艾伦尽其所能与白人经济精英建立联盟关系,但是由于白人的极度不信任等原因,效果并不尽如人意。"在伊万·艾伦任两届市长期间,治理联盟中充满了纠纷。"④一方面,以往习惯了在公共事务上发号施令的白人经济精英对艾伦提出的再分配议题拒不合作;另一方面,黑人中产阶级追求的政策目标与艾伦的意向也是格格不入。

这一时期,在马丁·路德·金的领导下,黑人民权运动和学生运动在

---

① Clarence N. Stone, *Regime Politics Governing Atlanta*, 1946-1988, p.36.
② Ibid., p.38.
③ Ibid., p.40.
④ Ibid., p.75.

美国各大城市风起云涌,亚特兰大恰恰处于这一运动的漩涡之中。处于贫困之中的黑人,对富有的白人充满了敌视和不满。为此,他们提出了"亚特兰大规划",以杜绝种族隔离,改善经济状况,提升社会地位。结果,种族矛盾愈演愈烈。

艾伦在1962年的市长就职典礼上,号召经济精英更积极地参与城市事务,并将他任商业委员会主席时提出的六点规划作为施政纲领。依靠黑人的支持上台之后,艾伦又转向寻求白人经济精英的支持。为此,他在亚特兰大市南部建成了用以隔离黑人的佩顿大街。此举骤然招致黑人的反对。"当市长艾伦召集一个包括市政官员、亚特兰大黑人选民联盟、帝国房地产委员会以及白人业主在内的会议时,这个黑人组织拒不参会。"①取而代之的是,黑人成立了"更优城市规划公民委员会",以争取更加广泛的权利。这一组织随后发展成了"亚特兰大顶层领导会议"。针对此起彼伏的黑人民权运动,艾伦不得不设立一个专门委员会,以增加黑人的工作机会,回应其利益诉求。

城市复兴项目是艾伦执政纲领的重头戏。不过,在种族关系非常紧张的大环境下,推行这一城市发展项目阻力重重。"亚特兰大城市复兴项目的第一波就证明了再发展是何等困难。"②由于缺乏白人经济精英手中掌握的物质资源,艾伦提出的发展规划很难得到落实。这一时期由于政治精英、经济精英以及黑人中产阶级之间缺乏合作,政治精英在执行政策的过程中处处碰壁。再比如,1964年艾伦发起的反贫困项目——"经济机会亚特兰大"也未取得多少成效。该项目旨在通过改善住房、医疗以及学校等条件,帮助全市的穷人摆脱贫困。但是,严重的种族冲突使得这些新议程迟迟不能得到有效落实,治理联盟也得不到相应的扩张。接踵而至的便是,"连向中低收入者扩大供应住房也被证明是一个难以企及的目标"③。基于对政府在解决住房等问题的不满,黑人还坚决反对"大都市亚特兰大便捷交通委员会"提出的改进公共交通体系的提议。总之,这一时期的亚特兰大,各种社会问题层出不穷并不断恶化。"随着黑人企图在治理城市中扮演更重要的角色,亚特兰大也进入了一个政治不确定的时期。"④

20世纪60年代后期,梅纳德·杰克逊在黑人的支持下,两度执掌亚特兰大的市政大权。1973年当选市长之后,杰克逊制定了新的城市宪章,将

---

① Clarence N. Stone, *Regime Politics Governing Atlanta, 1946-1988*, p.57.
② Ibid., p.60.
③ Ibid., p.72.
④ Ibid., p.76.

亚特兰大的城市管理体制由弱市长制—委员会制变革为强市长—委员会制。此举大大强化了市长的权力。杰克逊将亚特兰大市划分为24个邻里规划单元（NPU），并为每个单元配备了职员。此后，杰克逊又优先扶植黑人企业的发展。在建设总价为4亿美元的机场时，杰克逊将其中20%的合同都给予了少数族裔所有的公司。

对于这些举措，"白人商业领袖表达了他们深切的焦虑"①。所以，他们在包括新闻媒体和公民集会在内的各种场合攻击市长。此外，他们对杰克逊提出的各种城市复兴方案也拒不配合。总之，在前一个任期中，这位主政的黑人市长处处维护黑人中产阶级的利益，种族关系紧张，这一时期也是亚特兰大矛盾最多的时期。"尽管作为在职的正式权威的执掌者和有能力又受大众支持的领导，他能够动员大众的支持，但是他缺乏对合作的非正式机制发号施令的权力。而这一点在亚特兰大的公共生活中又极为重要。"②所以，在第一任期即将结束的时候，杰克逊面临着来自多方的压力。

于是，在后一个任期，杰克逊开始改善与白人商业精英的关系。一方面，杰克逊为促进经济发展，需要促成政商联盟；另一方面，白人经济精英也深刻地认识到需要政治权力的配合。"白人经济精英担心对冲突投以太多的公共关注，会有损城市的形象，不利于投资。"③此外，"黑人领导和经济领导都有强烈的意愿在治理城市的过程中，克服分歧，重建种族间的合作"④。具体而言，为促进彼此之间的合作，白人经济精英与黑人领导共同发起了"领导亚特兰大""行动论坛"等项目或组织。他们主要在以下几个领域展开广泛的合作：(1) 机场建设；(2) 吸引投资；(3) 消除学校和行政机构的种族隔离，黑人和白人的孩子可以到对方的学校入读，学校和行政机构应招募一定比例的黑人职员。简而言之，在这一任期将近结束时，"一种与白人商业精英互动和协作的模式已经成形，虽然早期的张力没有完全消除"⑤。由此，亚特兰大治理联盟的能力也得到了有效增强。

20世纪80年代初，黑人支持的候选人安德鲁·杨成功当选市长。但是，上台之后，他就大谈特谈"和平与和谐"，并很快与掌握重要经济资源的商人结成同盟。"对于安德鲁·杨而言，他有足够的理由说没有城市的商

---

① Clarence N. Stone, *Regime Politics Governing Atlanta, 1946-1988*, p.89.
② Ibid., p.95.
③ Ibid., p.90.
④ Ibid., p.91.
⑤ Ibid., p.107.

业精英的协作，便无法实现治理。"①

而对于黑人占主体的社区邻里运动而言，由于组织规模过大，它们面临着曼瑟尔·奥尔森所言的集体行动的困境难题。因此，这一时期，它们的影响力大打折扣，其诉求也没能得到有效回应。此外，他们还必须承担强加于他们身上的发展成本。就此而言，黑人领导与白人经济精英的联盟并非仅仅服务于黑人领导的利益。"这一安排的政治弱点是它仅服务于当选的少数黑人，并且还忽略了大多数主导性的白人团体。"②即便是结成治理联盟之后，它维护的也仅仅是少数经济精英、政治领导和黑人中产阶级的利益。大多数普通的白人和黑人并未从中获利多少。

实际上，正是通过分析二战后至20世纪80年代亚特兰大的种族关系以及政商关系的演变，斯通才提出了城市政制论，他指出这种演变既是治理联盟的变革，也是城市政制的变迁。在他看来，建构起一套稳定的城市政制需要解决以下三大问题："谁构成了治理联盟，哪些人通力合作使得治理成为可能？通力合作是何如完成的？这两个问题又暗示了第三个问题：前两者带来什么结果？"③

第一个问题涉及的是城市政制的成员构成。综合考察亚特兰大各个时期的治理联盟的结构及其治理能力，斯通发现赢得选举并不等于就有足够的能力进行治理。"没有商业精英的成员，一个治理联盟很少有能力促成公民协作，并促成有效的治理。"④"没有政府的合作，商业精英也不能实现其积极倡导的议题。"⑤换言之，仅在城市层面，为解决经济社会发展过程中出现的各种问题，需要赢得选举、掌握政治权力的政治精英与握有经济资源的经济精英以及赢得普通黑人信任的黑人中产阶级的通力合作，三者中的任何一方都不能单独完成促进经济发展和化解社会难题的重任。可见，政治精英、经济精英以及黑人中产阶级是城市政制的主要成员。在斯通看来，在各方都掌握相应资源的情况下，如果他们能够进行沟通、协商和妥协，并在这一互动的过程中适时调整自己的偏好进而形成共识性的目标，就能构建起相对稳定的治理联盟。

斯通还探讨了在构建治理联盟的过程中，如何解决集体行动的困境问题。由此，斯通也间接地说明了政治精英、经济精英以及黑人中产阶级是

---

① Clarence N. Stone, *Regime Politics Governing Atlanta, 1946-1988*, p.132.
② Ibid., p.159.
③ Ibid., p.6.
④ Ibid., p.190.
⑤ Ibid., p.199.

如何实现通力合作的。

在此之前,奥尔森的研究是对这一问题的经典分析。奥尔森认为,集团的规模对集团能否形成一致的集体行动至关重要。集团规模越小,其成员在采取集体行动的过程中分享的成果越多。此时,即使会牺牲个人私利,成员因收益大于成本,也会投身集体当中。反之,规模越大,集体行动越不容易达成。由于公共物品具有非排他性和可共用性等特征,在成果由集团所有成员共享的前提下,为了集体利益必须付出极大成本的个人往往会选择不作为。为了克服这一逻辑,奥尔森认为,要么采取奖惩措施激励成员积极为集体利益服务,要么将大集团拆分为由众多小组织构成的科层制组织。唯此,才能克服集体行动的困境。

斯通也认为采取选择性激励措施是吸引政治精英、经济精英以及黑人中产阶级相互合作,从而巩固治理联盟,形成稳定的公民合作机制的关键因素。诚如斯通所言,"选择性激励不仅是一种实现'公民合作'的方式,也是奋斗的一个目标"①。总之,对于城市政制的建立与维系而言,选择性激励是至关重要的。但是,在斯通看来,"并不是每一个人都是狭隘的机会主义者,所以,选择性激励并不是集体行动的全部内容"②。斯通指出,在解决这一难题的过程中,还可以建立各个社会阶层对整个共同体的情感忠诚。通过塑造公民的政治认同感,可以激发各个社会阶层的成员自愿合作。不过,斯通仅仅是提出了情感忠诚的概念,并未细致分析它是如何促进治理联盟的形成和巩固的。

回答了前两个问题,第三个问题的答案自然也就浮出水面了。纵观亚特兰大自二战后四十多年的政治实践,在种族关系相对和谐的时期,亚特兰大就能在经济发展、种族融合以及其他社会问题上取得重大突破。反之,亚特兰大就会陷入深刻的危机之中,社会矛盾也会愈演愈烈。也就是说,稳固的治理联盟是促进经济发展、实现社会治理的有效机制。

虽然治理联盟能够取得良好的成效,但斯通指出,它在实现公平与正义等社会价值方面仍存在一定的局限。如上所言,大多数普通白人与黑人并未分享多少治理联盟带来的制度"红利"。究其原因就在于,经济精英控制了实施激励性措施的物质基础。在为全体黑人争取利益时,黑人中产阶级往往会更多地获得白人经济精英直接给予的实质性利益。在这种情况下,他们就不会彻底否定治理联盟制定的政策。从这一点来看,亚特兰大

---

① Clarence N. Stone, *Regime Politics Governing Atlanta, 1946-1988*, p.190.
② Ibid., p.186.

的治理联盟在本质上是一种"利益交换,并且广泛附庸"的内幕交易式的决策模式。① 在这种决策模式下,虽然各个领域的社会精英可以就经济发展达成共识,但是他们并不会提出可以实质性地满足普通白人和黑人利益诉求的方案。"即便是大众表达的力量是开放的,对选择性激励的经济控制也约束了这一力量。"②即便普通民众可以通过发起各项社会运动表达自身的利益诉求,但是经济精英可以利用手中掌握的经济资源分化黑人群体,进而回避他们的利益诉求。

斯通指出,这实质上是平等与效率的张力问题。虽然亚特兰大的政商合作促进了城市的经济、政治发展,但普通黑人的收益却与他们承担的成本不成比例。为此,斯通试图从理论上化解这一张力,其方法是重新界定"效率"这一术语的含义。斯通指出,"'效率'这一术语至少有两重含义。其一,涉及通过协作努力去执行一个指定的项目。……其二,它涉及理解的广度"③。通常,我们都是在第一重含义上理解"效率"。在他看来,效率还关涉我们认知社会变迁等广泛情境以及行动的潜在后果。对城市政制而言,仅仅满足于完成特定目的的效率是远远不够的,还必须积极探寻增强社会学习的能力。只要不断强化社会学习,就可以在平等与效率之间架起一座桥梁。但是,现实却不容乐观。因为"社会学习在某种程度上遭到了精英的抵制。……增加共识性项目的合作,就意味着减少社会学习"④。所以,就效率的双重含义而言,经济精英的角色是错综复杂的。

基于对平等与效率的张力以及多元主义城市社区权力论的反思,斯通重新阐释了权力的内涵。他指出,多元主义承袭的都是韦伯式的权力观,即权力是指 A 有能力促使 B 实施某项行动,而不管 B 是否愿意。斯通认为,这种权力观的本质是将其视为一种控制他人的能力,它是一种"社会控制模式"的权力观。"多元主义假定只要政府官员不会失去大众的支持,政府权威就能够制定公共政策,上层官员则能进一步促成公共政策。"⑤为了进一步说明这一模式的权力观,斯通详尽地总结出了多元主义城市社区权力论的七大假设:(1)整个美国社会都支持这一社会经济政治秩序,即社会秩序是一种非精英主义控制的秩序,经济实行的是私有化市场经济,政治

---

① Clarence N. Stone, *Regime Politics Governing Atlanta*, 1946-1988, p.209.
② Ibid.
③ Ibid., p.211.
④ Ibid., p.212.
⑤ Clarence N. Stone, "Urban Regimes and the Capacity to Govern: A Political Economy Approach," p.2.

秩序则以代议制民主为基石;(2)通过公开和自由的选举,大众就能控制国家权威;(3)自联邦至地方的各级政府都有足够的自主性,可以分配社会合作产生的收益和成本;(4)在选举中,多数是不稳定的,所以即便是少数团体和社会经济地位不利的团体也能确保自身的利益诉求得到有效的回应;(5)公民向政府表达的偏好是既定的;(6)权力是一种克服抵抗、获取服从的能力;(7)政治变迁朝着现代化的方向发展。① 综合这七条假定来看,多元主义城市社区权力论的核心要点是:"政府的法理权威被视为足够用于管理。"②

但是,亚特兰大四十多年的实践已经说明了这一多元主义的核心要点是不成立的。鉴于此,斯通提出了一种"社会生产模式"的权力观。他指出,"权力的争论关涉的不是控制与抵制,而是活动并融合行动的能力——它是行动的能力,而不是施加控制的权力"③。

在这种权力观看来,现代社会的高度碎片化使得正式的制度既不能高效地整合复杂的社会,也不能单独有效地治理社会。赢得选民的大多数选票并不意味着政府就有足够的权威和相应的资源实现治理社会的重任。实际上,"治理的行动需要与私人行动者的合作以及对私人资源的动员"④。所以,政府必须强化与非正式制度的联系,以提升治理能力。

就此而言,斯通还从有效治理的角度,揭示了国家能力体系的新维度。此前的学者主要是从以下六个方面探讨国家能力的:(1)强制能力;(2)汲取能力;(3)濡化能力;(4)规管能力;(5)统领能力;(6)再分配能力。⑤ 斯通则指出,"我想强调能力的一个不同的方面:促进私人行动者合作的能力"⑥。鉴于政治、经济以及社会三个领域的行动者掌握了不同的资源,而且在许多议题上又是相互交叉的,"为了使得治理能力可行,必须动员与主要的政策议程相称的资源"⑦。为了促进经济可持续发展进而实现社会有效治理,政府、市场以及社会组织就必须紧密合作。

---

① Clarence N. Stone, "Urban Regimes and the Capacity to Govern: A Political Economy Approach," p.3.
② Ibid.
③ Clarence N. Stone, *Regime Politics Governing Atlanta, 1946-1988*, p.229.
④ Clarence N. Stone, "Urban Regimes and the Capacity to Govern: A Political Economy Approach," p.7.
⑤ 参见王绍光:《民主四讲》,生活・读书・新知三联书店2008年版,第133—134页。
⑥ Clarence N. Stone, "Urban Regimes and the Capacity to Govern: A Political Economy Approach," p.17.
⑦ Ibid.

斯通还从偏好形成的动态性以及组织变更的交易费用出发，进一步论证了治理联盟的稳定性。斯通并不认可多元主义民主理论认为的选民偏好是固定的观点。在他看来，居民的偏好具有动态性。"政治不仅仅是偏好的聚合，人们的互动与关系塑造了偏好。"① 具体而言，在既定的社会政治经济结构之中，来自各个社会阶层的主体在交流、沟通与协商的过程中，会根据他人利益诉求背后的理据，适时地调整自己的偏好。在这一互动的过程中，他们还可以交流信息，认识到彼此的相互依赖性。由此，他们会更进一步认识到协作的重要性。就此而言，"固定的偏好产生不稳定的联盟，流动的偏好产生相对稳定的联盟"②。也就是说，与固定的偏好相比，这种在互动的过程中适时调整的偏好能够更好地巩固治理联盟。带着固定偏好的主体参与政治生活时，往往会据理力争，拒不妥协。在不能满足自己的利益要求时，这些主体往往会拒不合作。因此，在其基础上形成的治理联盟也是不稳定的。

斯通还从交易费用的角度论证了治理联盟的稳定性。20世纪80年代以来，包括道格拉斯·诺思在内的新制度经济学家逐步将交易费用理论用于分析以往由政治学研究的许多问题，进而形成了交易费用政治学。"交易费用意味着，已经建立的关系在促进未来合作方面具有重要的价值。因此，一旦形成，合作关系就会具备一定的价值。对此，所有的参与者都会予以保护。"③ 单独就治理联盟而言，它形成之后同样会产生一定的收益，而变更它就需要各方为此付出相应的成本。所以，只要这一联盟带来的收益大于其产生的成本，那么，所有的参与者，例如亚特兰大的政治精英、经济精英以及黑人中产阶级，就会继续维持这一联盟。

综上，我们不难发现，在20世纪80年代，斯通仅仅是从增强治理能力的角度初步提出了城市政制的概念，并简要分析了这种非正式安排的重大价值。在随后的研究中，他又具体提出了四种截然不同的城市政制，即维持型政制、发展型政制、进步型政制以及致力于底层阶级机会扩张的政制。④ 前三类政制是根据美国城市的政治经济境况提炼出来的，最后一类政制是一种理论假设。

维持型政制也叫保姆型政制。顾名思义，它是一种维持已有的社会政

---

① Clarence N. Stone, "Urban Regimes and the Capacity to Govern: A Political Economy Approach," p.11.
② Ibid., p.8.
③ Ibid., p.9.
④ Ibid., p.18-21.

治经济秩序、无意愿促成重大变革的政制。因此,它也就没有动机去动员私人掌控的资源以促成变革,这样政府的税率也相对较低。就实际情况而言,这种政制并不多见。究其原因,斯通指出,一方面,公共官员都想成就一番事业,名垂青史;另一方面,在非政府的行为主体看来,这种政制类型意味着国家的衰落。

发展型政制是一种变革土地规划,以促进经济发展或抵制社会衰落的政制。就二战后美国城市的经济发展历程来看,这种政制最为常见。私人投资商往往会利用自身掌控的经济资源就发展规划项目积极与政府官员展开各项合作。他们相信将私人投资与公共行动整合起来是必不可少的。这些都需要政治精英和经济精英开展广泛的合作。

进步型政制关注的焦点主要有环境保护、历史遗产的保护、经济适用房以及其他社会问题。它大致形成于20世纪六七十年代的欧美。这一时期欧美已经进入到了后工业社会,经济也发展到了不再需要视增长为第一要务的水平。不过,这一政制多见于欧洲,在美国比较少见。除政府之外,其主体还有中产阶级。不过,"不像发展型政制,在进步型政制内,政商关系在很大程度上并不是一种自愿的关系。与发展型政制相比,强制发挥的作用更大。另一方面,这一关系又不具备纯粹的强制性"[①]。虽然工商业利益集团会选择退出,但政府会与非商业利益集团就环保、历史遗产的保护等社会议题展开广泛的合作。维系这一政制需要广泛的民意基础。更加重要的是,这些社会议题的完成需要充沛的物质资源。因此,持久地维系这一政制是一项艰巨的任务。

致力于扩张底层阶级机会的政制主要关注的是为社会底层提供教育、职业培训、改善公共交通和扩大就业机会等议题。斯通指出,"在美国,这类政制在很大程度上是假设性的"[②]。不过,在许多社会组织内,可以找到一些这类政制存在的蛛丝马迹。同样,它也面临着类似进步型政制遭遇的难题,即如何动员足够的物质资源去完成它关注的议题。而且下层阶级由于人数众多,必然会面临搭便车等集体行动的困境。此外,他们的受教育水平也限制了他们表达自我利益的能力。简而言之,虽然他们对经济资源提出了更高的要求,但是却面临着严重的技术和组织资源不足等考验。正因如此,这一政制的可行性问题在很大程度上是存在疑问的。

---

① Clarence N. Stone, "Urban Regimes and the Capacity to Govern: A Political Economy Approach," p.19.
② Ibid., p.20.

二、英布罗肖的城市政制理论

斯通城市政制理论的一个基本假设是面对错综复杂的社会问题和经济发展的重任,政府组织和商业集团均不能独自担当。为此,政府组织与商业集团结成非正式的同盟关系是必不可少的。但是,迪戈塔诺经研究发现,虽然波士顿和底特律为促进经济发展都建立起了城市政制,但是以发展服务业为导向的波士顿欣欣向荣,而以汽车制造业为支柱产业的底特律却衰落为无动力城市。我们也就不难发现,城市政制的治理能力还受到其他因素的影响,"经济并不是机械地决定一个城市增长政制的特征"[1]。也就是说,早期的城市政制论是存在缺陷的。

英布罗肖正是在批判这些缺陷的基础之上,提出了自己的城市政制理论的。他指出,城市政制理论至少存在三大缺陷:"(1)在解释地方公共政策选择方面,与结构相比,它夸大了能动性的作用;(2)低估了进步型地方政策面临的阻碍;(3)对于跨国比较而言,它是一种存在严重局限的工具。"[2]此外,英布罗肖还指出埃尔金与斯通提出的国家与市场劳动分工的假设太过严格,致使城市政制的概念太过狭隘。实际上,地方国家(城市政府)、城市社区以及中小企业主均是促进城市发展、聚集城市财富不可或缺的主角。根据这些主体在城市经济发展过程中扮演的角色,英布罗肖相应地提出了三种新型的政制:(1)基于社区的政制,其主要特征是社区组织倡导的经济运动是城市经济发展的主角;(2)小资产阶级的政制,其主要特征是小型工商企业以及个体户是城市经济发展的主体;(3)地方—国家主义政制,其主要特征是城市政府亲自组织经济活动,并主导了城市的经济发展。

在随后研究的过程当中,英布罗肖又进一步完善了自己的理论体系。同样,他还是在批判以斯通为代表的早期城市政制论的基础上,发展自己的城市政制理论的。他指出,此前的理论家采用政治经济学的范式分析城市政制,他们大都也受过政治学的严格训练。其后果就是,"政制理论的学术研究在一个相对的意义上,忽视了对经济过程的严谨而细致的分析"[3]。但在英布罗肖看来,强调经济要素的重要性并不是要走上保罗·彼得森的

---

[1] Alan Digaetano,"Urban Political Regime Formation: A Study in Contrast," *Journal of Urban Affairs*, Vol. 11, No. 3, 1989, p.267.

[2] David Imbroscio,"Reformulating Urban Regimes Theory: The Division of Labor Between State and Market Reconsidered," *Journal of Urban Affairs*, Vol. 20, No. 3, 1998, p.235.

[3] Ibid., p.271.

"经济决定论"的老路,城市推行发展政策并不都是以城市的经济利益为导向的,而且政制具有变革经济发展战略的能力。他的学术志向就是为城市政制理论提供新的经济学基础。

为此,英布罗肖提出了六大变量以重构城市政制理论,即人力资本、社区的稳定、公共资产负债表、资产的特性、经济地方主义以及替代性的制度。凭借这六大变量,英布罗肖企图重新构建城市政制。具体的方法可以采用以下两者中的一种:"市民社会中一个替代性组织,它能够获取必需的重构资源,或者能够直接强化地方国家。"①由此,在上述三种政制的基础上,他又提出了生产至上型政制。这一政制与斯通划分的发展型政制以及埃尔金提出的私利至上主义政制相似,其主体是政府组织和大资产阶级,其任务是促进城市经济发展以实现大资产阶级的利益。

三、斯通与英布罗肖的论辩

针对英布罗肖的批评,斯通指出:"我与英布罗肖对城市政制研究路径的区别,源自他对经济必要性的非政治性处理。"②在斯通看来,英布罗肖虽然用一种替代性的经济学分析范式取代了政治经济学的方法,但其代价却是理论构造的去政治化。斯通认为,英布罗肖用彼得森的城市极限论代替政治,并且认可彼得森提出的在发展型政策方面存在统一的城市利益的观点。

具体而言,斯通主要是从以下两个方面反驳英布罗肖的。首先,他认为英布罗肖误解了他对彼得森的回应。如前所述,斯通主要批驳了彼得森关于城市存在整体利益的观点。他指出,彼得森秉持这一观点的结果便是"将政策行动简化为一个效率问题"③。在斯通看来,英布罗肖也犯了这个错误,即他忽视了政策行动背后的政治斗争。其次,在斯通看来,与彼得森一样,英布罗肖忽视了"一般且抽象层次的共识与具体行动过程中的共识的差异"④。就抽象的共识而言,可能并不存在政治斗争。但是,一旦落实到具体的行动中去的话,各方可能就会对牵涉其中的目的和利益存在分歧,再加上个人认知能力的限度,共识经常会让位于政治斗争。

---

① David Imbroscio,"Reformulating Urban Regimes Theory: The Division of Labor Between State and Market Reconsidered," p.280.
② Clarence N. Stone, "It's More Than The Economy After All: Continuing The Debate About Urban Regimes," *Journal of Urban Affairs*, Vol. 26, No. 1, 2004, p.1.
③ Ibid., p.2.
④ Ibid., p.3.

对此,英布罗肖给予了充分的回应。他指出:"我试图通过证明替代性的议程如何可以潜在地帮助实现城市政制的积极重构,从而以一种初级的方法强调政治的变量问题。……我提出这一议程,并使之服务于特定的经验以批评彼得森的经济决定论。"①在英布罗肖看来,他自己提出的替代性经济学方法不同于彼得森的经济决定论。他提出这一方法的目标是说明城市经济的运行规律,并在此基础上找出促进地方经济活力的最好方法。因此,他认为自己"提出了城市经济发展政策的决定性要素在很大程度上是政治性的"②。

英布罗肖确信在城市经济发展政策方面存在统一的公共利益。"但是,这类利益服务于发展策略十分罕见,而这一策略是治理大多数城市的生产导向型的城市政制所追求的。"③关键问题是,城市民主的失败,导致不能发现城市的公共利益。他指出,为了发现并实现城市的公共利益,就必须创建一个更加民主、更加包容的治理联盟,并克服经济的负面因素,限制物质不平等造成的经济权力对平等的侵蚀。英布罗肖的这一提议与斯通强调的"社会学习"以及埃尔金倡导的"商业共和政制"在本质上是一致的。

针对斯通与英布罗肖的学术论辩,有些学者在案例研究的基础上,试图弥合这两位理论家的论辩。乔尔·拉斯特指出英布罗肖的目的是要发展出一套突出经济要素的政制理论,即替代性的经济发展战略,以挑战"企业主导型策略"的霸权。在他看来,"通过将关注点由政治转向经济,英布罗肖牺牲了政制理论的最大分析力量"④。为此,他试图通过分析芝加哥的"地方工业保留倡议"(LIRI)项目,说明英布罗肖和斯通的理论说服力。

执行 LIRI 项目的主体主要有社区发展联盟(CDCs)、社区的生产商以及市政官员。为完成这一项目,通过实验与组织,在 20 世纪 70 年代末至 80 年代初,社区发展联盟艰难地建立起了合作联盟。至 80 年代中期,社区发展联盟又积极动员芝加哥市的经济发展部(DED)参与到项目的实施中去。由此,政商关系也实现了部分整合。至 20 世纪 80 年达末,由于联邦政府对社区发展联盟提出的发展项目的有力支持,这一合作联盟得以巩固,政商形成了伙伴关系。到 90 年代中期,地方工业保留倡议的合作联盟发

---

① David Imbroscio,"The Imperative of Economics in Urban Political Analysis: A Reply to Clarence N. Stone," *Journal of Urban Affairs*, Vol. 26, No. 1, 2004, p.21.
② Ibid., p.23.
③ Ibid., p.25.
④ Joel Rast,"The Politics for Alternative Economic Development: Revisiting The Stone-Imbroscio Debate," *Journal of Urban Affairs*, Vol. 27, No. 1, 2005, p.56.

展到了顶峰。到 20 世纪末期,由于这一联盟仅仅关注规划和经济发展,对自身组织建设则不甚用心,民众对它的政治支持不断弱化,它最终被边缘化了。

在拉斯特看来,地方工业保留倡议项目经历的四个发展阶段,一方面,恰恰能够部分地说明英布罗肖的观点——"政制改变替代性经济发展战略的潜质"[1];另一方面也说明了为促成这类替代性的发展战略,斯通等人强调的建立联盟以赢得资源、执行政策也是至关重要的。不过,这一政制的发展历程也说明了斯通的社会生产模型不能解释芝加哥政制的变化。总之,在说明现实的政策演化方面,英布罗肖和斯通的理论模型虽然均具有一定的解释力度,但也都存在一定的局限性。而在跨国的比较研究当中,这种局限性更加凸显。不仅是这一理论模型需要完善,而且就城市政制这一概念而言,也需要进一步的延展。就后者而言,上文已有所论及,在此不再赘言。

第三节 比较视野下的城市政制论

如前所述,城市政制理论一经问世,便有许多学者将其运用到比较地方政治和地方治理的研究中去。在研究的过程中,他们不但拓展了城市政制的概念,而且也完善了城市政制的理论模型,并提出了新类型的城市政制。他们发现,就实行单一制的许多欧洲国家而言,在建立治理联盟的过程中,政府(主要是中央政府)在其中扮演的角色更加重要。此外,他们还非常重视宏观政治经济环境对城市政制的影响。

保罗·康特、汉克·萨维奇以及塞丽娜·哈多克等人就指出,"政制理论家提供了很少的解释,以说明政治经济背景在形塑政制本身可能的影响力"[2]。他们发现,二战至今许多城市经济发展政策的变革不是政制有效运行的结果,而是政治经济环境变化的结果。

康特等人还提出了三大核心变量,即地方民主发展、市场环境以及府际关系网络,借此,他们探究了欧洲和美国的八个城市自 20 世纪 70 年代以来城市政制的演变。这八个城市分别是巴黎、米兰、底特律、利物浦、格拉斯哥、那不勒斯、纽约以及休斯敦。他们认为,地方民主政治的发展程度对

---

[1] Joel Rast, "The Politics for Alternative Economic Development: Revisiting The Stone-Imbroscio Debate," p.53.

[2] Paul Kantor, Hank V. Savitch and Serena V. Haddock, "The Political Economy of Urban Regimes: A Comparative Perspective," p.348.

于城市政制的形成与演变是至关重要的。究其原因就在于,"发达的大众控制体系可以激励(通过政治竞争)包容性治理联盟的形成,它能约束任何一个利益集团,特别是商业利益集团的权力"①。不过,民主的发展程度并不是唯一要素。因为"城市吸引资本投资的能力依赖于它的市场地位以及国家、省或者区域政府的援助"②,所以城市的市场地位以及由府际关系形塑的财政援助对于城市政制的影响同样也是不可低估的。就美国城市而言,与实行单一制的欧洲国家(比如法国和意大利)的城市相比,联邦政府对它们的财政援助少之又少。这就决定了美国城市政府有强烈的动机去吸引投资,促进经济发展。此外,他们还发现,府际关系网络也决定了地方政府与商业集团的谈判优势。三者的合力决定了政制的类型。(见图6-1)

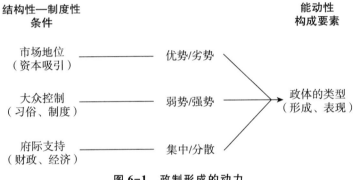

图 6-1 政制形成的动力

资料来源:Paul Kantor, Hank V. Savitch and Serena V. Haddock,"The Political Economy of Urban Regimes: A Comparative Perspective," *Urban Affairs Review*, Vol. 32, No. 3, 1997, p.353.

就府际关系而言,中央政府对巴黎、米兰、格拉斯哥以及那不勒斯等城市的援助相对较多,它们与中央政府的联系也非常密切;纽约、休斯敦、底特律以及利物浦接受的援助则相对较少,它们与中央政府的联系也相对松散。就市场地位而言,巴黎、米兰、纽约以及休斯敦等城市在市场中占据着举足轻重的地位,格拉斯哥、那不勒斯、底特律以及利物浦在市场中的地位则相对较弱。

由此,也形成了四种截然不同的协商环境:(1)巴黎与米兰所处的"国家控制型"协商环境;(2)格拉斯哥与那不勒斯所处的"依附公共财政型"

---

① Paul Kantor, Hank V. Savitch and Serena Vicari Haddock,"The Political Economy of Urban Regimes: A Comparative Perspective," p.350.
② Ibid., p.351.

协商环境;(3)纽约与休斯敦所处的"重商主义型"协商环境;(4)底特律与利物浦所处的"依附私人资本型"协商环境。他们指出,从第一种到第四种类型,城市政府在协商中地位越来越弱,即在协商过程中,巴黎与米兰的城市政府拥有绝对优势,底特律与利物浦的城市政府的地位最弱。

若将地方民主政治的发展状况纳入考虑,处在每一类协商环境的城市又可以进一步细化为独特的两类协商环境。由此,也就形成了八种截然不同的政制:巴黎是规划型政制,米兰是分配型政制,底特律是供应商型政制,利物浦是激进主义型政制,格拉斯哥是精于获得捐款者型政制,那不勒斯是庇护型政制,纽约是商业型政制,休斯敦是自由企业型政制。每一类政制的协商环境、大众参与程度、联盟的合作者以及公私合作模式都迥然有别。他们将这八种政制的结构性环境以及各自的特征加以归纳,见表6-1。

表6-1 协商环境与政制

协商环境	结构性环境		政体特征		政体理想类型
	大众参与	联盟合作者	公私合作模式	集体收益的政策日程	
国家控制型	高	开放(政府、官僚机构、公民)	政府主导	高	规划型
	低	有限庇护主义(政党精英)	政党主导	适中的象征	分配型
依附公共财政型	高	开放(政党、政府、官僚机构)	政府—官僚机构主导	适中	精于获得捐款者
	低	有限(政党精英、庇护主义)	政党主导	低(选择性受益、单方支付、明显的腐败)	庇护型
依附私人资本型	高	开放(政党、工会、大众)	政党和社会运动主导	象征性	激进主义型
	低	封闭(政府—商企)	商业主导	低(选择性受益、单方支付)	供应商型
重商主义型	高	零星开放(政府、政党、公民)	公私协商	适中	商业型
	低	有限(商业—政府)	商业主导	低	自由企业型

资料来源:Paul Kantor, Hank V. Savitch and Serena V. Haddock, "The Political Economy of Urban Regimes: A Comparative Perspective," *Urban Affairs Review*, Vol. 32, No. 3, 1997, p.369.

与康特一样,在跨国的比较研究中,阿兰·哈丁也非常重视宏观的政治经济环境对城市政制的形成与演变的重要影响。经研究,哈丁发现以往对城市政制的考察有两大重要流派:一派太过重视地方性因素,以致忽视对地方发展深有影响的非地方性因素的作用,例如中央政府的政策导向以及外部投资商的偏好必然都会对城市经济发展产生重要影响,研究美国的城市政制的文献基本都属于这一流派;另一派则尤其重视方兴未艾的全球化对城市发展的影响,他们认为全球化致使"权力与责任都推到了亚国家的层面"[1]。对此,哈丁持怀疑的态度。在整合这两派观点的基础上,哈丁提出了建构城市政制的三大核心变量,即中央政府、地方政府以及商业共同体。通过考察阿姆斯特丹、哥本哈根、爱丁堡、汉堡以及曼彻斯特等五个欧洲城市的公私合作关系的特征,哈丁检验了基于美国城市政治经济环境提出的城市政制理论。

通过对比欧洲和美国的政治经济环境,哈丁发现了两者在以下三个方面的主要差异:"(1)作为一个整体,在城市政治中的发展联盟扮演的角色;(2)促使商业力量进入联盟中的私人部门的积极分子的类属;(3)私人部门与公共部门之间的活动的平衡。"[2]哈丁指出,就经济增长的议题而言,与欧洲相比,美国更多地是由地方政府主导。原因就在于,欧洲城市的财政收入主要由中央政府划拨,所以它们没有强劲的动力去促进经济发展,而美国则相反。在欧洲,私营部门并没有能力独立地促进发展项目,大部分发展规划均由中央政府直接主导。"总之,在欧洲,发展仍主要是由府际关系的调整所主导。"[3]与北欧的环境相比,私人土地所有者在美国扮演着更重要的角色。不过,并不是说欧洲公私伙伴关系无足轻重。实际上,"欧洲的城市,公私伙伴关系在发展联盟问题上比美国起到的作用更大"[4]。但是,这种伙伴关系主要呈现出法团主义的特征,即主要由政府主导,其内部存在严格的等级秩序。总之,欧洲城市政制的主要特征是政府的自主性很高,商业力量居于从属地位。

如上所言,阿兰·迪戈塔诺与约翰·克利曼斯基在对比英美两国城市政制的差异的基础上拓展了城市政制的概念。他们在此基础上,通过分析影响伯明翰以及波里斯托两个英国城市的城市政制要素,进一步检验

---

[1] Alan Harding, "Urban Regimes in a Europe of the Cities?" *European Urban and Regional Studies*, Vol. 4, No. 4, 1997, p.294.
[2] Ibid., p.299.
[3] Ibid., p.300.
[4] Ibid., p.305.

了斯通的城市政制理论的解释力。他们发现,"英国地方政府的规划与管治的权力比美国的要大。因此,对于地方政治领导人而言,至少就最近而言,就没有必要与私人领域的精英形成联盟,以执行城市发展和再发展的治理任务"①。

具体而言,通过分析这两个城市的政治经济环境、政制形成过程及其领导能力和组织能力等四个方面的差异,他们发现,伯明翰的城市政制的特征是:政府主导,商人参与。同时,积极成立各类高效运转的实体组织,以促成公私伙伴关系,从而促进城市经济的发展。与之形成鲜明对比的是,波里斯托的政府部门与商界人士没有就促进发展达成共识,治理安排内部矛盾重重,降低了城市执行经济发展政策的领导力。组织机构和能力碎片化,使得治理联盟的能力依赖于领导力和组织资源。总而言之,他们发现,地方的政治导向决定了两个城市的发展政策差异。②

同样地,卡伦·莫斯伯格与格里·斯托克也指出,虽然城市政制理论在20世纪90年代取得了很大的发展,但是比较研究却少之又少。基于此,他们以目标、参与的动机、共同的目的感、联盟的质量以及与宏观政治环境的关系这五个要素来考察政制建立的过程。据此,他们提出了三类新型城市政制以整合之前的城市政制,即有机型、工具型和象征型(见表6-2)。这三大政制在以上五个要素的特征方面都迥然有别。

类似的比较研究,还可以见诸基思·道丁以及帕特里克·邓利维等人的研究成果。他们经研究发现,"英国的政策更多地是由职业官僚而非政治家主导"③。也就是说,政制的概念扩大之后,英国的城市政制就与美国的城市政制不同了。总而言之,通过跨国的比较研究,学者们不仅拓展了城市政制的概念,而且也丰富了城市政制的类型,进而完善了城市政制理论。在比较研究的过程中,他们也发现了早期城市政制理论的许多缺陷。

表6-2 政制的类型

	政体类型		
	有机型	工具型	象征型
目标	社会地位的维系	项目实现	意识形态或意向的主导
参与的主要动机	地方依赖	实际的结果	表达的政治

---

① Alan Digaetano and John S. Klemanski,"Urban Regimes in Comparative Perspective: The Politics of Urban Development in Britain," p.58.
② Ibid., p.77.
③ Keith Dowding, et al.,"Regimes Politics in London Local Government," *Urban Affairs Review*, Vol. 34, No. 4, 1999, p.540.

续表

	政体类型		
	有机型	工具型	象征型
共同的目的感的基础	传统和社会凝聚力	选择性激励	象征的策略性使用
联盟的质量(利益的重合)	政治交流	政治伙伴关系	竞争性协议
与环境的关系：			
地方	排外性	排外性	包容性
非地方	独立	依赖	依赖

资料来源：G. Stoker and K. Mossberger, "Urban Regime Theory in Comparative Perspective," *Environment and Planning C: Government and Policy*, Vol. 12, No. 2, 1994, p.199.

第四节　城市政制理论面临的批评及其完善

学者们在进行跨国的比较中就已经发现了早期城市政制理论的许多缺陷，只不过未对此进行相对集中的阐述。随后，凯文·沃德、威廉·塞茨、卡伦·莫斯伯格、格里·斯托克以及乔纳森·戴维斯纷纷指出城市政制论存在许多缺陷。对此，斯通逐一给予了积极而充分的理论回应，并完善了自己的理论体系。

一、城市政制论面临的批评

显然，从理论角度上讲，概念化是早期城市政制理论必须面对的首要挑战。卡伦·莫斯伯格和格里·斯托克指出，"政制理论更多的是一个概念或模型，而不是一套理论，因为它解释或预测政制形成、维系或变革的变量的能力有限"[1]。在他看来，就其实质而言，城市政制这一概念仅仅是政治经济学、多元主义、治理理论以及制度主义等要素的简单糅合。结果是，在跨国比较研究的过程中，概念被无限放大，以致滥用。

为了对其作进一步说明，他们援引了美国政治学家萨托利揭示的在比

---

[1] Karen Mossberger and Gerry Stoker, "The Evolution of Urban Regime Theory: The Challenge of Conceptualization," *Urban Affairs Review*, Vol. 36, No. 6, 2001, p.811.

较政治研究中常犯的四种概念误用错误：狭隘主义、错误分类、程度主义以及概念延展。① 首先，就狭隘主义而言，学者们犯的错误主要表现为使用这一概念去描述所有类型的公私伙伴关系。其次，就错误分类而言，这一错误主要体现为所有城市的政府、市场和社会间关系都被视为政制，而不管城市政治体系的差异。再次，"程度主义指的是连续性的滥用，它认为所有的差异都仅仅是表现在量上的，而不是体现在质上"②。在城市政制的研究上，它具体表现为没有清晰的度量标准，去界定公私合作关系在何种程度上才完全符合城市政制的标准。最后，概念延展具体表现为，为了囊括更多的跨国案例，无限度地拓展城市政制的概念，以致偏离了其原始内涵。所以，我们才在广义上界定城市政制的内涵。

理论化的程度是紧随概念化的挑战而来的第二大挑战。在综合比较英美两国城市政制的差异时，凯文·沃德发现，完全基于美国城市政治经济环境的城市政制理论必须加以改造，才能运用于分析英国城市中的公私合作关系。由此，它也面临着理论转换和理论化城市政制两大问题。他指出，究其根源就在于，城市政制理论太过地方主义和经验主义了。"城市政制理论尝试通过经验观察寻求解释，这就限制了它们的解释能力。即便就美国政制形成的环境而言也是如此。"③就英美两国城市面临的政治经济环境而言，两者在央地关系、国家与社会之间的关系以及文化传统等方面都迥然有别。最突出的一点就是，上文已经说明的，与美国联邦政府在城市中扮演的角色相比，英国的中央政府在城市中扮演的角色更加重要。所以，"政制理论需要走出仅仅研究地方角色的局限，转而将参与地方经济发展更高层级的权威纳入研究范围之内"④。

忽视社会的压力是早期城市政制理论面临的第三大问题。以斯通划分的城市政制类型为例，每一类政制对应了一种政策导向，如发展型政制追求的是招商引资以促进经济发展的政策，其主要受惠者是经济精英。在威廉·塞茨看来，这就将关注的焦点由研究政策的形成错误地转向了分析政策的主要受益人了。结果便是，"这一主要关注地方国家角色的理论严

---

① Karen Mossberger and Gerry Stoker,"The Evolution of Urban Regime Theory: The Challenge of Conceptualization," pp.814-815.
② Ibid., p.816.
③ Kevin Ward,"Rereading Urban Regime Theory: A Sympathetic Critique," *Geoforum*, Vol. 27, No. 4, 1996, p.432.
④ Ibid., p.436.

重低估了影响城市发展的社会(非国家)压力"①。一方面,大的社会环境(如整个国家社会环境的变化)会约束地方政府主体的选择范围;另一方面,除商业利益集团之外的其他利益集团也会影响市政官员的选择,具体视该国的民主程度而定。

此外,政制理论既不能具体说明经济动力是如何影响城市政制的,也不能解释其目标——更广泛的民主并消除不平等——是如何得以实现的。正如乔纳森·戴维斯所言,城市政制理论"没有充分认知市场经济对地方政治过程的影响,也需要去解释经济左右并约束政治选择的范围。而这一解释的阙如弱化了政制理论解释城市政治的能力"②。此外,还有学者指出,城市政制理论没有说明重大的历史变迁是如何发生的。针对这些批评,斯通都予以回应。在这一过程中,斯通也完善了城市政制理论。

二、对批判的回应:斯通对城市政制论的完善

从上文的分析中,我们不难看出,斯通早期的城市政制理论仅仅是基于亚特兰大二战后的政府组织与商业集团的合作关系的演进而提出的,并在随后的研究中划分了四种类型的城市政制。虽然这一时期他还简要分析了偏好形成的动态性,并且从政治选择与政治变革的关系角度说明了政制理论在说明历史变革时的解释力③,但是斯通仍然没有为城市政制理论建构一个坚固的理论基础,也没有在此基础上说明政制的形成过程及其演变等重大问题,所以才招致了学者们对其理论的批判。在回应这些批评的过程中,斯通也完善了自己的理论体系。

后期,斯通将其理论基石建立在两个人类本性的基础之上。"一个是理性是有限度的。"④就此而言,并不存在全知全能的人,人对自身所处情境的认知都是有限的,所以人们的部分行动是根据习惯和习俗做出的。与此同时,通过协作与交流,人们在结构化的社会关系中就能够交流信息,认识到彼此的相互依赖,从而开阔自己的视野,拓展自己的认知,提高实现自己目标的概率。此外,"偏好也受实践的影响:可实现的目标就具有吸引力,

---

① William Sites, "The Limits of Urban Regimes Theory: New York City Under Koch, Dinkins, and Giuliani," *Urban Affairs Review*, Vol. 32, No. 4, 1997, p.539.

② Jonathan S. Davies, "Urban Regimes Theory: A Normative-Empirical Critique," *Journal of Urban Affairs*, Vol. 24, No. 1, 2002, p.13.

③ Clarence N. Stone, "Urban Regimes and the Capacity to Govern: A Political Economy Approach," pp.8-16.

④ Clarence N. Stone, "Looking Back to Look Forward: Reflections on Urban Regimes Analysis," *Urban Affairs Review*, Vol. 40, No. 3, 2005, p.321.

难以企及的目标就没有吸引力"①。基于此,人就需要合作,并在合作中适时地调整自己的目标。

"另一个是人类不仅利益驱动的生物,而且也是意义的追寻者。"②从这一点来看,人既不是完全的自私自利者,也不是绝对的利他主义者。因此,人们的行动会受到义务感的驱动,会为完成共同的目标同心协力。目标可以缩小各个行为主体之间的利益分歧,并将其整合为一个富有凝聚力的组织,以实现重大的社会目标。简而言之,一方面,选择性激励对于促成合作是不可或缺的;另一方面,人们会受激励去追求目标。就此而言,"目标是行动能力的一种潜在资源"③。

基于以上两大根本性假设,他提出了城市政制形成、维系与变革的四个核心构成要素,即目标、参与、资源和能力。"目标激发参与;通过适当的整合,参与动员资源;动员的资源提供解决问题的能力。"④根据这一流程,就可以说明城市政制的形成过程及其衰退的原因了。四个要素的有效整合促成了城市政制,其中任何一个要素的不足都会导致政制的衰退。具体而言,他把城市政制的形成过程归纳为图6-2。

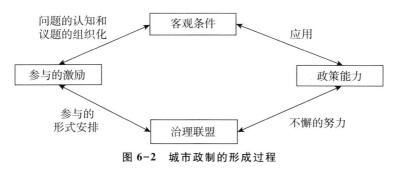

图6-2 城市政制的形成过程

资料来源:Clarence N. Stone,"Power, Reform, and Urban Regime Analysis," *City & Community*, Vol. 5, No. 1, 2006, p.33.

他认为自己此前的理论分析"低估了目标的重要性,特别是重大目标的作用"⑤。在治理联盟形成的初期,如果存在一个所有参与者都认可的目

---

① Clarence N. Stone,"Urban Regimes and the Capacity to Govern: A Political Economy Approach," p.13.

② Clarence N. Stone,"Looking Back to Look Forward: Reflections on Urban Regimes Analysis," p.322.

③ Ibid., p.325.

④ Clarence N. Stone,"The Atlanta Experience Re-examined: The Link between Agenda and Regime Change," *International Journal of Urban and Regional Research*, Vol. 25, No. 1, 2001, p.23.

⑤ Clarence N. Stone,"Looking Back to Look Forward: Reflections on Urban Regimes Analysis," p.316.

标,那么它就可以诱使全体成员去动员相应的各项资源。在此基础上,各方通力合作,就可以实现预定的目标。总之,"重大的目标是至关重要的奠基之砖。而且广泛的公民目标能够动员重要的个人努力。……重大的目标议程可以降低交易成本。……因此,人们就不能低估重大社会性价值目标的重要作用"①。

据此,斯通总结出了城市政制的五大特征:"(1)存在一个可辨识的议程;(2)相对稳定的安排;(3)这一安排有跨部门的基础;(4)这一安排是非正式的;(5)这一安排富有生产性特征。"②议程即目标,它是城市政制形成的观念基础。为实现议程,就需要一个相对稳定的、跨部门的以及非正式的制度安排。城市政制形成的目标是促进经济发展、实现社会治理。因而,它是一种富有生产性功能的制度安排。

此外,在后期,斯通还进一步解释了大规模的历史变革。他指出,"与已建立的合作相匹配的目标更容易实现,反之,则困难重重"③。企图变革正式建立的制度安排存在重重困难,而且这一困难与变革的规模成正比。但是,古往今来的历史已经说明了变革屡见不鲜。在早期,斯通主要是借用巴林顿·摩尔和汉娜·阿伦特的理论简要地说明了历史变迁结果的多样性。摩尔视历史为探索无限种可能性的一个机会。但是,人的认知能力又存在着种种局限。这一时期斯通对这一问题的分析仅仅是点到为止,并未对此做详尽的说明。

为进一步说明城市政制论对这一问题的解释力,斯通援引了赫伯特·西蒙的理论。"西蒙已经提供了这一启示,即在一个复杂的任务中,由子集构成的集合比一个单一的互锁集(interlocked set)要容易完成。"④与之相对,与其把大规模变革的努力寄希望于单一的行动身上,不如将其寄托在设置严密复杂的组织身上。此外,为实现变革,它们还必须坚持不懈地做出持续的努力。可见,政制的组织化程度及其行动力决定了变革成功的概率。总之,"改革不仅需要有普遍的诉求,而且也需要转化为可持续性的行动"⑤。

针对有学者批评城市政制难以实现民主和平等的诉求,斯通提出的拓

---

① Clarence N. Stone, "Looking Back to Look Forward: Reflections on Urban Regimes Analysis," p.318.

② Clarence N. Stone, "The Atlanta Experience Re-examined: The Link between Agenda and Regime Change," p.21.

③ Clarence N. Stone, "Power, Reform, and Urban Regime Analysis," *City & Community*, Vol. 5, No. 1, 2006, p.33.

④ Clarence N. Stone, "Power, Reform, and Urban Regime Analysis," p.33.

⑤ Ibid., p.36.

宽社会学习,埃尔金建构的作为一种宪政理论的商业共和政制以及英布罗肖提出的建立更加包容的治理联盟都对此进行了说明。在此,不再赘言。

综上,我们不难发现,城市政制论是在建构、批判以及回应的过程中,不断走向完善的。其实质就是一种不同行为主体——既包括公私之间,也包括府际之间——为克服资源不足等难题而结成长期稳定的合作关系,从而实现经济发展和社会治理等目标。

三、小结:国家与社会如何从对抗走向合作

尽管斯通等理论家在研究的过程中不断地完善城市政制论,但是他们的分析仍然存在种种局限。最突出的一点就是,他们在建构理论的过程中,忽视了全国性的以及全球性的政治经济环境对城市政制的影响。以斯通的城市政制论为例,他主要是以亚特兰大四十多年来的种族关系以及政治、经济与社会关系的变迁为素材,来构建自己的政制理论的。在这套理论之中,各阶层的社会成员都是从微观经济的角度根据成本和效益的分析,推动城市政制的形成与变革。"与外部(州和联邦)政治和更大世界的经济的联系仅仅是在它们影响到了这些个体行动者的算计之后才被纳入考虑范围之内。"①

众所周知,整个资本主义链条在世界各地的发展水平迥然不同。不同的外部经济环境对特定城市的政制结构及其政策肯定会产生不同的影响。资本的结构及其在地方的代表也必然会影响城市政制以及治理联盟的形成与变革。而在全球化浪潮的席卷之下,地方政治必定会愈来愈受全球经济的影响。"基于全球经济的规范和实践对地方和国家的政治文化产生了深远的影响。"②例如,包括欧盟、美国自由贸易协定以及世界贸易组织等超国家组织和准政府组织对城市,特别是对像纽约、巴黎以及伦敦等国际大都市的影响是绝对不可低估的。在分析城市政制的形成与变革时,我们就必须把这些因素纳入考虑的范围之内。对此,阿兰·哈丁等学者就指出了这些要素的重要性,并在一定程度上弥补了这一理论缺陷。

尽管存在以上种种局限,但是决不可以因此就否认城市政制理论的重大价值。在此,我们以国家与社会的二元划分为模型,来说明其理论贡献。国家与社会的关系无非就两大类:国家与社会对抗;国家与社会相互合作,

---

① Mickey Lauria, ed., *Reconstructing Urban Regime Theory: Regulating Urban Politics in a Global Economy*, p.5.
② Ibid., p.83.

实现共赢。就前者而言又可细分为以下三种情况:(1)社会捕获了国家;(2)国家捕获了社会;(3)国家与社会相互对抗,不分胜负。

就第一大类关系而言,当社会捕获了国家时,政治极有可能向民主转型,例如英国。在研究英国的民主化转型时,摩尔总结道:"没有资产阶级,就没有民主。"①当国家捕获了社会,政治体制极有可能朝着威权主义转变。而当国家与社会相互对抗,不分胜负时,极有可能出现的情况是整个共同体的撕裂。对此,乔尔·米格达尔有过经典的表述:"强调国家领导者追求国家强势地位——他们追求无可争议的社会控制——的内驱力在许多国家并未能持续,因为顽强的、有弹性的组织在这些社会中广泛散布着。"②例如塞拉利昂和索马里等国家。在这些国家之中,国家机器的触觉无法下沉到社会之中。部落和地方势力牢牢地控制了自己的领地,中央政府对此无能为力。就当今世界而言,在这种国家与社会相互对抗的关系之中,不是"东风压倒西风",就是"西风压倒东风"。结果就是,难以有效地整合政治共同体,更难以实现经济发展、社会良治的目标。

即便是已经实现了民主化的西方国家也是如此。通过分析亚特兰大市的案例,斯通已经很好地说明了这一点。实际上,国家与社会并非"你死我活,势不两立"的关系。国家与社会完全可以在相互合作的基础上,实现共赢。关键的问题是,各方经过磋商形成一个社会各阶层都可以接受的宏大目标。在此基础上,积极动员各项资源,设立补充政府权威的非正式组织,共同为实现这一目标而奋斗。只有这样,才能更好地提升国家的治理能力,从而实现经济发展和社会良治的目标。

对于发展中国家而言,更应从斯通的理论中汲取宝贵的启示。许多发展中国家仍然面临着经济发展落后、社会建设亟待改进等诸多难题。如何促进经济发展,化解社会转型期出现的各种社会问题,无疑是所有发展中国家都面临的挑战。为有效应对这些挑战,促进国家与社会之间的合作无疑大有裨益。

不过这一理论给予我们的最大启示还是它的权力观。权力是政治的核心,也是政治学的主要研究对象。人类文明的进步,不仅表现为韦伯式的权力的行使方式的改进,更表现在对这一权力观的摈弃,而将之重新界定为一种行动的能力。

---

① 巴林顿·摩尔:《民主与专制的社会起源》(拓夫等译),华夏出版社1987年版,第339页。
② 乔尔·米格达尔:《强社会与弱国家》(张长东等译),江苏人民出版社2009年版,第33页。

第七章　城市公共选择理论

　　公共选择理论是西方经济学的重要流派,其核心要旨是运用理性经济人的假定分析社会政治问题。詹姆斯·布坎南是其开创者,其他代表人物还有戈登·塔洛克、曼瑟尔·奥尔森、罗纳德·科斯、奥斯特罗姆夫妇、玛格丽特·列维以及罗伯特·贝茨等政治经济学家。大致可以将这一学派划分为两个发展阶段:前期,学者们仅仅从理性经济人的假定出发分析社会政治问题;后期,学者们开始将制度性因素纳入研究范围之内,理性选择制度主义也随之兴起。20世纪80年代以降,经济学家们企图用公共选择理论统一社会科学研究。与此同时,为梳理它在城市政治学和城市治理领域的研究成果,追溯城市治理理论自身范式的演进脉络也是不可或缺的。

　　从实际情况来看,城市政府的"碎片化"是美国城市治理理论演进的现实基础。传统区域主义认为行政辖区的"碎片化"往往会导致政府的低效、无能,为此,他们开出的药方是合并大都市区内的城市政府。通过批判传统区域主义和私有化方案,同时在借鉴邻里政府运动的基础上,"公共选择"学派提出了自己的城市治理理论和破解方案。查尔斯·蒂伯特、罗伯特·沃伦、罗伯特·比什、文森特·奥斯特罗姆、埃莉诺·奥斯特罗姆以及罗纳德·奥克森是运用公共选择理论分析城市治理的主要代表人物。他们先后提出了地方政府竞争模型、多中心城市治理模型以及地方公共经济等理论。在实证研究的基础上,他们还详尽地探讨了政治的碎片化和复杂组织之间的区别,界定了供应与生产的差异,发展了联合生产的概念,分析了城市的公平问题,阐述了公共企业家精神的内涵。同样,他们的理论也存在种种缺陷,并招致许多批评。

第一节　城市公共选择理论兴起的背景

自 19 世纪中叶,特别是随着第二次工业革命的开启,美国的城市化进程迅速推进。与此同时,政府改革的步伐却远远落后于社会经济发展的需要。当时的城市政府在价值理念上奉行的是"守夜人"政府的理念,推崇地方自治,在组织架构和运行机制上,城市管理体制推行的仍是不合时宜的弱市长制。结果,在大都市区内,一方面,政府的高度碎片化阻碍了城市向外扩张;另一方面,腐败盛行,政府的运行成本居高不下,"机器政治"的兴起与发展便是其最真实的写照。在实践者和理论家看来,为了消除这些弊端,需要把合并城市政府提上改革日程。基于这一认识,传统区域主义随之兴起。简言之,对这些问题和理论的反思,构成了城市公共选择理论兴起的现实背景。

一、城市政府的碎片化与腐败无能

城市政府的碎片化是指一个城市内存在许多个地方政府,这一点尤其体现在美国地方政府的制度体系之中。[①] 从功能上看,美国地方政府分为权限和服务范围较广的常规目的的政府,以及一般只履行单一职能的特殊目的的政府。前者有县、乡镇以及自治的建制市,后者有学区以及专擅其他职能的特区。据此可见,政府的碎片化有可能是指地域意义上的,在此情况下,每个地方政府对大都市区内的特定辖区享有统治权,以致在整个城市区域内不存在单一的政府单位。政府的碎片化也可能是指职能意义上的碎片化,即在城市内可能存在多个履行特殊职能的政府单位,以致不存在统一履行这些职能的单一政府。如美国城市就存在众多仅履行交通规划、消防、城市供水、住房和社区开发、学校建筑管理以及机场管理等单一职能的政府。(具体参见表 7-1)

表 7-1　美国地方政府

政府类型	数量	选任官员数量	全职雇员
县	3042	62 922	1 573 000
自治市	19 205	134 017	2 033 000

[①] 具体请参见文森特·奥斯特罗姆、罗伯特·比什、埃莉诺·奥斯特罗姆:《美国地方政府》,第 3—11 页。

续表

政府类型	数量	选任官员数量	全职雇员
乡镇	16 691	1 118 966	219 000
学区	14 741	87 062	3 347 000
特区	29 487	72 377	405 000
总计	83 166	1 475 344	7 577 000

资料来源:文森特·奥斯特罗姆、罗伯特·比什、埃莉诺·奥斯特罗姆:《美国地方政府》(井敏、陈幽泓译),北京大学出版社2004年版,第3页。

实际上,美国地方政府不仅在总数上非常庞大,而且同一类型的地方政府也存在着种种差异。在地域碎片化和职能碎片化的双重合力下,如果这些天壤有别的政府压缩在一个大都市区内,就会"形成大都市政府碎片化的'马赛克'"①。针对这一现象,有学者就指出,如同巴尔干半岛诸国林立一样,美国的地方政府也出现了"巴尔干化"。在理论上做一个假定并用图表的形式说明这一现象,或许更加形象直观。假定在一个城市内存在四个地域分化的政府单位——A政府、B政府、C政府以及D政府,同时存在四个职能分立的政府——W政府、X政府、Y政府以及Z政府。就前者而言,会出现极端的地域碎片化问题;就后者而言,会引发极端的职能碎片化问题。如表7-2所示,交叉林立的城市政府纠缠在一起就会形成一个马赛克。

表7-2 美国大都市区政府的碎片化

AW	AX	AY	AZ
BW	BX	BY	BZ
CW	CX	CY	CZ
DW	DX	DY	DZ

从实际情况来看,许多美国城市都不只有十六个地方政府,像纽约、芝加哥以及费城这样的大都市区,地方政府的数量更多。例如,1850年费城地方政府的运作就由四十个完全不同的治理机构承担:"十个市政机构、十个特殊的委员会、六个自治区、十三个镇以及一个县。"②同样,纽约也是如此。"1897年11月1日,在整合之前,大都市区的人口估计超过3 000 000

---

① 洪世健:《大都市区治理:理论演进与运作模式》,东南大学出版社2009年版,第68页。
② Chester C. Maxey,"The Political Integration of Metropolitan Communities," *National Municipal Review*, Vol. 11, No. 8, 1922, p.231.

人。……然而,就政治而言,大都市区的人口不是一个单位,而是分成了四十个区。"①在工业化大生产的初期,这些数目众多的城市政府并不能有效地履行监督市场、调节经济、管理社会和公共服务的职能,以致这一时期治理美国的首要任务都压缩在城市这一狭小的空间。不过,这一问题的出现还与美国传统城市管理体制自身的不足密切相关。

如上所述,18世纪中后期以及19世纪初,美国城市政府的内在缺陷与传统的弱市长制密不可分。对此,前文已有详述。在政党制度、选举制度以及权力制衡机制发育都不甚成熟的情况下,美国就推行了大众民主,结果必然是政客和资本家相互勾结,进行权钱交易。在城市层面,"机器政治"及其幕后的政治老板操纵了市政大权,权力寻租现象十分普遍。例如,19世纪中后期纽约市的城市老板和"机器政治"的操纵人威廉·特威德就有令人瞠目结舌的腐败之举。1868年到1871年间,"特威德为他自己以及他的狐朋狗友,鲸吞了3000万到1亿美元的公共基金"②。当时,政府运行成本居高不下,提供的公共服务却少之又少,是美国城市普遍面临的难题。这必然会引发实践者的改革和理论家的反思,当时的学者纷纷主张合并城市政府。

二、大都市合并:公共选择理论学派兴起的现实基础

随着美国经济社会的迅猛发展,地理意义上的城市也由结构比较简单的镇、县和市发展成了各种社会、政治、经济要素聚合在一起的结构复杂的大都市和区域。自19世纪中叶起,美国的许多城市也纷纷通过中心城市兼并郊区以及市县合并的方式建立起了大都市政府。对这一现象的反思,构成了传统区域主义和公共选择理论学派兴起的共同现实基础和理论缘起。

主张城市合并的改革运动自19世纪中叶发起一直延续到了20世纪70年代。首先,从方式来看,"在19世纪和20世纪早期,不管形式如何,重大的城市合并都是通过立法行动这一典型的方式实现的,而不会诉诸地方公民的投票"③。其次,从整体上看,20世纪50年代至70年代,美国西部和南部各州在合并,而中西部地区和东北部地区一战期间就停止了改革。

具体来看,19世纪中叶至20世纪20年代,市县合并与城郊兼并之风

---

① Chester C. Maxey,"The Political Integration of Metropolitan Communities," p.237.
② Dennis Judd and Todd Swanstrom, *City Politics: The Political Economy of Urban*, p.57.
③ Allan D. Wallis,"Inventing Regionalism: The First Two Waves," *National Civic Review*, Vol. 83, No. 2, 1994, p.161.

在美国非常盛行。早在 1849 年 11 月 16 日,费城就制定了合并的法律,启动了合并程序。1853 年发生的一系列骚乱为费城市的合并提供了新契机。这一年,费城议会"为费城市提出了一个新的合并法案和宪章"①。同期,还有许多城市也纷纷实施合并。"1851 年的宪制为县官员提供了赋予巴尔的摩市县地位的良机。"②随着时间的推进,巴尔的摩市也在不断地扩张。通过兼并郊区,巴尔的摩的城市空间得到大大扩张。1855 年,霍勒斯·霍斯提出了旧金山市的市县合并法案。1856 年 4 月 19 日,加利福尼亚州议会通过了该法案。为消解市政事务由县主导以及州立法机关对地方事务干预这两大弊端,圣路易斯于 1876 年通过了促成合并的《第九条款》这一宪政性草案。1897 年,通过合并奎因、斯塔滕岛、布鲁克林、布朗克斯以及曼哈顿等五个城市,形成了现在的"大纽约市"。这也"标志着北美历史上第一波'区域政府合并'达到了高潮"③。20 世纪前 20 年,丹佛、阿勒格尼与匹兹堡以及惠灵等地都先后开展了大刀阔斧的合并或兼并运动。

改革派认为,现存政府组织的碎片化往往会导致政府在提供公共服务、协作以及基础设施建设方面的低效、无能。在他们看来,在城市地区建立一个单一政府就能改善这些问题。如费城市合并之后,就在以下几个领域取得了显著的成效:"(1)骚乱很快好转;(2)自来水供应和污水处理整合到了一个独立的市政机构手中;(3)建立了大都市的公园体系;(4)大都市区的不动产显著增值。"④此外,与之前相比,政府的运行成本也得到了大大缩减。以旧金山市为例,"在合并之后,市县政府的成本由 1855 年的 2 640 000 美元下降到了 1857 年的 350 000 美元"⑤。合并的实践以及在此基础上取得的成效也构成了传统区域主义理论发展的现实基础。为了回应这些现实,公共选择学派也必须对此予以详尽的说明。

三、传统区域主义:城市公共选择理论兴起的逻辑起点

传统区域主义是对 19 世纪中叶至 20 世纪 20 年代的城市兼并与合并运动的理论说明,它又被称为"巨人政府论""统一政府学派""单一政府论"。伍德罗·威尔逊、弗兰克·古德诺以及弗雷德里克·泰勒等政治与行政学家的理论为传统区域主义学派提供了思想渊源。这一理论的代表

---

① Chester C. Maxey,"The Political Integration of Metropolitan Communities," p.232.
② Ibid., p.231.
③ 叶林:《新区域主义的兴起与发展:一个综述》,《公共行政评论》2010 年第 3 期,第 176 页。
④ Chester C. Maxey,"The Political Integration of Metropolitan Communities," p.233.
⑤ Ibid., p.234.

人物有最早提出大都市区定义的欧内斯特·伯恩斯(Ernest Burns)、切斯特·马克赛(Chester Maxey)、路德·古利克(Luther Gulick)、保罗·斯杜邓斯基(Paul Studenski)、维克多·琼斯(Victor Jones)、谢尔比·哈里森(Shelby Harrison)以及罗兰德·埃格(Rowland Egger)等理论家。

这一流派的核心观点是,城市政府的碎片化"不仅严重有悖于地方政府行政成本的节约和绩效的提升,而且还严重地阻碍了所有进步性和综合性的事业"①。总之,他们认为,"权威的碎片化以及为数众多的地方政府之间的辖区重叠被诊断为城市政府制度失败的根源"②。对此,伍德罗·威尔逊也指出,越多的分权,只会导致越多的不负责任。在城市内,多个相互重叠的政府意味着服务的重叠,这必然会提升政府的运行成本,并造成公共服务的浪费。此外,这与规模经济的要求也不相称。对此,斯杜邓斯基就指出,不可低估城市政府碎片化的负面影响。例如:"大都市区内各个政府部门名义上是大共同体的成员,而实际上却各行其是;出台令人眼花缭乱的市政服务标准和规定,将大都市区分割得支离破碎;彼此互相嫉妒攀比并且各自为政。"③奥斯特罗姆夫妇和罗伯特·比什则将传统区域主义对这一问题的诊断总结为以下八个方面:(1)无计划的发展。如果没有综合规划,在现有政府权限内指定的反映狭隘利益的规章会阻碍城市的协调发展。(2)不充足的资源基础。只有集中整个地区的资源,才能获得充足的资源。(3)缺乏管理能力和专业技能。不同辖区间权力的分割导致在每一个辖区内都缺乏充足的资源,而充足的资源是获取先进的管理能力和具有专业技能的服务人员的基础。(4)在共同问题上缺乏一致行动。管辖权的多样化与分割阻碍了为较大社区利益而采取的一致行动。(5)责任混乱。市民不清楚哪种管辖权应履行什么职能。(6)种族与社会隔离。穷人和少数族群是被迫居住在中心城市的贫民区内。(7)财政不均。富人居住的社区拥有与他们本身的需要不成比例的丰富资源。(8)财政剥削。居住在郊区的富人们经常享受中心城市的便利服务和设施却不负担相应的费用。④

总而言之,传统区域主义认为城市政府的碎片化不仅会导致政府效率

---

① 参见 Chester C. Maxey, "The Political Integration of Metropolitan Communities", p.229。
② Robert L. Bish and Vincent Ostrom, *Understanding Urban Government: Metropolitan Reform Reconsidered*, Washington, D. C.: AEI Press, 1973, p.8.
③ Paul Studenski, *The Government of Metropolitan Areas in the United States*, New York: National Municipal League, 1930, p.29.转引自洪世健:《大都市区治理:理论演进与运作模式》,第75页。
④ 文森特·奥斯特罗姆、罗伯特·比什、埃莉诺·奥斯特罗姆:《美国地方政府》,第65—68页。

下降,效力不强,而且还严重违背了公平原则。鉴于此,他们主张"一个社区,一个政府"。究其实质而言,他们根据马克斯·韦伯的官僚制理论,主张在城市建立起一个集权的统一的大都市政府,进而建立起科层制的官僚体制,以此在宏观上化解以上种种难题。

1925 年,美国政治与行政学家威廉·安德森简要地总结了传统区域主义的主要建议:"(1)每个大城市应该有一个单一的地方政府组织;(2)每个大城市的选民应该仅仅选举最重要的政策制定官员,这些官员的数量很少;(3)分权的传统应该从单一合并的地方政府单位的内部机构中予以摈弃;(4)行政职能应该与政治职能相互分离;(5)为适应官僚制原则,应该将行政机构整合为一个单一的命令结构体系。"①

对此,城市公共选择理论家认为,传统区域主义的改革主张依据的是以下两大假设:"(1)一个大型城市区中由相关个体组成的群体分享着一组共同利益,而这组共同利益将他们紧密地结合成一个单一社区;(2)只有一个单一的政府才能整合这些利益,各种地方政府单位的'割据'阻碍了大城市社区自我实现的能力。"②

四、邻里政府运动:城市公共选择理论兴起的现实基础

与此同时,20 世纪 60 年代至 80 年代,美国城市兴起了"邻里政府运动"。这一运动的核心理念是:"质疑美国较大城市的规模庞大的政府机构的绩效。"③他们发现,公民组织对大都市政府在提供警察服务、提升教育服务、清理垃圾、解决交通堵塞以及其他公共服务的表现非常不满。由此他们指出,"各个邻里的公民偏好、生活方式以及面临的问题都天壤有别。……高度集权的政府通常不能回应邻里的这些差异"④。鉴于此,这些改革者主张要还原足够小的政治单位,以使政府回归于民,确保政府能提供满足公民多样化的偏好,并透彻地掌握社会实际问题,从而更好地服务于民。

此外,合并的大都市政府在解决自身面临的问题以及回应社会问题上都显得无能为力。"有越来越多的迹象表明,在规模大、公共服务高度集中的供给体系的运行中存在严重的不经济现象。"⑤面临不断增长的城市人

---

① Robert L. Bish and Vincent Ostrom, *Understanding Urban Government: Metropolitan Reform Reconsidered*, pp.7-8.
② 文森特·奥斯特罗姆、罗伯特·比什、埃莉诺·奥斯特罗姆:《美国地方政府》,第 65 页。
③ Robert L. Bish and Vincent Ostrom, *Understanding Urban Government: Metropolitan Reform Reconsidered*, p.11.
④ Ibid.
⑤ 文森特·奥斯特罗姆、罗伯特·比什、埃莉诺·奥斯特罗姆:《美国地方政府》,第 73 页。

口,大都市政府需要雇用更多的公职人员。此外,薪水也随着人口的膨胀而增长。传统区域主义倡导的改革理念并没有实现他们所认为的规模经济。相反,"将大城市权威组织变成有限目的的准自治机构以便为较大的城市区提供特定类型公共服务的创举却取得了显著成效"①。此外,在大都市区,种族隔离现象和种族矛盾越来越严重。总之,城市的合并运动出现了"大而无效"这一令人困惑的难题。其主要表现在以下几个方面:"(1)大多数公共服务似乎极少具有规模经济;(2)完全合并不同政府单位的努力并没有取得成功;(3)市民似乎更喜欢对当地事务多一些控制而不是少一些控制;(4)大城市区不同社区的居民具有各自明显不同的利益;(5)单一的中心政府不能满足大城市区不同社区和邻里的不同偏好。"②

有鉴于此,邻里运动的倡导者提议新的改革应该确保政治单位足够小,从而使公职人员能够了解居民多样化的偏好,以此根据各取所需的原则提供个性化的公共服务。

五、批判与借鉴:公共选择理论学派的兴起

传统区域主义的理论努力以及邻里运动的改革实践为公共选择理论的兴起提供了坚实的理论和现实基础。在综合这些资源的基础上,诺贝尔经济学奖得主埃莉诺·奥斯特罗姆等经济学家指出,就大都市改革的理论而言,主要有两个传统:一是传统区域主义主张的建立巨人国政府;二是完全私有化的主张,即建立小人国政府。在埃莉诺·奥斯特罗姆看来,这两派背后蕴涵的是两种秩序观,前者代表的是托马斯·霍布斯的秩序观,后者代表的是亚当·斯密的秩序观。

埃莉诺·奥斯特罗姆认为,为分析传统区域主义秩序观,需要回到霍布斯的《利维坦》。在该书中,霍布斯论述了人类从自然状态走向社会状态、成立政府的逻辑过程。在自然状态中,人是自利而平等的,并且都有自我保存的本能。因为逐利、猜疑以及荣誉,人们便处于"一切人反对一切人的战争状态"之中,而对死亡的恐惧超过了其他一切感觉,于是为了自我保存,人们便把自我管理的权利交给主权者。这样,便形成了具有绝对权力的强势国家。她指出,其实质就是一种"单中心理论"。在她看来,主张建立单一政府的传统区域主义理论在性质上比较倾向于霍布斯的秩序观。

这一理论存在以下一些基本的预设:(1)城市公共物品和服务相对同

---

① 文森特·奥斯特罗姆、罗伯特·比什、埃莉诺·奥斯特罗姆:《美国地方政府》,第76页。
② 同上书,第80—81页。

质,相似的城市物品和服务会影响大都市区域内的所有居民;(2)城市投票者对城市物品和服务共享相对来说有类似的偏好;(3)通过单一的投票机制,投票者可以有效地评估他们对多种多样的城市物品和服务的偏好;(4)为高质量的服务提供财政支持,大辖区是必不可少的;(5)选举官员可以最好地区分城市物品和服务的类型,为实现这些目标,从而设置公共机构,决定税收收入;(6)公共机构的领导能有效控制街头官僚,这些官僚在给定预算的情况下,能够生产最高水准的公共物品;(7)街头官僚向消极的顾客递送这些物品和服务。①

这些预设的背后也暗含了传统区域主义对政府运作流程的思考,这也是西方现行代议制民主的理论预设。

奥斯特罗姆认为,在这套理论中存在四类主体:公民、当选的官员、官僚机构的领导以及街头官僚。公民从表达到实现偏好大致遵循以下流程:首先,根据自身的偏好,公民投票选举那些提出的政纲能够满足自己偏好的候选人;其次,候选人当选之后,根据选民的偏好制定一系列公共政策并分配预算、决定税率、征集税收;再次,官僚机构的领导为落实政治领导人的公共政策,根据成本效益分析的原则,将公共政策转化为公共服务,决定生产公共服务最经济的方式,并要求下属严格遵循其行政命令;最后,街头官僚忠实地执行这些命令,公民实现偏好。

对此,奥斯特罗姆指出,"投票系统表明将个人偏好转化为充分反映个人意见的集体选择是何等困难"②。出现这一现象的根本原因,就在于邻里政府运动指出的居民偏好具有多样性。"遵循集中控制的建议所实现的最优均衡,是建立在信息准确、监督能力强、制裁可靠有效以及行政费用为零这些假定的基础上的。"③由于理性存在种种限度,所以单一集权的政府不可完全知晓居民的偏好,更无法有效地将其整合起来。单一政府的规模越大,城市人口的数量越多,认知上的缺陷就越严重。在此基础上作出的决策就会存在种种局限,提供的公共服务也就不能满足居民的需求。

埃莉诺·奥斯特罗姆指出,分析后者的秩序观,需要回到亚当·斯密的《国富论》。斯密在该书中指出,只要追求自我利益最大化的个体相互竞争纯粹的私人物品,就可以实现个人的利益,也可以实现全社会的利益。

---

① Elinor Ostrom,"The Comparative Study of Public Economies," *The American Economist*, Vol. 42, No. 1, 1998, p.6.
② Elinor Ostrom,"The Comparative Study of Public Economies," p.7.
③ 埃莉诺·奥斯特罗姆:《公共事务的治理之道:集体行动制度的演进》(余逊达、陈旭东译),上海译文出版社2012年版,第13页。

与之相类似,私有化的方案认为,应该将政府压缩至最小规模,使公共物品完全市场化,由私营公司生产。它们之间的相互竞争就能最有效地满足居民的要求,从而实现帕累托最优。但是,与个体可以独享所有权和用益权的纯粹私人物品相比,许多公共物品具有非排他性(外部性),个人在不负担成本(不纳税)的情况下也可以享有政府提供的公共服务,这就会出现搭便车现象。如果所有的社会成员都搭便车的话,那么整个社会就无法有效运转。可见,个人的理性行为必然会导致集体的非理性。此外,有些资源难以划清公私产权之间的界限。例如,"对于流动性资源,比如水和渔场,就不清楚建立私有产权指的是什么了"①。就此而言,在某种程度上,公共的和私有的制度是相互依存的,不能完全区分清楚。所以,彻底的私有化的方案效果并不理想,它也不是"唯一"的解决方案。

公共选择理论对邻里政府的借鉴主要体现在对居民偏好多样性以及对小政府的认可上。总之,在批判和借鉴这些理论的基础上,公共选择理论学派提出了自己的城市治理模型。

第二节 政府竞争模型与市场模型

查尔斯·蒂伯特是最早将公共选择理论运用于城市治理研究的经济学家之一,他关注的焦点是分析公共物品的外部性问题。通过运用经济学的原理,他探讨了公民偏好的表达方式及其实现机制,以及在此基础上形成的政府收支模式。不过,这一理论模型一经问世,便遭到了罗纳德·奥克森和罗杰·帕克斯等地方公共经济学家的批评。20世纪60年代,罗伯特·沃伦推进了这一领域的研究,提出了"市政服务的市场模型"。在20世纪70年代,他又与罗伯特·比什合作,完善了这一理论模型。

一、"用脚投票":蒂伯特的政府竞争模型

蒂伯特仅仅是初步地提出了公共选择理论学派的城市治理模型,这一成果主要凝结为他于1956年发表的《地方支出的纯粹理论》一文。在该文中,蒂伯特指出,许多公共物品都由地方政府供应,联邦政府对此基本不涉

---

① 埃莉诺·奥斯特罗姆:《公共事务的治理之道:集体行动制度的演进》(余逊达、陈旭东译),第17页。

足。"从历史上来看,地方政府对这些物品的支出已经超过联邦政府的支出。"①更加重要的是,在联邦层面,政治候选人为当选就必须提出满足最大多数选民偏好的参选纲领。在实际选举的过程中,这些纲领通常总是以占多数的中间选民的偏好为基准。比较而言,在联邦政府层面,反映选民偏好的公共政策相对固定。

联邦政府与地方各级政府供应的公共物品有着天壤之别。与联邦政府的支出相比,居民对公共服务的偏好能更好地反映在地方政府的支出模式中。但是,如蒂伯特所言,地方政府的收支却比较固定。在此情况下,"消费者即投票者可能会选择最能满足其偏好模式的公共物品的社区"②。只要"社区的数量越多,它们之间的差异越大,就越能满足消费者的偏好"③。蒂伯特的理论模型被学者们概括为作为消费者的城市居民会根据付出(税收)与收益(公共服务)"用脚投票",挑选地方政府。

在此基础上,蒂伯特提出了决定地方政府结构的七大假定:(1)消费者即投票者迁徙自由,并且倾向于搬迁到最能满足自己偏好的社区;(2)消费者即投票者对各个政府的收支模式的差异了如指掌,并且会积极反应;(3)存在多个消费者即投票者可以自由选择的社区;(4)对就业机会的限制不在考虑之列,所有的人都有自己的经济来源;(5)各个地方政府供应公共物品不存在外部性问题;(6)存在最佳规模的社区,能以最低的成本提供最优的服务;(7)在最佳规模之下的社区,会试图吸引新居民以降低平均成本。④ 总之,为了吸引居民,提升社区的整体实力,地方政府就会相互竞争,优化政府结构,提升服务水平,从而提高城市治理的效率。在最优的情况下,地方政府提供的公共物品就是个人偏好的正确汇总。

在此,蒂伯特就间接地批驳了传统区域主义的理论主张,也说明了城市政府的碎片化程度与行政效率的提升和行政成本的节约成正比。(见图7-1)究其实质,他的理论是在为城市政府的"碎片化"提供理论证明。"这种理性的考虑产生了将分割性的城市地区看成是地方政府市场的观念。"⑤自此之后,包括罗伯特·沃伦在内的经济学家纷纷运用市场的模型

---

① Charles M. Tiebout, "A Pure of Local Expenditures," *The Journal of Political Economy*, Vol. 64, No. 5, 1965, p.418.

② Ibid.

③ Ibid.

④ Charles M. Tiebout, "A Pure of Local Expenditures," p.419.

⑤ 罗纳德·J. 奥克森:《治理地方公共经济》(万鹏飞译),北京大学出版社2005年版,第152页。

区分市政服务供给的最佳模式。

分割性程度 ——+——→ 地方政府竞争 ——+——→ 效率

图 7-1 蒂伯特的政府竞争模型

不过,在蒂伯特看来,有些公共物品和服务由联邦政府和州政府提供更加有效。例如,他就指出,"并非所有方面的法律执行都完全由地方政府承担"①。县治安、州警务工作以及 FBI 等职能就应整合起来由一个部门统一行使。在他看来,市政合并必须满足这一条件:"任何服务的成本都是一样的,而且它还不会减损其他服务。"②

蒂伯特的理论问世之后产生了巨大的影响。根据谷歌学术搜索、的数据,截至 2013 年 11 月 16 日 21 点,该文被引用的次数高达 11 617 次。③ 他在该文中提出的理论模型也是对碎片化的城市地区运作模式的标准解释。此后,各个领域的学者纷纷将蒂伯特的理论模型运用到实证研究中去,以此检验和发展其理论。不过,他的地方政府竞争模型也存在许多有待完善之处,这也招致了奥克森和帕克斯等经济学家的批判。

奥克森和帕克斯指出,蒂伯特的地方政府竞争模型依赖于这一假定:"成本较低的进入和退出、完全可移动的资产或者是完全的动产税。"④众所周知,房地产的价值和税率是决定居民"用脚投票"的成本的最大变量,而它基本上是不动产。在美国,对于居住在中心城市的黑人等少数族裔而言,高昂的房价是阻碍他们搬迁至郊区的最主要原因。为此,他们不得不居住在公共物品供应相对不足的中心城市。另外,对于许多族群来说,对共同体的情感认同也是决定居民选择定居地的重要原因。在实际选择定居地的过程中,许多居民往往会优选靠近本族裔成员住所的社区。可见,蒂伯特仅仅从经济学的角度分析地方政府的治理模式而忽略文化因素的重要作用,致使其理论太过单薄。

在实际情况中,蒂伯特的模型对于拥有规模可观动产的工商业企业主更具吸引力。就此而言,其模型往往会沦为增长机器。为了巩固税基,促进国土开发和经济发展,地方政府通常会采取包括降低税率、改善基础设施建设在内的各种措施,以招商引资。在这种情况下,"地方供应单位间的

---

① Charles M. Tiebout,"A Pure of Local Expenditures,"p.423.
② Ibid.
③ 谷歌学术搜索的数据,网址:http://scholar. google. com. hk/scholar? q=a+pure+of+theory+of+local+expenditures&hl=zh-CN&as_sdt=0&as_vis=1&oi=scholartsa=X&ei=526HUoS6HoPiAfMvoHYAg&ved=0CCgQgQMwAA。
④ 罗纳德·J. 奥克森:《治理地方公共经济》,第 153 页。

竞争增加了工商业公司和开发商对地方政府的影响力,但它不会有效提高现行住宅拥有者的影响力"①。在官员晋升与经济发展速度挂钩的地区,以及发展意愿非常强烈的地方,这种竞争压力会得到进一步的强化。那么,对于普通居民而言,"用脚投票"选择"退出",以激励地方政府改善公共服务就无多大实效。对此,奥克森和帕克斯指出,为提升地方政府的公共服务能力,运用阿尔伯特·赫希曼的"退出—呼吁"模型更加有效。

赫希曼认为,管理阶层通常可以通过两条途径发现企业和组织绩效的衰减,即退出和呼吁。"某些消费者不再购买企业的产品或某些会员退出组织。这是退出选择。……消费者或会员径自向管理者甚至管理者的上级,或以一般抗议的形式向任何关注他们的人表达自己的不满情绪。这是呼吁。"②这套"退出—呼吁"模型也可以改造为城市治理模型。居民有两种基本方式表达他们对地方政府提供公共物品的不满,即"退出"和"呼吁"。"退出"具体表现为居民"用脚投票",即搬离服务不佳的政府的管辖区,重新选择能够提供满足自己偏好的地方政府。"呼吁"具体表现为居民的政治参与,通过参与地方选举以及游行、示威等抗争活动,居民可以表达自己的偏好,要求地方政府提供满意的公共物品。就此而言,"当市民要获得供应方面对他们的要求的政治回应时,'用脚投票'就不能代替地方选举和政治参与。除非市民有能力对官员实行政治限制,我们不能期望地方政府间的竞争会限制供应单位向普通市民征收的税收服务价格"③。如果将蒂伯特的理论模型运用于实践,那么,最有可能的结果是地方政府沦为资本维护自我利益的工具。原因就在于,和不充分的市场竞争一样,由于购买力的悬殊,资本的力量必然会捕获市场(政治权力),使其沦为维护利益的私器。

二、市政服务的市场模型:沃伦的理论模型

罗伯特·沃伦也是早期运用公共选择理论分析城市治理问题的经济学家之一。1964年,沃伦公开发表的《大都市组织的市政服务的市场模型》一文初步提出了市政服务的市场模型理论。此后,他又与罗伯特·比什合作,进一步阐述了这一理论模型,详见《城市政府服务的规模和垄断问题》一文。

---

① 罗纳德·J. 奥克森:《治理地方公共经济》,第154页。
② 阿尔伯特·赫希曼:《退出、呼吁与忠诚——对企业、组织和国家衰退的回应》(卢昌崇译),经济科学出版社2001年版,第4—5页。
③ 罗纳德·J. 奥克森:《治理地方公共经济》,第154—155页。

沃伦也是在批判传统区域主义理论的基础上，建构起自己的理论模型的。如上所言，传统区域主义认为，城市政府的碎片化是大都市区一系列公共问题的源头，将城市内所有的政府整合为一个单一政府就能有效地解决这些难题。而且，分权的政府机构衍生出许多规模太小的政府单元，导致在市政服务生产方面不能实现规模经济。

对此，沃伦的回应是："如果政府体系是建立在自主单元之间的相互竞争的基础上，那么它的绩效可能优于或至少是与单一集权的决策制定体系相差无几。"①具体而言，沃伦试图利用市场的竞争模型建构一个大都市组织的市政服务市场模型。"通过一些外部管制，市场机制能实现有效的资源分配并满足多样化的偏好。"②他指出，与市场经济相类似，大都市区的政府组织通过竞争和分权行为就可以提升绩效。

在市政服务的市场模型中，沃伦假定，地方政府是购买市政服务的消费者。大都市由具有各自利益的社区组成。这些社区都有自己明确的边界，分散在大都市的空间内。在他看来，作为消费者，大都市区内的地方政府必然会追求以最低的成本获取最高的收益。同样，作为消费者和辖区内公共物品的生产者，居民也会根据成本效益分析力图实现自己的偏好。

传统区域主义认为，大都市区的碎片化以及随之而来的城市政府规模过小必然会导致规模不经济。对此，沃伦给出的回应是，"对服务供应的控制并不意味着它们必然由同一辖区的政府生产。因此，一个规模较小的市政机构通过区分生产和对服务供应的控制，同时利用外部生产者，也能实现规模经济"③。例如，包括消防、污水处理以及公共健康在内的公共服务都可以通过与私营公司签订购买合同或志愿者提供等形式，得到实现。

沃伦还指出，规模较大的生产者维系或增加他们在市政服务中市场份额的动机是市场模型的重要组成部分。为此，中心城区、郊区以及邻近县的政府就会通过双边或多边行动，通力合作促进如污水处理等资本密集型产业的发展，从而实现规模经济。总之，"在一个分权的制度内，服务不仅是充足的，而且在没有正式的集权政府的条件下，也能实现规模经济"④。

此外，通过分析人口的增长与偏好多样性的关系，沃伦进一步夯实了市场模型的理论基础。他指出，"随着人口的增长及其在区域内的再分配，

---

① Robert Warren, "A Municipal Services Market Model of Metropolitan Organization," *Journal of the American Institute of Planners*, Vol. 30, No. 3, 1964, p.194.
② Ibid., p.196.
③ Ibid.
④ Ibid., p.200.

在一个混合的辖区内,公民对市政服务的需求也会随之上升"①。由于个体受教育程度的不同、社会经济地位的差异以及城市土地的价值和税率的浮动等主客观条件的限制,公民的需求必定是多种多样的,异质性的偏好也会随之膨胀。所以,通过引入市场模型,促进生产者相互竞争,就能更好地提升政府的效率,满足居民的偏好。

随后,沃伦又与比什进一步阐述了市政服务的市场模型。他们指出,"私人垄断既不能有效回应消费者的偏好,也不是规范的市场控制秩序"②。同样,生产公共物品的垄断者也会遵循相似的行为规律。可见,垄断的政府也不能有效地提供公共物品。更进一步而言,像私人物品一样,公共物品的种类也是非常庞杂,性质也有差别。既然在市场中,这些在性质上千差万别的私人物品由无数厂家生产,那么,"由于政府提供的物品和服务在性质上迥然有别,所以对公民需求的有效评估也应该由不同规模的政治单位承担"③。这样,城市政府的碎片化不仅可以满足公民多样化的偏好,而且由于竞争性它们还会保持高效率。

在此基础上,沃伦和比什进一步指出,主张合并的实践改革家和传统区域主义理论家忽视了单一政府垄断公共物品生产的严重后果。为此,他们还提出了替代性的制度,例如私营部门生产公共物品、政府合作提供公共服务、非营利组织的慈善行为以及居民个人的志愿服务都能获得与大规模组织所能获得的类似效益。更加重要的是,这些生产形式不会形成垄断结构。总之,他们从各个方面论证了碎片化的政府体系的行政效率,否定了传统区域主义主张的合并思想。

第三节 多中心的城市治理模型

1961 年,文森特·奥斯特罗姆、查尔斯·蒂伯特以及罗伯特·沃伦在《美国政治学评论》发表了《大都市区的政府组织:一种理论的探讨》一文。在该文中,三位经济学家首次提出了多中心的城市治理模型。这"是一个初步的努力,旨在探索多中心政治体制在治理大城市地区方面的潜力"④。

---

① Robert Warren, "A Municipal Services Market Model of Metropolitan Organization," p.198.
② Ibid., p.106.
③ Ibid., pp.104-105.
④ 文森特·奥斯特罗姆、查尔斯·蒂伯特、罗伯特·瓦伦:《大城市地区的政府组织》,载迈克尔·麦金尼斯主编:《多中心体制与地方公共经济》(毛寿龙、李梅译),上海三联书店 2000 年版,第 43 页。

自此之后，埃莉诺·奥斯特罗姆等经济学家系统地阐述了多中心的城市治理模型。在研究过程当中，他们界定了"多中心"的内涵，详尽区分了供应与生产，研究了劳动密集型公共物品的生产与资本密集型公共服务的生产之间的差异，提出了合作生产的概念，探讨了生产组织的设置标准，并对警务、消防以及教育等领域进行了实证研究。

一、多中心秩序

上文在论述埃莉诺·奥斯特罗姆批判大都市改革的两种传统时，已经简要概述了亚当·斯密的市场秩序观和托马斯·霍布斯的主权国家秩序观。对它们的批判也构成了公共选择理论学派发展多中心秩序观的理论起点。在此基础上，文森特·奥斯特罗姆利用"朝圣山学会"的重要代表人物迈克尔·波兰尼首次诠释的"多中心"概念，提出了自己的多中心秩序观。对这一秩序观的阐述，也构成了发展多中心城市治理模型的哲学基础。

波兰尼在《自由的逻辑》一书中区分了两种社会秩序，即指挥秩序和多中心秩序。指挥秩序又称设计的秩序，它是一种单中心的秩序。在这一秩序中，存在一位发号施令的终极权威，所有的社会关系都通过上下级绝对的命令与服从关系进行"协调"和运转，以期实现自身的整合与分化。"这种秩序在理论上有严重的局限，除非其终极权威为无所不知的观察家所行使，而所有下级都完全听从指挥。"[1]然而，由于理性的局限，任何人都不可能掌握绝对的真理，所以，在这套秩序中，希冀最高决策者依靠自己有限的知识对一切重大政治经济社会问题作出正确的决定，必然会引发包括指挥失灵、信息扭曲以及决策失误在内的种种社会问题。

多中心秩序是与指挥秩序相对的一种社会秩序。在这种秩序之中，存在多个可以自由地追求自我利益的行为主体。他们相互独立，但又相互调适，并受特定的规范制约。在一般性的规则体系之中，他们能够调适相互之间的关系。在波兰尼看来，一般性规则体系是多中心秩序的总体框架。波兰尼对多中心秩序的界定与"朝圣山学会"的另一健将哈耶克提出的"自发秩序"基本同义。"自发意味着多中心体制内的组织模式在**个人有动机创造或者建立适当的有序关系模式**的意义上将自我产生或者自我组织起

---

[1] 文森特·奥斯特罗姆：《多中心》，载迈克尔·麦金尼斯主编：《多中心体制与地方公共经济》(毛寿龙、李梅译)，第77页。

来。"①因此,多中心秩序在本质上是自生自发的,它强调自我组织。在这种秩序观的指引下,组织社会关系并使之结构化、制度化,就形成了多中心体制。

文森特·奥斯特罗姆具体探讨了决定大都市区的治理模式构成多中心体制的条件。在他看来,"这取决于规则制定和规则实施的各个方面能否在多中心结构中运行"②。他首先研究了决定一般性的多中心体制是否具有效率的条件。他指出,并非所有的多中心体制都是富有成效的。一套多中心体制的有效性取决于以下三个必要条件:"一是不同政府单位与不同公益物品效应的规模相一致;二是在政府单位之间发展合作性的安排采取互利的共同行动;三是有另外的决策安排来处理和解决政府单位之间的冲突。"③第一个条件分析的是进出多中心体制的条件。就公共物品的生产而言,由于它具有非排他性,这就决定了自发原则实现的前提条件是存在促成居民参与公共组织并承担相应收益成本的激励因素。第二个条件探讨的是实施一般性行为规则的条件。保证行为主体有足够的动力去遵循并实施一般性的行为规则,是确保为多中心体制提供法律架构的组织充满生机的前提。第三个条件研究的是制定并适时调整更高层次冲突的行为规则体系。这些规则以及实施这些规则的组织是确保多中心体制有效运行的宏观框架。

随后,文森特·奥斯特罗姆还进一步说明了市场体制、司法决策、宪政、政治领导选择和政治联盟组织以及公共服务经济等五个领域都存在多中心的体制。以市场体制的多中心为例,"自亚当·斯密以来,市场体制就被看成自发或者多中心的秩序"④。经研究,文森特·奥斯特罗姆发现,这些存在多中心秩序的领域拥有一个共同点,即不存在一位可以垄断所有决策的决策者。"只要没有一组决策者能够单独控制所有决策结构,大城市地区的治理就能够在多中心政治体制中出现。多中心不仅限于市场结构,而是能够向各种政治过程的组织扩展,这意味着它能够应用于一般的政治过程。"⑤就此而言,在大都市区同样存在一个城市治理的多中心体制。

---

① 文森特·奥斯特罗姆:《多中心》,载迈克尔·麦金尼斯主编:《多中心体制与地方公共经济》(毛寿龙、李梅译),第 78 页。黑体为文森特·奥斯特罗姆所加。
② 同上书,第 77 页。
③ 同上书,第 70 页。
④ 同上书,第 79 页。
⑤ 同上书,第 95 页。

二、公共经济与公共服务产业：不同类型公共物品的供应与生产

任何一种秩序的有效运转，都需要在理论上说明它在运转的过程中产生的收益与成本如何分配。以奥斯特罗姆夫妇为代表的公共选择理论学派从经济学的角度为多中心的秩序提供了逻辑论证。就城市治理而言，如何有效组织公共物品的生产以及在此基础上形成的城市组织结构是他们需要说明的关键问题。对这一问题的分析，也构成了公共经济的核心研究对象。奥斯特罗姆夫妇最先提出公共经济的概念。对于这一关键问题，他们也做了深入系统的研究。

公共经济是一种既不同于政府垄断经济，也有别于市场经济的混合经济。政府、私营企业、非营利性社会组织以及居民个人等性质各异的行为主体都是其参与者。公共经济有着自身独特的内在运行逻辑，其生产、交换和消费的公共物品迥异于市场经济生产的私人物品。对公共物品性质的说明，在一定程度上可以帮助我们厘清公共经济的运行基础。

公共物品与私人物品的差异主要体现在以下三个方面："(1)公共物品源于控制间接后果、外部效应或者溢出效应的努力；(2)要提供公共物品是因为某些物品和服务是不可分的；(3)公共物品构成了社群事务所偏好状态的维持。"①就第一点而言，它主要指涉的是公共物品的非排他性问题。许多公共物品只要生产出来，任何公民都可享受其带来的收益而不管他是否为此负担了成本，典型的例如国防。就第二点而言，它主要探讨的是公共物品的共用性问题。某一主体在享用具有共同性的公共物品时，不能阻止其他主体同时也享用这一物品。而不具有共用性的公共物品，则可排除与他人共享，例如燃气、自来水以及电能等。根据排他性与共用性的组合，就可以划分出四类公共物品（见表7-3）。

表7-3 四种类型的公共物品

既具排他性又有共用性的物品	无排他性但有共同性的物品
有排他性但无共用性的物品	既无排他性又无共用性的物品

就第三点而言，它主要是基于这一价值预设，即权力是保障权利的手段，具体表现为政治共同体必须根据公民的偏好提供公共物品。但是，在实际情况中，很难制定确切的评价指标去衡量公共物品是否满足所有公民

---

① 文森特·奥斯特罗姆、查尔斯·蒂伯特、罗伯特·瓦伦：《大城市地区的政府组织》，第43页。

的偏好。更加重要的是,"衡量公益物品和服务的困难意味着政府官员在监督公共雇员的绩效方面也有困难"①。简而言之,公共物品通常很难衡量。此外,在随后的研究过程当中,奥斯特罗姆夫妇还提出了公共物品的第四个特性,即居民对公共物品的选择一般都存在种种限度。许多公共物品的非排他性以及共用性的特点,决定了"个人可能被迫消费对其具有消极影响的共同物品"②。例如,居民不得不消费交通拥堵、空气污染等具有负外部性的公共物品。

公共物品的这些特性决定了其生产不同于私人物品的生产。市场经济就可以生产个体能够独享所有权和用益权的私人物品,但是公共物品并不能简单地通过市场生产。对此,早在两千多年前,亚里士多德就指出:"一件事物为愈多的人所共有,则人们对它的关心则愈少。任何人主要考虑的是他自己,对公共利益几乎很少顾及,如果顾及那也仅仅只是在其与他个人利益相关时。"③经过曼瑟尔·奥尔森等经济学家的进一步阐发,这一问题便凝结为公共物品的"搭便车"难题。强制性的制裁手段或者完全的市场化方案并不能有效地化解这一难题。因此,就必须建构出一套能够解决这一难题的组织模式和制度安排。

对此,文森特·奥斯特罗姆和蒂伯特等经济学家首先认识到了区分公共物品的生产与供应对于设置城市组织体系的重要性。"公益物品和服务的供应与其生产相区分,开启了最大的可能性,来重新界定其公共服务经济中的经济职能。在服务供应方面,根据绩效标准可以维持公共控制,同时还允许在生产公共服务的机构之间发展越来越多的竞争。"④通过区分供应与生产,公共选择理论学派就重新界定了政府的职能,并为多中心的城市治理体系提供了理论证明。在他们看来,地方政府的首要职责不是直接生产公共物品,而是聚合公民的偏好,即在公共政策的输入端满足公民的需求。在这一过程中,地方政府可以根据公民的偏好决定公共物品多样化的生产形式。由此,在生产方面,就引入了促进效率的准市场竞争机制。"随着生产方面半市场条件的发展,市场组织的灵活性和回应性大多可在公共服务经济中得以实现。"⑤一旦这种竞争性的生产安排落到了实处,城

---

① 文森特·奥斯特罗姆、埃莉诺·奥斯特罗姆:《公益物品与公共选择》,载迈克尔·麦金尼斯主编:《多中心体制与地方公共经济》,第105页。
② 同上书,第103页。
③ 亚里士多德:《政治学》(颜一、秦典华译),中国人民大学出版社2003年版,第33页。
④ 文森特·奥斯特罗姆、查尔斯·蒂伯特、罗伯特·瓦伦:《大城市地区的政府组织》,第58页。
⑤ 同上书,第60页。

市政府就承担了一个新的公共职能,即监督生产的成本和收益。通过对生产过程进行适当的控制,这一安排还可以"利用规模经济,以生产大城市地区的公共服务,同时还以地方性社群身份的政治责任为基础为更加基层的社群提供非常多种多样的公共服务"①。

此外,罗伯特·比什和文森特·奥斯特罗姆还区分了劳动密集型的公共物品以及资本密集型的公共物品。他们指出,"在这一意义上的公共服务是资本密集型的公共服务,即很大一部分资本都投入在了物质性的工厂身上。这类公共服务最好由大规模的组织负责生产"②。例如,交通基础设施、自来水供应系统以及污水处理系统就是典型的资本密集型公共物品。这类公共物品具有规模经济效益。它们最好由一个单一的机构全权负责生产。与资本密集型的公共物品相对的是劳动密集型的公共物品。例如,警务人员与居民的关系以及师生关系就深刻地影响了居民对这些服务的公民评估。在随后的研究过程中,他们进一步指出,"与资本密集型产业相比,劳动密集型产业包含着其雇员与其所服务的人口的高比例。……当生产这种服务的组织变得越来越大时,在管理能力上的投资就必须越来越大,由于管理成本过多而导致的规模不经济就会开始出现"③。所以,这类公共物品就应由相互竞争的生产单位生产。

随后,奥斯特罗姆夫妇还进一步探讨了公共经济的组织形式。为此,他们区分了集体消费单位和生产单位(见表7-4),并探讨了两者之间的关系。集体消费单位和生产单位以及两者形成的错综复杂的关系构成了公共服务产业。集体消费单位主要是指,聚合居民偏好并且购买公共物品的政府。垄断强制力合法使用权的政府必须杜绝公共物品的"搭便车"现象以及不合作问题。为此,它需要制定所有社会成员都必须遵守的规则,来公平地分配集体行动产生的收益和成本。作为买方的消费者有责任和动力监督生产效率。

生产单位主要是指具体负责生产公共物品的主体,它既可以是政府、也可以是私营企业,还可以是非营利的社会组织。具体的生产方式主要有六种:"(1)经营自己的生产单位;(2)与私人公司签约;(3)确立服务的标准,让每一个消费者选择私商,并购买服务;(4)向家庭签发凭单,允许它们

---

① 文森特·奥斯特罗姆、查尔斯·蒂伯特、罗伯特·瓦伦:《大城市地区的政府组织》,第61页。
② Robert L. Bish and Vincent Ostrom, *Understanding Urban Government: Metropolitan Reform Reconsidered*, p.27.
③ 文森特·奥斯特罗姆、罗伯特·比什、埃莉诺·奥斯特罗姆:《美国地方政府》,第100页。

从任何授权供给者购买服务;(5)与另外一个政府单位签约;(6)某些服务由自己生产,其他服务则从其他管辖单位或者私人企业那里购买。"①

表 7-4 集体消费单位与生产单位

集体消费单位	生产单位
一般来说,它是一个表达和综合其选民之需求的政府	可能是一个政府单位、私人的营利性企业、非营利性的机构或者自愿协会
拥有强制性的权力来获得资金以支付公共服务费用,并管理消费模式	综合生产要素并为特定的集体消费单位生产物品
向生产公益物品的生产者付费	从集体消费单位获得支付以生产公益物品
收集用户意见,并监督生产单位的绩效	向集体消费单位提供有关成本以及生产可能性的信息

资料来源:文森特·奥斯特罗姆、埃莉诺·奥斯特罗姆:《公益物品与公共选择》,载迈克尔·麦金尼斯主编:《多中心体制与地方公共经济》(毛寿龙、李梅译),第111页。

奥斯特罗姆夫妇指出,提升公共服务产业的绩效需要解决以下三大难题:融资、用途管理以及联合生产。生产任何物品都需要一定的成本,公共物品也不例外。在市场中,私人物品的交换总是以一定的财务安排为基础。然而,在公共领域中,公共物品的生产者、供应者以及消费者造就的复杂财务安排总是与服务安排不相称。"通过别无选择的征税过程来为大多数公益物品和服务融资,就难以确定最优水平的支出。"②针对这一难题,他们指出适用于市场经济的财政平衡原则也适用于公共经济。这一原则强调"谁使用,谁付费"。换言之,公共物品的具体消费者必须承担相应的成本。

由于存在一些既具排他性又无共用性的公共物品,所以在公共物品总量有限的情况下,使用者越多越会妨碍其他使用者对它们的使用。"在这些情况下,公益物品的提供取决于依靠特定的规则体系根据需求来分配供给,这一规则体系考虑到供给的条件,也考虑到用途的类型。"③这就涉及根据公共物品的类型和供给条件,为使用者设置一定的门槛。集体消费单位需要根据公共物品的类型,实施用途管理。

---

① 文森特·奥斯特罗姆、埃莉诺·奥斯特罗姆:《公益物品与公共选择》,第113页。
② 同上书,第116页。
③ 同上书,第119页。

联合生产也是提升公共服务产业系统的效率需要解决的重大问题,自奥斯特罗姆夫妇1977年在《公共物品和公共选择》一文中首次提出这一概念之后,许多理论家相继阐发了这一概念。甚至可以说,它在一定程度上左右了20世纪80年代初期至80年代中期公共选择理论学派理论家们的学术研究方向。因此,鉴于这一概念的重要性,很有必要另辟一节单独对其进行详尽的论述,具体见下一节。

三、多中心的城市治理

如上所述,文森特·奥斯特罗姆曾指出,在城市中也存在一个多中心的体制,但并未对此做详尽的论述。众所周知,与其他空间相比,城市空间凝聚了更多的公共事务。自然地,它也成为考察多中心秩序观是否有效的关键场域之一。对此,多中心的城市治理模式强调生产主体的多元化。

为了说明多中心理论与大都市区治理的内在契合性,文森特·奥斯特罗姆首先引用了19世纪法国思想家托克维尔对美国地方政治生活的说法。托克维尔指出,表面看似混乱不堪的美国地方公共生活,本质上暗含了宝贵的地方自治精神。为此,托克维尔还进一步区分了"公民为自己做事"以及"政府能够管理当地事务"之间的区别,并在此基础上详细比较了以法国为代表的单中心结构和以美国为代表的多中心结构的差异。最后,文森特·奥斯特罗姆借托克维尔之口说道:"美国人利用了多中心的权威,依靠选举和协调的方法来解决公共权威之间的冲突,而不是利用单一的命令性的等级制。"[1]

文森特·奥斯特罗姆发现,对大都市区内涵的界定并没有一个公认的定义。这既反映了"语言的问题",也反映了"取向的分歧"。对此,文森特·奥斯特罗姆主要是以大都市区的中心城区和郊区的政府组织形式的差异为蓝本,考察大都市区的治理结构。他指出,许多城市中心城区的政府通常施行高度一体化的治理模式,并且它们还为居民提供大量的公共物品和服务。与之相对,郊区的政府组织体系在很大程度上接近于多中心的治理模式。

在社会经济条件、小区人口密度以及空间位置类似的条件下,通过比较中心城区与郊区政府治理模式的差异,文森特·奥斯特罗姆发现了四条

---

[1] 文森特·奥斯特罗姆:《多中心治理与大城市地区治道》,载迈克尔·麦金尼斯主编:《多中心体制与地方公共经济》,第154页。

反映差异的定理①：

定理一：高度的多中心或者分散与大城市地区不同部分在服务质量和服务水平差距正相关。

定理二：高度的多中心或者分散与种族隔离和社会阶级隔离正相关。

定理三：高度的多中心或者分散会导致公共服务提供成本的提高。

定理四：高度的多中心或者分散导致中心城市和郊区之间财政资源和负担的不平等分配。

就定理一而言，文森特·奥斯特罗姆指出，事实与之截然不同。由于个人偏好的差异，居民往往会"用脚投票"选择那些能更好地满足自己偏好的辖区。各个辖区在税收和财政方面的差异与竞争会进一步强化这一流动趋势。

对于定理二，他同样也不认可。在大都市区，由于存在多个辖区，所以居民可以通过"用脚投票"表达偏好。他指出，虽然种族偏见确实会形塑居民的偏好，但是它完全可以通过"用脚投票"表达这一偏好。实际上，与政治辖区相比，包括住房以及其他不动产在内的其他因素对种族隔离的影响更大。于是，为了缓解种族隔离，关键是对住房等因素进行控制。

对于定理三，他也给出了否定的理由。前文已经述及，传统区域主义主张合并的一个重要理由就是合并能实现规模经济。但是，公共选择理论学派指出规模经济因消费要素、生产要素以及公共物品和服务的种类差异而迥然有别。

对于定理四，他指出："高水平的支出并不必然与高水平或者高质量的服务或者高水平的公民满意度相关。"②例如，包括芝加哥在内的许多大都市政府在警察服务上都向包括黑人社区在内的穷人社区倾斜，但是，这些社区的犯罪率仍居高不下。

这四条定理实际上也是主张单中心秩序的理论家对公共选择理论学派的批评。如前所述，在反思大都市改革的两大传统时，埃莉诺·奥斯特罗姆等经济学家已经对此有所回应。随后，埃莉诺·奥斯特罗姆还为多中心的城市治理模型提供了新的理论依据，即以下八条替代性定理。③

替代定理一a：城市政府单位规模的增长是否与较高的人均产出、更有

---

① 文森特·奥斯特罗姆：《多中心治理与大城市地区治道》，第164—165页。
② 同上书，第165页。
③ 埃莉诺·奥斯特罗姆：《大城市改革的两个传统》，载迈克尔·麦金尼斯主编：《多中心体制与地方公共经济》，第195—196页。

效的服务提供、受益人间更平等的代价分配相关,这取决于所考查的公益物品或者服务的类型。

替代定理一b:城市政府单位规模的增长与地方官员责任下降、公民参与下降相关。

替代定理二:城市政府单位规模增长与作为组织原则的等级制更多的使用相关。

替代定理三a:在大城市地区内公共机构数量的减少是否与更多的人均产出、更有效的服务提供和受益人间更平等的代际分配相关,取决于所考查的公益物品或服务的类型。

替代定理三b:大城市地区公共机构数量的减少与公共官员责任的减少有关。

替代定理四:大城市地区内公共机构数量的减少会增加在大城市地区内对等级制组织原则的依赖。

替代定理五a:大城市地区增加对等级制组织原则的依赖是否与较高的人均产出、较有效的服务提供有关,取决于所考查的公益物品或者服务的类型。

替代定理五b:大城市地区增加对等级制组织原则的依赖与公民参与的减少和公共官员责任的减少相关。

对于替代定理一a,如上所述,以奥斯特罗姆夫妇为代表的公共选择理论学派已经指出,对于资本密集型公共物品来说,由单一的大规模组织进行生产更有效率。"许多中等规模的警察服务就是资本密集型的,在大的生产单位中,就能实现规模经济。"①与之相对,劳动密集型的公共物品就应由中小规模的组织承担生产。"在直接生产服务方面,中小规模的警察机构就更有效率。"②这一解释也适用于替代定理三a和替代定理五a。

对于替代定理一b,可以从政府垄断以及规模与民主之间的关系这两个角度出发予以说明。在霍布斯式的单中心秩序中,就国家与社会的关系而言,国家的力量通常会远远强于社会的力量。所以,社会就没有足够的力量向国家表达自己的需求并要求国家予以有效回应。具体落实到垄断了暴力合法性使用权的政府层面就是,政府官员没有足够的压力去回应居民的诉求。就公民的参与而言,与在小规模的政府组织中的公民参与相比,在超大规模的政府组织中,个体居民的参与效能感必然会大打折扣,因

---

① Elinor Ostrom,"The Comparative Study of Public Economies," p.10.
② Ibid., p.12.

而必然会弱化他们的参与动机。"较小社群选择的官员更可能生活在地方性社群中,因此了解特定社群的需要和利益,也更易于接受服务的要求。"①同样地,这一说明也适用于替代定理三 b 和替代定理五 b。

替代定理二背后的理据一目了然。众所周知,在科层化的官僚体制中,上下级的关系是命令与服从的关系。这种关系本质上是一种等级制,组织规模越大,等级制越严格。与之相对,在小规模的扁平化政府单位中,由于行政层级少,所以等级关系相对松散。这些也是对替代定理四的理论解释。

总之,可以将多中心城市治理模式中诸变量之间的关系简化,如图 7-2 所示:

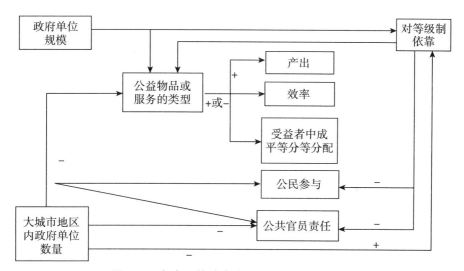

图 7-2 多中心的城市治理模式的变量关系图

资料来源:埃莉诺·奥斯特罗姆:《大城市改革的两个传统》,载迈克尔·麦金尼斯主编:《多中心体制与地方公共经济》(毛寿龙、李梅译),第 196 页。

以埃莉诺·奥斯特罗姆为代表的经济学家还具体分析了大都市区的警察服务、公共教育以及消防等公共物品的供应与生产。对这些领域的研究也进一步佐证了他们的观点。在此,具体以警察服务为例予以说明。总体而言,他们指出,"小部门里正式的沟通和控制更容易实现。可以认为,较大的内部控制的可能性以及较多的公民—官员互动机会,可以更好地把

---

① 埃莉诺·奥斯特罗姆、戈登·惠特克:《社群控制之意义》,载迈克尔·麦金尼斯主编:《多中心体制与地方公共经济》,第 231 页。

公民的需求转变成警察服务"①。与在规模庞大的警察机构相比,在规模较小的警察机构中,公民和警务人员对彼此比较了解,因而拥有彼此更多的信息。居民也更有能力表达自己对治安的服务需求,整个社群也更有能力控制警局。与此同时,警察对公民的偏好也有更好的了解。此外,公民对警员的认知程度和支持程度也有相应的增加,从而有利于提升警察的产出水平。警察组织内部上级对下级的控制能力也有所增强。(见图7-3)

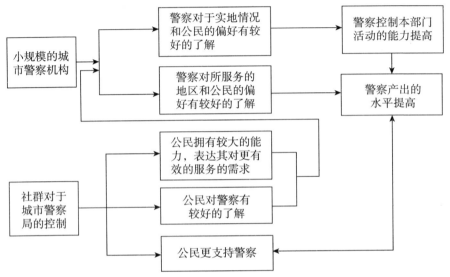

图7-3 小规模机构与社群控制之间的关系(以警察服务为例)

资料来源:埃莉诺·奥斯特罗姆、戈登·惠特克:《社群控制之意义》载迈克尔·麦金尼斯主编:《多中心体制与地方公共经济》(毛寿龙、李梅译),第234页。

文森特·奥斯特罗姆指出,决定多中心体制有效的第三个条件是,是否存在一套制度安排来解决政府之间的冲突。因此,为了说明多中心城市治理模式的有效性,就必须说明那些制度安排能够处理城市内各个政府之间的冲突和矛盾。可见,多中心城市治理必然会涉及协调府际关系。地方政府之所以会存在冲突主要是因为它们之间存在税收竞争与合作问题。文森特·奥斯特罗姆等人区分了两种基本形式的税收竞争。"其一是竞争相同的税基;……其二是邻近的辖区保持低税率以竞争需求的产业或居民。……邻近辖区之间的税收竞争促使许多地方政府官员对增税进行反

---

① 埃莉诺·奥斯特罗姆、戈登·惠特克:《社群控制之意义》,载迈克尔·麦金尼斯主编:《多中心体制与地方公共经济》,第232页。

思,因为增税会减弱本地居民或商人相对于邻近居民或商人的竞争力。"①在实际的政府运作过程中,大多数城市都存在性质各异的正式和非正式的制度安排,去处理辖区之间的冲突。在大都市区,主要存在两种处理冲突的正式制度安排:其一是法院,"基本依赖法院来解决地方政府单位之间的冲突,无疑反映了通过高层次决策者来使外部控制成本最小化的努力"②。其二,城市政府还可以利用更高层次的政府,来处理彼此之间的纠纷。此外,各个城市政府的官员也会就冲突进行管理,通力合作。

综上所述,可以将多中心的城市治理模式概括如下。包括奥斯特罗姆夫妇在内的公共选择理论学派首先根据公共物品是否具有排他性和共用性,划分了四类公共物品。在此基础上,他们又进一步细分了资本密集型公共物品以及劳动密集型公共物品。此外,他们还详尽地区分了供应和生产。在多中心的城市治理模式中,居民向地方政府表达偏好,形成公共物品的供应链。随后,根据公共物品的类型决定是选择由规模庞大的组织负责生产,还是由规模较小的组织或个人负责生产。具体存在上文提到的包括政府直接生产、与私营公司签约外包以及特许经营在内的六种生产形式。此外,居民可以"用脚投票"选择最能满足自己偏好的辖区。作为消费者,地方政府也会监督生产,促进生产单位提高效率。也就是说,他们并不是否定所有规模庞大的组织体系和单中心秩序,而是公共物品的类型决定了生产者的规模和生产形式。在这一多中心的体制中,地方政府由于相互竞争税收等原因,也会发生冲突。因此,需要一套正式或非正式的制度安排处理这一冲突。正式的制度安排主要有法院以及更高层级的政府,非正式的安排有地方政府官员之间的相互协调。

第四节 联合生产

奥斯特罗姆夫妇率先提出了联合生产的概念,并进行了实证的案例研究。此后,包括理查德·里奇、伊莱恩·夏普、戈登·惠特克、杰弗里·布鲁德尼、罗伯特·英格兰、斯蒂芬·佩尔西、拉里·凯泽、查尔斯·莱文以

---

① Robert L. Bish and Vincent Ostrom, *Understanding Urban Government: Metropolitan Reform Reconsidered*, p.53.
② 文森特·奥斯特罗姆、查尔斯·蒂伯特、罗伯特·瓦伦:《大城市地区的政府组织》,第63页。

及格伦·费希尔在内的众多学者都先后探讨了这一概念。他们从不同的角度界定了联合生产的内涵,研究了联合生产的具体组织形式,分析了联合生产兴起的原因,检测了联合生产的实效。对这些问题的学术研究,也进一步完善了公共选择理论学派的城市治理理论。

一、联合生产的内涵

如上所言,在《公共物品和公共选择》一文中,奥斯特罗姆夫妇在探讨根据公共物品的类型和性质决定生产的组织形式时,首次提出了联合生产的概念。在他们看来,"如果我们能够,那么在公共经济中运作的政府单位、公共机构和私人企业之间的关系可以通过组织间安排的方式来进行协调。在这种情况下,组织间安排也会表现出类似于市场的特色,并且在行为上表现得愿意提高效率和纠正错误"①。由此不难看出,他们仅仅是从不同生产主体之间的关系的角度粗略地提出了联合生产的概念,并未对此进行深入的研究和系统的阐发。当然,绝不可低估这一研究的价值。这主要是因为,在此之后,许多学者纷纷把学术兴趣转向了研究公民参与在提升公共物品和服务产出效率中的重要影响。

奥斯特罗姆夫妇领衔的印第安纳大学政治理论与政策分析研究中心主要是从经济学的角度,界定联合生产的内涵。首先,这一学术共同体区分了两种生产者:消费者生产者和常规性生产者。前者生产公共物品的目的是为了消费;后者是为了交换而生产公共物品,如官员为了获取民意支持,争取再次当选而积极生产公共物品。就此而言,地方政府机构一般也是常规生产者。"联合生产就是消费者生产者和常规性生产者承担生产物品或服务的任务。"②与他们的界定相类似,拉里·凯泽也认为联合生产就是消费者生产和常规性生产的混合。他认为,"联合生产被界定为公民和政府机构生产相同的结果"③。

另外一些理论家则从更广义的角度出发界定联合生产的内涵。例如,戈登·惠特克就认为三种广泛的活动共同构成了联合生产:"(1)公民需要公共机构的协助;(2)公民向公共机构提供援助;(3)公民和机构互动以调

---

① 文森特·奥斯特罗姆、埃莉诺·奥斯特罗姆:《公益物品与公共选择》,第121页。
② Stephen L. Percy, "Citizen Participation in the Coproduction of Urban Services," *Urban Affairs Review*, Vol. 19, No. 4, 1984, p.433.
③ Larry L. Kiser, "Toward an Institutional Theory of Citizen Coproduction," *Urban Affairs Review*, Vol. 19, No. 4, 1984, p.486.

整各自对服务的预期和行动。"①第一种活动主要是指公民根据实际需要主动要求政府提供特定的公共物品和服务,例如社会治安、失业保障和消防。第二种活动主要是指为了提升公共机构的产出,公民主导或协助他们共同参与到公共物品的生产活动中去。例如,公民与警务人员的治安联防。惠特克指出,联合生产是公民的自愿行为,对强制的服从和基于传统形成的习惯而参与生产,并不属于联合生产。"如果公民是由于担心他们的拒绝会招致国家的报复,或是由于他们的行为习惯,而使自己的行动与追求公共服务的目标相一致,那么,他们的行动并不构成合作。"②第三种活动主要是指公民与公职人员的相互合作、相互调适。

伊莱恩·夏普对联合生产的内涵的界定与惠特克的界定大同小异。在他看来,联合生产这是这样一种生产模式:它强调公共物品是公民参与和政府官员互动的结晶。"实际上存在多种类型的符合联合生产模型的公民活动。其中之一也是最明显的是公民直接协助地方官员的活动。"③例如,居民参与巡逻以改善社区治安、预防犯罪的自愿行为。

经研究,斯蒂芬·佩尔西发现,学术界对联合生产的概念可谓见仁见智。在梳理包括奥斯特罗姆夫妇在内的学者对这一概念的界定之后,他指出,美国学术界对联合生产的具体内涵并没有达成共识。他们只是对此达成了基本的共识,即"公民参与对许多市政服务的有效供应是至关重要的"④。

与佩尔西不同,在综合各家之言的基础上,杰弗里·布鲁德尼和罗伯特·英格兰指出存在一个各方都能接受的界定。布鲁德尼和英格兰主要是从以下五个方面来探讨联合生产的内涵的:参与是否能够强化公共机构的回应性;参与是积极的还是消极的;参与是自愿的行为还是被迫强制的;参与产生的后果是正面的还是负面的;参与的主体是个人还是集体。最后,他们指出,"联合生产是在城市服务的递送过程中,由公民活动或参与构成(而不是对官僚机构的回应)。这些结果对服务递送模式有积极的影响。联合生产源自公民积极的自愿性行为"⑤。在联合生产的过程中,集体行动比个人的参与更重要。根据参与主体的差异,他们区分了三种类型的

---

① Gordon P.Whitaker,"Coproduction:Citizen Participation in Service Delivery," *Public Administration Review*, Vol. 40, No. 3, 1980, p.242.
② Ibid., p.243.
③ Elaine B. Sharp, "Toward a New Understanding of Urban Services and Citizen Participation: The Coproduction Concept," p.111.
④ Stephen L. Percy, "Citizen Participation in the Coproduction of Urban Services," p.434.
⑤ Jeffrey L. Brudney and Robert E. England, "Toward a Definition of the Coproduction Concept," *Public Administration Review*, Vol. 43, No. 1, 1983, p.63.

联合生产：个人、群体或正式的组织直接参与公共物品和服务的生产过程。简言之，联合生产的核心内涵就是公民以个体或以组织的形式积极自愿地参与到公共物品和服务的生产之中去，并产生了有益的结果。

二、联合生产的优越性及其实效检测

总体而言，公共选择理论学派的理论家们主要是从公民参与联合生产的效率、效益、回应性以及服务递送的质量等四个方面说明联合生产的优越性。对此，也有一些学者根据实证研究提出了不少反对意见。

理查德·里奇是继奥斯特罗姆夫妇之后，首位系统研究联合生产的经济学家。里奇研究方法的特点就在于他是从邻里政府运动的大背景出发，考察邻里组织在"城市服务递送"中的作用，兼而论及联合生产的。20世纪六七十年代，邻里政府运动在美国城市中开始兴起。这一运动强调邻里组织积极向城市政府请愿，尝试由它们自己直接生产公共物品。在它们看来，"公民参与到服务的规划和递送中去能够改善这些服务的效率和效益"[1]。原因就在于，规模较小的邻里组织对公民的需求了如指掌，能够有效地聚合偏好，评估公共物品和服务。

在里奇看来，通过以下三种方式，邻里组织可以克服集体行动的困境："(1)认知到一些公共权威的形式；(2)分配个人利益会激发成员参与集体的努力；(3)为公民提供一个可靠的方式，增加他们的资源，共享公共物品的收益，进而使他们期望从公共努力中取得近期收益。"[2]此外，邻里组织还可以克服个人消费者选择公共物品和服务时的犹豫不决。由此不难看出，邻里组织直接参与生产公共物品的优越性。

里奇具体区分了三种邻里组织采用的生产形式：(1)消费者的合作；(2)替代的生产者；(3)服务的联合生产。前两种生产形式，往往会产生以下几大问题，如生产组织对公民需求的回应性不足，生产的成本较高。为此，他主张应该采用联合生产。"影响市政服务递送的联合生产过程甚至会出现在公民对他们的努力无意识的情境下。"[3]总之，在里奇看来，就效率和效益而言，联合生产都是最优的生产形式。[4]

夏普对联合生产的理据与优越性的论证逻辑和里奇的论证逻辑截然

---

[1] Richard C. Rich, "The Roles of Neighborhood Organizations in Urban Service Delivery," *Journal of Urban Affairs*, Vol. 1, No. 1, 1979, p.81.

[2] Ibid., p.82.

[3] Richard C. Rich, "The Roles of Neighborhood Organizations in Urban Service Delivery," p.88.

[4] 参见 Ibid., p.89.

不同。夏普当时指出,此前占主导地位的公共物品的生产模式是政府全权负责公共物品的生产。在这种模式中,公民通过投票、游说以及参加听证会等形式向政府反映需求,政府据此生产公共物品满足其需求。公民的满意度是这一模式的关键评价指标。"在城市项目的实际绩效中,很少有人注意公民参与的潜力。"①更加重要的是,由于没有参与到公共物品的实际生产过程,所以居民对提供这些物品的成本知之甚少。在民主体制下,缺乏信息的居民可能会提出远远超过政府财政承受能力的要求,进而导致政府的财政赤字居高不下。在这种恶性循环之下,很可能出现"合法性危机"。

夏普指出,公民参与城市公共物品生产更重要的价值在于,"当公民获知城市服务和项目成本以及他们自己的参与后果之后,需求被视为是变动不居的。与此同时,政府机构能更多地了解公民自助的偏好和能力。简而言之,责任就是一个相互学习的过程"②。总之,公民联合生产可以促进有关服务递送的信息交流,而政府会源源不断地提供技术支持以及其他支持。

在夏普看来,公民参与政府公共政策的制定还可以强化城市政府的民主代表性。如前所述,为改革城市"机器政治"的弊端,实践者对城市的选举制度、弱市长制—委员会制以及公务员制度等都进行了相应的改革。但是,这些改革同样也带来了许多负面影响。例如,"大选区、短投票以及非党派选举弱化了城市政治充分代表社区内特定亚团体的利益的能力"③。通过强化公民对公共政策的参与,就可以增强他们的"呼吁",从而增强政府对公民自身利益诉求的回应性。此外,公民参与公共政策的制定和执行还可以动员城市的弱势群体分享权力,从而增强城市政府处理冲突的能力。

查尔斯·莱文和格伦·费希尔两位学者则认为鼓励公民参与联合生产,还可以培育公民对整个社区的认同感和忠诚感。他们指出,"联合生产可以平等分配政府的收益与负担。通过使公民分担递送和接受服务的负担(时间、金钱以及精力),他们对服务的需求可能会下降,紧随其后的是成本的下降"④。通过参与联合生产,公民会增加对生产公共物品和服务及其成本的认知。由此,他们也会反思自己偏好的合理性,进而在一定程度上

---

① Elaine B. Sharp, "Toward a New Understanding of Urban Services and Citizen Participation: The Coproduction Concept," p.109.
② Ibid., p.113.
③ Ibid., p.33.
④ Charles H. Levine and Glenn Fisher, "Citizenship and Service Delivery: The Promise of Coproduction," *Public Administration Review*, Vol. 44, Special Issue: Citizenship and Public Administrationp, 1984, p.185.

可以缓解公共机构的财政压力,降低行政成本。正如托克维尔所言,公共参与可以激发公民的公共精神。同样地,公民参与联合生产也可以强化他们作为社区一分子的身份认同,进而提升他们对社区的认同感和忠诚感。

从上面的论述中,我们不难看出学者们都认为联合生产对于改善公共物品和服务的产出具有重要的积极影响。不过,斯蒂芬·佩尔西在进行实证研究的过程中,也得出了有悖于此的结论。他把联合生产的积极作用总结为以下四大命题:"命题一:公民联合生产与在社区内提供高质量的城市服务呈正相关关系。命题二:公民联合生产与降低保持当前服务水准的预算成本紧密相关。命题三:公民联合生产增加了服务机构对社区公民的需求和偏好的回应性。命题四:公民联合生产增加了公民对服务生产技术及其约束的知识。"①

对于命题一,佩尔西指出,就某些服务而言,公民过多的参与反而会增加成本,有时甚至会导致专职人员无法完成任务。例如,公民参与社区巡逻的热情如果太高的话,就不利于警务人员执行法律。

对于命题二,佩尔西指出,许多公共物品和服务的生产需要深厚的专业知识为基础。公民参与联合生产,就必须为他们提供相应的培训,否则他们就不能如专职人员一样高效地履行承担的职能,特别是在高新技术领域。有些培训项目一般会持续数周,甚至是几个月,而志愿者一周仅仅花几个小时参与联合生产。结果,成本势必会大于效益。"成本不会消除,仅仅会转移到公民头上。"②

对于命题三,佩尔西认为,在公民与官僚机构互动的过程中,官僚机构可能会塑造公民的偏好和需求。就此而言,很难简单地说参与可以强化服务机构对居民需求和偏好的回应。

对于命题四,在佩尔西看来,在扁平化的组织结构中,减少了等级制存在的可能性。由于参与,公民也会加深对生产组织的了解,进而增强了他们对这些组织的社会控制。但是,随着知识经济的到来,某些公共物品往往需要专业技术人员承担。如果增强对他们的社会控制,可能会降低他们的行政效率。

此外,佩尔西还指出,"服务机构中还存在对执行联合生产策略的抵制。这一抵制可能是领导以及服务工作者对公民参与的影响不信任的结

---

① Stephen L. Percy,"Citizen Participation in the Coproduction of Urban Services," pp.435-438.
② Ibid., p.437.

果"①。领导人对联合生产的态度也是决定联合生产是否可以顺利开展的重要原因。公民参与的成本促使管理者对他们的参与犹豫不决,如培训所需的资源、装备以及公民的协作。总之,在现实中,联合生产的成效可谓喜忧参半。"公民联合生产对服务递送的质量的影响仍存疑。联合生产可能会加剧向地方居民递送的服务的质和量的不平等。"②

三、财政压力与市民需求:联合生产兴起的原因解析

实际上,公民联合生产概念的提出与实践有着深刻的政治经济文化根源。20世纪70年代至80年代初期,美国经济陷入"滞胀"阶段。生产率大幅下降,失业率猛增。与此同时,物价不降反升。经济危机之后,美国经济出现了奇特的高通货膨胀率、高失业率以及低经济增长率的现象。面对经济增长的放缓,当时的里根政府采取了减少政府干预、削减政府补贴、大幅减税并进行税制改革等一系列改革措施。

联邦政府大幅削减对城市政府的财政补贴,并要求城市政府推行税收减免政策等举措大大加剧了城市政府的财政压力。与此同时,伴随着20世纪六七十年代的民权运动,公民对建设福利国家的诉求越来越强烈。所有这些都对城市政府生产公共物品提出了越来越高的要求。这又进一步强化了政府面临的财政压力。

在极度推崇自由、平等的美国文化的熏陶下,美国人自然会对官僚制度和政治权力存在种种的不信任感:"在民意调查中,美国人民对公职人员和公共机构都不太信任。"③这一文化氛围也塑造了美国公民与国家之间的关系。一方面是与日俱增的财政压力和福利诉求,另一方面是对政治权力、政府干预严重的不信任。如何化解这一政治经济文化矛盾严重考验着政府的应对能力:"(1)当公民不相信政府能够提供恰当的服务时,一个政府如何建立对为公共服务提供经济基础的税收的支持?(2)如果公民不想通过和税收一样的集体机制偿付公共服务,那么,政府如何提供恰当的服务?"④

---

① Stephen L. Percy, "Citizen Participation in the Coproduction of Urban Services," p.441.
② Stephen L. Percy, "Citizen Coproduction: Prospects for Improving Service Delivery," *Journal of Urban Affairs*, Vol. 5, No. 3, 1983, p.208.
③ Charles H. Levine and Glenn Fisher, "Citizenship and Service Delivery: The Promise of Coproduction," p.178.
④ Ibid., p.179.

鉴于此,城市政府采取了以下措施来缓解财政压力、提升公共服务。①

(1) 私有化服务递送:与私营公司签约;赋予私营公司特许权;实行凭证制度;使用者付费,从而使需求和服务理性化;将服务责任转嫁给私人公司或非营利组织。

(2) 服务递送府际合作的制度化:将服务转嫁给另一个政府或权威单位;共担服务责任;数据处理、规划以及交流等职能共享。

(3) 提高运行的生产率:监督绩效的办法;最大化单位产出的办法;改善财政决策制定的办法;追踪成本的办法;监督和管理合同的办法。

(4) 官僚机构的去职业化,鼓励公民参与:将公民培训为专业人士;使用志愿者和辅助的专业人士;使用储备金和辅助设施。

(5) 转移服务的责任:服务递送的邻里组织;自助;联合生产;解决社区问题的公私伙伴关系。

可以说,这些举措基本囊括了公共选择理论学派主张的生产公共物品的所有形式。我们也不难发现,联合生产只是城市政府为缓解财政压力、提升公共服务水准的举措之一。它给予我们的启示是,对任何公共问题的分析都必须放到具体的政治经济背景中。

第五节 地方公共经济

自20世纪80年代后期直到21世纪初,文森特·奥斯特罗姆的学生罗杰·帕克斯和罗纳德·奥克森推进了公共选择理论学派对城市治理问题的研究,为多中心城市治理模式提供了新的理论证明。在借鉴奥斯特罗姆夫妇等人的研究成果的基础之上,他们进一步区分了供应与生产。更加重要的是,在他们看来,还有必要区分大都市政府的碎片化和复杂的大都市组织。此外,他们还区分了治理与政府。为探讨城市居民自治的法律基础,他们提出了"地方政府宪法"的概念。他们指出,早期公共选择理论学派过多重视效率,忽略平等。在他们看来,为了有效治理,实现社会公平,大都市亟需公民声音和公共企业家精神。这些议题构成了地方公共经济的核心范畴。

---

① Charles H. Levine and Glenn Fisher, "Citizenship and Service Delivery: The Promise of Coproduction," p.179.

一、地方公共经济：城市市民社会的治理

实际上，进一步区分供应与生产、探讨治理与政府之间差异，划分大都市区政府的碎片化与复杂的大都市组织构成了他们发展地方公共经济的逻辑起点。他们研究这些问题的目的是为了重申具有多样性与复杂性的组织更能满足居民多样化的偏好，这一组织安排还可以提升公共机构的回应性，提高其服务效率。也就是说，"为了回应偏好的多样性、规模经济以及生产的经济和不经济，大都市区政府应在纵向和横向两个维度内，设置多层级的和多种规模的组织安排"①。

帕克斯与奥克森首先进一步区分了供应与生产。他们指出，各自都具有多样化组织形式的供应单位和生产单位的复杂组合，构成了地方公共经济。供应单位的主体主要是地方政府，而生产单位则包括地方政府、私人企业、非营利性组织以及城市居民个体。他们指出，"生产方面的结构迥然有别于供应方面的结构"②。就供应活动而言，它主要需要解决以下四大问题：(1) 居民多样化偏好的充分表达；(2) 使用者付费的财政平衡原则；(3) 确保代理人向市民负责的问责制度；(4) 限制供应单位数量变化的交易成本问题。

就偏好的表达而言，需要一套正式的制度化安排确保城市居民的偏好都能得到充分的表达，它是地方公共经济的供应端。由于公共物品的独有特性，供应如果仅仅按照自愿的方式组织的话，就很容易出现搭便车的现象。所以，为实现有效供应，正式的集体选择必不可少。但是，集体选择也意味着需要选出代理人表达所有居民的偏好，这就存在个人的偏好不能得到充分反映的难题。聚合偏好的组织的规模越大，这一问题就越突出。对此，帕克斯和奥克森给出的解决方法是设置具有多重性的组织机构。只要这些组织机构满足这两个条件，就可以确保居民的偏好得到最真实的表达："一是它们至少应包括那些受到供应影响的人群；二是它们的规模不应太大，否则的话，它们所代表的人们之间的偏好会相差悬殊。"③

财政平衡主要涉及的是如何分配公共物品的收益和成本问题。简单地说，它指的是"个人（家庭或公司）和团体付多少钱和买多少东西付多少

---

① Roger B. Parks and Ronald J. Oakerson, "Metropolitan Organization and Governance: A Local Public Economy Approach," *Urban Affairs Review*, Vol. 25, No. 1, 1989, p.20.
② Ibid., p.21.
③ 罗纳德·J. 奥克森：《治理地方公共经济》，第13页。

钱"①。就此而言,居民享有的公共物品应该与其支付能力和购买力相对称。否则,就会发生转嫁公共物品的生产成本的现象进而有悖公平原则,政府也可能会面临严重的债务危机和财政赤字,整个经济发展也会受损。

问责制度需要解决的问题是如何保证代理人真实地代表城市居民的利益,而不会谋取一己私利。主要有三个变量左右着代理人是否负责任:"一是管辖区的规模大小;二是辖区内人们之间偏好异质性的程度;三是官员所行使职能的多寡。"②可以说,只要供应组织的规模与管辖区的规模相对应,那么,就能在最大程度上降低代理人向市民负责的成本。

此外,他们还指出,组建供应单位并使之有效运行都需要一定的成本。这些成本就是交易成本,它限制了供应单位数量的变化。换言之,并不是供应单位越多就越有效率。"地方公共经济中的供应单位数量的增长并不意味着这种增长是毫无约束的。"③如何实现成本与收益之间的平衡是设置供应单位的重要考量因素。

就生产活动而言,它主要受制于以下三大因素:(1)联合生产;(2)规模效益;(3)协调成本。帕克斯与奥克森对联合生产的论述与前文提及的观点大同小异,在此无需赘言。对于规模效益问题,他们主要是通过区分公共物品和公共服务来回应这一问题的。他们指出,"前者往往属于资本密集型,而后者则往往属于劳动密集型"④。例如,污水处理和自来水的供应就是典型的资本密集型公共物品,而城市治安、街道巡逻和教育则是典型的劳动密集型公共服务。对于前者而言,可以通过扩大生产规模降低产品的平均成本;后者则宜由规模较小的单位负责生产。与设置供应单位需要交易成本一样,生产单位也面临着协调成本的约束。它主要表现为在生产公共物品和公共服务的过程中,需要协调各个生产要素。此外,他们还列举了其中主要的生产组织形式:(1)内部生产;(2)协调生产;(3)共同生产;(4)政府间的合同生产;(5)私人合同生产;(6)特许生产;(7)凭证服务生产。通过这些组织安排就可以将生产与供应很好地结合起来。

探索供应单位的交易成本和生产单位的协调成本,也标志着奥克森首次提出了设置公共机构的制度性约束条件问题。实际上,在城市治理领域,奥克森将公共选择理论学派由第一个阶段推进至第二个阶段,即将制

---

① 罗纳德·J.奥克森:《治理地方公共经济》,第14页。
② 同上书,第15页。
③ 同上书,第19页。
④ 同上书,第20页。

度性的因素纳入研究范围之内。

为了进一步论证多中心的城市治理体制,帕克斯与奥克森还指出了城市政府的碎片化与复杂组织结构之间的区别。具体而言,他们区分了两种碎片化:政治的碎片化和功能的碎片化。"在政治碎片化之下,每个一般目的的地方政府为其公民供应和生产所有的地方服务。而在功能碎片化之下,每个特区为所有的公民供应和生产不同的服务。"①就此而言,多个城市政府的存在并不是政治上的碎片化,而只是功能上的碎片化。根据公共物品和公共服务的类型和性质的差异,各个城市政府履行着迥然有别的职能。这些承担不同职能的城市政府共同构成了城市内复杂的组织结构。正是基于这一区分,奥克森才说:"那些大的中心城市政府的出现才是美国地方政府的异常情形,这些组织规模大的市政府往往垄断了较大范围的供应和生产职责。"②此外,这些规模大的公共机构还会面临一系列的困难。例如,信息失真以及等级制结构中的交易成本居高不下等。

在利益关系错综复杂的城市,特别是在大都市区,如何解决由此引发的种种社会政治经济难题考验着所有城市居民。传统区域主义认为,对于这些问题,仅仅依靠政府就可迎刃而解。对此,帕克斯和奥克森指出,"大都市的治理不仅仅需要一个能够提供或生产服务的大都市政府"③。如何治理城市,特别是如何治理大都市区,成为全社会共同面对的难题。

奥克森指出,"治理既不是供应也不是生产。治理的前提条件是必须具备为组织地方公共经济而制定规则和实施规则的能力"④。这些规则主要涵盖三个方面的内容,即供应组织、生产组织以及两者之间的关系。

制定并实施这些规则需要一定的组织载体。这一载体与供应和生产单位一起,构成了地方公共经济的制度框架,由此也限定了地方公共经济的基本任务:"将一系列的规则连结起来成为一个整体,并对这些规则做定期的调整。这些规则旨在使市民和他们的官员能找到和创立互惠互利的供应和生产安排。"⑤在制度层面落实这一安排,就形成了一个最佳的服务结构和制度框架。在这一结构和框架中,根据公共物品和公共服务的性

---

① Roger B. Parks and Ronald J. Oakerson, "Regionalism, Localism, and Metropolitan Governance: Suggestions from the Research Program on Local Public Economies," *State and Local Government Review*, Vol. 32, No. 3, 2000, p.172.
② 罗纳德·J. 奥克森:《治理地方公共经济》,第 4 页。
③ Roger B. Parks and Ronald J. Oakerson, "Metropolitan Organization and Governance: A Local Public Economy Approach," p.24.
④ 罗纳德·J. 奥克森:《治理地方公共经济》,第 23 页。
⑤ 同上。

质,供应单位决定最有效率的生产组织形式。由此,就可以实现规模与绩效的最佳组合。"结构安排合理的地方公共经济一定会使供应单位的大小与所要解决的问题的规模相适应。"①

综上,我们也就不难看出地方公共经济的运行模式(见图7-4)。

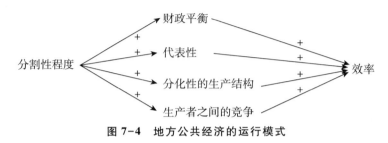

图 7-4 地方公共经济的运行模式

资料来源:罗纳德·J.奥克森:《治理地方公共经济》(万鹏飞译),北京大学出版社2005年版,第157页。

在这一模式下,由于存在多重规模较小的供应单位,就可以确保使用者付费的财政平衡原则得到落实,并在最大程度上保证代理人能代表全体城市居民的利益。据此,作为供应单位的地方政府就可以根据居民的偏好和需求选择公共物品和公共服务的生产形式。类似于市场经济中生产者为确保市场份额而相互竞争一样,各个追求自我利益最大化的生产单位也会相互竞争。竞争又促进了效率的提升。总之,"分割性的城市管理安排加强了财政平衡,增加了市民接触和影响他们所选代表的机会,促进了生产结构的分化,使生产者之间的竞争得以展开"②。

由此,也不难看出,在地方公共经济中,并不存在固定的组织模式。就供应单位而言,在辖区内,一个公共机构尽最大的能力聚合居民对公共物品和公共服务表达的偏好。在此基础上,根据公共物品和公共服务的类型,选择不同的生产组织形式。总而言之,在城市,特别是在大都市区,供应单位和生产单位的数量都不是固定的。"从治理的角度看,地方公共经济组织中的关键问题是,由谁来决定根据需要渐进地增加或减少供应单位。"③众所周知,美国有着强烈的地方自治传统。这一传统决定了选择的主体只能是全体城市居民。城市居民在交易成本的约束下,根据绩效优先、注重公平的原则,选择供应单位。从这一点来看,这一系列行动以及由此形成的组织体系也构成了城市居民实现自治的城市市民社会,以期在没

---

① 罗纳德·J.奥克森:《治理地方公共经济》,第67—68页。
② 同上书,第156页。
③ 同上书,第161页。

有城市政府的情况下实现有效的治理。(见图7-5)

$$治理 \longrightarrow 结构 \longrightarrow 绩效$$
图7-5 选择供应单位的流程与目标

对此,奥克森总结道,"关键的问题不是一整套具体的地方政府的创建计划而是一整套能力赋予规则即一部地方政府宪法的选定,这些规则使地方社区能创建多种多样的地方政府单位"①。因而,就有必要阐述地方政府宪法问题。

二、地方政府的宪法与公共企业家精神

地方政府宪法是一系列组织供应单位的规则集合。它决定了供应单位的权责范围,是城市居民管理政府的法律工具。对其进行研究,可以帮助我们深入地理解美国地方治理的运行机制。地方政府宪法是城市居民"自治"的法理依据。在其中,财政自治占据着特别重要的地位。它是指"在多大程度上地方征税的权威是来源于地方宪章而不是州的法律"②。地方政府宪法主要由两个层面的规则体系构成:"(1)能力赋予层面,它是一系列规则的组合,基于此,地方公民可以创立并修改地方政府;(2)宪章规定层面,它决定了地方政府单位的特定章程,基于此,公民可以使之与第一个层面的规则相适应。"③

就能力赋予层面的规则而言,它又包括四类具体的规则:联合的规则、疆界调整规则、财政平衡规则以及合同规则。联合的规则确保城市居民有权力通过市政合并等法定程序创建公共物品和服务的供应单位。只有在疆域调整规则的指导下,城市居民和公共官员才能通过合并、兼并或拆分等方式变更现行公共机构所在的疆域。财政平衡规则也是限制疆域选择范围的一个重要条件。在居民偏好多样化的前提下,城市居民和公共官员根据这一规则能确定疆域的明确界限。合同规则主要协调的是供应单位与生产单位以及生产单位与生产单位之间的关系。在奥克森看来,"能力赋予规则的全部的构造影响着市民和官员所选择建立的供应和生产模式"④。

奥克森与帕克斯非常注重对规则的阐述,也间接重申了他们的这一观

---

① 罗纳德·J. 奥克森:《治理地方公共经济》,第165页。
② 同上书,第113页。
③ Ronald J. Oakerson and Roger B. Parks, "Local Government Constitutions: A Different View of Metropolitan Governance," *The American Review of Public Administration*, Vol. 19, No. 4, 1989, p.282.
④ 罗纳德·J. 奥克森:《治理地方公共经济》,第115页。

点,即在地方公共经济中,事先并不存在决定最佳模式的供应和生产组织。"地方公共经济规范分析的焦点应集中于'游戏规则',以帮助个人和社区以更富有成效的方式来安排彼此之间的相互关系。"①这套规则决定了供应组织和生产组织的动态性和适应性,由此它也就决定了地方公共经济的动态性和适应性。

众所周知,公共物品和公共服务的特性,决定了与市场经济相比,地方公共经济更具溢出效应。不管溢出效果是正面的还是负面的,势必会有损财政平衡规则,它对地方公共经济的适应性也构成了一大挑战。因此,"地方公共经济中的适应性不仅需要有替代性的选择,而且还需要发展新的替代性解决办法。总之,适应性取决于创新"②。

他们指出,创新的主体是公共企业家,创新更需要公共企业家精神。城市居民通常会"用脚投票"选择最能满足自己偏好的地方政府,所以他们的"退出"比较自由。虽然他们是选择地方辖区的主体,但是"退出"的自由决定了不能依靠他们实现地方公共经济的创新。自然,这一责任便落到了公共企业家身上。在交易成本与协调成本的双重约束下,他们必须整合地方公共经济中的各个行为主体。

与私人企业家不同,公共企业家的首要目的不是赢利,他们必须为促进整个社区的利益而努力。"地方政府、官员和公民之间的市民联合为公共企业家精神的发挥提供了一个方便的舞台,有助于促成公共企业家精神的实现。"③这一舞台在一定程度上可以限制交易成本和协调成本,促进社区的政治整合,进而更好地为公民提供可满足其偏好的公共物品和公共服务,进而提升供应和生产的效率。总之,在城市市民社会的大舞台上,通过激发公共企业家的公共精神,可以在很大程度上维系公共经济的适应性。

三、财政悬殊与城市公平

无论是蒂伯特的地方政府竞争模型,还是沃伦的市政服务的市场模型,抑或是奥斯特罗姆夫妇的多中心城市治理模型,都强调在大都市区内多个地方政府可以促进竞争,由此提升服务效率。但是,他们对各个地方政府之间和城郊之间的财政悬殊问题,以及与之相关的公共服务均等化和城市公平问题并未涉足。这也是他们的理论招致批评的一个重要原因。

---

① 罗纳德·J. 奥克森:《治理地方公共经济》,第118页。
② 同上书,第125页。
③ 同上书,第126页。

在这一背景下,奥克森探讨了财政悬殊与城市公平的关系问题。

我们知道,由于家庭背景、个人天赋以及社会机会等主客观因素的差异,个人的财富集聚能力、偏好、社会地位、利益表达能力以及支付能力也有差别。对此,帕克斯和奥克森指出,各方面条件相近的居民往往会选择定居于同一社区。在此基础上,"在一个地方公共经济体系中,由大量而又多样的供应单位所引起的一个困难是供应中所出现的不平等"①。供应的不平等也预示了各个社区之间的财政悬殊以及公共物品和公共服务生产的不平等。

为缓解这一问题,传统的方法是主张组建一个单一的大都市区政府,通过行政权力强行将不同收入群体捆绑在一个社区内。就一个单独的城市而言,这一方法可能会起到一定的效果。但是,它却不能解决城市与郊区以及不同城市之间的财政悬殊难题。而且,将偏好迥然有别的城市居民强制捆绑在一个社区,既不利于公共机构根据多样化的公民偏好提供个性化的公共物品和公共服务,也不利于提升供应单位和生产单位的服务效率。"因为供应方面的效率是由财政平衡和偏好的充分表达来衡量的。"②而且更加重要的是,"扩大中心城市的疆界将会自然增加市政府的垄断权力,而这正是问题的根本原因"③。

为此,他们指出,需要在地方公共经济中找出一种替代性的方法。"这种方法首先允许在市民偏好的基础上组建供应单位,从而允许市民作出有效率的供应安排,这种安排以市场公平原则为基础,能最大限度地满足市民的偏好。"④市场公平是这一替代方法的基础。它也就意味着这一方法允许一定范围内的不平等的存在,但是效率原则又受制于这一原则。只要在市场公平原则的范围内,城市居民就可以尽最大的可能使自己的偏好得到满足。此外,这一方法还主张联邦政府和州政府可以通过转移支付等手段实施再分配,缓解各个城市之间的财政悬殊问题。

在此,我们可以提出另外一个补充性的方法,即增强公民的"呼吁"。如上所述,在批判蒂伯特的地方政府竞争模型时,帕克斯和奥克森指出,为促使公共机构有效回应居民的利益诉求,居民应该强化"呼吁",而不仅仅是选择"退出"。这一方法也适用于解决财政悬殊和城市公平问题。弱势社区可以通过增强公民的声音,向本社区或上级公共机构表达自身的偏

---

① 罗纳德·J. 奥克森:《治理地方公共经济》,第 128 页。
② 同上书,第 129 页。
③ 同上书,第 135 页。
④ 同上书,第 131 页。

好,并要求其作出相应的回应。其实质也是要求进一步深化民主。

第六节 对城市公共选择理论的反思

公共选择理论学派自兴起之后,就对美国城市政府的改革和城市治理产生了重大的理论影响。但是,在实际运用的过程中,这一理论并未取得它所预设的效果。由此,它也引来了许多学者的批评。实际上,自19世纪以来,针对美国城市政府的"碎片化"以及由此引发的改革和理论探讨,在本质上都与美国经济发展的升级紧密相关。它给我们的启示是,政府的"合"与"分"必须结合具体的政治经济情境。

一、对城市公共选择理论的反思

公共选择理论学派在城市治理领域取得了丰硕的研究成果,但是在实际运用过程中,它并未取得与之宣示的相对应的效果。一些学者对这一学派的理论假定提出了批评。

第一,公共选择理论学派太过重视理性经济人的假定,而忽视了居民对社区的情感认同和政治忠诚。公共选择理论学派的核心主旨"是建立在个人主义前提和实用主义哲学上,也就是说,它的分析单位是自利的个人,公共利益也是个人愿望的集合"①。城市居民、公共机构及其职员以及各类企业主都是追求自我利益的主体,而且,个人对自我利益的认知以及由此形成的偏好是变动不居的。但是公民、企业、非营利组织以及公共机构在互动的过程中,就会改变各自对同一问题的认识。从蒂伯特到奥克森身上就可看出他们对这一假定的态度的转变,奥克森强调"公共企业家精神"就是最好的说明。前文在评价蒂伯特的地方政府竞争模型时,就指出了居民基于族裔成员身份认同的重要性。

第二,这一学派并未指出居民表达自身偏好和需求的制度化机制。仅仅是区分供应与生产,并不足以确保公民完整地表达自己最真实的偏好。现行的选举机制也不能完成这一任务。在几年一次的选择中,城市居民根据候选人提出的政纲选举领导人。但是在当选之后,并没有制度化的安排监督领导人完全落实自己的政纲。

第三,过度碎片化的城市政府并未实现城市公共选择理论学派所期望

---

① 戴维·贾奇等编:《城市政治学理论》,第146页。

的高效率。在这种高度碎片化的城市治理模式中,各个公共机构相互推诿,职责不清。城市居民也不清楚如此众多的公共机构的具体职责。虽然奥斯特罗姆夫妇在探讨规模较小的警察机构、消防组织以及地方服务机构的服务效率确实比规模较大的公共机构的效率要高,但是,在城市层面,地方政府还承担了比这些服务更重要的职能,例如,促进经济发展从而为改善居民整体福利提供物质基础。但是,在这些领域却鲜有经验证据证明公共选择理论学派的主张。

第四,他们提出的缓解财政悬殊与解决城市公平问题的方法并不奏效。如蒂伯特指出,居民可以"用脚投票"选择能够最有效地满足自身偏好和需求的地方政府。但是,由于房地产等不动产的限制,弱势群体并不能迁至公共服务供应和生产都较好的社区。奥克森提出在财政平衡原则的指导下,遵循市场公平的原则。但是,天赋、家庭背景以及社会机遇的差异,势必会致使弱势群体既不能平等地享有公共服务,更不能有效地向社会上层流动,即便他们付出艰辛的努力也是如此。

第五,他们强调的地方政府会相互竞争,进而提升公共服务的效率在实践中也站不住脚。作为追求自身利益最大化的理性经济人,公职人员不一定会通过竞争、提升服务效率来吸引居民,从而扩大税基,满足自我利益。对此,在运用公共选择理论分析现代民族国家的形成时,美国政治学家玛格丽特·列维就指出,相对议价能力、交易费用和贴现率就决定了政府的税收政策。在这三个要素都强的情况下,政府往往会堕落为"掠夺性政府"。[①] 同样地,城市政府也有这一趋势。公职人员完全可以实施"杀鸡取卵"式的税收政策,在短时间内汲取巨额的财富。即便在不会出现这一极端情况的民主体制下,公职人员也完全可以采取其他手段"掠夺"社会财富,而不是通过相互竞争,提升公共服务的效率的方式来实现自身的利益。

二、对政府"合"与"分"的反思

实际上,美国城市的"合"与"分"与其经济转型紧密相关。从奴隶制农业社会到工业社会,再到后工业社会,美国城市内部各个社区的政治经济联系也越来越紧密。阿兰·瓦利斯就指出,费城市的"合"与"分"是美国经济转型的一个缩影。"起初,城市区域在经济上由它们的中心城市主导,导致的是建筑布局呈同心圆状,交通呈辐射状。区域随后演化为多中心或多核心结构,经济活动也以交通枢纽聚点分散在多个特定的中心。最后,随

---

① 参见玛格利特·利瓦伊:《统治与岁入》(周军华译),格致出版社2010年版。

着后工业模式的出现,经济活动更加分散,通讯和交通网络整合得也更加复杂。"①

除极个别地区之外,自 19 世纪中叶起至 20 世纪 20 年代初,美国城市的合并运动经历了从兴起至发展再到衰落的完整历程。在工业化大生产的初期,美国城市的主流趋势是合并。但是,随着经济发展进入到工业化末期的 20 世纪 20 年代,"单中心区域主义很明显被多中心模式取代了"②。随后,20 世纪 60 年代,许多居民纷纷迁至郊区,美国也出现了逆城市化的现象。20 世纪八九十年代中期,美国经济发展至以服务业为主导的后工业阶段。伴随着这次经济转型,美国郊区也再度城市化,中心城区与郊区的联系也越来越复杂。如何有效治理经济转型伴随的城市变迁及其衍生问题,成为各个时期城市政府面临的头等大事。因为"每一次区域结构的转型都对与之相匹配的治理改革提出了更高的要求"③。

可以说,传统区域主义、公共选择理论学派都是这一经济转型的产物。但是,全球化的迅猛发展、建设基础设施与保护环境的要求以及中心城市与郊区日益扩大的不平等成为当今美国城市面临的新挑战。如何回应这些挑战,传统区域主义以及公共选择理论学派都显得心有余而力不足。在此背景之下,综合前两派研究成果的新区域主义理论随之兴起。

---

① Allan D. Wallis, "Evolving Structures and Challenges of Metropolitan Regions," *National Civic Review*, Vol. 83, No. 1, 1994, p.42.
② Ibid., p.48.
③ Ibid., p.50.

第八章　城市区域主义政治理论[①]

综观城市历史发展规律,大都市区的产生和发展是现代城市化进程中的一个重要特征。"伴随着经济、社会人口和交通资讯科技的变迁发展,大都市区的出现不仅穿透了国家与国家之间的疆界、改变了中央与地方之间的互动关系,也使得城市区域空间形态与规模发生重组和变化、地方基础设施规模和社区结构发生巨大转型,进而对原有地方行政管理模式提出新的要求与挑战。"[②]在不断推进的大都市区化的影响下,以功能性区域为导向的大都市区域范围"溢出"了核心城市行政区域,因此产生了许多远景规划缺乏整体全面布局、行政管理难以协调或挑战原有管理体制的问题,如财税资源的平衡分配、交通运输发展规划及管理配合、公共基础设施建设的投资和使用、灾害预防和受灾群体救助等。这充分说明了在大都市区域内,公共事务具有一定的扩散性和复杂性,区域治理已经逾越了以政府权力—行政区划为基准的管辖权限,使得公共议题的解决朝跨部门与跨区域的方向转变,特别是显现出各个区域之间各种功能目标协调的重要性。这一系列的变化发展与全球竞争的压力迫使地方区域政府不得不转变其原来的角色和功能。

与此同时,西方城市政治理论也经历了不同阶段研究范式的转变。在治理理论兴起之前,城市治理主要属于城市政治学和城市政治经济学的研究范畴,大体上经历了城市权力结构论(精英论和多元论)、增长机器论、城市联盟论、城市政体论等理论和学说。进入20世纪90年代以来,城市治理理论开始占据主流地位,学者们开始将制度主义的视角引入城市研究中,形成了城市治理的理论范式。城市治理理论探讨的是如何促进跨域治理或推动协作治理机制,主要集中于中央、地方政府与非政府组织等公私行

[①] 本章的部分内容已经发表,具体参见曹海军、霍伟桦:《城市治理理论的范式转换及其对中国的启示》,《中国行政管理》2013年第8期。

[②] 韩冬雪:《关于我国城市治理变革理念与实践的几个问题》,《国家行政学院学报》2013年第2期。

动者的互动模式。著名城市与区域专家约翰·弗里德曼教授恰如其分地评价道："寻找一个合适的治理模式,对这些区域而言是至关重要的。"①

需要特别指出的是,许多不同的理论范式都是从治理这一角度来理解城市政治和城市发展变迁的历程。例如,新制度主义范式注重城市权力的变迁和城市治理制度的形成②;城市政治领导权范式关注城市政治问题以地方民主的方式解决③;城市官僚制范式强调了通过官僚组织理解城市治理方式的变迁④;全球城市化范式表示以全球化带动的城市化进程在非西方国家或发展中国家正日益发挥着重要的作用⑤。当然,在众多解释城市治理的理论中,区域主义范式的影响最为深远。阿兰·瓦利斯关于区域主义研究的四篇论文⑥产生了非常广泛的影响,被认为是在20世纪90年代的经济、政治和社会背景下,区域主义和大都市治理研究的新开端。

同样是从制度变迁的角度来看待区域治理范式的转换,屈布勒和海内尔特侧重于从治理结构的转变(特别是从民主与治理之间的关系)来理解城市区域治理模式的转换。⑦ 而阿兰·瓦利斯则从城市区域空间结构的历史角度把美国大都市治理划分为三个不同的阶段⑧:第一阶段是单核心中心发展的工业城市区,即"传统区域主义"阶段;第二阶段是多核心中心(包括中心城市和郊区)的城市区域,即"公共选择理论学派"阶段;第三阶段是强调在同一区域内的地方政治实体的竞争,这一阶段以网络化(复杂的补充和相互依赖)为特征,即"新区域主义"阶段。⑨

---

① John Friedmann, "Intercity Networks in A Globalizing Era," in Allen J. Scott, ed., *Global City-Region: Trends, Theory, Policy*, New York: Oxford, 2001, p.120.
② Vivien Lowndes, "New Institutionalism and Urban Politics," in Jonathan S. Davies and David L. Imbroscio, eds., *Theories of Urban Politics*, 2nd Edition, Sage, 2009, pp.91-105.
③ Stephen Greasley and Gerry Stoker, "Urban Political Leadership," in Jonathan S. Davies and David L. Imbroscio, eds., *Theories of Urban Politics*, 2nd Edition, pp.125-136.
④ Anne Mette Kjaer, "Governance and the Urban Bureaucracy," in Jonathan S. Davies and David L. Imbroscio, eds., *Theories of Urban Politics*, 2nd Edition, pp.137-152.
⑤ Richard Stren, "Globalisation and Urban Issues in the Non-Western World," in Jonathan S. Davies and David L. Imbroscio, eds., *Theories of Urban Politics*, 2nd Edition, pp.153-168.
⑥ 阿兰·瓦利斯于1994年在《全国城市评论》(*National Civic Review*)上连续发表了四篇关于大都市区治理的缘起和演变过程的文章。
⑦ Daniel Kübler and Hubert Heinelt, "Metropolitan Governance, Democracy and the Dynamics of Place," pp.8-28.
⑧ Allan D. Wallis, "Evolving Structures and Challenges of Metropolitan Regions," pp.40-53; Allan D. Wallis, "The Third Wave: Current Trends in Regional Governance," *National Civic Review*, Vol. 83, No. 3, 1994, pp.285-299.
⑨ 此后,有不少学者借用阿兰·瓦利斯的类型学分析,例如:Tassilo Herrschel and Peter Newman, *Governance of Europe's City Regions: Planning, Policy and Politics*, London, New york: Routledge, 2002。

本章将借用阿兰·瓦利斯的经典类型学分析,从背景、内容、特征和模式等城市治理的方面出发,回顾西方城市政治理论的三次范式转换,以及相应的三次实践的发展阶段。概言之,大都市治理就是用"正确的方法"去克服城市功能范围和地方政府结构之间不断扩大的差距。①

第一节 城市区域主义政治理论的崛起

一、传统区域主义阶段(19世纪末至20世纪60年代)

传统区域主义是解决大都市问题的第一个进路。在19世纪初期,传统区域主义的一些做法就已经被采纳,尽管当时还没有获得学术界的正式关注。在第二次工业革命发展起来的城市中,市—县政府联合的方式在一些商业发达的城市已悄然实施,如新奥尔良(1805年)、波士顿(1821年)、马萨诸塞州的楠塔基特(1821年)、巴尔的摩(1851年)、费城(1854年)、旧金山(1856年)和圣路易斯(1876年)。

19世纪末,随着社会经济的迅猛发展,西方的城市化进程明显加快,城市在形态上不断向外扩张,这对城市职能和范围进行重构提出了要求。由于西方国家存在着高度的自治传统,城市一般是由地方行政机构来独立管理。社会经济日新月异使城市的范围不再仅仅局限于某个镇、县或市,而是逐渐发展成为具有政治、经济、文化等社会因素复合特征的大都市或区域。这样的大都市或区域俨然就是一个具有完备功能的独立统一整体,但由于历史传统的缘故被划分为由若干个地方政府行政单位管辖的主体。②在大都市的范围内,每一个地方政府行政单位都对自己的辖区具有独立的统治权和管辖权;而像教育、医疗、卫生和环保等具有跨区域性特征的公共服务职能则在若干个地方行政主体间进行分割。这些数量繁多和种类繁杂的地方政府和公共服务职能分割造成了"政治碎片化"的现象,直接影响了大都市区域内公共服务的供给。"政治碎片化"造成资源浪费和效率低下,导致大都市没有一个统一的政治领导与一致的行动来共同解决区域内的重大社会问题。面对城市治理中的"政治碎片化"现象,19世纪末期,美

---

① Daniel Kübler and Hubert Heinelt,"Metropolitan Governance, Democracy and the Dynamics of Place," p.9.
② Robert Warren, *Government in Metropolitan Regions: A Reappraisal of Fractionated Political Organization*, Davis: University of California, 1966, p.5.

国学术界和实务界在理论与实践上分别掀起了一股研究与建立大都市政府的热潮,被称为"传统区域主义"。

"传统区域主义"又称为"大都会主义""统一政府学派""巨人政府论""单一政府论",这一范式是从结构功能途径去研究区域治理机制,主要关注社会公共服务传递的"效率"和"公平",秉承的理念是"一个区域,一个政府"。因此,"传统区域主义"是涉及整个大都市或区域内的政府变革,企图整合大都市区所有或大多数的小政府,并以一个功能齐全、覆盖整个区域的政府取而代之。换言之,"传统区域主义"为"政治碎片化"问题开出的药方是建立一个大都市政府。

研究者们宣称,统一的大都市政府比分散的政府有更多的优点。首先,"传统区域主义"主张辖区政府的合并,使政府规模变得合理化,通过在整个区域内进行税收和财政安排,平衡中心城市和郊区之间的经济发展,从而有效地促进地方经济增长,以及提供跨域服务等事项。其次,大都市政府具有从整体上进行统一的区域规划布局能力,在规划上富有远见,能协调不同地区之间的不同需求。再次,大都市政府可以进一步促进城市化进程,通过大规模的交通规划,能使中心城市和郊区的交通要道连接起来。最后,在促进地方政府发展的过程中,大都市政府准许公民充分参与公共事务的管理,使制定出来的大都市政策获得充分的支持和理解。

根据政府的层级和权力在不同层级之间的分配情况,我们可以把大都市政府的结构分为三种:单层的大都市政府结构、联邦式双层的大都市政府结构和其他适当的统一政府结构。单层的大都市政府主要有两种建立方式:一是通过中心城市兼并郊区;二是市—县政府联合。联邦式双层的大都市政府是在传统区域主义的大都市政府改革中最受欢迎的改革方案,它主张保留现有的机构但让渡部分权力以组建大都市政府,一般双子城就是这种模式的产物。第三种解决方案是建立其他适当的统一政府结构,以解决承担税收和享受公共服务不一致的城市区域所带来的集体行动的困境。

从上面的论述中可以看出,"传统区域主义"的倡导者强调建立一元化(单一核心)体制以设计区域治理组织模式。所谓一元化体制,是指在大都市区有唯一一个政治决策中心,有一个统一的大都市政府组织结构。它是一个可以在内部有若干个小单位相互包容和相互平衡的政府体制,因此,联邦式双层的大都市政府就是指在一个大都市区内,大量正式组织和地方单位并存、多种服务职能分工协调的政府组织形式。

作为一个统一的学派,"传统区域主义"的倡导者在对于是否建立大都市政府这一问题上不存在任何异议,但是在如何具体构建大都市政府结构的问题上存在着较大的分歧,而且不同学者对不同层级的政府在解决大都市治理问题的重要性认识方面存在差别。从政治学和行政学的角度来看,"传统区域主义"的提出是基于马克斯·韦伯的理性官僚制模型。出于对公共管理官僚机构的理想规划能力的信赖,"传统区域主义"倡导建立统一集权的大都市政府,形成一个由上及下的集权式科层制模式,命令由上往下层层遵守进而覆盖到整个城市区域,从宏观上解决整个大都市区面临的主要问题。

"传统区域主义"经历了"兴起—高潮—衰落—复兴"四个阶段。19世纪末20世纪初,美国政治学、行政学大师伍德罗·威尔逊、弗兰克·古德诺和弗雷德里克·泰勒等学者就已经形成了建立大都市政府的理念;芝加哥大学的欧内斯特·伯恩斯教授最早提出关于大都市定义的问题。30年之后(合并成立大纽约市的倡议最早发起于1867年),1897年纽约市完成了布鲁克林、奎因、斯塔滕岛、布朗克斯和曼哈顿的合并,成为现在的"大纽约市"。这个在当时影响最大的市县合并,标志着北美历史上第一波"区域政府合并"达到了高潮。① 此后,更多的城市加入到这一行列,如丹佛(1904年)、檀香山(1907年);而波士顿、芝加哥、底特律和匹兹堡则是通过单一政府和兼并的方式建立起大都市区。当时,芝加哥商会和全国市政联盟通过它们的区域领导活动和公开出版物《国家市政评论》(*National Municipal Review*,后来改名为 *National Civic Review*)来支持大都市化。1922年《国家市政评论》在整个8月出版的刊物中都关注了切斯特·马克赛早期的一个论断——"大都市区的政治整合"。

随着"大萧条"的到来,受支持地方政府改革运动的芝加哥学派的影响,美国联邦政府第一次卷入了大都市问题。保罗·斯杜邓斯基、维克多·琼斯以及路德·古利克等芝加哥学派的众多学者相继继承和发展了关于建立大都市政府的观点和理论。② 芝加哥学派最大的贡献就是把大都市治理与变化的城市经济和社会结构联系起来,探讨大都市在国民经济中的地位。

20世纪初期,美国的大都市规划是对第二次工业革命的一种回应,在

---

① 叶林:《新区域主义的兴起与发展:一个综述》。
② Paul Studenski, *The Government of Metropolitan Areas in the United States*; Victor Jones,"From Metropolitan Government to Metropolitan Governance," in K. G. Denike, ed., *Managing Urban Settlements: Can Our Governmental Structures Cope?* Vancouver: The Centre for Human Settlements, 1979; Luther Gulick, *The Metropolitan Problem and American Idea*, New York: Alfred A. Knopf, 1962.

这次的回应中包含四个相互独立但又有重叠的运动,分别是住房改革、公园和林荫大道规划、"城市美化"运动以及政府改革。政府改革是整个规划运动中唯一涉及权力结构改革的环节,其包含两个目标:第一,建立专业化的地方政府;第二,延伸城市的地理边界以反映真实的大都市增长。

但是在之后的 50 年时间里,"传统区域主义"却受到了持续的批评。从思想层面上看,受"管得最少的政府才是最好的政府"的自由主义思想影响,建立巨人政府的实践与古典自由主义"小政府"这一传统思想背道而驰。在实践层面上,首先,"传统区域主义"的主张受到了挑战,很多郊区单位不愿意放弃现有的独立地位而实行合并。虽然出现了成功合并的案例,但是这些案例都经历了漫长的讨价还价的"阵痛期"。其次,"传统区域主义"自身带来了挑战。列斐伏尔指出,没有具体的实践证明"传统区域主义"的这些改革方案是成功的,而且大多数改革被证明是失败的,同时联邦式双层的大都市政府的治理结果也是令人失望的。[1] "传统区域主义"的倡导者也认为,即使这些"碎片化"的政治单位成功合并成一个单一的大都市,但随着经济发展、产业转型、人口迁移与交通建设的延伸等结构性转变,都市空间又将超过现存的行政边界,难以实现单一综合性大都市或区域政府的理想。[2] 这种批评的观点实际上与公共选择理论学派的意见不谋而合。许多公共选择理论学派的学者通过对大量大都市政府的研究,发现这种单一的大都市政府是缺乏效率的,甚至在治理大都市的过程中要付出更高的成本和代价。例如,创设大都市政府不利于美国种族融合的进程。有资料显示,在 20 世纪上半叶,美国富裕的中产阶级白人一般居住在环境污染比较少、公共设施比较好的郊区,而少数族裔如黑人、亚裔或西班牙裔则居住在已经衰落的中心城区。从族群居住的分布情况就可以看出为什么很多郊区单位不愿意放弃现有的独立地位而实行合并;即使在成功合并的单位内,郊区往往也不愿意为中心城区提供财政上的帮助,反而会控制中心城市的权力,削弱少数族裔的权力基础。最后,虽然大都市政府在一定程度上维持公共服务的供给,但仅仅限于公共服务设施还没完善的新兴社区,而非已经衰落的中心城市。

历史资料显示,在 1907—1947 年间,美国没有一例成功的合并案例。但是从 20 世纪 80 年代开始,大都市政府的实践在全球范围内得到复兴,特

---

[1] Christian Lefèvre, "Metropolitan Government and Governance in Western Countries: A Critical Review," *International Journal of Urban and Regional Research*, Vol. 22, No. 1, 1998.

[2] David K. Hamilton, *Governing Metropolitan Areas*, New York: Galand Publishing, 1999, p.99.

别是在欧洲和加拿大等地区得到了广泛传播。

20世纪60—80年代,在"传统区域主义"遭受严重挑战的同时,"邻里政府运动"(或称"社区权力运动")和公共选择理论学派应声而起。前者提出用建立邻里政府的办法强化服务提供体系和政策决策程序的分散化;后者提倡建立一套完善的以多中心为特征的多元治理和民主行政的市场机制来进行城市管理。经过这场理论交锋,公共选择理论学派逐渐占据了上风,并且主导了接下来美国大都市治理的变革潮流。

二、公共选择理论学派(20世纪50年代至90年代)

公共选择理论学派批判"传统区域主义",实际上是从"政治碎片化"的角度出发的。公共选择理论学派认为,"政治碎片化"确实会带来很多问题,但是"传统区域主义"开出的药方带来的问题更甚,关键的一点是无助于解决"政治碎片化";而"政治碎片化"并不是一无是处。在大都市"碎片化"的状态下,公共产品与服务的提供就存在规模经济和外部性等问题。因此,由地方政府来提供这些产品和服务就显得非常不经济和没有效率,而且大都市政府"一刀切"的政策(整齐划一的服务标准)忽视了公民需求的多样性,无法满足不同社群之间的需求。相反,城市规模和政治单位较小,政府更能了解不同团体的偏好,并依据不同的情况给予回应。

公共选择理论学派是把政治经济学运用在对区域政府的研究上,认为多元的政府结构比单一集权式的政府结构更符合城市治理的需求。例如,文森特·奥斯特罗姆等学者认为,"碎片化"的政府结构给人们提供了"用脚投票"的机会,反而刺激了地方政府之间的竞争,从而获得了更有效率的服务。[①] 实践证明,政府本身就是一个公共产品,其管理行为以及对其运作的管理也需要成本;而以科层制运作的政府是一个难以及时做出快速回应和调整的组织。按照公共选择理论学派的观点,公共产品的生产和提供是两个不同的概念和环节。地方行政机构的主要职能是负责提供公共产品和服务,但是它不一定要承担其生产职能。通过研究,公共选择理论学派的倡导者发现,为了解决民生问题,提供公共服务需要不同层级的政府与私人部门等社会组织的通力合作,因此地方治理体系并非如"传统区域主

---

① Vincent Ostrom, Charles M. Tiebout and R. Warren, "The Organization of Government in Metropolitan Areas: A Theoretical Inquiry," *The American Political Science Review*, Vol. 55, No. 3, 1961, pp.834-836.

义"的倡导者所坚持的那样——仅仅局限于正式的政府单位。[①] 为了提高公共产品的生产效率和服务质量,公共选择理论学派要求将一部分公共产品和服务的生产职能转交给私人部门(市场),即通过与私人部门签订协议,建立起公私伙伴关系;对于某一地方政府而言,除了与私人部门进行合作以外,还可以通过与其他地方政府进行合作,即通过跨地区的政府间协议,来共同承担或转移公共产品和服务的生产职能。除此以外,还可以建立区域性的负责某项具体事务的专区、联合会议等实现职能转移的专门机构。

从上面的论述可以看出,公共选择理论学派企图从多元化(多中心)体制来设计区域治理组织模式。所谓多元化体制,是指大都市区具有多个相互独立的政治决策中心,包括正式的全功能性的政府单位(如,县、市、镇等)和大量重叠的特殊区域政府(如学区和其他功能区)。在西方国家,尤其是美国,多元中心体制是大都市区最常见的政府组织形式。

实际上,公共选择理论学派提出以市场为导向的分权模式,与"传统区域主义"的统一集权模式是完全对立的。在分权模式中,权力并不是集中固定在科层组织当中,而是分散在包括政府、企业和社会组织,甚至是公民个人等在内的更宽泛的参与主体之间;"无形的手"将协调特定商品供给者和消费者的行为,并且有效率地生产和使用资源,满足各方的需求。在城市治理中,该模式是以公共治理而不是以官僚制和权力为特征的,而且把所有参与主体视为一个受到外部刺激就会做出正确回应的理性经济人。因此,公共选择理论学派主张保留分散的地方政府行政单位,并通过这些行政单位之间的竞争,提高区域内现有资源的使用效率和增强管理的合理性。

公共选择理论学派经历了"兴起—高潮—融合"三个阶段。1956 年,查尔斯·蒂伯特提出了"用脚投票"的思想来为大都市政府的多中心结构辩护,批判了"传统区域主义"。紧随其后,奥斯特罗姆夫妇、罗伯特·沃伦和罗伯特·比什等学者从公共选择理论的范式入手为理解大都市治理和研究地方政府行为提供了一些新的思路和视角,迎来了公共选择理论学派的繁荣阶段,并形成了公共选择理论学派对大都市治理的比较优势:(1)有助于理解正式结构满足个人需求和偏好的关系;(2)不同规模的政府单位对提供不同公共产品和服务具有不同的效率;(3)把公共产品和服务的生产

[①] Vincent Ostrom, Robert L. Bish and Elinor Ostrom, *Local Government in the United States*, Ithaca, p.211.

职能与供给职能分开,有助于深化对地方政府职能的理解。

20世纪90年代前后,公共选择理论学派遭到了批评。"经济人"假设过分强调参与主体的理性和自利性。在现实中,理性和自利性受到很多因素的干扰,难以做到完全理性和利益最大化;而且公共选择理论学派刻意回避了政府作为公共部门追求公共利益的特性。[1] 然而,公共选择理论学派本来是对"传统区域主义"无力解决大都市的公正和平等问题的回应,但是在高度市场化的经济环境下,居住在郊区的绝大部分中上阶层拒绝帮助中心城市改善经济状况,使得原来已经恶化的公正和平等问题没有得到丝毫改善。许多低收入者和无家可归者集聚在中心城市,而正是这些低收入阶层分担着中心城市昂贵的基础设施和公共服务的费用。如果按照公共选择理论学派的理论假设,任何人都有权根据自己的偏好选择"进入"或者"退出"任何一个城市区域,那么选择"退出"对于低收入阶层来说,无疑是一个具有优势的策略选择。但是公共选择理论学派的简约化理论恰恰忽略了这个阶层群体的"退出"能力,换句话说,就是忽视了或者是有意忽略了迁移的成本,这是公共选择理论学派本身在理论上的缺陷。因此,研究者发现参与主体之间的公平竞争只是理论条件,缺乏实质性的事实支持[2];公共选择理论学派的理论性太强,缺乏支撑其假设的经验证据。[3] 最后,"碎片化"的地方政府很难被认为是有效率的。尽管公共选择理论在治理"政治碎片化"的初期颇有成效,但到了后期反而加剧了"政治碎片化",造成了同一个区域内不同政府单位的职责不清、效率低下,弱化了区域政府的政治领导权,也无法为居民提供有质量的服务。[4]

虽然面对着严厉的批评,但是公共选择理论学派并没有像"传统区域主义"那样在某段时期内销声匿迹,而是逐渐融合到新一股城市治理的潮流中去,这股潮流就是城市区域主义政治理论的第三阶段——新区域主义阶段。

---

[1] G. Ross Stephens and Nelson Wikstrom, *Metropolitan Government and Governance: Theoretical Perspectives, Empirical Analysis, and the Future*, New York: Oxford University Press, 2000, p.120.

[2] Bruno S. Frey and Reiner Eichenberger, "Metropolitan Governance for the Future: Functional Overlapping Competing Jurisdictions," *Swiss Political Science Review*, Vol. 7, No. 3, 2001.

[3] Michael Keating, "Size, Efficiency, and Democracy: Consolidation, Fragmentation, and Public Choice," in David Judge, Gerry Stoker and Harold Wolman, eds., *Theories of Urban Politics*, Thousand Oaks, CA: Saga Publications, 1995, pp.124-125.

[4] Roger B. Parks and Ronald J. Oakerson, "Metropolitan Organization and Governance: A Local Public Economy Approach".

第二节 新区域主义政治理论研究新范式

一、新区域主义的崛起(20世纪90年代至今)

"传统区域主义"和公共选择理论学派分别以国家和市场两个对立的角度作为逻辑起点,"传统区域主义"把国家/政府作为绝对主体的力量统治城市,试图从宏观结构途径来解决城市问题;公共选择理论学派则把市场作为基本动力机制,从经济理性途径寻求解决方案。这两种区域主义政治理论都重视效率、成本、服务输送、经济增长和社会改革等议题,由于西方各国区域发展的政治、经济、社会、历史和自然等环境条件的差异,以及居民群体偏好的不同,各国在区域治理的过程中所采取的公共行政组织与管理模式也有相应的区别。

但是,这两剂"药方"在实践面前都遭遇到了挫折。20世纪70年代中期,在福特主义经济生产方式爆发危机时,国家/政府在协调公共事务方面表现出了软弱无力;20世纪80年代以后,由美国总统里根和英国首相撒切尔夫人为代表推行的新自由主义政策出现市场失灵的危机,导致单纯依靠市场机制在管理城市时表现得束手无策。因此,学术界开始重新思考国家、市场和社会三者之间的关系。究其原委,其中一个原因是新自由主义思潮的出现导致了分权化,权力从联邦(国家)层面向区域(地方)层面下移;另一个原因是资本主义经济全球化的发展趋势影响了城市化和区域化的进程。

自20世纪80年代以降,欧美等资本主义发达国家的政府在城市治理的过程中面临着新的问题与挑战:第一,由于政府职能的大幅度扩张、组织规模急速膨胀、预算赤字攀升等原因,为了减轻中央财政负担,联邦和地方之间的关系走向分权式发展;第二,在科技和交通运输、通信网络的迅猛发展下,全球化已经成为新世纪的浪潮,全球化除了以经济整合、国际分工和跨国性公司等议题来展现以外,在权力"向上收缩"的同时,也在不断地"向下渗透",各国纷纷进行地方自治的改革,强调地方分权,以期打造有效能的地方政府,从而迅速回应外界的挑战;第三,城市化和郊区化的现象交织在一起,有关环境保护、水资源利用、垃圾处理、交通运输、教育、医疗以及住房等问题日益严重,地方政府在资源和组织规模有限的情况下,愈发感觉捉襟见肘,所以,为提升行政效能以及达到组织规模经济目的,各国莫不积极推动各式各样的地方跨域合作机制;第四,城市政治、经济政策的外部性常常"外溢"到邻近区域,加上上述问题,使跨域协调的需求与日俱增。①

对于全球化的探讨,虽然不同学科各有其关注焦点,但学者们普遍认为,全球化是当代人类社会活动的空间逐渐超越传统地域、种族、国家主权版图等的界限,在科技革命的背景下,以实现技术创新、制度创新和扩展、资本流动以及跨国合作等治理方式的转变。全球化不但冲击着国内外企业的经营模式与资金运用,而且还影响国家与国家之间的互动,也促进地区、城市之间的交流和联系,促成地方政府之间既竞争又合作的关系。质言之,全球化影响了政府职能的展现方式,其中地方政府的治理职能受到的冲击尤其明显。由于在参与经济全球化的过程中,城市是地方政府展现竞争的核心区域,同时城市的行政管理体制必须与国际接轨,以至于城市发展不再是个别国家和地区的事务,而是全球性问题。在经济全球化的竞争压力下,各城市政府无不竭力提升自身的竞争优势,使全球竞争已不再仅仅是国与国之间的竞争,更是城市与城市之间的竞争。②

自20世纪90年代以来,区域竞争力逐渐成为各国关注的焦点。在实践的推动和对传统改革派(即传统区域主义)以及与公共选择理论融合发展的基础上,城市治理领域内兴起了一股"新区域主义"思潮。"新区域主义"认为在解决城市问题上应综合考虑竞争与合作、分权与集权的因素,只有这样才能有效实现治理大都市的目的。

区域主义在20世纪90年代得到复兴主要是由于:首先,联邦政府以财政援助为主要方式的总体城市规划无疾而终,中心城市的社会经济问题日益恶化;其次,发展区域经济是复苏国内经济,应对全球竞争的需要;最后,90年代的区域主义改革理论受到了同一时期政府改革理论的影响。城市治理的思路与政策主张,体现了80年代中期以后兴起的新公共管理理论的核心思想。从20世纪80年代末90年代初渐渐兴起的"新区域主义"的观点来看,"新区域主义"既无意回到原来的"传统区域主义"的老路,又想极力摆脱传统公共行政的单中心和多中心治理的逻辑思维方式,并为城市区域主义政治理论导入最新的基本价值取向,甚至作为整个公共治理实践行动的再出发点。

---

① Roland White and Paul Smoke, *East Asia Decentralizes, Making Local Government Work in East Asia*, Washington, DC: World Bank, 2005, p.12.

② Jensen-Butler,"Cities in Competition: Equity Issues," *Urban Studies*, Vol. 36, No. 5-6, 1999, pp.865-891.

二、新区域主义的理论基础

作为中层网络治理途径的"新区域主义"主要是受到了"治理"范式两大基础理论的支持,一个是社会资本理论,另一个是权力依赖理论或称资源依赖理论。

社会资本理论假定,拥有高度信任关系的网络将有助于降低成员间的交流与监督成本,从而不必再依赖权力或通过正式制度来破解"搭便车"等问题,因此集体行动与网络治理的成功十分依赖于信任关系的维持。[①] 例如,波斯特认为,相邻地方政府的官员之间的人际关系、专业分工与合作,有助于地方政府推动跨域治理。克拉伦斯·斯通也发现,黑人民选官员与商业利益集团之间的信赖关系有助于形成稳定的统治联盟。[②]

权力依赖理论主张,由于各地方政府、私人部门和非营利组织等行动者都无法独立地解决问题,因此政府必须与其他掌握资源的行动者合作[③],构建出资源互赖网络与权力关系网,并促成相互合作与协调的"公私伙伴关系"(PPP)[④],如果网络组织中的行动者无法再次从网络中获得利益,网络关系最终将会瓦解[⑤]。而成员之间经常性的互动与资源互赖将有助于共同价值与信任关系的培养。

三、新区域主义的基本特征

阿兰·瓦利斯首先对"新区域主义"的特征做出了权威性的概括。他指出"新区域主义"至少在五个方面与前两阶段的城市区域主义政治理论不同,即治理、跨部门性、协作性、过程和网络[⑥];之后,他又把"新区域主义"的特征做了进一步的概括,即区域、多边界[⑦]。随后,达尼埃拉·温茨海

[①] Ross J. Gittell and Avis Vidal, *Community Organizing: Building Social Capital as a Development Strategy*, California Press, 1998, p.15.

[②] Clarence Stone, *Regime Politics: Governing Atlanta, 1946-1988*, p.198.

[③] Walter J. M. Kickert, Erik-Hans Klijn and Joop F. M. Koppenjan, "Introduction: A Management Perspective on Policy Networks," in Walter J. M. Kickert, Erik-Hans Klijn and Joop F. M. Koppenjan, eds., *Managing Complex Networks: Strategies for the Public Sector*, London: Sage, 1997, p.6.

[④] Jan Kooiman, ed, *Governing as Governance*, London: Sage, 2003, p.11.

[⑤] Stephen Goldsmith and William D. Eggers, *Governing by Network: The New Shape of the Public Sector*, Washington, D. C.: Brookings Institution Press, 2004, p.106.

[⑥] Allan D. Wallis, "The Third Wave: Current Trends in Regional Governance".

[⑦] Allan D. Wallis, "New Regionalism," in Ray Hutchison, ed., *Encyclopedia of Urban Studies*, SAGE Publications, 2010, pp.546-548.

默补充了另外三个特征:开放、信任和赋权。① "新区域主义"还非常强调结果,这个特征极容易被研究者所忽视。(见图 8-1)

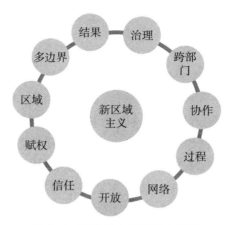

图 8-1　新区域主义的基本特征

第一,强调治理而非统治。虽然在最近二十几年的时间里,治理已经成为社会科学领域中一个被广泛使用的概念,但是不同学科对它的理解各有侧重。"新区域主义"的倡导者——萨维奇和福格尔非常乐观地指出:"治理"将不可避免地成为 21 世纪城市区域发展的一个重要范式。他们所理解的"治理"指的是在既有的制度下可以利用的一个合作的新模式,而且这个合作的新模式是建立在地方性组织之间的自愿和多形式的基础之上的。② 格里·斯托克很简单地描绘"治理"是制度和行动者之间的综合体,而且这些制度和行动者是来自于政府,甚至是超越于政府的。③ 诺里斯定义"治理"是在地理范围内政府和居民所组成的一个联盟,是为了控制和调节内部的行为以及发挥功能或者是提供领域内的公共服务等目的组织而成的。④

"新区域主义"处理城市间问题的方式是建立在"治理"的基础之上的。根据萨维奇和福格尔、斯托克、诺里斯以及道奇的相关研究,"新区域主义"

---

① Daniela Windsheimer, *New Regionalism and Metropolitan Governance in Practice: A Major Smart Growth Construction Project in the Waterloo Region: The Light Rapid Transit-Project*, Berlin: Freie Universität, 2007.

② Hank V. Savitch and Ronald K. Vogel, "Paths to New Regionalism," *State and Local Government Review*, Vol. 32, No. 3, 2000.

③ Gerry Stoker, "Public-Private Partnerships and Urban Governance," in Jon Pierre, ed., *Partnership in Urban Governance: European and American Experience*, London: Macmillan, 1998, p.39.

④ Donald F. Norris, "Prospects for Regional Governance under the New Regionalism: Economic Imperatives versus Political Impediments," *Journal of Urban Affairs*, Vol. 23, No. 5, 2001.

的治理概念具有以下几个构成要素:(1)参与主体的多样性,其中涉及政府、企业和社会组织,甚至是公民个人;(2)参与机制的综合性,"新区域主义"涵盖了政府管理、市场调节以及复杂的网络化结构;(3)参与规范的灵活性,"新区域主义"的治理既可以是制度化的约束框架,也可以是非制度化的协议;(4)参与方式的自愿性,新区域主义强调治理的参与是自愿而非强迫的,自愿的参与能最大程度地调动参与者的积极性和创造性,实现资源的最佳配置。丹尼尔·屈布勒和休伯特·海内尔特发现,从大多数治理的城市实体来看,城市的问题是通过各种不同层级的政府和私人部门所构成的合作和协调网络来解决的。① "新区域主义"吸收了公共选择理论学派的观点,拒斥"传统区域主义"的"统治"理论,把关注的焦点从正式的制度安排转移到了议程设置和资源动员的非正式结构和过程。因此,"新区域主义"强调的"治理"具有与主体横向的联系和地方合作的分权式特征。② 概言之,"新区域主义"是治理能力的发展,而非政府部门的行政扩张。

第二,强调跨部门而非单一部门。从"统治"到"治理"的转变,就意味着政府和非政府组织、营利部门与非营利部门、公共组织与私人组织,甚至是公民个人都可以参与到城市治理的过程中去。权力结构不再是固定统一的,而是灵活分散的;虽然每一个部门都有特定的能力和法律授权管辖范围,但跨部门治理使得城市治理的实践更加具有可行性和实践性,将使得区域议题的解决更容易产生让人满意的效果。

第三,强调协作而非协调。协同/协作和协调分别是测量治理和统治的一个主要的标准。在过去,"传统区域主义的一个主要目标是改善公共部门在规划和行动方面的协调能力。如今,新区域主义跨部门治理强调的是协作。大都市治理的目标不仅是让公共部门知道该做什么,而且是对每一部门的独特能力和权限范围做出安排,进而实现大都市范围的特殊任务"③。阿兰·瓦利斯仅仅指出了城市治理"黑"和"白"的两个方面,但事实上也存在着"灰色地带"——合作。这里首先要厘清"协作""协调"和"合作"这三个词的含义。"协调"强调的是参与主体之间是一种上下的等级关系;"协作"强调的是参与主体间存在强势主体主导的合作关系,通常涉及非政府组织或社区领导人在治理问题上的参与;"合作"强调的是参与

---

① Daniel Kübler and Hubert Heinelt,"Metropolitan Governance, Democracy and the Dynamics of Place," pp.9-10.
② Hank V. Savitch and Ronald K. Vogel,"Paths to New Regionalism".
③ Allan D. Wallis,"The Third Wave: Current Trends in Regional Governance".

主体之间的平等关系,通常是指涉及不同政府部门一起提供公共服务或解决区域问题,这种方式一开始是来自非正式协议和资源分享,直到最后实现功能和结构上的合并。概言之,"传统区域主义"可以被描述为一个等级结构的系统,而"新区域主义"是一个基于网络的系统。(见图8-2)

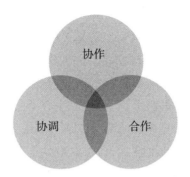

图8-2　协作、协调、合作三者之间的关系

第四,强调过程而非结构。"新区域主义"范式强调协调的重要性在于其重视过程而不是正式的结构安排。"传统区域主义"以市县联合或形成某些完成特定目的的机构作为建立大都市政府的结构性方案;比较而言,虽然有时会使用结构性方案作为实现目标的策略,但"新区域主义"专注于政府治理过程,例如制定远景和战略规划、建立共识、动员资源或解决冲突。

第五,强调网络而非制度。"对协作和过程重视程度的提高,也说明了新区域主义对网络状组织而不是正式制度的依赖。这样的网络一般拥有一个稳定的利益相关者核心,在特殊的战略领域具有重要的共同利益。"①

第六,强调开放而非封闭。在"传统区域主义"范式下,区域被视为一个封闭的实体,边界和管辖区都做了明确规定,"传统区域主义"试图根据增长的边界、公共服务的供给和就业市场等来清楚地划定边界。相反,"新区域主义"接受开放的、灵活的和有弹性的边界,区域的界限是随着问题的解决而变化的。

第七,强调信任而非问责。问责是"传统区域主义"集权式官僚制的主要特征,而信任是"新区域主义"的核心特征,涉及区域社会资本和市政基础设施的落实。

第八,强调赋权而非权力。"传统区域主义"认为权力是源于政府的权威,由此"传统区域主义"下的大都市统治通常也被看作是一场零和博弈。

---

① Allan D. Wallis,"The Third Wave: Current Trends in Regional Governance".

"新区域主义"的权力来源于赋权即社区和邻里的利益相关者参与区域决策。赋权实际上借助于城市政体的理论,主张广泛吸纳各层级政府(中央政府和地方政府等公共权力部门)、私人部门、非营利组织以及公民个人等主体,使得"治理"的参与和形式变得多样且复杂。

第九,强调区域而非大都市。早期"传统区域主义"的倡导者从中心城市的角度来分析区域,区域被规划成为支持繁荣的中心商业区以供郊区居民获取工作,而"新区域主义"的倡导者把中心城市看作不可分割的一部分,而不是区域的控制中心。实际上,很多"新区域主义"的实践者工作在没有主导中心城市的区域内。

第十,强调多边界而非单一边界。"传统区域主义"的倡导者习惯用单一边界来界定区域。在理论上,区域应该具备政府在单一边界之内满足不同规划和服务需要的功能,但在实际上,界定区域的单一边界却是一个政治上和功能上的难题。区域边界是基于地域问题而非那些处理空气质量、交通运输、住房或者其他功能性问题。因此,"新区域主义"的倡导者通常不提倡创建政府,他们倾向于随着特定问题的解决而界定区域边界。

第十一,强调结果。这是"新区域主义"研究者普遍忽视的一个重要特征。作为"新区域主义"的一种发展方式,"巧增长"运动近来越来越受到学者的关注。它一般包括以下内容:(1)紧凑型城市土地开发模式;(2)保护城市环境资源;(3)促进城市经济良好运行;(4)提高城市宜居性和生活质量。这几方面的要求正是"新区域主义"努力改良自身以期发展的结果。

四、新区域主义的治理模式

经过一百多年时间,城市区域主义政治理论已经经历了三个阶段的发展历程,即将迈向第四个阶段。综观整个发展过程,由于每个区域和地方的政治、经济、社会等因素都有其特征,因此在这些因素的相互作用下,"新区域主义"在地方治理的运用上呈现出不同的模式①。

(一)戴维·鲁斯克模式

在20世纪90年代初期,以合作网络为特征的研究大都市区治理问题的新浪潮不断向前推进,构成了大都市区治理研究的第三阶段——"新区域主义"。作为提倡"新区域主义"的先锋人物,1977—1981年间担任新墨西哥州最大的城市——阿尔伯克基市市长的戴维·鲁斯克的著作《没有郊

---

① 为了研究的方便,我们采用研究者的名字命名了这些模式。

区的城市》是最广为人知的。

在"新区域主义"理论家当中,鲁斯克是最早关注城市边界问题的学者之一。从这一意义上说,与其说鲁斯克是倡导"新区域主义"的学者,不如说他更像一个"传统区域主义"的学者。① 可以看出,"传统区域主义"和"新区域主义"关注的问题具有相似性,其研究问题的方式具有一定的连续性。

鲁斯克总结了 24 条经验教训和 4 条"定律",作为"新区域主义"的基本特征,并着重区分了两种类型的城市,一种是弹性城市,另一种是非弹性城市。用他自己的话来说,"'弹性'或'非弹性'的界定往往基于一个中心城市的特征而定。对于大都市地区而言,弹性地区或非弹性地区主要是指其中心城市的发展状态"②。所谓的弹性城市,是指中心城市及其周边的郊区同时在拓展,而且中心城市从其周边的郊区的增长过程中获得收益,这是一种双赢的局面;相反,非弹性城市是指中心城市处于静态,即发展停滞,而外围郊区却不停地增长。

(二) 福斯特模式

福斯特对区域主义的理解,做出了两点重要的贡献。③ 第一是她建立一个"区域促进框架"作为衡量区域主义的模式。这个框架界定了影响区域治理的 10 个变量,即:天然资源、区域经济的内容、中心城市主宰的范围、共同成长与发展经验的范围、社会经济的相似性、共享服务传送的诱因、支持资源重新分配的范围、政治的相似性、中央政府的政策作为以及历史因素等,这些变量在城市区域内彼此交互,决定了一个城市的区域主义是以集中化方式还是分散化方式来治理。④ 第二是她针对城市增长压力提出了一条回应与影响链,即:当城市区域面临人口成长压力时,人们对城市服务的需求就会增加,同时这样的需求也将迫使城市政府在结构上做出必要的变革,如合并、兼并以及设置特区等。

---

① Andrew Sancton,"Canadian Cities and the New Regionalism,"*Journal of Urban Affairs*, Vol. 23, No. 5, 2001, pp.543-557.
② 戴维·鲁斯克:《没有郊区的城市》(王英、郑德高译),上海人民出版社 2011 年版,第 60 页,注释[6]。
③ Kathryn A. Foster,"Regional Impulses,"*Journal of Urban Affairs*, Vol. 19, No. 4, 1997, pp. 375-403.
④ David Y. Miller, *The Regional Governing of Metropolitan America*, Colorado: Westview Press, 2002, p.102.

(三) 戴维·汉密尔顿模式

汉密尔顿认为,所有区域主义实际上都是试图对大都市压力增长的政治回应。[①] 这些增长的压力可以分为两个方面:一方面来自城市发展的实体建设的问题;另一方面则来自城市区域治理体制不能回应环境变化带来的需求所产生的问题。随着城市范围的扩张,这种压力已经蔓延至地方政府,而且要求地方政府适应。两种对城市发展的基本政治回应已经影响了城市范围的政府组织。在面对压力时,地方城市政府通常采取两种政治性的应对策略,以缓和与减轻城市区域的发展困境。一种回应是培育一个集权式的政府系统,另一种回应是培植一个分权式的政府系统。分权式的回应只是一个概称,是指在大都市全地区创设或者培育包含小型的和独立的地方政府以及众多特区的一个多中心的地方政府系统。集权式的回应是指鼓励在一个或者一些地方政府下的政治结构的合并。

根据汉密尔顿的论述,另一个研究和分析增长回应的路径是按照是否能促进集权式或者分权式的政府结构和治理,把各种不同的类型进行分类。政府结构是指负责服务提供的地方政府,如市、县、乡、镇政府等;而治理则是指以功能或议题为导向的区域问题解决,它强调的不完全是政府结构本身,而是政府参与并引导完成治理的过程及功能,尤其是与其他部门进行合作共同治理。[②]

根据上面的论述,我们可以得出四大类型:分权式政府结构回应、集权式政府结构回应、分权式治理回应和集权式治理回应。

集权式回应通过减少重复和推动议程设置来解决区域问题,简化政府结构和治理。分权式结构回应是在众多的一般小型政府中利用大都市区的政治控制促进多中心体系的政府结构。分权式治理回应是以有限的措施保护和允许一般小型政府的多中心体系以保持自己的独立性和自主性。分权式的回应包括集中区域的某些功能,例如在没有损害当地政府基本自治的前提下,利用规模经济的单一用途功能区。从表 8-1 可以看出,长期以来,美国城市区域治理的结构及其模式都是多元化的回应模式。

[①] David K. Hamilton, *Governing Metropolitan Areas: Response to Growth and Change*, New York: Garland Publishing, 1999, pp.34-37.

[②] David K. Hamilton, David Y. Miller and Jerry Paytas, "Exploring the Horizontal and Vertical Dimensions of the Governing of Metropolitan Regions," *Urban Affairs Review*, Vol. 40, No. 2, 2004, pp. 147-182.

表 8-1 戴维·汉密尔顿模式总结

	政府结构	治理
集权式回应	兼并和合并	市县
		功能整合
		区域治理过程
	市县联盟	区域内税基分享
		多目的大都市区
	双层大都市政府	区域性协调机构
		联邦—州的辅助和政策鼓励区域发展
分权式回应	郊区发展	单一目的区域
		本地间协议
	简易法人化	私有化
	各种不同形式的一般性地方政府	联邦—州的辅助和政策鼓励碎片化治理
		无权威的区域会议
		中心城市内的区政府

资料来源：David K. Hamilton, *Governing Metropolitan Areas: Response to Growth and Change Garland Publishing*, New York: Garland Publishing, 1999, p.36.

(四) 西贝特模式

西贝特区分了大都市区域主义的四种类型：单层政府、双层政府、合作和大都市会议。(见表 8-2)

单层政府方案可以由三个基本的方式完成：(1) 兼并(兼并没有被合并的领土)；(2) 地方政府联盟(两个或三个功能混杂的地区的合并)；(3) 市县联合(一个或更多的自治市和县政府的合并)。

区域组织的双层政府方案是基于联邦主义的理论,区域内的功能委托给区域政府,然而地方的自治组织保留了地方功能,这就创造出了双层系统。双层系统是由三种基本方式组成的：(1) 大都市区(一个管理单位在全部或者一个实质性的大都市区履行一项或若干项紧密相关的职能)；(2) 市县综合规划(所选功能从自治市和其他地方单位同时向县政府转移)；(3) 联盟(一个新区域政府的成立分担新的区域责任)。

区域政府的合作性方案模式同样与地方间协议相关,号召在现存的政府组织间进行更大的合作。这种路径体现了用自愿的方式来解决区域性问题,同时保持地方的控制权。协议可以采取以下的形式：(1) 跨地区服务协议是指一个单一政府执行服务或者为一个或多个其他地方单位提供机制;(2)权力共享协议是指两个或者更多的地方政府在联合的基础上发挥功能或者运行一个机制;(3)非正式合作是指两个或者更多的地方政府在紧急情况下的互相帮助。

区域或者大都市政府的第四种类型是大都市会议。大都市会议是政府的永久性机制,通过定期举行会议讨论和寻求对各种问题的看法。然而,由于其缺乏权威性,这个会议机制不能被认为是一个真正的大都市政府。

表 8-2 西贝特模式总结

单层政府选择	双层政府选择	大都市会议选择	合作选择
兼并	大都市区		地方间服务协议
地方政府联盟	市县综合规划		权力共享协议
市县联合	联盟		非正式合作

资料来源:R. Sybert, "Models of Regional Governance," in Kemp L. Roger, ed., *Forms of Local Governance: A Handbook on City, County & Regional Option*, Farland Company Inc. Publisher, 1999.

(五) 莫里尔模式

莫里尔在"传统区域主义"的概念基础上,区分了治理的主要组织形式有三种类型、八种模式:第一类是以协调方式为主的类型,包括政府议会和地区领域性组织;第二类是以合作方式为主的类型,包括地方间协定、公共政府或组织、城市区议会或城市区公共服务特区和有限的地方或地域性政府实体;第三类是以联盟方式为主的类型,包括城乡结合和区域政府。(见表 8-3)

表 8-3 莫里尔模式总结

职能（类型）	模式	性质特点
以协调方式为主的类型	政府议会	治理
	地区领域性组织	
以合作方式为主的类型	地方间协定	
	公共政府或组织(包括单一和多元化服务的特区)	
	城市区议会或城市区公共服务特区	
	有限的地方或地域性政府实体	
以联盟方式为主的类型	城乡结合	
	区域政府	政府

资料来源:R. L. Morrill, "Regional Governance in the United States: For Whom?" *Environment and Planning C*, Vol. 7, No. 1, 1987, pp.13-26.

这种三分法显然是以"传统区域主义"的治理模式为基础的,强调了政府部门之间的正式合作和政府的主导作用。但是,莫里尔也看到了协调型的治理模式带来的优点,能在一定程度上解决政府部门不能解决的问题,因此,他认为由强政府主导的政府管理模式必然向以协调为特征的治理模式转化。

(六) 沃克模式

沃克在他的一篇题为《从大都市合作到治理》的文章中,阐释了对大都市治理路径(区域主义范式)的迫切需求。沃克观察到了几个现象:与之前相比,今天越来越多的大都市区出现了;越来越多的人选择居住在大都市区;大都市区"政治碎片化"的现象依旧持续;大都市区的多样性在增加;同时,大都市区也出现了不和谐的一面,在对大都市的管理上缺乏一致性的理论,在实践上来自联邦和州的援助在减少。

沃克指出,这些趋势使得区域主义指向成为问题的解决办法,因为它可以在跨越司法辖区的基础上,管理某些特定的功能;通过提供各种服务,即在扩大财政支持和满足对某些服务的需求的基础上,实现规模经济;处理由于城市人口快速增长或者时而下降所导致的外溢性服务问题;通过寻求公共服务更有效的提供方式来节省资源。

沃克打了一个有趣的比方,区域主义就好像是官僚们用来寻求解决地方问题的一个金矿,而17个不同的矿工是来挖掘金子的。解决区域性公共服务问题的17个进路可以根据下述标准把它们排列在光谱上:从最容易的模式到最困难的模式;从政治上最可行、最少争议的模式,到有时在政治上是可行的,但实际上是缺乏效率,甚至威胁到地方行政官员的模式;至少很多行政区的意见都使得这些相当激进的改革有时是最有效率的。(见表8-4)

表8-4 沃克模式总结

最容易的	适中的	最困难的
非正式合作		
本地间服务合约	地方特区	一层合并
联合权力协议	职能转移	
域外的权力	兼并	两层重构
区域的委员会	区域的特区和权威	

续表

最容易的	适中的	最困难的
联邦支持的单一目的区域机构	大综合区	三层改革
国家规划和发展区域	改革的市县	
收缩的（私有制）		

资料来源：D. B. Walk, "Snow White and the 17 Dwarfs: From Metro Cooperation to Governance," *National Civic Review*, Vol. 76, No. 1, 1987, pp.14-28.

（七）米切尔-韦弗模式

米切尔-韦弗、戴维·米勒和罗纳德·迪尔等人综合了莫里尔的研究，提出了类似的观点。他们还引用沃克的研究介绍说明各种在不同的政府之间的协调、治理与政府的策略的类型，特别是沃克适当地评析各种政策在执行过程中的难易程度。沃克所区分的三种类型的前两种，在米切尔-韦弗等人看来，主要是以城市类型为范围的公共服务提供，这是有限的区域治理条件。其中，非正式的合作或者是地方政府内部的协议，是区域治理策略中较为容易执行的模式；此外，地方特区、兼并、城市与县级的改革则是代表"有些困难"类型的主要治理策略模式。（见表8-5）

表8-5 米切尔-韦弗模式总结

难易程度	大都市治理选择的方式
相对容易	（1）非正式的合作 （2）地方政府内部间的公共服务协议 （3）股份权力的协议 （4）领域外的权力 （5）政府形式的区域议会（COGs） （6）联邦支持的单一目的行政区 （7）国家计划和发展特区（SPDDs） （8）来自私人游说的合约
中等难度	（9）地方特区 （10）功能转换 （11）合并 （12）区域特别行政区和权力 （13）都市区多目的行政区 （14）都市和县改革
最为困难	（15）单一政府的联合：市县和地区范围的联合 （16）双层政府的建构：联邦结构 （17）三层政府的改革：城市区域范围的结构

资料来源：C. Mitchell-Weaver, D. Miller and R. Deal, "Multilevel Governance and Metropolitan Regionalism in the USA," *Urban Studies*, Vol. 37, No.5-6, 2000, pp.851-876.

从区域治理范式的变迁来看,莫里尔、沃克和米切尔-韦弗等人所提出的区域治理模式是接近"传统区域主义"所注重的大都市区域政府的类型,即使治理被运用于分析区域合作策略,但仍缺乏去中心政治结构的理论建构,只是着眼在不同层级之间政府的联盟形式,甚至缺乏从地方竞争的角度来看待区域治理。但实际上,如同前述"新区域主义"所强调的"治理",是建立公私部门之间的合作的水平关系上。因此,在"新区域主义"的论述之下,萨维奇和福格尔重新界定了一个区域治理模型,来说明现今区域治理的模式。

(八)萨维奇和福格尔模式

首先,"新区域主义"的倡导者——萨维奇和福格尔从区域政治学的观点出发,根据结构合并的数量与区域治理的范围,将城市区域问题放置在一条连续带上,构建出区域合作治理的制度光谱。① 其中,光谱的一端是属于大范围调整的治理模式,其治理策略包括:单一层级政府、市县合并和双层都市政府。在光谱中间则采取地方政府间的协议、公私伙伴等策略的相互调整治理模式,这种治理安排依赖于政府或行动者网络在区域内达成协调。至于光谱的另一端则是属于对区域增长压力所采取的反向对应模式,包括有:不合作、逃避和区域冲突等治理策略。但是这一区域合作治理模式存在一个问题,即将区域治理策略划分得太广泛,虽然把结构合并与区域治理整合在同一光谱之上,却未能区别结构与治理的差异。

对此,为了弥补上述区域制度光谱的缺失,在综合众多学者的个案研究成果之后,萨维奇和福格尔将十三种不同的城市区域治理模式予以分类,并把分类的项目按照两个不同的指标——"区域治理"和"区域政府"的程度进行排列。(见表 8-6)

表 8-6 萨维奇和福格尔模式总结

区域政府	←			→	区域治理
联合政府	多层级政府	连结性功能	复合型网络		公共选择理论
杰克逊维尔 纳什维尔 印第安纳波利斯 阿森斯 奥古斯塔	明尼阿波利斯 波特兰	夏洛特 路易斯维尔	匹兹堡 梅肯		洛杉矶(1960s) 布伦瑞克

资料来源:Hank V. Savitch and Ronald K. Vogel, "Paths to New Regionalism," *State and Local Government Review*, Vol. 32, No. 3, 2000, pp.158-168.

---

① Hank V. Savitch and Ronald K. Vogel, eds., *Regional Politics: America in a Post-City Age*, New York: Sage, 1996, pp.13-14.

第一种类型是"联合政府",这实际上是一般所熟知的"传统区域主义"以联合或者兼并作为唯一解决方法的单一政府形式。这种方法的现实基础是数量庞大的地方政府和由此形成的地方"碎片化"问题。鲁斯克形容这种方法就像一个"大盒子",它试图借助将所有的地方政府整合到一个更大的组织(这个组织类似于企业)之中,来实现不同行政辖区之间的社会正义与公平。由"大盒子"取代众多的"小盒子"是有意义的。原因在于,建立在众多地方行政单位之上的单一政府在指挥和传递公共政策以及协调它们的政策执行等方面是比较有效率的。因此,在假设上,联合政府的存在可以处理"碎片化"、收入不平衡和城市蔓延等问题,并且依靠财税收入来加强区域内住宅环境品质、财富的二次分配和土地使用规划等职能。尽管联合政府的构想是相当具有规模经济的,然而政治的障碍却是不可忽略的问题。实际上任何一个地方政府都不愿意把实际的行政权力交付给上一级政府,所以在宪政国家中,实现联合政府以及在联合政府中执行统一政策一直存在着困难和遭到排斥。

第二种类型是"多层级政府",这是"新区域主义"议题中可以被实施的另一种方式,被视为都市层级的治理策略,它主要是倚靠完备的法律来塑造治理的结构,并且它的主要角色既是补充,也是排挤现行的政府。从官僚体制与行政程序的考虑而言,多层级政府比联合政府在执行政策的过程上要便捷,主要是因为它允许有些问题可以在它们最适当的情况下以及在最基础的地方政府中被管理,同时它也允许区域问题借助城市实权的操作来解决。多层级政府的工作重点不是在于建立较高或较低行政层级的实权,而是设计成为可以处理或宽或窄等各种不同区域议题的政府。因此,与其他模式比较而言,城市层级政府被认为是较有能力去处理超越许多行政区的跨域问题和执行再分配政策的结构。这种类型的政府倾向于以和缓的方式来面对介于地方主义和区域主义之间的议题,这却是这个治理模式的问题所在:一方面,因为较小的城市拒绝在区域的立场下接受不受欢迎的公共设施(例如,垃圾焚烧站),或者引入低收入的住宅设施,这使得对区域问题的解决是以绝对的方式强加给地方,将会遇到来自地方的阻力;另一方面,由于逾越国家或高层级行政单位治权的边界,城市政府的治理能力通常会被限制。所以,城市政府常常发现自己处于地方基层政府和较高一级政府之间尴尬的氛围中。

"新区域主义"的"治理"概念涵盖了介于单一城市及其郡县之间的"连结性功能",即功能性整合,或者是跨地区服务协议。通常,这个连结是在结盟的受挑选的成员(不一定包括区域内的所有成员)彼此之间提供公共服务,例如经济发展或者固体废弃物处理。一些地方政府会根据税基分享来进一步提供一系列公共服务和安排。与兼并(合并)和多层级政府结构不一样,"连结性功能"是相当灵活的,而且不需要增加任何新层级的政府。功能在政府间可以增加、减少和转移。重要的是,"连结性功能"保护了地方自治实体,同时可以取代较大城市的规模经济功能,进而发挥相当于中型中心城市的效率。此外,"连结性功能"的灵活性可以弥补不稳定的组织成员关系。然而,地方精英特别是公共事业和企业的推动者把"连结性功能"看作不完整的一步和某些较少政治整合的考量。

第四种类型是"复合型网络"。这个进路相当于"没有政府的治理"的理念。它的倡导者设想众多独立政府通过多个重叠的跨地区协议网络进行自愿地合作,强调的是地区之间的横向联系。拥有交叉服务的众多管理区域意味着公民可以为每一个特定的情况在发展复杂网络的过程中寻求最优化的安排。总之,拥有交叉服务的管理区不一定是重复的,却是具有目的导向性的。"综合性"能最大限度地提供选择空间以及公民控制。作为地方偏好的结果,大区域"治理"可以形成自生自发秩序。除了一般的服务网络,这个进路还允许利用税基分享来解决区域间的公平与自愿的土地管理和收购。

第五种类型其实就是公共选择理论学派的代表人物蒂伯特提出的"用脚投票"。根据这种类型,地方"碎片化"是有合理性的,而且这个类型强调减少政府的干预,甚至不需要政府这个角色。因为公共选择理论确信政府之间将会自由地竞争,并且个人可以自由地寻找符合自己偏好的地方公共服务内容,所以,地方"碎片化"是这个模式的一个显著特征。萨维奇和福格尔认为国家或者联邦政府对防止城市蔓延与环境保护等需要区域合作的工作仍然具有影响力,这对纯粹的公共选择理论模式而言无疑是一个挑战,因为某些公共协调与调节的功能对整个区域的发展而言,是必不可少的。事实上,公共选择理论与复合型网络这两个类型同样是建立在多中心学派的理论基础上,也就是说,同时建立在地方自主的价值与多样性选择这两个条件上。然而在模式发展问题上,复合型网络仍然坚持地方内部之间的合作可以用来处理区域议题这样的信条,但是公共选择理论模型则低估了公众处理问题的协调能力。从概念性的观察和比较来看,复合型网络的类型包括了自愿性的地方集体行动,而公共选择理论模式则完全依赖于在市场规范下的个人决策行为。

上述两位学者所提出的五种组织模式主要来自两种传统区域治理的设计:一是单中心体制,将区域视为一个有机的整体架构,前述联合政府、多层级政府和连接性功能就属于这一类;二是多中心体制,将区域视为多中心区域架构,前述的复合型网络和公共选择理论就属于这一类。

(九) 戴维·米勒模式

1. 协调型区域主义

由于区域内拥有各个层级的治理主体,它们在政策规划与行政执行上具有不同程度的自主性,常常会出现多头治理的现象,也就是资源重复配置的问题,因此,协调型区域主义就是要将区域内不同治理主体之间的目标和计划加以整合,使地方(市、县、乡、镇)的策略计划与区域性的策略计划能够具有一致的整体规划方向,进而推动各级地方治理主体在区域政策上的目标与执行能够具有一致性,同时让资源的投入与分配能够实现最适规模与最佳经济效益而发挥最大成果。在这一模式之下,主要有以下四种方式可以采用:(1)设立特区:在特区之下,各地方县(市)针对特别的土地使用议题,在以共识为基础的前提下,主要通过论坛的方式,进行行政事务上的协调。(2)设立咨询性区域:参考规范的做法,类似于上述设立特区的方式,仍在地方县(市)自愿参与的前提下,地方政府彼此合作、共同商议、解决区域事务。(3)设立监管性区域:监管性区域的做法是在区域合作的范围框架下,区域规划或政策由各县(市)政府负责其职责范围内的事务,但彼此相互监督,并定期汇报工作进度,使各个合作的县(市)政府能够在执行成效上具有相同的进度与步骤。(4)设立授权性区域:授权执行的协调程度远高于前述的三种类型,区域合作的县(市)政府共同成立一个执行特定规划的单位,使其具有法定的执掌实权。与特定规划相关的乡(镇、市)或县(市)政府主管事项的机构,必须接受这个单位的联系和协调,或协助该单位执行特定规划。

2. 行政型区域主义

这是美国区域协作当中最为主要的一种形式,主要可从两种普遍的形态来看:一种是将乡(镇、市)的职权功能转移到特区或县(市)政府;另一种则是各级地方自治团体通过协商的方式建立各种类型的行政协议。行政型区域主义的主要目的在于提高区域内各级地方政府的行政职能与效率。较之协调型区域主义而言,行政型区域主义具有在行政层面上整合度较高、在法律层面上也相对比较密集的特点,因为这当中涉及原有地方自治团体职权的调整、变更或取消。同时,行政协议内容的完备与否,也会影响到各种公共服务的供给与法律责任。行政型区域主义主要有以下三种形式:(1)特区制:特区制的做法是美国区域合作中最常见的一种类型,著名的田纳西流域管理局(TVA)就是一种被赋予特定目的、跨越地理空间与管辖权的特区组织。随着现实的需要,各州设置特区机构的数目不断增加,有不少特区是建立在区域的范围之内,整合不同的乡(镇、市)以提供特定的公共服务(如环保、电力、医疗等)。此外,特区机构的设置经常是基于地方政府长期对话的沟通过程,以逐渐凝聚共识与塑造机构的合法性,进而使区域性的公共议题获得妥善的解决与提供良好的公共服务。(2)大市制:在核心—边陲的观点下,在区域中会形成人口集中、经济发展与公共服务较好的核心城市。在此情况下,区域的发展会过度集中在单一的城市,使得周围邻近地区的乡(镇、市)发展受到影响。大市制的实施,是解决因上述情形而导致区域内各地方政府在面临税收不均等、财政收支失衡与公共服务品质不一等问题时所选择的一种做法。大市制是以区域内的核心城市为主轴,整合邻近地区数个地方政府,将其部分职能与公共服务转移到核心城市负责;甚至核心城市整合兼并其他地方政府以扩大行政区域与税收规模,使得权责统一。(3)地方间协议:地方政府间协议是最为普遍且易于推行的一种方式。基本上只要地方政府之间具有合作互助的共识与意愿,在完成协议的签订之后即可实施。地方间协议的做法主要是提供多种公共服务的合作,或者是以促进区域间经济发展的策略为主,鲜有涉及再分配的议题。

3. 财政型区域主义

这是在现有地方政府的架构之上,设置一种区域性的拨款机制,用以处理区域内各种公共议题的支出经费。这种模式虽然没有区域政府的组织形态,但是却具有区域政府经费补助的实质功能。其补助区域内地方政府的经费来自于经济增长,或是推动开发政策之后所带来的税收效益,通过重新分配而使参与者获益。而且在不影响各地方政府的财政基础之上,创造彼此双赢的局面。财政型区域主义有以下三种形式:(1)税基共享:这种方式是为了解决城市区域内,各个地方政府因财政税收不平衡而导致其公共服务品质不一的问题。具体的办法是以反映区域的需求为主,通过客观的标准建立分配给地方政府的程序措施。这种税基共享的做法能够减缓因地方政府的"碎片化"对公共服务与区域居民造成的负面影响。(2)文化资产区:这是财政区域主义的一种特殊形式。由于中心城市拥有如动物园、博物馆、文化中心等公共文化活动设施,其经济虽然来自于中心城市的预算补助,但使用这些公共活动设施的除了中心城市居民以外,还包括了周边地区的居民。这使得中心城市与邻近地区因公共设施的资源共享而减少了公共设施的重复配置所导致的资源浪费。(3)和平共存策略:这是为了因应中心城市在面对自身财政税收不足的情况下而意图兼并邻近区域时,在遭受原有地方政府反对或地方公民投票反对之后所采取的双赢解决办法。中心城市与邻近的县或者其他地方政府签订"和平共存"的合作协议解决财政上的困境,并降低因行政区划兼并导致的政府行政上的损失。借助共荣共存的方式让中心城市与邻近地区的紧张对立能够趋于和缓进而促进相互合作。

4. 结构型区域主义

这是根据一个或多个地方政府行政区划的改变所做的相应调整。主要是空间上管辖权的变更与组织上的结构调整,包括兼并、市—县联盟与合并等三种主要做法。(1)兼并:将中心城市的行政区域扩展到其他地方政府的行政区域,例如中心城市将邻近的乡、镇兼并为其行政区域的一部分,扩大中心城市的土地规模与居民人口数量。(2)市—县联盟:市政府与县政府整合成单一政府,行政区域扩充的范围涉及全县,但不包括其他县的行政区域。这种做法的目的是减少邻近的行政区域之间,职能相似的政府单位过于碎片化的情况。(3)合并:将一个或数个以上的地方政府整合成一个单一的地方自治团体,使其具有一定的规模,并且提升区域内的公共服务品质和行政绩效。(见表8-7)

表 8-7 戴维·米勒模式总结

协调型区域主义	行政型区域主义	财政型区域主义	结构型区域主义
特区	特区制	税基共享	兼并
咨询性区域	大市制	文化资产区	市—县联盟
监管性区域	地方间协议	和平共存策略	合并
授权性区域			

资料来源:David Y. Miller, *The Regional Governing of Metropolitan America*, West View Press, 2002.

(十)新区域主义治理模式总结

从上述分析可以看出,"新区域主义"的模式具有多样性,不同的研究者从不同的角度进行了比较分析和归纳。但总体来说,"新区域主义"的治理模式没有脱离"传统区域主义"的结构调整和公共选择理论学派的市场化操作,但在实际运作过程中,不再过分强调政府和市场的作用,而是试图在二者之间找到平衡,甚至吸纳社会力量参与区域治理。研究者们普遍强调区域治理的结构会影响区域治理的实效,进而影响区域的整体发展。这是他们共同关注的地方。

由于研究的出发点不同,这些模式也呈现出各自的特点。例如,鲁斯克关注的是城市的"弹性",进而探析中心城市与郊区的互动。而福斯特关注的影响变量非常广泛,难以把她的研究进行归类。从实际情况出发可以看出,"新区域主义"的运用是非常广泛的,因此对"新区域主义"模式的归纳总结是不会止步的。

第三节　区域主义视角下的城市治理分析

一、城市区域主义政治理论的整体脉络

长期以来,西方大都市区政府和学者们一直围绕着政府的组织模式展开争论。如何组织(实体的或者非实体的)大都市政府,采取怎样的组织形式,既能推动大都市政府公共服务的发展,又能兼顾各地方政府的利益,同时也能提高大都市政府的管理效率,等等,这些都成为西方学者研究的重点,也是各国政府一直较为关注的重要问题。正如鲁斯克所强调的,"传统上,地方政府之间区域合作的根本目标是提供公共服务。在区域范围内设置服务设施往往能够规避政策和程序,避免增加内城居民的社会负担。这正是改革的核心"①。

"传统区域主义"主张只有合作而非竞争才能有助于统筹以大都市区为范围的政府,而且在单一政府的巨大架构安排下,更容易达成合作的目的。这种观点来源于传统政治学的方法论,即将大都市区视为一个有机的整体,采取集体主义的途径来进行组织设计,在区域治理上则表现为区域合并、多层级政府结构和功能联合等策略。相反,公共选择理论学派认为竞争而非合作是促进大都市区的功能、效率和回应的制度安排。这种观点是源自于经济学的方法论,即将大都市区视为多中心区域,采取个人主义的途径来设计组织,在区域治理上则表现为复杂的网络、契约以及政府间协议等策略。

"传统区域主义"和公共选择理论学派关于区域治理主张的对话,争论的核心焦点是来自于当代治理研究上的重要课题,即"谁治理""治理需不需要政府"等。

---

① 戴维·鲁斯克:《没有郊区的城市》,第164页。

对于区域发展问题是"谁治理"的议题,"传统区域主义"和公共选择理论学派的激辩促进了当前政府官僚系统的再结构化与参与者横向联系扩张的两种不同空间面向的改革。新型的大都市区治理与空间政策的协调不能契合,是研究大都市区合作治理的重要问题,背后牵涉到大都市区功能与地方政府制度结构间不相符合的争论。因此,如果从结构功能上来检视"新区域主义",那么"新区域主义"就是具有跨行政辖区的特征,有别于传统科层制的划分,即往往是在由下而上地针对不同辖区之间所产生的特定功能的需求下,来进行特定职能的体制调整。对于城市区域主义政治理论的总结,见表8-8。

表8-8 城市区域主义政治理论总结

	传统区域主义（旧区域主义）	公共选择理论学派	新区域主义
时间跨度	19世纪末至20世纪60年代	20世纪50年代至90年代	20世纪90年代至今
批判的起点	大都市碎片化	传统区域主义;大都市碎片化	传统区域主义和公共选择理论学派
城市发展模式（组织结构）	单中心治理	多中心治理	网络化治理
关注的核心问题	公平	效率	合作
理论基础	官僚制	政治经济学（公共选择理论）	治理理论、社会资本、权力依赖
解决方案	建立等级制政府（如单层或联邦式双层的大都市政府结构和其他适当的统一政府结构）	市场（政府或私人部门互相竞争,提供最优质的服务,选民们"用脚投票"自由选择自己的偏好）	连结性功能和复合型网络（政府联席会、区域联盟、大都市规划、城市区域、"巧增长"和税基分享等方式）
主要批评	自由主义的传统;郊区本身的独立性;联邦式双层大都市政府治理效果不佳、缺乏效率、高成本和高代价;种族隔离严重;郊区不愿意反哺中心城市	"经济人"假设失灵;无力解决大都市的公正和平等问题;"碎片化"仍然导致无效率,而且加剧了"政治碎片化"	概念不清、定义不明、难以操作;选择性的、虚弱的区域主义;难以在全球化的经济中获得竞争力

续表

	传统区域主义（旧区域主义）	公共选择理论学派	新区域主义
代表著述	斯杜邓斯基：《美国大都市区的政府》；琼斯：《大都市政府》；伍德：《1400个政府》；等等	文森特、蒂伯特和沃伦：《大都市地区的政府组织》；比什和文森特：《理解城市政府》；沃伦：《大都市组织中的市政服务市场模型》；文森特·奥斯特罗姆、罗伯特·比什和埃莉诺·奥斯特罗姆：《美国地方政府》；等等	戴维·鲁斯克：《没有郊区的城市》；尼尔·皮鲁斯：《城市国家：美国的城市如何在一个精致的世界中求得繁荣》；安东尼·唐斯：《美国大都市区的新视角》；汉克·萨维奇：《区域政治：后城市时代的美国》；等等
现实例证	大纽约市；多伦多；迈阿密；伦敦	洛杉矶；圣路易斯；匹兹堡	路易斯维尔；博洛尼亚（意大利）；鹿特丹；波特兰

资料来源：笔者根据相关资料绘制。

二、新区域主义的政策创新

目前"新区域主义"还不是一个统一的学派，但大致来说，赞同"新区域主义"的学者具有相当一致的理念：（1）大都市主要通过自愿的方式来促进地方政府的合作；（2）"新区域主义"旨在解决"碎片化"的政府结构所带来的外部性问题；（3）提供财政和减税等方法来繁荣中心城市，使它们能更有效地促进所属区域的经济。[1]

诺里斯主张，"新区域主义"之所以区别于其他范式，是因为"新区域主义"的倡导者将区域治理的主要理论基础，从效率和均衡的议题转移到区域竞争力的议题上；"新区域主义"对处理问题的方针是不同于"传统区域主义"的政府改革。[2]

倡导"新区域主义"的代表性学者萨维奇和福格尔认为，"在'新区域主

---

[1] Frances Frisken and Donald F. Norris, "Regionalism Reconsidered," *Journal of Urban Affairs*, Vol. 23, No. 5, 2001.

[2] Donald F. Norris, "Whither Metropolitan Governance?" *Urban Affairs Review*, Vol. 36, No. 4, 2001.

义'范畴下,以地方自治公民为首的社区应该向外关注更大的城市区域,并且考虑它们共同的未来;同时联合政府必须与其他不同层级的政府建立它们的合作网络关系,这是必要的手段"①。

汉密尔顿指出,"'新区域主义'关心的话题是:在区域议题上决策的过程;在区域间安排合作的协议;必要时,借由国家的力量来处理区域的问题"②。

奥克森认为,大都市治理研究"不应去寻求一种唯一正确的组织模式,而应该关注各种可能的治理模式"③。正如戴维·鲁斯克在其关于新区域主义的享有盛誉的著作《没有郊区的城市》的后记中引述汉克·萨维奇的评论,"(你的)探讨主体似乎已经从'没有郊区的城市'转向'带有城市的郊区'了"④。

从西方的治理经验来看,国与国之间的治理形式具有相当大的差异,例如,英国采取的是"以都市为中心的竞争性区域主义",而美国则采取的是"郊区导向的竞争性区域主义",来克服郊区化与大都市政治的碎片化。⑤ 即使是一个国家内部的不同大都市治理,形式也是多种多样的。正如上面分析的,"传统区域主义"、公共选择理论学派和"新区域主义"的模式是交织在一起的,它们各占有一席之地。而且即使是在同一理论范式基础支持下的大都市治理实践,具体的形式、运作和规划以及各个区域的治理能力及其所支配的资源都是因地而异、因时而异的。

当前,学术界普遍认为城市区域主义政治理论获得了各个国家的大力支持,原因就在于这种治理范式并不是固化的,它既没有"传统区域主义"等级制的硬约束,也不像公共选择理论学派那样过分强调地区的"资源禀赋"。"新区域主义"既是"没有政府的治理",也是"没有最佳形式的治理"。因此可以预见,因地制宜的城市区域主义治理模式将会更加适应大都市区域治理的发展方向。

---

① Hank V. Savitch and Ronald K. Vogel,"Paths to New Regionalism".
② David K. Hamilton,"Developing Regional Regimes: A Comparison of Two Metropolitan Areas," *Journal of Urban Affairs*, Vol. 26, No. 4, 2004.
③ 罗纳德·J. 奥克森:《治理地方公共经济》,第 101 页。
④ 戴维·鲁斯克:《没有郊区的城市》,第 170 页。
⑤ Andrew E. G. Jonas and Kevin Ward,"A World of Regionalisms? Towards a US-UK Urban and Regional Policy Framework Comparison," *Journal of Urban Affairs*, Vol. 24, No. 3, 2002, p.377.

三、新区域主义的发展与困境

（一）新区域主义的发展

在"传统区域主义"、公共选择理论学派和"新区域主义"三种进路中，城市是被镶嵌在静止的、既定的和被社会关系决定的被动位置。这会导致上述研究将空间视为结构因素，忽视城市政府等行动者也能影响城市或空间结构的再生产。① 实际上，城市所处的空间是高流动性、瞬息万变和高度复杂的，而非固定或者静态的，因此城市区域不只是经济空间，同时也是领土空间、文化空间与政治空间的产物。② 正如布伦纳所揭示的，由于城市治理的"再尺度化"过程，与经济活动的全球地方化以及国家机构在各种空间层次的地域重构这两个过程紧密交织，因此当代城市治理形式必须回应社会、政治与经济地理所剧烈重构出的城市发展。③

在全球化冲击下的大都市治理模式发生了重大的变革，也就是"地域重构"④。所谓地域重构是指城市区域的领土空间的收缩或扩张，这是当前资本全球化浪潮的客观要求。全球化具有辩证的作用：一方面是资本主义制度下时空压缩的地方化趋势发展（"地域解构运动"），另一方面是具有相对固定空间结构的持续形成和重构——例如城市空间的集聚和城市领土边界的变更（"地域重构运动"）。由于大都市区是世界经济和领土所属国之间相互竞争的重要平台，因此通过对相对稳定的领土组织结构的持续建构、解构和重构，大都市区将成为承载提升国际竞争力的重要地域载体，大都市区域通过这一过程可以成为世界城市，甚至是世界城市区域。

尼尔·布伦纳在《解密美国最新的"大都市区域主义"：一个评判性综述》一文中，对资本全球化带来的城市空间地域重构做了详细分析，这篇文章与他后来在《新国家空间》一书中提出对"新区域主义"的反思遥相呼应。他在文章中，从动态的视角出发，揭示了城市形态、全球经济和新自由主义国家三者在空间上的新变化。（见表8-9）

---

① Hank V. Savitch and Ronald K. Vogel, eds., *Regional Politics: America in a Post-City Age*, p.16.

② Michael Keating, "The Invention of Regions: Political Restructuring and Territorial Government in Western Europe," in Neil Brenner, et al., eds., *State/Space*, Malden: Blackwell Publishing, 2003, pp.264-269.

③ Neil Brenner, "Decoding the Newest 'Metropolitan Regionalism' in the USA: A Critical Overview," *Cities*, Vol. 19, No. 1, 2002, pp.4-5.

④ Neil Brenner, "Globalization as Reterritorialisation: The Re-scaling of Urban Governance in the European Union," *Urban Studies*, No. 36, No. 3, 1999, pp.431-451.

表 8-9　城市形态、全球经济和新自由主义国家三者在空间上的新变化

结构重组和层级调整过程	对城市和区域的影响	导致的治理问题	一般性大都市问题的解决措施	选取的实例
城市形态的空间重构:城市聚落空间和生产复合体的分散化和再集聚化	(1)"边缘城市"和"外城"的兴起;(2)强化了大都市管辖范围的碎片化;(3)持续的人口和工业分散;(4)城市问题延伸至郊区;(5)城市蔓延	(1)公共资源与社会需求之间的空间落差;(2)公共服务的低效率传递;(3)城市中心的贫困者和少数族裔的空间集聚增加;(4)严重的交通拥挤;(5)环境破坏	区域增长和环境管理:(1)综合的区域用地规划;(2)"巧增长"计划;(3)区域或大都市增长边界的重构;(4)环境立法的新形式	(1)在新泽西州、俄勒冈州、佛罗里达州、佐治亚州、马里兰州、加利福尼亚州和明尼苏达州,各州州法律获得通过;(2)在波特兰、明尼阿波利斯、圣保罗和亚特兰大,大都市机构获得了国家层面批准新规划的权力
全球经济重构:各种资本的全球化、再地域化①和地方化	(1)去工业化和再工业化、向"精益生产"转化的过程;(2)城市间的竞争加剧流动资本投资在区域的、国家的、大陆的和全球的规模	(1)资本外逃、失业和废弃的工业用地;(2)地方劳动力技能不足;(3)地方工业基础设施落后;(4)提高地方财政约束和降低从地方获得的税收	区域经济发展政策:(1)协调区域工业和劳动力政策;(2)人力资本和基础设施的区域投资;(3)区域用地规划;(4)区域地方行销	(1)海湾地区委员会(旧金山);(2)大都市计划(芝加哥);(3)领衔大费城;(4)大休斯顿伙伴制;(5)大西雅图贸易发展联盟
新自由主义②国家的重构:伴随着国家职能扩张或缩小,国家政策也随之解构和重构	(1)联邦权力下放、"精益"政府、"企业型"国家和"复兴"城市;(2)城市/郊区财政不平等加剧;(3)从社会福利制向工作福利制转变;(4)基于阶级和种族的社会空间极化加剧;(5)贫困者的隔离聚居	(1)地方财政危机;(2)经济适用房、学校、公共交通工具和基础设施改善等关键社会服务缺乏资金;(3)强化地方政府的压制功能(警察、监狱);(4)爆炸性的社会动乱(洛杉矶骚乱)	区域税收共享和再分配安排:(1)税基和税收共享措施;(2)在区域范围内提供低收入住房、公共交通和基础设施发展;(3)在区域内加强立法反对住房市场中的种族歧视	(1)明尼阿波利斯/圣保罗的税收共享计划;(2)在丹佛和宾夕法尼亚州阿勒格尼县区域的资产区;(3)在明尼阿波利斯/圣保罗和马里兰州蒙哥马利县努力引入"合理份额"的低收入住房

资料来源:N. Brenner,"Decoding the Newest 'Metropolitan Regionalism' in the USA: A Critical Overview," *Cities*, Vol. 19, No. 1, 2002, p.12.

---

① 也就是指资本的地域重构。
② 侧重指经济自由主义。

学者们认为,为了赢得在全球化时代的更进一步发展,提高竞争力,城市区域将会逐渐突破原有的地域空间,跨越国界,晋身成为全球城市。随着后工业时代的来临、新经济的产生、交通通讯工具的发达,城市经济的研究已经从过去探讨工业化或城市化的空间结构,转移到探讨全球城市、城市区域和世界城市等概念上,其研究也在世界各地蓬勃发展。

全球城市概念的发展过程,最早可以追溯到1915年由苏格兰城市规划师帕特里克·盖德提出的"世界城市";霍尔在1966年、弗里德曼和沃尔夫在1982年也分别提出"世界城市"的观念,后来荷裔美籍学者萨斯基亚·萨森在其1991年的作品《全球城市:纽约·伦敦·东京》中提出了"全球城市"。随后,斯科特等学者又提出了"全球城市区域"的观点。全球城市是一个网络—空间的概念,世界上的重要城市都是全球城市的一个节点,节点与节点之间的关系就是网络,网络的性质包括各式各样的节点,而具有主导性与支配能力的城市,便是全球城市中的重要节点。

1. 霍尔的世界城市

霍尔认为世界城市是政治权力的中心,是政府与国家政治组织的所在地,也是贸易、金融与通信的中心。但是霍尔仅仅列出伦敦、巴黎、莫斯科、纽约、东京等城市作为论述的对象,并未界定研究的领域。

2. 弗里德曼的世界城市

弗里德曼以沃勒斯坦的世界体系理论作为基础探讨城市的发展,他对世界城市的理论主要有三方面内容:(1)1982年他与沃尔夫提出研究世界城市应该采取的行动,对全球城市做一个空间上的网络串联,并且抛出众多可供研究的议题;(2)1986年以后,他构建了世界城市的层级;(3)1987年以后弗里德曼接受了全球—地方的观点并认为这些层级会受到政治环境变迁、全球竞争的重组、城市之间的竞争、追求非可持续发展的政策的影响;弗里德曼的这些研究确认了世界城市在城市研究中的地位,同时强调城市之间的关系应该超越国家之间的界限。

3. 萨森的全球城市

萨森放弃使用世界城市一词,而采用全球城市替代世界城市。他认为全球城市是全球经济指挥与控制的中心,是金融与工商业服务者的集中地,是创新与高科技产业的集中地,也是各种产业与创新的市场载体,并以纽约、伦敦和东京作为例证。主要的命题包括全球城市的经济秩序与社会秩序。同时萨森在于2001年再版的《全球城市》中论述了四个观点:(1)全球化不是单一、同质的力量,地方化活动也属于全球化的过程;(2)全球城市各有特定的功能,但是分工结构不是依据比较优势;(3)全球城市与世界城市、网络社会等不同,全球城市是一个真实的存在;(4)全球城市与全球城市区域研究的差异在于全球城市区域着重在权力、不平等、边界与竞争的研究上,它的研究空间尺度更大。

4. 斯科特的全球城市区域

全球城市区域结合了城市区域与全球城市的概念,转化为全球城市区域的空间形态,意指全球资本主义在具体的空间上集结、组织、动员各种资源,并持续推动资本累计与循环。所以全球城市区域可以说是全球经济的主要发动机。在全球经济趋势下,面对全球竞争市场,许多城市已经结合邻近区域城市共同发展,与其他城市竞争,而不再以国家与国家的形态进行竞争,形成新型的城市区域。但无论是世界城市还是全球城市,都被置于全球化过程的框架下分析讨论,注重的是城市与城市之间的连结与网络关系。过去传统的城市经济分析往往只注重在单一城市或都市区的城市化过程。

无论是萨森还是弗里德曼,他们都认为全球城市是一个网络节点,具有主导经济与金融的中心。因此,超大城市、巨型城市可能并不一定是全球城市。而城市区域的观点不仅关注城市规模,同时更加重视城市核心地区与周围地区共同面对全球竞争之下的合作关系。事实上,当前城市发展的过程中,这些区域在高度地方自治下,早已成为生产、消费、服务、企业控制等中枢,可以自己解决导致原有发展缓慢的矛盾,跃升成为全球经济制度调节的新角色。

过去学者们对于地区或者是城市之间的竞争采取比较传统和保守的观点,例如,保罗·克鲁格曼(Paul Krugman)认为地区之间的竞争不能增强当地公司的竞争力,而只是协助企业或公司追求卓越绩效的基本条件之一,企业的竞争仍根基于成本、人力资源、产品等因素。然而,随着全球化对于地区或城市的影响的逐渐加深、公共事务的管理与公共服务的提供引进市场竞争机制,城市或地区在国际社会的竞争力将是该国发展的重要指标之一。因此,越来越多的学者认识到重视地区或城市之间的竞争趋势,且以宏观的全球竞争角度探讨城市或地区间国际性交流合作、全球竞争的事实。乔治·博伊恩(George Boyne)建立应用于地方政府层级之间竞争的公共选择模型,视竞争为提升效率的必要条件之一,亦即具有竞争力的地区或城市能吸引大规模的企业投资或人们居住,甚至有利于城市化的更新。更进一步,地方政府之间竞争的标准可以以投资流动的情形、企业数目的增加等衡量。利弗和图罗克则提出一个合理的城市竞争力的定义:在能同时达到增加实质收入、改善市民的生活品质及促进地区发展的目的下,该城市所生产的商品和服务能满足更宽广范围、国内和国外市场的需求的程度。从中可知其关心的焦点包括产业结构、经济增长的利益与持续性、居住与就业人口的素质,以及环境资源的保护情况等。①

(二) 新区域主义的困境

实践证明,"传统区域主义"和公共选择理论学派已经被"新区域主义"吸收和运用,虽然对于"新区域主义"的批评声不绝于耳,但其声音主要是来自于全球城市(区域)的观点。与"传统区域主义"和公共选择理论学派相比,"新区域主义"和全球城市(区域)这两阶段的发展方兴未艾,因此,贸然对"新区域主义"和全球城市(区域)的未来发展下结论是武断的和不谨慎的。但是"新区域主义"在发展过程中,确实面临一些问题和挑战。

"治理"这个概念可以被认为是"新区域主义"乃至是全球城市(区域)的精髓,很多特征和运作都与此密切相关。但是诺里斯认为,在"新区域主义"倡导者的文献中,"治理"一词因为缺乏清晰、明确的定义而造成了若干问题。② 正如研究治理问题的专家鲍勃·杰索普所言:"过去 15 年来,它在许多语境中大行其道,以至成为一个可以指涉任何事物或毫无意义的'时髦词语'。"③

第一,在缺乏明晰定义,特别是缺乏一个可操作化的定义的情况下,我们很难搞清楚区域主义者究竟在讨论什么。他们究竟是在讨论"区域治理"还是"区域合作"?"区域治理"与"区域合作"是等同的吗?或者"区域治理"多少在某些方面与"区域合作"有些不一样?例如,区域政府的合并与建立其他形式的区域政府之间的差异。面对这一系列疑问,只能说明在实践领域中,"治理"与"合作"的分野没有我们想象中的那么大。在理论上,"新区域主义"的倡导者或许可以把"治理"与"合作"区分得条分缕析,但是在实际操作的层面上,"治理"与"合作"往往有着大量的交叉和重叠,以至于理论上的区分变得毫无意义。

第二,由于缺乏对"区域治理"的明确定义,我们就很难知道它究竟是否存在。例如,一些观察者或许会宣称正式的公共权威或者特区的存在会有助于履行一些特定的功能以解决区域问题,这就是区域治理的一个表

---

① William F. Lever and Ivan Turok, "Competitive Cities: Introduction to the Review," *Urban Studies*, Vol. 36, No. 5-6, 1999, p.792.
② Donald F. Norris, "Prospects for Regional Governance Under the New Regionalism: Economic Imperatives versus Political Impediments," pp.559-561.
③ 鲍勃·杰索普:《治理的兴起及其失败的风险:以经济发展为例的论述》,《国际社会科学杂志(中文版)》1999 年第 1 期。

现。在缺乏区域政府的地区,这种理论解释或许是有效的。但是,伯伦斯对美国南加利福尼亚州的研究表明,真正的区域治理是不需要这一类制度安排的。相反,他发现即使区域范围广阔,功能有限的特区仅仅会形成"一种碎片化的和约束型的区域主义"[1],然而正是这样一种区域主义却承担着"与区域治理真正潜力的微弱联系"[2]。

尽管我们可以宣称,几乎任何一种政府间安排都会产生区域治理,这实际上也是一个经验性认识。伯伦斯认为,在南加利福尼亚州的案例中,尽管区域公共权力机构履行着有限的功能,它们也不可能"清楚表达一种有效的区域视角或者策略",或者改善区域的发展问题。[3] 因此,尽管伯伦斯认为这种区域功能正引导着区域的发展方向,但这样一种功能不能替代真正的区域治理。

第三,如果我们不能明确地给"区域治理"下一个定义或者识别它实际上是怎样运作的,例如,如何使区域经济更具竞争力,如何消除负外部性或者如何帮助中心城市,我们就无法知道区域治理是否存在,或者如果真的存在,是否能产出它所宣称的效果。

第四,尽管区域合作毫无疑问比冲突更好,但合作不足以实现"区域治理"。正如安东尼·唐斯和其他学者所认为的那样,合作是在对区域问题的所有制度回应中最弱的一种。除此之外,合作与治理不同,因为在很多时候,政党可以主导是否合作,而且在最困难和最具争议的问题上,政党往往选择不合作。然而,这些疑问恰恰就是新区域主义者和大都市改革者共同认为应该在区域内解决的问题。

根据欧美发达资本主义国家的政党制度的安排,达成协议的某一政党与执行协议的政党可能不是同一政党,这就为无穷无尽的协商、争吵甚至是撤销协议留下了不确定性。即使政党间达成了协议,但是在其管辖的区域内,它还必须游说各种利益集团和居民同意这个决定。实践表明,在其他县赞成区域主义总是比在当地赞成区域主义容易得多,因为区域主义的做法很可能是游说当地居民放弃权力或者是增加税收。

因此,即使合作在区域内获得成功(例如,在所有政党中建立起有效的咨询性机构,在区域性的重要问题上达成协议),政党在合作的问题上仍然存在两个问题。第一,谁去执行这些协议?第二,如果有一个或者更多的

---

[1] Scott A. Bollens, "Fragments of Regionalism: The Limits of Southern California Governance," *Journal of Urban Affairs*, Vol. 19, No. 1, 1997, pp.117.

[2] Ibid., p.118.

[3] Ibid., pp.106-107.

政党采取"搭便车"的行为,那么该怎么做?

上述四个方面的讨论实际上反映了城市区域主义理论与实践的二元困境。尽管城市区域主义所宣称的价值和特征过于抽象和理想,但是在实践上,城市区域主义在各个国家、各个地区的城市治理中依然发挥着越来越重要的作用。面对全球化的激烈竞争,城市区域主义的功能将会更加完善,治理的水平将会更进一步。

第九章 城市政治理论的发展趋势与展望

第一节 城市、权力与治理：城市政治理论的论域、脉络与启示

权力及其结构是政治学研究的核心对象，对它们的研究推动了整个政治学的发展。权力结构指的是权力在各阶层的分配状况，具体表现为各社会阶层在政策的制定与执行过程中的作用。它需要解决以下几个核心问题："谁"掌握权力，掌权者"如何"取得和运用权力，以及权力的运行机制及其结果"是什么"。就此而言，城市政治理论研究的是在城市空间内权力在各阶层的分配状况。为了跟进美国的城市化进程、满足城市治理的实际需要，城市政治理论也逐步朝着促进经济发展和提升城市治理能力的方向发展。鉴于此，阐述城市政治理论的论域对于研究如何提升我国城市的治理能力也是大有裨益的。

一、"谁"统治城市：精英主义与多元主义之争

19世纪末至20世纪20、30年代，美国学界对城市问题的研究主要侧重于分析由城市化、工业化以及移民衍生的包括腐败、贫民窟、城市犯罪与暴力冲突在内的一系列社会问题。这一时期研究的主要特征是揭示城市的阴暗面。大萧条之后，美国学界逐渐开始反思关于美国社会的自由、民主的理论预设。在此背景下，精英主义理论重新受到重视。罗伯特·林德与海伦·林德夫妇的代表作《中镇》和《转型中的中镇》的相继问世，成为将精英主义理论运用于案例分析的拐点，因为它们比此前的著作更加强调城市的权力结构。就此而言，他们的研究也标志着城市政治理论的萌芽。

二战后，美国政治学对城市权力结构的研究如雨后春笋般不断涌现。这一现象的出现与美国社会学家弗洛伊德·亨特的学术贡献紧密相关，他

是第一个严格意义上将精英理论运用于城市研究的人。① 由此,对这一问题的研究也开启了以亨特为代表的精英主义和以罗伯特·达尔为旗手的多元主义之间的学术论辩。这标志着城市政治理论的兴起。

(一) 城市由少数精英统治:精英主义的城市权力观

在精英主义看来,城市是由少数经济精英统治的。城市政府官员只是他们意志的实现者、政策的执行者。底层民众虽然与精英存在种种矛盾,但由于自身掌握的资源有限,对城市政策制定的影响几乎可以忽略不计。

亨特是精英主义的代表人物。亨特创立了"声望法",用以探究谁是雷吉纳市真正的统治者。亨特发现经济精英在幕后几乎垄断了所有事关雷吉纳市发展的重大政策。"在雷吉纳市,商人是社区领导。财富、社会声望和政治机器都是社区经济精英的权力工具。……在公共事务方面,经济精英也占据着突出的位置。"②不过,他也指出,虽然极少数经济精英对政策制定的影响十分重大,但雷吉纳市并不存在单一的权力金字塔。不同领域的经济精英仅在自己所属的领域拥有发言权,而宗教、教育以及文化领域的政策基本都是由专业技术人士做出的。③

亨特的研究成果很快便在美国学术界引起了巨大反响。许多学者纷纷用其开创的"声望法"进行跨国比较研究和纵向的历史研究,这也部分修正了他的观点。例如,米尔斯的《权力精英》就是对精英主义权力观的进一步阐述。不过,亨特的理论也招致许多批评。但在达尔提出多元主义城市权力观之前,这些批评并没有掀起多少强劲的冲击波。

(二) 城市由多重少数人统治:多元主义的城市权力观

多元主义认为,并不存在少数经济精英独掌城市权力的现象。相反,不同领域的精英主导着城市生活的不同领域,每个领域均存在自身的权力中心。权力分散在城市各个群体之中,政府官员也享有一定的决策权。

作为多元主义的领军人物,达尔创立了决策分析方法并用于研究纽黑文市的权力机构。运用这一方法,达尔首先考察了1784年至20世纪中期纽黑文市的权力结构演变史。他发现,"在过去的两个世纪中,纽黑文已经逐渐从寡头统治转变为多元主义政制"④。这一转变共经历了三个阶段:1784—1842年,贵族独揽市政大权;1842—1900年,新兴企业家逐渐取代贵

---

① 戴维·贾奇等编:《城市政治学理论》,第47页。
② Floyd Hunter, *Community Power Structure: A Study of Decision Makers*, p.81.
③ Ibid., pp.94-97.
④ 罗伯特·达尔:《谁统治:一个美国城市的民主和权力》,第12页。

族成为城市的新领导者；1900—1950年，前平民阶层逐步取代企业家开始执掌市政大权。

为了进一步说明纽黑文市的权力结构的现状，达尔重点考察了政党候选人的人事提名、公共教育和城市重建等三个领域。他发现，政治精英把持了第一个领域。在前两个领域之中，社会名流任高级公职人员的比例极低。虽然社会名流在城市重建领域中占据了许多要职，但经济精英才是这一领域的主导者。总之，不存在垄断所有政策领域的少数，"大多数社区决策集中在少数人手中，但是，实际上，不同的小群体在不同的社区问题上做出决策"[①]。

随后，许多学者纷纷仿效达尔的分析方法，进行实证研究。例如，达尔的高徒纳尔逊·波尔斯比的研究就推动了多元主义权力观的发展。不过，精英主义在理论上也迅速回应了多元主义提出的挑战。由此，先后涌现出了新精英主义、新多元主义及超多元主义等流派。20世纪50年代至70年代，精英主义与多元主义对城市权力结构的争论甚至到了无法收场的地步。这一争论也推动了城市政治理论的发展。

二、政商联盟联合掌控城市权力：增长机器论的回应

20世纪70年代，城市政治理论家开始反思以上两派的学术论争。哈维·莫罗奇和保罗·彼得森就指出，美国城市政治理论的关注焦点应该是研究"谁"为了"什么"参与公共政策的制定，而不是仅仅侧重于分析"谁统治"。随后，以莫罗奇与彼得森为代表的学者纷纷运用政治经济学的方法探讨政商关系对城市权力结构的影响，增长机器论随之兴起。由此，城市政治理论的论域发生了重大的转变，即转为探讨政商关系的类型对制定城市经济发展政策的影响。

1976年，莫罗奇在《美国社会学杂志》上发表的《作为增长机器的城市》一文，首次提出了"增长机器"的概念。它的问世标志着增长机器论的兴起。增长机器论认为，基于增加税收、募集竞选资金和促进城市整体利益等目的，城市政治精英与经济精英会相互合作，共同推行有利于城市经济发展的政策。也就是说，政商联盟控制了城市的决策制定，掌握了城市的权力。城市成了政府与非政府部门促进经济增长的机器。

---

① David Sills, ed., *International Encyclopedia of the Social Sciences*, Vol. 3, New York: Macmillan and Free Press, 1968, pp.159-160.

（一）政商联盟追求土地的交换价值

区分土地的使用价值和交换价值是莫罗奇建构增长机器论的理论基础。他指出，居民追求的是前者，企业家追求的主要是后者。在一个特定的区域内，企业家总是会结盟在一起，创造一切有利于土地开发、提升土地交换价值的便利条件。

作为一种生产要素，资本同样具有稀缺性。为了吸引投资，各地的增长机构就必须展开激烈的竞争。而一个城市的整体经济发展水平、税收政策、基础设施建设和政府服务能力都是决定投资商是否投资的重要因素。所以，"一个城市的所有商业区的所有者会团结一致地与其他城市进行竞争。……如果一个特定区域的政府与辖区边疆的地理边界对应，那么，精英就能动员政府以促进增长目标"①。

（二）城市奉行有利于城市利益的发展型政策

在综合莫罗奇等人的研究成果的基础上，彼得森发展了增长机器理论，并使之精致起来。通过界定城市利益，彼得森建构起了自己的理论体系。他是根据政策和项目的效果来界定城市利益的。他指出，"无论何时，当政策是为了保持或增进城市整体的经济地位、社会声望或者政治权力时，政策和项目便被认为代表了城市的利益"②。城市利益限制了包括政府在内的所有各方的行动。在他看来，"正是这些城市利益，而不是城市内部的权力斗争，对城市政策以及城市行动的条件构成了限制"③。

彼得森具体区分了三类公共政策，即发展型公共政策、分配型公共政策以及再分配型公共政策。他指出，地方政府积极推进有利于城市利益的发展型政策，主要是基于以下三个方面的考量："第一，经济繁荣对保护地方政府的财政基础是必要的。……第二，好政府就是好政治。……第三，也是最重要的，地方官员通常具有社区责任的意识。"④

由此不难看出，一方面，一个城市的发展政策往往会给其他城市带来损失，即城市之间是一种激烈的"零和博弈"；另一方面，就城市内部而言，发展又是一场"正和博弈"。由此，彼得森推演出了全新的权力关系：权力是让他人为共同的目标做出贡献的能力。就此而言，他也回应了早期城市社区权力论的争论。就发展领域而言，权力更应被视为一种各方协作共同

---

① John Logan and Harvey Molotch, *Urban Fortunes: The Political Economy of Place*, p.35.
② 保罗·彼得森：《城市极限》，第 21 页。
③ 同上书，第 3 页。
④ 同上书，第 30—31 页。

促进城市利益、提升城市整体实力的能力。

（三）地方依赖促成政商联盟

考克斯通过分析地方依赖这一概念，为增长机器论提供了新的理论证明。由于地方依赖，地方企业不得不结成同盟，游说政府推行有利于其利益的政策。基于扩大税基等目的，地方政府机构也必须促进地方经济的发展。总之，"在不同地方的商业联盟的竞争面前，国家的权力是一种很有价值的工具。地方的国家机构积极表现的原因是它们也面临着地方依赖的问题"①。于是，政商联盟便形成了。不过，当地居民仅仅分享少量的发展成果，却承担着主要的发展成本，所以他们势必会反对发展。对此，政商联盟通过诉诸意识形态的话语，营造共同体意识，为发展政策提供民意基础。简言之，增长机器论认为城市政策是政商联盟为了实现自己的利益而制定的。

三、以发展和治理为导向：城市政制论的超越

20世纪80年代，包括费恩斯坦夫妇、斯蒂芬·埃尔金和斯通等人先后提出了自己的城市政制论。在早期的学者看来，城市政制主要是指在城市政治、经济和社会的动态关系的基础上，形成的一种非正式的公私合作关系。例如，费恩斯坦夫妇和埃尔金就从这种动态关系出发，考察城市中占主导地位的公共政策的类型，以及在此之上形成的权力结构。他们的研究处于由分析城市权力结构向探讨作为一种治理能力的权力的过渡阶段，只不过其分析方法更加细致。

后来，斯通从治理能力的角度进一步探讨了城市政制的内涵。"在一个非常重要的意义层面，政制就是授权。"②这种授权的制度载体是各种公私组织在利用各自资源优势的基础上形成的治理联盟。其目标是促进经济发展，实现社会治理。

（一）早期的城市政制论：城市社区权力研究的过渡阶段

费恩斯坦夫妇是城市政制理论的先驱。通过分析美国城市20世纪50年代至80年代中期的政治经济环境，他们发现美国城市先后出现了三种城市政制，即指导型政制、特许型政制以及保护型政制。③ 自1950年至

---

① Kevin R. Cox and Andrew Mair,"Locality and Community in the Politics of Local Economic Development," p.311.
② Ibid., p.4.
③ Keith Dowding,"Explaining Urban Regimes," pp.7-8.

1964年,主导美国城市的政制是指导型政制。这一政制的特点是城市政府官员控制了主要的规划议案和增长议题。20世纪60年代中期至70年代中期,为了回应黑人民权等新社会运动的挑战,以及联邦政府改善少数族裔生活状况的要求,城市政府不得不推行特许型政制,以改善这些群体的社会境况。20世纪70年代之后,美国出现了经济滞胀现象,城市政府越来越难以承担社会福利带来的财政压力,资本的力量也开始反击社会运动提出的福利诉求。于是,至20年代80年代中期,在美国城市中出现了维护资本利益的保护型政制。

与之相对应,埃尔金同样指出,二战后至20世纪80年代中期,美国城市也出现了三种政制,即多元主义政制、私利至上主义政制和联邦主义政制。20世纪50年代至60年代早期,多元主义政制出现在美国东北部和中西部的大都市之中,这一政制由当选的官员和政党领袖主导。在其主导下,政商关系松散,商人仅参与与其利益攸关的项目。20世纪60年代中期至70年代晚期,这些地区又出现了联邦主义政制。在这一政制之下,为了回应社会运动提出的福利诉求和减轻联邦政府的压力,城市政府不得不推行社会福利政策。从二战后至20世纪80年代中期,主导美国东南部城市的政制是私利至上主义政制。这一政制由工商业企业主主导,并服务于他们的利益。

(二)斯通的城市政制论:以实现促进经济发展和推动社会治理为导向

如果说费恩斯坦夫妇和埃尔金的城市政制理论的最大特色是"政治经济学的研究路径和政治学多元主义研究路径的混合"①,那么,斯通的城市政制理论就发展成了一套以促进经济发展、实现社会治理为导向的理论。可以说,斯通是城市政制理论的集大成者。在考察1946年至1988年亚特兰大的城市政治、经济和社会关系演变的基础上,斯通正式提出了自己的城市政制理论。

亚特兰大是一座黑人占人口多数的城市,黑人政治精英凭借这一优势往往能够获取市长职位,而白人则掌控了大量的经济资源。在政治、经济与社会的关系比较顺畅的时期,亚特兰大的经济社会矛盾就比较缓和。反之,族裔关系则相对紧张,矛盾重重。基于此,斯通才指出,赢得选举并不等于有足够的能力促进发展、实现治理。"没有商业精英的参与,一个治理

---

① Keith Dowding, "Explaining Urban Regimes," p.7.

联盟很少有能力促成公民协作,并实现有效的治理。"①但是,"没有政府的合作,商业精英也不能实现其积极倡导的议题"②。

斯通还指出,经济精英的参与并不能解决所有的社会问题,而且他们的参与甚至会扭曲公共政策的初始目标。例如,艾滋病的防治、公共安全的维护以及环境和历史文化遗产的保护等议题就需要普通民众的广泛参与。"关键的问题是谁对解决问题有所助益。"③换言之,仅就城市层面而言,为解决经济社会发展过程中出现的各种问题,需要政治权力、经济精英和社会力量的通力合作,三者中的任何一方都不能单独实现经济发展和社会治理的重任。

随后,斯通进一步完善了自己的理论体系。他把他的理论建立在两个人类本性的基础之上。"一个是理性是有限度的。"④"另一个是人类不仅是利益驱动的生物,而且也是意义的追寻者。"⑤

通过反思以往城市权力结构的争论,斯通重新阐释了权力的本质。他指出,精英主义和多元主义承袭的都是韦伯式的权力观。这种权力关系的本质是支配。与之相对,彼得森的增长机器论认为权力不仅是支配,而且更是各方协作共同促进发展的能力。但是,它只是将其限定于发展领域。众所周知,虽然经济发展为社会治理提供了物质基础,但是它也使得利益关系更加复杂。就此而言,经济发展是实现社会治理的必要而非充分条件。

鉴于此,斯通提出了一种社会生产模式(Social Production Model)的权力观。现代社会高度碎片化的特征,使得正式的制度既不能有效地整合复杂的社会,也不能单独实现社会的治理。所以,斯通指出政府必须加强与非正式的制度的联系,从而提升整个社会的治理能力。

不难看出,斯通的城市政制理论在实质上是一种不同的行为主体——既包括公私之间,也包括府际——结成的长期稳定的非正式的合作关系。其目标是实现经济发展和社会治理。至此,城市政治理论也发展到了治理研究阶段。

---

① Clarence N. Stone, *Regime Politics: Governing Atlanta, 1946-1988*, p.190.
② Ibid., p.199.
③ Ibid., p.314.
④ Ibid., p.321.
⑤ Ibid., p.322.

第二节　城市治理理论：从城市管理到城市治理

20世纪80年代以来，随着城市化、全球化、地方化进程的加速，"治理""新公共管理""合同外包""多层次、多行为体治理"逐渐流行起来，新型的城市发展模式对城市治理提出了挑战。在欧洲，地方政府研究覆盖了城市政府研究，城市治理被称为地方治理。这里使用城市治理来概括西方国家的整体治理情况。

早在20世纪90年代，海斯和夏普就曾指出，"整个西方工业化国家的地方政府（城市政府）在提供基本的集体性公共物品和准公共物品方面发挥了主要作用"[①]。这主要是由于福利国家财政危机引发的财政紧缩导致公共服务由国家层面下移到地方，而全球化更加剧了这一地方化的过程，并开始出现地方政府向地方治理的转变。当然，地方政府向地方治理的转变并不意味着地方政府的废止，地方政府仍然发挥着不可或缺的领导作用。一方面，地方政府回应社会经济和政治环境的变化，即宏观环境的变动；另一方面，地方政府应对地方社区的变迁，即微观环境和中观环境的改变。

从宏观趋势来看，地方政府的变革回应了三大社会、经济和政治环境的变动，即城市化、全球化和区域化。首先，城市化的进程已经持续了一个世纪。二战后，这一进程持续加速，到20世纪70年代，发达国家三分之二的人口实现了城市化，20世纪90年代达到了四分之三，到2030年，城市人口会达到六分之五。卡斯特尔认为，城市化进程是21世纪早期主要空间进程之一，其中最为突出的现象就是大都市区的发展。根据卡斯特尔的说法，这一趋势意味着乡村即将消逝。此外，大都市区不仅彼此间相互依赖，而且嵌入全球网络之中，导致地方政治组织的作用日益增强。

一、城市治理理论的相关议题与理论演变

政治科学中的新制度主义是对传统政治学制度研究的继承以及对"行为主义革命"的反思而形成的一种政治学研究范式。1984年，詹姆斯·马奇和约翰·奥尔森在《美国政治科学评论》上发表了《新制度主义政治生活

---

① Joachim Jens Hesse and Laurence James Sharpe, "Conclusions," in Joachim Jens Hesse, ed., *Local Government and Urban Affairs in International Perspective*, Baden-Baden: Nomos, 1991, p.608.

中的组织因素》一文,揭开了新制度主义政治学的研究序幕。自20世纪90年代以来,受到诺思的制度主义理论的影响,制度分析逐渐成为政治学领域研究的主流理论范式。同样,作为政治学的分支学科,城市政治理论也受到了制度分析的影响,成为理解治理和政治现象至关重要的因素。

城市治理是城市政治理论的重要研究领域之一。简单说,城市治理就是在地方政治体系层面对集体目标的形塑和追求。较之国家层面的治理而言,城市治理深深嵌入制度、经济和政治的约束之中,这些约束造成了统治过程中复杂的权变性。管理这些复杂的权变性也就成为地方或城市政治领导力的主要挑战。

治理模式认为现代社会是由自组织网络管理的,无需正式的政治机构和代议制政府。而实际的发展实践似乎并未支持这一理论,正式的政治权威即政府仍然控制着大量的财政资源,掌握着重大的政治权力,从管理到治理的"转变"无非是重新界定政府在治理过程中的角色而已。这一点在欧洲尤其不同于美国的自由主义模式。实际上,从国家与社会关系,政府与市场关系来看,欧洲的大多数国家沿袭的是各种类型的"统合主义"传统,国家处于与有组织的社会利益的持续对话之中。这就意味着,将包括非政府组织、私人部门等社会行为者整合到公共服务的供给过程中并不是什么新鲜事。不仅如此,如果治理意味着"无政府的治理",则可能成为政府推卸责任的借口,正如汉布尔顿和格罗斯指出的,"缺乏强有力的政府的治理可能会导致城市的崩溃"[1]。

在英国,政府治理主要表现为发展公私伙伴制,以推动"社区策略"为名吸纳非政府组织、公民社会以及其他社会行为者进入治理和公共服务过程。相比之下,美国的治理面临的问题主要是行政区划碎片化的大都市区治理问题。因此,虽然各种形式的伙伴关系的建立和发展也是美国城市治理的历史的一部分,但府际的协调关系才是真正的重心所在。在澳大利亚和新西兰等英联邦国家,以"新公共管理运动"推动的政府改革为名的治理改革高扬私人企业和地方政府之间的密切合作。当然,公共行政的新公共管理模式不能混同于治理,虽然二者在公私部门关系的描绘和界定上存在着相似之处。

政府(或统治)与治理之间的一项重要差别就是后者的视角更关注过程,而前者则围绕结构与组织展开,因此,治理的制度面向更容易淹没于网

---

[1] Robin Hambleton and Jill Simone Gross, *Governing Cities in a Global Era: Urban Innovation, Competition, and Democratic Reform*, Palgrave Macmillan, 2007, p.9.

络、伙伴制和合作经营的形式之中。

自20世纪90年代以来,"治理"一词勃兴,用以揭示公共行政领域科层制向网络关系的范式转换。从以下五类文献中可归纳出城市治理的参照系:第一类是联合国人类住区规划署(简称"人居署")提出的"城市善治指标";第二类针对联合国编年史所提出的观点;第三类是根据瑞典的"国际民主与选举协助研究所",针对地方民主的核心概念,所提出的四个议题;第四类是根据威廉·里奇2006年在《协作性公共管理和民主》一文中所提出的七个规范架构;第五类是经济合作与发展组织(OECD)界定的城市治理的原则。

以下是针对上述文献资料归纳出的六项城市治理的研究议题。

第一,城市治理的基本制度建设和背景设置。

任何城市治理都必须建立基本的制度规范和规则体系。要探究一个地方的城市治理的背景设置,即城市发展的历史文化、制度沿革与风土人情、风俗习惯,这些特性构成了城市发展的前提条件。此外,当城市发展到一定阶段,还需要国家作为整体规划者进行"顶层设计",一方面积极鼓励城市治理,另一方面大力推动边疆地区的城市化进程,落实国家可持续发展的目标。为此,城市治理的发展要有相应的配套制度和政策措施以及清楚且可预期的游戏规则。

第二,营造公民参与的民主治理环境。城市治理的"治理性"就体现在让包括城市范围内所有层级政府、公民个人、志愿性组织、社会组织在内的利益相关者共同参与治理过程,特别强调公民赋权。公民赋权可以通过赋予公民参与权利,提升公民社会的决策能力,进而逐渐改变城市权力的形态。国家与地方治理机制不完善,加之地方政策的复杂性,决定了地方政策从制定到执行都需要充分考虑地方性,必须与当地民众密切联系,让民众参与地方决策。这一方面赋予了政策执行的正当性,另一方面也间接提升了公共政策的效能。

第三,建立城市治理过程中的问责机制。政府应该接受问责机构的监督,特别是受人民委托进行公共服务的地方政府尤其如此。公民问责是行政问责的一部分,是行政问责的深化。这种责任不仅存在于公共事务或受争议事件,甚至连政策预算、财务政策、预算编制等常规事务都应包含在内。除了要有透明化的正式公开机制,还必须具有响应性强的公私互动机制。

第四,城市治理过程中的协商审议机制。协商民主要求透明的政府施政过程,以促使公民管理自身并对公共事务进行审议协商,协商的过程允许参与者集思广益,共同去批判审视各种主张,谋求共同的利益,建立一个知识信息与社会资本的分享机制。

第五,吸纳城市治理过程中的利益相关者。从城市整体而言,利益相关者包括城市政府、中央政府、其他地方政府、市民等。就城市的某项公共事务而言,利益相关者则包括与之有关系的个人或机构。利益相关者会比不相关的人更加关心城市发展。

第六,可持续发展的善治理念是城市治理的目标。城市可持续发展可视为城市中政治、社会、经济、物质环境等网络互动协作与共同演化的过程。在这一过程中,一方面要确保居民福祉的提高,另一方面不能危害都市的内外环境,并有助于减少城市的生态环境破坏。

从理论发展趋势来看,城市治理的研究取向大致呈现三种趋势。

第一种趋势即传统的城市权力结构发展时期,城市权力传递轨迹中所运用的理论模式包括前文论述的多元主义与精英主义之争、城市"机器政治"论、支持增长联盟论、城市政制理论以及城市治理机制理论等。

第二种趋势主要是指近年来城市研究中可以称之为城市管理的不同研究路径,特别是针对碎片化的大都市治理问题,主要包含传统改革理论、公共选择理论、新区域主义理论、制度主义理论、路径依赖理论、多中心理论、新城市治理理论等。

第三种趋势是与政治学发展同步而形成的城市治理的研究路径,即将政治科学与城市政治合二为一,讨论二者在时代脉络下问题领域与理论架构的发展,按照政治/政治科学、城市政治/城市研究、公共政策/公共行政、国家与地方政治/联邦主义,将理论架构分为达尔提出的多元主义[1]、蒂伯特提出的公共选择理论[2]、奥斯特罗姆夫妇主张的多中心治理和集体行动[3]以及斯通提出的城市政制分析[4]。通过上述讨论,可发现城市治理理论的发展演变及其未来趋势。

一如城市发展的走向,城市治理理论的演变本身也是一种动态过程。第一,就研究方法来说,城市治理理论总体上是偏向定性研究,一般以个案研究或模型构建为主。第二,从研究取向来说,由早期的政治和经济为主的主题研究,逐渐转为多取向结合,甚至转向城市文化等角度的综合发展。第三,研究议题更加丰富多元,广泛涉及基础环境建制、公民参与、社会包

---

[1] 参见罗伯特·达尔:《谁统治:一个美国城市的民主和权力》。
[2] 参见 Charles M. Tiebout, "A Pure of Local Expenditures"。
[3] 参见文森特·奥斯特罗姆、罗伯特·比什、埃莉诺·奥斯特罗姆:《美国地方政府》。
[4] 参见 Clarence N. Stone, *Regime Politics Governing Atlanta*。

容、问责机制、协商行为、利益相关者、可持续发展善治等议题。此外，从理论发展来看，城市治理呈现出多样性和多元分化的特征，从早期的多元主义与精英主义逐渐发展为增长机器论、支持增长联盟与城市政制理论，其后又拓展至新区域主义、新制度理论、多中心理论等范畴。

二、城市治理模式及其评价机制

城市治理模式基于对不同国家背景下不同城市治理经验的归纳总结，以及治理理论和制度主义的分析框架与研究视角做出的分析如下：第一，治理模式的类型学分析是一种分析性的、理想性的探讨。实际上，城市治理可能综合有各种模式的若干特征。第二，类型学分析总体上是基于国内的比较，而较少涉及跨国的个案比较分析。类型学的分析主要是为了揭示塑造城市治理的各项城市政策中存在的价值和规范的差别。第三，目前的类型学分析主要是基于发达国家的经验做出的，而关于发展中国家的相关研究文献仍显不足。

（一）管理型模式

管理型城市是由那些不经过选举产生（一般由立法机构委派）的官员特别是资深的行政管理人员和经理人进行管理的城市，美国的市长—议会制就是这一模式典型。管理型模式强调解除管制和权力下放，释放对城市管理和公共服务的政治控制。公共服务一般采用合同外包或民营化的形式。因此，"顾客导向"而非政治决策成为公共服务的基本导向。管理者被赋予大量自由裁量权和自主性，而经由选举产生的官员则负责长期的发展规划和礼仪性的日常事务。不过，管理主义对管理者的过分强调也暴露出一些问题，如对选举官员的弱化会产生代议制民主、问责机制和政治透明性等问题。

新公共管理在城市治理方面的最高目标是要在城市服务生产者和消费者之间建立公共选择类型的准市场交换的关系。在此，消费者的选择而非经由选举产生的官员的政治偏好决定了将要提供何种公共服务。在管理型城市中，经过选举产生的政客和通过文官考试产生的职业官僚之间有着相对明确的分工。一般来说，政客主要负责与选民进行沟通，确定城市政治经济发展的中长期目标，而职业官僚则基于法定的自由裁量权负责具体规划的执行和政策运作，从而实现政府的高效协调运转。对城市经理人的要求，一方面强调职业化和"好政府"，另一方面又强调管理自主，提高专业管理的能力，减少政治干预。管理型模式的主要目标是建立为城市公民提供服务的组织体系。

除了提供高效的城市服务之外,城市经理人同样要解决政治冲突,推动民主实践活动。为了有效且经济地实现政府目标,城市经理人就需要获得更多自主权和控制权。在新公共管理的劳动分工模式上,城市的政治领导不必处理琐碎的例行性决策,而是集中制定和规划影响广泛而长远的公共政策。为了解决效率和问责的问题,城市经理人一方面要保持自主性,另一方面又要获得政治赋权,定期向市长汇报。在大城市,城市的政治领导都是全职雇员,所以过度管理自主的风险就可以避免了。不过,在小城市,城市的政治领导如果在城市办公室花费的时间比在政治领导方面花费的时间长,就可能会陷入政治控制和问责的困境。

为了实现公共管理的目标,管理型城市治理不仅要调整现有的公共服务体系,而且要改变体系的基本结构和习惯做法。这一深刻转变离开制度体系的价值规范的变迁是不可能实现的。因此,管理型城市治理首先要在理念和价值层面批判传统的城市政治话语体系。在国家层面,新公共管理抨击传统的公共服务供给模式。公共部门被描绘成低效、臃肿、缺乏回应性的机构,公务员被描绘成特权阶层,公民则常常被描绘成消极的纳税群体。在地方,特别是城市层面,也存在着对公共部门的类似批评。通常来说,公民和公共部门之间的交换关系大多发生在地方,特别是城市层面,因此,地方政府的公共服务往往成为众矢之的。

管理型城市治理的重要举措体现为三个方面。其一,逐渐实现权力从选举产生官员向职业经理人转变。比较而言,美国的管理型城市要比欧洲更为普遍,城市经理人和高级选举官员之间逐渐发展为伙伴制而非等级制关系。特别是美国的城市经理制在城市发展过程中发挥了主导作用。目前,美国历史上的市政制度演变经历了市长—议会制(又可分为强市长型和弱市长型)、城市委员会制和城市经理制三种类型,目前城市经理制为主导。欧洲国家虽然在国家背景方面不同于美国,但城市的最高行政管理者一般都与政务官保持密切联系,同时又有着较高的自主性。

其二,提高民营部门和社会组织提供服务的水平和质量。提高城市行政领导的自主性反过来也是与民营部门和社会组织建立更为密切关系的一个前提条件。管理型城市治理模式预设了民营部门和社会组织能比公共部门提供更经济高效的服务,因此最大限度地引入竞争机制就显得尤为必要了,其中"合同外包"就是一例,政府主要"掌舵"而非"划桨"。

其三,管理型城市治理需要建立内部市场机制。行政部门内部需要相互买卖服务取代免费服务机制,即可控竞争管理技术。通过这种方式,成本转移到了购买者手中,资源配置更具有可见性和精确性,问责也更为清晰。医疗保健部门率先试水建立内部市场机制。不过,如果说传统模式因可能产生过度需求而为人所诟病,那么内部市场机制则容易导致过度供给的问题。

显然,管理型治理有很多优点,例如可以根据顾客导向提供公共服务,削减公共开支,降低税收,令政务官和事务官各司其职、各得其所,降低了无谓的政治争议。因此,强调小政府和市场理念优先的新公共管理不仅可以提高城市政府的效率,而且可以降低城市财政预算。在此意义上,受过良好专业训练且有私人部门管理经验背景的职业城市经理人管理城市如同管理公司一般也成为管理型治理所期望达到的理想状态。当然,如果将管理型治理的逻辑推向极端,当经济计算优先于政治选择之时,就会与城市政府管理的民主性和政治性相冲突。

总之,管理型治理标志着公共部门合法性根源的变迁。在传统的等级性治理模式中,合法性主要来自于引导公共行政行为的核心价值,如程序正义、公正性、透明性、问责性等。管理型治理并不排斥上述核心价值,但却对传统的标准化服务方式提出了质疑:时下的民众似乎是具有选择性的顾客,更喜欢量体裁衣、高质量低成本的特殊化服务。

(二)统合主义模式

一般认为,西方社会的民主治理是以非政府组织和志愿性社团组成的强大公民社会主导的,公民社会为公民提供了集体参与治理的机会,不仅涉及政治议题,而且涉及环境保护和人权方面等诸多社会问题。在城市治理方面,公民社会发挥了重要的作用,其中统合主义模式界定了公民社会组织持续参与城市政治和公共服务供给的本质特征。

在西方,一般小型的且工业化发达的民主国家多采用统合主义的城市治理模式。统合主义模式与独特的国家主义传统文化有关,因此也就具有特定的历史脉络性。事实上,西欧曾经流行的高税收、高支出的福利国家是这种模式的典型。虽然统合主义模式在分配和再分配的规划方面存在着不均衡性的问题,但对于城市民主治理而言,仍然有着自身独特的优点和积极的价值,那就是将利益以组织化的形式持续整合到政策过程之中。

这一过程又引发了两个理论的出现,一是利益相关人理论。利益相关人理论强调,在某一特定公共服务过程中的利益相关人应该采取投票等制度化的手段来影响相关服务。二是由保罗·赫斯特提出的"社团型民主"理论。赫斯特认为"社团型民主"是全球化和国家"空心化"时代对传统民主治理模式的替代,较之传统代议制模式,"社团型民主"更强调大众通过社团实现有效政治参与。

在诸多组织中,专业组织、邻里组织以及地方商业组织都各自追求自身的组织利益,选举官员则追求更为广泛的集体利益。为此,统合组织就成为城市与公民社会内各类重要行为者之间的中介结构,即所谓的中介组织。统合主义治理模式将城市视为城市政治过程中统合各类社会团体和组织利益的政治与民主体系。参与民主的理念是这种城市治理模式的灵魂,同样,政策协商也成为这些利益主体讨价还价的过程。地方行政当局在这一过程中的核心作用就是作为调和冲突、建立共识、协调行动的机构。评判的标准就是城市及其治理在何种程度上反映了参与性地方民主的理念。

将公民社会和各类社团组织统合到公共政策过程以及公共服务过程之中就能够提高城市政府解决社会问题的行动能力,实现国家与社会关系的互相赋权。当然,统合主义模式也存在一个弊端,那就是各类组织的力量不等导致在反映和实现各自利益方面可能会存在差别和不公。

统合主义治理侧重城市政治的分配方面。以欧洲国家为例,有些组织提出的政治议程与社会福利相关,反对削减社会福利规划。另有一些组织则呼吁保护残疾人等弱势群体的人权,确保城市服务和设施满足这类成员的特殊需要。环境保护组织则力促扩大公交系统和循环经济。这种分配既具有传统性,也符合时代精神。从传统意义上来说,将公民社会统合到城市政治过程扩大了开放性,增强了民众对政治系统的支持和政府系统自身的合法性,有利于民众对于城市政策的宽容和尊重。此外,将公民社会和非政府组织纳入公共服务供给的过程中也可以为城市节约财政资源。按照新公共管理的理念,城市政府的主要功能并不是本身提供所有服务,而是协调各种社会部门的活动。

总体上,统合主义城市治理模式深深地植根于政治文化之中,无论在政制层次上还是在个体层次上都强调集体行动。当然,由于城市政治并不能反映所有公民的利益,因此,个体组织和体制之间仍然会存在着某种程度的紧张和冲突。

统合主义城市治理模式在不同国家和文化背景下有着不同的呈现方式。在国家层面,有着长期统合主义传统的欧洲小国在地方层面易于将利益以组织化的形式融入公共政策过程之中。相反,那些秉持"新自由主义"治理哲学的英美国家则认为将公民社会纳入公共服务之中是一种新奇的事情。统合主义城市治理的不同历史发展轨迹揭示了城市领导人对这种治理模式的不同看法。从价值层面来看,统合主义治理模式的吸引力在于,政治关乎集体行动,因此人们根据共同的信念形成团体和组织,进而实现自身的利益乃是合乎逻辑而顺理成章的事情。而当这些组织与选举官员和政党的制度性作用发生冲突时,与这一治理模式相关联的问题也就显而易见了。民主理论认为,选举官员应该为整个国家而非其所代表的选民或特殊利益集团服务。为此,政治领导人就要不时地为其立场辩护,并维护有组织的利益。

(三) 支持增长型模式

发展型模式驱动下的支持增长型治理模式受到了美国地方发展策略及其对城市政策选择的影响。所谓"支持增长型城市",顾名思义,就是那些将经济增长作为绝对优先的目标的地方政府。但与此同时,这种模式可能会导致民主的悖论。这是由于支持增长型模式往往有利于政治精英与商业区精英之间的联盟,从而可能降低民主所要求的透明性和问责性。换言之,支持增长型治理模式将繁荣带给了城市与市民,但这种增长是有代价的。

关于政商联盟与支持增长型治理模式的论述,斯通结合佐治亚的亚特兰大市的案例做出了经典分析,提出了"城市政制"的分析框架,揭示了商业精英是如何与政治领导之间建立增长联盟即"城市政制",从而推动城市经济发展的。商业区的企业精英拥有必要的财政资源和组织能力,而政治领导人则负责处理法律和行政事务。

经济增长对于所有人来说都是毋庸置疑的政策目标,对于经济衰落的城市来说,城市重建只有通过强化经济增长目标才能实现。有利于地方经济增长的城市治理始终是城市政治研究的主题之一。城市治理的巅峰发生在美国和英国20世纪80、90年代大规模经济重组的前夜。从相关文献来看,当时的政治经济学文献对政治和经济领域的关系提供了广泛而深刻的理解。20世纪70年代末,查尔斯·林德布洛姆就曾有过"企业(商业)的特权地位"的论述。他的论断是私人资本通过控制经济增长资源而成为主导性的政治行为者。对于城市的经济发展来说,私人企业或商业部门至关重要。20世纪80年代,大匹兹堡地区内的许多城镇随着钢铁企业的关闭而凋敝,只留下了麦当劳这家企业。同样,俄亥俄州和印第安纳州的许多城市也经历了类似的危机。欧洲面临工业重组的地方经济也是如此,比如德国的鲁尔地区、英国的内陆地区、斯堪的纳维亚北部地区,许多城市随着产业的衰败而出现人口锐减。因此,产业振兴和城市发展需要私人企业，城市的政治领导必须将其纳入联盟之中才能产生积极的作用。由于城市依赖于私人企业的定位和投资决定，因此，各国公司成功地利用了各城市吸引投资和税收激励的竞争获得收益。

上述经济变迁对城市治理有何意义呢？这就需要详细阐明政治和经济力量以何种方式调动地方上的政治人物。从依附性来看，市政厅和私人资本之间的关系可能永远无法对称。在20世纪80年代，琼斯和巴彻勒就指出，"商人对城市政治施加直接影响力变得越来越缺乏兴趣了，而政客却对影响商人越来越有兴趣了"[1]。希尔曾描述过分依赖汽车产业的底特律暗淡的前景：底特律的命运与受到一小撮多国公司控制的经济基础紧密相连。公司的稳定性和增长性取决于回应变动的国内国际成本和环境的能力。一度将投资和增长引入底特律的利润逻辑现在却带来了撤资和衰败。私人公司积累资本、重新投资。资本是流动的，底特律却不然。[2]

可见，希尔描绘的工业城市的困境以及商业的"去地方化"[3]（跨国公司的出现）持续加剧，特别是20世纪90年代直至20世纪末，经济全球化成为经济发展的新动力，企业特别是跨国公司去地方化的问题日益严重，城市之间争取私人资本投资的竞争更趋激烈。去地方化对于支持增长型城市治理尤为重要。一方面，作为核心的社会行为者摆脱了对城市的维系和承诺，也就没有理由参与到城市的治理过程之中；另一方面，如果公司意识到城市及其服务是招收熟练技术工人的重要因素，自然就会积极参与城市的治理。

各类公司选址定位的意愿和能力不同，跨国公司始终会将其总部设在最为有利的地方。但小公司的定位却面临着不同的选择，临近消费者、劳动力市场地方化、公司网络地方化等因素仍然是大多数私人部门行为者地方化的主要原因。这也决定了地方治理对于公司行为者的重要性，特别是公私部门之间合作对于城市支持增长型治理尤为关键。

这种治理模式又是如何组织起来并制度化的呢？彼得森认为，城市对商界人物的依赖建立了"统一的利益"，即增长成为超越一切政治争论的关键："城市政治是有限政治……将城市的利益等同于出口产业的利益只是

---

[1] Bryan D. Jones and Lynn Bachelor, *The Sustaining Hand: Community Leadership and Corporate Power*, Lawrence: The University Press of Kansas, 1986, p.207.

[2] B. Jessop, "Regulation Theories in Retrospect and Prospect," *Economy and Society*, 19(2), 1990, pp.153-216.

[3] John Logan and Harvey Molotch, *Urban Fortunes: The Political Economy of Place*.

一种适度的简化。"①就城市治理而言,这意味着私人企业在地方政治过程中拥有强大的发言权。城市社会学家莫罗奇将回应公司利益并将经济增长作为不可置疑的政策目标的城市称之为"增长机器"。② 此外,按照莫罗奇的说法,为了更为有效且可信,增长政治还需要得到城市主要选民的支持,因为所有选民都会从增长中受益。

从20世纪90年代到20世纪末的城市政治经济方面的研究文献中可以发现,城市中政商之间形成的"城市政制"即非正式的"支持增长联盟"塑造政治议程的能力是常见的主题。③ 斯通提出的这个"城市政制"就是支持增长型治理的制度化形式,不仅包括地方层面的增长联盟,还包括作为与城市主要政策目标的经济增长相适应的政治文化和意识形态。当经济发展具有政治优先性的时候,与私人企业建立联盟就成为一种自然的策略性选择,并逐渐制度化而嵌入治理城市的社会和政治过程之中了。同时,城市的政治和行政制度一旦建立起来,就会孕育和再造它们所表征的领导文化、传统、价值与规范,而这反过来又会塑造地方领导的目标。斯通认为,治理城市经济的任务超出了地方当局的正式的和有效的权力。这并不意味着公私部门之间的互动会加剧公共行为者对私人参与城市治理的依赖,毋宁说公私部门之间的交换过程呈现的是一种相互依赖的关系,而私人部门对公共服务的需求强化了这种相互依赖。

支持增长型治理模式将城市政治看成是一种政治和经济的复合交互作用的结果。这里面的核心问题是城市的政治经济在何种程度上塑造和约束了城市政策的选择,是否除了有利于商业部门的政策就别无他选了。对此,"政治要紧"(Politics Matters)学派从结构的意义上承认资本主义经济具有强势影响力的同时,也认为所有经济结构安排都面临着某种程度上的政治选择。城市经济发展的轨迹反映了以往的这类选择。政策选择的存在与范围问题之所以重要是由于"统治就是选择",同样,治理在某种程度上也是做选择的问题。这类选择不仅包括政策间的选择,而且包括不同发展策略以及事关网络伙伴结构和治理过程的选择。

城市政治经济的研究推动了支持增长型治理的发展,类似"政制政治""全球城市"或"城市全球化"的理论话语应运而生。其中的主题仍然是作

---

① 保罗·彼得森:《城市极限》,第2—3页。
② Harvey Molotch, "The City as a Growth Machine: Toward a Political Economy of Place".
③ Stephen Elkin, "Twentieth Century Urban Regimes"; Alan Digaetano and John S. Klemanski, "Urban Regimes in Comparative Perspective: The Politics of Urban Development in Britain"; Keith Dowding, "Explaining Urban Regimes".

为城市政策目标的经济增长的主导性地位问题。时代虽然发展了,但"城市作为增长机器"的作用并没有太多改变。经济发展持续强化了地方劳动力市场,提高了地方服务的需求,增加了地方的税基,使城市成为更具有吸引力的投资地。即便上述经济发展主要是对城市中产阶级有利,地方经济增长带来的财富也会产生惠及城市社会底层的溢出效应。因此,支持增长型治理的最重要的优势根源就是可以产生令所有人受惠的双赢格局。另外一个重要的问题与企业界的特权地位有关。一般认为,地方经济的主要动力不是公共部门而是私人企业,因此,地方企业的需求和利益成为政治的最高优先性,地方企业组织也顺势取得了城市的政治领导权。

此外,城市对私人企业的依赖关系也在城市政治领导和企业高层领导之间建立了联盟,从而缔造了斯通所谓的"城市政制"。虽然缔造这一联盟是几乎所有城市领导人的合理策略,但消极的一面是私人资本和政治领导这一紧密的协作关系势必会偏离正常的政治过程,将城市政策导向企业利益一边。因此,城市的政治领导需要在推动企业界发展的同时避免为其所"俘获"。支持增长型治理是将协商性的公私行动用来推动地方经济的结构化。这种协商依赖于城市政治精英和商业精英之间对经济增长的共享利益。此外,地方经济的发展还要嵌入自身无法控制的国家和全球经济体系之中。因此,地方或城市政府所能发挥的作用就是提供必要的基础设施和社会服务,借以吸引企业投资。简言之,就是拆除障碍、创造条件、促进增长。

支持增长型治理也受到了来自各方的批判,其中主要是针对单方面强调增长和过分倚重企业与市场这一维度的城市发展目标。作为替代方案,批评者提出了更具有社会嵌入性的经济增长方式。英布罗肖概括了三种备选经济发展模式:"企业家型重商主义""社区型经济发展"以及"市政企业"。[①] 这一分类就是为了修正经济发展策略仅仅是为商业社群谋利的"增长机器"弊端,而让更广泛的社群受惠。归纳起来,支持增长型治理存在以下几个方面的问题。

其一,城市投资促进经济发展的资源总量与实际的经济增长之间缺乏正相关性。许多经济持续强劲增长的城市和区域并未积极地促进经济增长,其增长往往得益于区位优势以及有利的企业家文化等因素。相反,许多将经济增长作为政治最高优先性的城市和区域的经济却惨淡经营。当

[①] David Imbroscio,"Reformulating Urban Regimes Theory: The Division of Labor Between State and Market Reconsidered".

然,也不乏成功的案例,如英国的曼彻斯特和利物浦、美国的匹兹堡和克利夫兰、欧洲的哥德堡和米兰这类城市。匹兹堡从"世界的钢铁资本中心"转型为医学研究和教学中心,哥德堡也从一度主导造船和汽车加工工业的城市转型成旅游城市,米兰则从工业城市转型为一座设计和艺术城市。

其二,支持增长型治理模式的问题还在于分配。虽然市场可以带来城市的繁荣和增长,但却未必会将繁荣的成果惠及所有社会成员。新古典经济学的"溢出效应"在英国用于粉饰掠夺性支持增长型政策。增长并未带来持续的分配和再分配,经济不平等成为工业化城市的典型特征。世界主义类型的服务业主导的城市中的中产阶级享受的服务往往是由那些有着移民背景的拿最低工资的工人阶级创造的。这就是萨斯基亚·萨森所谓的类似纽约、东京和伦敦这类"世界城市"[①]。

(四) 福利型治理模式

福利型治理模式与福利国家密切相关。对于那些处于衰落之中、缺乏可持续发展能力的工业城市来说,这些曾经是主要工业区的城市发展荣光不再,私人部门仅仅提供有限的工作机会,即使有工作机会,也大多是低工资、低技能的工作,因此严重依赖于国家的财政支持,这类城市被称为"福利型城市",相应的治理模式称为福利型治理模式。市场的压力虽然对城市产生了巨大影响,但却无法说服失业工人去别处寻找工作。反之,公共部门通过事业支持、福利项目和社会保障为城市居民提供了经济支持。

在类似北欧的福利国家,通过国家提供的社会保险项目和地方政府提供的社会福利项目,公共部门为全体公民提供了社会安全网络。其他国家的社会网络较弱,因此放弃衰落城市的压力更为强烈。不过,几乎所有国家都倾向于认为个人有责任获得维持生计所必需的收入。特别是英国的布莱尔政府和同时期美国的克林顿政府开始从强调权利向强调责任转变,提出"从福利到工作福利",即所谓的"第三条道路"。

福利型城市源自于福利型经济的发展,福利型经济的演化则与资本主义经济密切相关。国家和城市经济基础的持续重构是现代全球经济的重要特征。20世纪70年代,西方发达资本主义国家凭借技术和资本的比较优势,在汽车、造船和纺织行业称雄,而日本和中国香港地区则依赖廉价劳动力与低附加值的科技产品获得比较优势。进入20世纪90年代,世界经济地图重新绘制,钢铁和纺织业衰落,汽车业也面临着来自日本的激烈竞

---

① Saskia Sassen, *The Global City: New York, London and Tokyo*.

争,"亚洲四小龙"的崛起开拓了发展中国家和地区"走出边缘"的新路,劳动力密集型产业也转移到了南欧和拉丁美洲以及中国。西方发达资本主义国家在高科技和研发领域继续领先。与此同时,随着工业和农业的衰退,服务业开始上升。

地理学家梅西将上述经济地理的变迁称为"劳动力的空间分工"[1]。简单说就是,全球资本主义经济的非均衡发展导致了世界不同地区不同水平的竞争性和比较优势,城市也不可避免地受到这一变革力量的冲击,要么为实现现代化而重组,要么衰败下去。战后西方老牌资本主义国家地方政府的财政危机就与作为工业基础的加工业的衰落直接相关。为此,地方经济持续处于工业转型和产业重组的过程之中。特别是进入20世纪80年代末90年代初,"ICT城市"(ICT指信息、通讯、技术)成为引领世界潮流的时髦,各国城市纷纷着手将自身打造成信息技术的研发平台。ICT的经济发展战略的优势和独特品质就在于可以避免供给方和消费方面对面的接触,不受落地条件的限制。不过,20世纪90年代中期,ICT的泡沫破灭,相关产业面临着大规模过度投资的问题,股市崩盘,公司破产。不过,从城市的发展而言,对于历史悠久的大城市来说,ICT的好处在于IT行业可以减少劳动密集型产业,降低生产成本。与此同时,IT危机也对地方经济产生了全方位的影响,包括地产业、地方消费业和地方服务业等。

许多历史个案例证了上述经济变迁和城市财富之间的联系。曼彻斯特和利物浦,还有上文提到的底特律,是最早的现代工业模范城市,经历了整个19世纪和20世纪上半叶的经济繁荣,直到亚洲国家生产出同样质地且廉价的工业品在世界市场崛起。此前,这类城市几乎全部经济都依赖于加工业,因而关闭厂房和生产线严重削弱了城市的经济基础。实际上,新的增长方式已经确立,但将其引入城市却是一个缓慢的过程,因为新产业需要新的产业工人、学习新的技能,而且,结构性的现代化进程异常复杂和缓慢。与此同时,伴随而来的高失业率、犯罪率以及新型的底层社会阶级的出现,都引发了新型的城市政治和治理模式。

针对上述问题,有些国家采取了积极的产业重组措施,获得了成功,如曼彻斯特和利物浦;有些国家则采取了消极的国家政策,导致城市经济处于停滞状态,人口减退、老龄化,投资率降低,企业投资外流,税基恶化。后一种情况就形成了"福利型城市",强烈依赖于中央政府的福利体系支持。

---

[1] Doreen Massey, *Spatial Divisions of Labor: Social Structures and the Geography of Production*, 2nd edition, New York: Routledge, 1995.

在对中央政府开支依赖的前提下,这种福利型治理模式就要尽可能地将国家纳入其中,因而其政治性最强。由于城市的工业遗产伴随着大规模的失业,这类城市的意识形态往往偏左。这种类型的城市在西欧一般分布在前工业城市,如德国的鲁尔区、瑞典的贝格斯拉根地区等。在美国,意识形态没有欧洲那么强烈,但前加工制造业的城市也出现了类似的情况。

这类福利型城市的福利享有者强调得到福利是一种权利资格,因此,国家有责任照顾由于经济结构变迁而失业的公民。因城市文化和地方经济发展水平的不同,这种表现也有差异。从城市政治领导来看,这种治理模式面临的巨大挑战就是本应作为城市政治优先地位的经济发展,却鲜有支持者。大部分人口依赖福利和社会保障为生,而福利保障项目却超出了市政厅的管辖范围。地方经济缺少内在投资的动力,社会剥夺、低技能工人、弱购买力、政治激进主义以及高犯罪率等因素令投资者望而却步。

由此可见,市场如果不为经济振兴提供经济基础,城市的政治领导就要转而求助国家施以各种援助。典型的方式就是通过公共投资为地方经济创造新的工作机会,还有重置公共机构、为公私投资提供激励等。问题是,国家往往难以制定可靠的城市政策,只有类似北欧的少数国家才会提供足够的公共投资。此外,中央和地方关系对福利与社会保障也至关重要。福利型治理模式之所以被称为"福利型",原因就在于其分配型和再分配型的特征。彼得森认为,理论上城市可以追求三种不同类型的政策:分配型政策、再分配型政策和发展型政策。他强烈批判城市的再分配政策,一方面是由于地方政治体系过小不允许实施再分配政策,另一方面是这类政策会对中产阶级进入城市形成反向激励。[1]

从福利国家的发展历史来看,提供福利是地方政府的重要职责之一。福利型治理的一个关键的问题就是缺乏组织变革的能力,而只有变革才能从根本上解决城市长期的可持续发展问题。

三、全球化背景下的城市政治变迁与城市治理

进入 21 世纪以来,全球的、国家的、区域的以及地方层面的治理越来越缠绕在一起了。全球治理的对象不仅包括民族国家和跨国机构,还包括城市与区域。遵循同样的逻辑,全球的政治和经济力量对各类组织与机构都产生了史无前例的强大冲击力。

---

[1] 参见保罗·彼得森:《城市极限》。

应该说，全球化促进了传统府际关系以及国内国际机构关系的全方位调整，为城市和区域重新定位提供了挑战与机遇。在此意义上，城市政治和城市治理在某种程度上不仅是国家决策与行动塑造的产物，也是国际和全球层面决策与行动的结果。这主要体现为两个方面。一是"向全球跃进"，将自己置身于国家领域和国际市场，努力将自身打造成"世界城市"。这一跃进过程、方式以及后果就成为城市政治和城市治理的研究对象。二是全球化对城市以及城市治理的挑战和影响。传统的城市治理将重心放在地方和地方议题上。面对全球化的挑战城市将如何维系治理，变革的动力如何，都是这一方面的问题。

全球化在城市层面产生了两个主要影响。一是人、财、物和服务的自由流动，诸如多伦多45%的人口来自移民，安置和整合这么一大批移民本身就对城市治理提出了重大挑战。二是城市化。全球化加快了发展中国家的工业化、信息化和城市化进程，虽然不存在单一的模式，城市化的趋同性却是毋庸置疑的。城市化同样产生了诸多社会政治问题，对城市政治和城市治理也提出了新的课题。

从"向全球跃进"的历程这一城市的国际化现象来看，早在中世纪前后，欧洲的城市和城市国家就先于现代的民族国家走上历史的舞台。进入现代以来，工业化掀起了第一波全球化的浪潮。地方市场无法消化规模经济生产的大量产品，企业开始在全国乃至国际范围内扩大市场。这一国际化进程的动力机制和激励机制是什么呢？国际化背后的重要理念就是支持地方或区域商业团体寻求拓展新市场，由此，国际化赋予了城市新的职能和角色。国际化的逻辑是一国的城市区域与他国的城市区域为了共赢而建立纽带。由此，城市在这一进程中的核心作用就是经纪人，城市间接地通过商业部门、经济增长以及税收的各类联盟受益。时至今日，城市的国际化联系长期是依靠文化交流即所谓的"姐妹城市"或"友好城市"组织起来的。

综观全球，欧盟是城市国际化的重要推手。欧洲一体化的进程赋予了城市和区域崭新的探索国际空间的机会结构。通过强化成员国自身机构以及次级机构之间的联系，欧盟有力地推动了欧洲城市向国际领域开放。新的国际机会结构并不是向布鲁塞尔欧盟总部争取财政资源和政治影响，而是由欧盟政策系统提供多种财政支持途径用于城市或区域复兴的预算拨款。欧盟的非等级性治理模式使得跨国和次国家机构之间交互作用而无须考虑民族国家层面，这就是所谓的多层次治理。与国内的府际关系形成鲜明对比的是，多层次治理是一种协商关系，而非依照行政等级组织起来。这意味着城市不必受制于中央政府,当然也就无法获得传统府际关系的制度性嵌入带来的安全。这就需要掌握欧盟体系运转、信息和资源的相关知识。当然,国际化也存在着各类风险,如开放经济往往对市场价格的波动比较敏感,等等。

国际化的成败得失不仅与地方经济的结构有关,而且与城市在国家背景下的位置有关。例如日本、德国、意大利和美国,城市规模大体均衡;而有些国家则围绕着首都形成依附性发展,比如奥地利的维也纳、芬兰的赫尔辛基、丹麦的哥本哈根;还有些小国拥有国际化的首都,大部分人口居住在首都,如韩国的首尔等。国家资本的重要性产生了向心力,一国首都是国家面向世界的窗口,政府有着强烈的激励促进城市的国际化。

萨维奇和康特从策略选择与全球化对城市治理的影响角度全面分析了城市的国际化,"城市有许多选择,那些选择因拥有的资源不同而有所差异,而且选择不是毫无约束的。但它们仍然是适用的选择。最重要的是,城市的选择并不是一成不变的,而是可以扩展、收缩和修正的……城市不仅是留下了国际化的风气,而且以不同方式塑造经济产出的政治实体"①。

有关城市政治和地方政府的争论从未间断过,从约翰·密尔和托克维尔以来,西方国家一直将地方自治作为培育社会化的民主学校。因此,地方政治选择的范围和自由是理解城市政治重要性的关键变量,这往往涉及一国的国家结构形式问题。从20世纪80年代以来欧洲的分权化运动以及风行美国的"新联邦主义"潮流来看,中央政府与地方政府的关系问题,特别是地方机构自治问题没有解决,仍然按照原有的历史传统沿袭下来。以发达资本主义国家为例,与英美的地方政府不同,北欧和日本的地方政府更倾向于争取强势地位。这也决定了各国城市政府提供的服务水平和能力也不尽相同。

城市政治的重要性和兴衰成败取决于下列问题的讨论:第一,城市政治是否从未成为政治争论的焦点,因为城市的政策选择受到国家和国际层面的诸多制约。第二,城市政治从规范的意义上是否应该是激烈争论的场域。第三,城市的发展受制于经济力量,这就界定了城市政策选择的前提条件。

不过,城市的调适性变迁并不是一个机械的过程,总体上来说还是一种选择。城市发展的历史表明,强势的经济利益推动政治领导协调城市的

---

① Hank V. Savitch and Paul Kantor, *Cities in the International Marketplace*, Princeton: Princeton University Press, 2002, p.347.

战略选择,同时市民也参与到塑造城市空间的过程之中。城市治理的困境也由此产生,对商业利益有利的城市会疏远核心的民主选民,而将市民参与视为优先考虑的城市就会对私人资本持敌视态度,私人资本被迫选择离开。因此,置于城市不同地方的财政资源和选票需要相互平衡。对城市治理的分析模式就是以不同方式调节民主争论和经济行为者之间的关系。

城市如何统治以及城市的政治目标如何确立,这是城市治理的基本命题,这又可以分解为三个相互关联且交互作用的变量关系,即相关的行为者、目标、实现目标的制度安排。"治理转向"实际上并不是什么从统治到治理的特殊转变,而是治理中的政府角色发生了变化。城市治理理论认为,地方政府在城市治理中的作用是部门特征的一种功能,地方经济发展与地方组织的不同角色相对应,如住房、社会工作或者公共交通等。在不同模式下,地方政府发挥着不同的作用。一般来说,城市在城市治理中的作用可以表现为以下几个方面:融资、规制、调解、协调和监督。

在管理型治理模式下,城市服务的财源来自地方税基。城市政府负责公私部门之间竞标公共服务项目的规制工作,通过规定服务的数量和质量,以政治决策的方式协调和监督服务的供给。不过,管理型治理的目标是为了提高效率,主要策略是服务外包、私有化和公私伙伴关系等。因此,管理型治理的核心要素就是将私人部门融入公共服务的供给之中。在统合主义治理模式下,城市负责为大部分服务提供资金来源。城市政府没有规制职能,本身是一种自我规制的治理形式,其职能是调解不同社会行为者之间的冲突,动员高层政府的资源。在支持增长型治理模式下,财源主要来自城市,也可以从区域和国家层面的公共组织处汲取资源,或者从国内和国际公司获得融资。规制作用主要体现为两个方面:其一,调节地方规制系统,将对公司部门的干预降到最低;其二,通过规定游戏规则来规制地方市场竞争。在福利型治理模式下,地方财政收入主要来自国家或中央政府的拨款。因此,确保来自国家的财政支持是实施福利治理的城市所关注的核心策略。

四、城市治理的挑战

城市面临着诸多内外挑战,同时也重塑和发展了自身的空间和经济基础。历史表明,有些城市成功地适应了环境的变迁,实现了由制造业为主导向以服务业为主导的转变,顺利完成向后工业化和"后福特主义"的转变。同样,历史也显示,许多城市并不具备适应外界环境变迁的转型能力。这种转型能力与城市治理的水平和质量成正相关。经济重组强调城市领导力发挥回应性作用而非先发制人的作用。最重要的是,城市领导人要与公司部门保持密切关系,以便应对经济重组产生的冲击波,降低其副作用。通过强化与城市所有战略行为者的伙伴关系,城市领导人提升了战略行动能力和政策选择能力。是否具备调节变革的能力,取决于政治领导力。

(一) 全球化

无疑,全球化是 21 世纪对地方变革最重要的影响因素之一。有关全球化对城市和区域影响的文献表明,金融资源、财货、信息以及人口的全球性和跨国性流动开放了原本受国家保护的城市和区域经济体,这一变迁更需要一种先发制人的监管型国家以及与之相适应的府际关系。经济重组作为全球经济一体化的重要标志,是对城市政治议程的重大挑战。治理的挑战就是调动政治经济资源以实现经济现代化的战略,从而降低全球经济急剧变迁带来的脆弱性。对于大多数城市来说,这意味着地方经济长期增长的多样性以及对服务型企业和管理型服务业的强调。

(二) 移民问题

显然,城市化和移民问题是全球化在城市层面的集中展现。城市化是全球化时代工业化国家的典型特征,中国就是如此。伴随工业化的就是大规模的农村人口向城市的转移,这一移民问题是发达国家和发展中国家共同面临的城市政策议题。类似多伦多这样的国际大都市,移民人口已经占到了 45%。移民作为政策和行政管理问题是在不同国家和不同政治背景下展开的。对于欧洲的福利国家来说,大规模的外国移民无疑增加了中央和地方政府的财政负担,而社会开支也要优先解决移民的安置和福利问题。

移民问题涵盖了广泛的跨界运动。许多欧洲和亚洲国家面临着人口短缺的问题,亟须外部移民补充。此外,武装冲突和气候变迁也是导致大规模移民的主要原因。国家特别是地方政府在解决移民和劳动力需求方面面临着巨大挑战。在地方特别是城市层面,劳动力市场规划受益于城市管理和商业社区之间的网络联系。

(三) 政府和私人企业的关系平衡问题

城市与私人资本之间的关系是一个城市的政治经济关系,按照城市政制理论的分析,也是城市政治的主要研究领域。市场行为者促进了地方经济增长,为城市提供就业机会,增加税收。市场行为者也因此在城市治理中获得了林德布洛姆所谓的"特权地位",这也就决定了城市和企业之间是一种非对称性的相互依赖模式。这种非对称性就给城市治理提出了一个挑战,即将商业社区整合到集体项目之中。应该说,在大多数城市,作为一个关键的社会行为者,商业部门有能力决定城市政策的结果。

(四)多层次治理的挑战

城市并非孤立的存在物,而是嵌入国家乃至跨国的制度和宪政制度之中的。这些制度安排界定了地方政府应该以及实际自主的程度。此外,这些制度也为城市从更高级政府汲取财政和其他资源提供了机会结构。同时,城市、制度以及行为者之间的纵向关系日益重要。制度和行为者之间形成的从全球到地方的复杂纵向交易网络就是多层次治理。

多层次治理不同于传统的府际关系模式。其中最重要的差别就是,多层次治理的本质是非科层式的,比如说,城市可以在不与中央政府协商的情况下与跨国机构订约,反之亦然。另外,这些根据脉络关系界定的制度关系是一种协商性关系,而不是控制和服从的关系。再者,参与是由脉络和行为主体的热情促成的,而非法律和规章制度规定的。总之,城市一方面与地方社区维系横向的生产性网络,另一方面又广泛参与到构成城市纵向环境的区域和跨国论坛、网络机构之中。

五、结语

治理可以采取网络的形式,同时也可以依托科层或市场机制,这就是杰索普所说的"元治理"①的应对之道。权威的转移不是绝对的,而是相对的,这取决于实践的需要,是一个经验的问题。这就需要对治理所需的协作安排如治理网络和伙伴关系加以限定,由此就要考虑以下问题:

(1)在何种条件下,追求公共目标的协作性网络可以不依赖科层制而运行?如果无法取得令人满意的结果,是否需要来自中央政府的干预?离开中央政府的干预,地方层面的相互信任关系可以建立起来吗?

(2)何种措施可以缓解冲突或者在相互冲突的利益之间建立共识?

(3)各种成功的城市治理策略是如何创立的?城市管理者是何时以

---

① 按照杰索普的观点,"元治理"即为"治理的治理"。"元治理"旨在对市场、国家、公民社会等治理形式、力量或机制进行一种宏观安排,修正各种治理机制之间的相对平衡,并且重新调整它们的相对权重,重新组织和整合治理机制之间的复杂合作。它本身既没有制度固定性也没有固定边界性,而是一种反思性策略追求。杰索普指出,面对一个多元权威并存的治理体系,国家首先要承担起"元治理"的角色,因为国家是更广泛社会中的一个组成部分,也是保证该社会的机构制度完整和社会凝聚力的责任承担者。国家担任"元治理"角色,必须平衡地方、地区、国家、全球各层次的治理,并相应地协调它们的行动。参见鲍勃·杰索普:《治理的兴起及其失败的风险:以经济发展为例的论述》,《国际社会科学杂志(中文版)》1999年第1期;郁建兴:《治理与国家建构的张力》,《马克思主义与现实》2008年第1期。

及如何成功地干预或参与治理网络的?

（4）在何种条件下,基于参与和放权的策略会导致集权的趋势与科层干预?

显然,城市政制论和新制度主义的方法有助于上述问题的解决和回答。

城市政制论与城市治理理论之间存在着共同点与差异性。就共同点来说,二者都关注正式的公私合作。就差异性来说,其一,城市政制论更为关注议程设置的联盟,侧重政策制定的输入侧,而城市治理理论则更关注政策执行网络。其二,城市政制论的重心是社会团体和经选举产生的议会议员之间的互动关系,而城市治理理论则更偏重于社会团体和城市经理人之间的互动关系。其三,城市政制一般是由社会行为者建立,而治理网络则常常经由政府工程建立。

由此可见,城市政制论与城市治理理论之间可以相互补充,前者将整体置于某一政治经济而非多元主义的框架之内,这意味着商业利益是可以整合的。虽然根据定义,企业或商业利益并不是治理网络的一部分,但将网络分析置于政治经济的脉络之下仍然是有意义的,因为这会引发权力和不平等的议题。早期的政制理论认为,社会—经济体系就预设了官员会有利于哪些集团而不利于哪些集团。这就是地方政府受到特定利益集团的支配而形成的"国家俘获"现象。

此外,治理理论与新制度主义之间的关系也是相互支援的,因为治理就是关于政治行为者如何影响行为的正式和非正式规则、规范和模式的。制度遵循路径依赖的渐进变迁之路,而基于治理假设之上的共识性策略认为某种信任和互惠的规范存在或者可以通过网络建立起来。

第三节 后发展国家城市政治理论的相关议题

一、现代化与后发展国家的城市政治问题

从类型学的分析角度来看,进入现代社会以来,世界各国的城市类型可以分为前工业城市、转型城市和工业城市,分别对应了三种文明形态,即前工业文明（封建社会）、处于现代化转型期的文明以及工业文明。大部分发展中国家（亚非拉国家）或说后发展国家基本都处于现代化或说城市化的转型期,只有如韩国、新加坡等少数"后发展"国家进入了工业社会。因

此,城市化就成为现代化和工业化的必由之路。从一般的发展趋势来看,上述国家都面临着以下城市化进程中的重大问题:城市的扩张以及地位的日益提高;分权化趋势明显;伴随工业化产生的国家与社会关系的变革和民主化等。

根据联合国人居署测算,未来 20 年世界上大部分人口增长将发生在贫困的城市和乡镇。部分增长发生在超大型城市,中等规模的城市将以更快的速度增长,这就是马克思主义城市学家亨利·列斐伏尔在 20 世纪 70 年代反思资本主义发达国家特别是法国社会运动之时阐发的"城市革命"的思想,现在已然成为全球普遍现象。亚洲和非洲的部分地区城市化仍然徘徊在 40% 左右,而拉丁美洲的大部分国家在 2010 年就已经超过 50%,巴西、阿根廷等国城市化水平早已达到发达国家水平。较之发达国家而言,后发展国家城市化进程往往是以"大推进"的方式实现的,城市增长表现在惊人的数量、飞快的速度、超大的规模等几个方面。与此同时,超大型城市经济对于一国经济的重要性更是与日俱增。

就亚非拉等欠发达或后发展国家来说,超大型城市只是相当晚近的事件和现象。早在 20 世纪 50 年代,大部分超大型城市都在欧洲和北美等资本主义发达国家,只有纽约突破了 1000 万人口大关。截止到 2007 年,有 19 个城市的人口超过了 1000 万,其中只有纽约、东京和洛杉矶属于发达国家的城市。在人口规模排名前十的城市中,有 8 个城市在拉丁美洲和亚洲。

综观整个世界范围内的城市,特别是大城市,尤其是发展中国家的大城市的经济影响力与日俱增。亚非拉国家不断扩张的城市区域或大都市区就成为明证。而且,随着这些城市经济影响力越来越大,城市空间的政治意义也越来越重要,无论是地方政治还是全国政治抑或是国际政治,都可以看到城市特别是大都市区的影响力。

所谓大都市区是城市发展到较高阶段产生的城市空间组织形态,是一个由大的城市人口核心以及与其有着密切社会经济联系的具有一体化倾向的邻近城乡地域组合而成的功能区域。以美国为例,361 个大都市区创造的经济产值占到整个国家 GDP 的 86%。纽约大都市区的经济产值相当于世界第十大经济体的水平。

如前所述,大都市区或城市区域的发展引发了发展中国家大都市区治理和政治问题的研究。联合国人居署提出了以下四个议题:随着城市扩张和人口增长而产生的城市体系碎片化的问题;建立与高层次政府协调机制的困境;大规模边缘贫困人口的基础设施和公共服务的持续压力;新型城市所需的合理规划和地方治理机制。

上述超大型城市作为世界城市体系的一部分,常常被归类为"全球城市",是处于"管理全球经济运行并为其提供专业化服务的战略性位置"[①];或者"世界城市",其内部政治和外部政策直接与其在较大世界经济体中的位置和地位有关[②]。还有普通城市,这些城市为了提高在全球经济中的地位而展开激烈竞争。竞争主要围绕招商引资展开,如跨国公司总部,观光旅游,大型赛事如举办奥运会、世界杯足球赛,重大国际会议,等等。

发展机构和国际城市专家早在十几年前就曾发出警示,要想在世界经济体系的竞争中胜出,就必须出台志在长远的"战略规划"或"发展愿景",即城市发展战略(CDS)。问题在于,欠发达国家或后发展国家城市发展战略的出炉往往遇到来自地方和国家层面的政治阻碍。一方面,地方政治和行政制度缺乏横向的协作机制,即使存在也需要上级政府甚至是中央政府的财政和政策支持;另一方面,许多自上而下的援建规划因为政治因素而无法得到真正的落实。

二、分权化与后发展国家的城市政治问题

随着城市财富的日益积累,加之经济、社会和文化的全球化趋势,城市特别是大城市与国际政治经济体系中的主要力量联系越来越密切,但前提是要在地方产生影响力,这就促成了分权化的内在要求。分权化始于20世纪80年代,作为新公共管理运动的一部分由发达国家传递到后发展国家,权力地方化蔚然成风。

分权化的含义非常丰富,基本含义是中央权力和职能转移到地方政府。在联邦制国家,分权化可能会涉及权力和职能从中央下放到州或省级政府,也有可能从中央或省级政府转移到地方政府。无论是单一制还是联邦制,关键在于地方政府得到了强化。当提及分权化之时,常见的就是对政治分权、财政分权和行政分权进行区分,但某一领域的分权未必会导致所有领域的分权。

大体上,后发展国家经历了分权化的三个历史阶段。每个阶段前后相继,构成了一系列制度或技术创新,形成了诺思所谓的"路径依赖"。而且这种制度或政策创新具有区域集聚效应,即创新的区域化。

---

① Saskia Sassen,"Local Actors in Global Politics," *Current Sociology*, Vol. 52, No. 4, 2004, p.373.

② John Friedmann,"Teaching Planning Theory," *Journal of Planning Education and Research*, Vol. 14, No. 3, 1995, pp.156-162.

分权化的第一个历史阶段始于非洲和亚洲的独立,大概范围是20世纪40年代晚期到60年代早期,民族主义者和撤离的殖民当局之间通过协议建立了地方当局。对于英国人来说,地方政府就是"民主的学校"。而对于法国人来说,市镇以及地方政府是赋予城乡公民理性和公民权利的区域。殖民主义衰落时期,殖民地的权势人物竭力掌控城乡地方机构的行政权能,许多后来成为总理或总统的著名民族主义领袖都曾经有过在地方机构任职的经历。

独立后,由于后发优势的驱动,集权化成为各国发展战略的一部分,中央计划和国家整合成为意识形态的主流,地方政府的权力和自治受到削弱。在某些国家,强化地方权威被民族政治领袖视为犯上作乱。由于对地方政府的制约越来越大,整个体系的失败就越来越归咎于中央政府了。这种集权状况很快招致反弹。大约20世纪70年代末到80年代初,反弹开始了,即分权化的第二个历史阶段。这次分权化主要是针对过度集权化以及地方项目执行问题,发展中国家的中央政府通过行政手段重新将发展委员会、技术管理部门甚至大型重点项目配置到更接近民众的地方层面。这一波分权化运动恰好与80年代的结构调整不期而遇。这场运动引发的结论是,只有政治和行政上强势的中央政府才敢于冒险,并能够找到重大项目或职能分权化的资源。可见,集权和分权是一种矛盾复合体内部的动态平衡,是一对"孪生儿"。

以这一时期亚洲的分权化改革为例,这一时期的分权化改革大体上都是通过集权化的力量推动的。一般情况下,中央政府发出改革倡议,控制议程,很少有地方层面的机构或民众参与。拉美国家则因军事独裁者的掌权而更加强化了中央集权,以至于地方政府几乎丧失了征税权。

分权化的第三个历史阶段发生在20世纪80年代早期,这一分权化是中央政府向地方政府放权,并且得到了社会组织的支持。这主要归因于两个主要因素:一是城市区域内的社会组织和社会运动的激增,二是发生于90年代的跌宕起伏的民主化浪潮。两个因素在不同程度上强化了分权化的趋势。

三、全球化与后发展国家的城市政治问题

全球化对发展中国家的城市化产生了深刻而长远的影响。经典的现代化理论将城市化视为现代化的重要元素和主要标准之一。全球化在某种意义上来说就是西方的经典模式在全球区域的扩散,城市化无疑也作为"西化"或"现代化"的一部分成为全球化的话语和实践的应有之义。全球

化背景下,城市政治在发展中国家城市化进程中扮演何种角色? 政治学理论如何看待发展中国家的城市化问题呢? 美国著名城市学家布莱恩·贝利在其名著《比较城市化》中曾经针对二战后到 20 世纪 80 年代期间发展中国家的城市化问题一针见血地指出:"在第三世界,众多国家对积极有效的规划和行动的追求日益增加。第三世界国家城市组成了多种多样的马赛克,……权力机构的传统形式和殖民主义的集中控制已经被一党专政政府或军事独裁者所取代,导致频繁的政府更替和公共管理作用受限,公共部门弱小。…首都城市与其相联系的周边地区形成了一定规模的城市体系,社会问题成堆但可以察觉到增长,国家城市规划作为控制社会和经济变化的安全手段的依赖逐渐增加。同时,进行新的激进规划与政策试验的意愿逐渐增强。第三世界国家追求权力、控制与规划。"[1]

不过,进入 20 世纪 80 年代以后,全球范围内城市化的大幅扩张首先是一个人口学统计现象。两个主要的趋势非常明显。一是大规模的国际移民,特别是来自发展中国家向发达国家的移民,这是后者的城市增长的主要因素之一,也形成了别具特色的"跨国城市化"现象。[2]

对发达国家或地区出现的来自发展中国家的大规模"移民潮"具有何种政治影响的研究相对欠缺,理论也未成熟。城市层面的个案研究有助于确立移民问题地方化的重要性。

二是城市的政治经济影响力日益增强,特别是世界城市或大都市区。以美国为例,361 个大都市区的经济产值占到整个国家 GDP 的 86%。可以说,作为城市化发展的成熟阶段,大都市区成为城市竞争力的重要发展趋势和硬性指标。在大多数发达国家,大都市区由拥有庞大总人口(一般超过 100 万)且多中心的城市群构成,因此通常形成的是一个复合而碎片化的治理体系。大都市区规模不断扩张,直至成为"区域"。这些区域的重要性日益增强,甚至超过了省或州,尽管其正式的政治地位尚未明确。从伦敦、墨西哥城这类传统结构化的"全球城市区域"到东南亚地区不断蔓延的巨型"城乡过渡带"[3],各种新型的社会政治组织不断崛起,出现了城市跃进国家的现象。

---

[1] 布莱恩·贝利:《比较城市化》,顾朝林译,商务印书馆 2010 年版,第 193 页。

[2] Michael Peter Smith, *Transnational Urbanism: Locating Globalization*, Malden, Massachusetts and Oxford: Blackwell, 2001.

[3] "Desakota Regions",译为"城乡过渡带"或"城乡融合区",来自加拿大地理学家麦吉的论文《城镇化还是乡村城镇化? 亚洲新经济交互作用区域的出现》。该文提出,亚洲某些发展中国家和地区,如爪哇、中国、印度尼西亚和印度的核心区域出现了类似于西方的大都市区或城市带的新型空间结构,但其形成机制与西方的经典城镇化过程却大相径庭。

全球化催生了世界城市和世界城市的政治。针对上述这类城市区域的治理以及治理结构问题，学界始终莫衷一是，已有的大部分治理机构都是临时性的，碎片化的决策机构和制度结构仍然占据主流。除了中国的几个直辖市市长由中央政府直接任命，可以解决上述城市区域的治理碎片化问题之外，大部分发展中国家都存在严重的地方化和碎片化的治理结构问题。

发展中国家地方治理结构的碎片化问题更具研究价值的地方表现在它是与这一时期分权化和民主化的治理运动联系在一起的。发展中国家的碎片化问题集中表现为两个方面：一是基础设施建设和公共服务供给的碎片化，二是阶级和收入的两极分化即社会经济碎片化。

诚如城市学家巴尔博指出的，"第三世界城市就是支离破碎的城市。城市化飞速发展，却创造了持续的间断模式。在支离破碎的城市中，物质环境、服务、收入、文化价值以及制度体系邻里不相通、隔街不相同"[1]。这种公共服务的碎片化现象说明了发展中国家的城市政府无力提供足以支撑与人口同步增长的公共服务。与此同时却流行着两个普遍趋势：一是，网络化的服务应该是在标准资费下所有人都可以获得的公共物品，这种观念正在退潮；二是，无论是公共组织还是私人组织、非营利组织或第三部门，都应该在地方服务的供给上相互竞争，以便提高效率，这种观念时下较为盛行。

不过，私人部门或组织提供地方服务并没有得到普遍认同，无论是理论层面还是政治层面，这一观念都受到了不同程度的批判和质疑。这一理论课题在城市经济学、城市地理学和城市政治理论领域出现了大量的研究文献。应该说，新自由主义对地方政府职能的看法对发展中国家地方政府的政策取向和实践后果产生了不同影响。新自由主义强调地方基本公共服务也需要进行成本核算，考虑成本回收。按照戴维·哈维在《新自由主义简史》中的说法，社会政策作为集体决策的"场域"，已经异化为连接国家与新型资本积累过程的工具，即公私合作伙伴关系。[2]

20世纪90年代以来，发展中国家的社会分化加剧，社会分割与社会分层现象日益固化，贫富差距不减反增，穷人和边缘人遭到社会排斥，阶级不平等日益呈现出空间特征。由此引发的城市暴力和犯罪频发，自杀事件也

---

[1] Marcello Balbo, "Urban Planning and the Fragmented City of Developing Countries," *Third World Planning Review*, Vol. 15, No. 1, 1993, p.24.

[2] David Harvey, *A Brief History of Neoliberalism*, p.76.

愈益增多。对犯罪的恐惧是拉美地方政治的重要议题，而全球化则加重了这一地区有组织犯罪的比例。

自20世纪70年代以来，国际发展机构就开始持续关注发展中国家的城市规划、服务和基础设施建设。其中世界银行和联合国人居署是两个典型代表。一般来说，上述国际组织的主要任务是针对城市贫困问题，帮助发展中国家脱贫。而农村的贫困问题始终是国际组织援助项目的重点，直到联合国提出的千年发展目标才将城市贫困问题作为重点加以强调。

但是多年以后，很多国家仍然无法兑现联合国千年发展目标和消除贫困方面所作出的承诺，城市贫困人口的生活状况没有明显改善。伴随着城市化进程的加剧和人口密度的提升，城市基础设施匮乏、贫民窟林立等问题日益突出，据估计，世界上大概有超过20万个贫民窟。为此，各发展中国家城市政府如何提高和改善贫困人口的生活与生存机会以及人居条件就成为一项重要职责。国际组织特别是世界银行自从20世纪80年代起就开始通过推动结构调整规划来降低城市的社会开支以及减小政府人员的规模。进入21世纪以来，国家组织大力推动非正式性的解决方案，如非正式定居点（类似中国没有正式产权的廉租房或经济适用房）、小额贷款以及千年发展计划等。

有关发展中国家城市贫困问题的研究文献，大都来自地理学家、规划学家以及社会学家，而政治学家要么以间接的方式参与，比如强调威胁穷人或整个城市的结构性因素，要么付诸阙如。公共政策角度通常都是针对一系列结构性矛盾而提出的理想化对策。大部分个案研究之间毫无关联，内容广泛涉及城市规划、就业问题、城市增长联盟等。

为此，城市政治的比较研究力图在以下几个方面寻求突破。首先，从研究方法上来看，个别城市的个案研究是最为常见的研究方法。相对来说，多个大规模的城市的研究相对少见，城市研究特别是具体的政策研究，往往倾向于在地方背景下进行。其次，将发达国家和发展中国家的城市联系起来进行的比较研究逐渐成为热点。联系主要体现在贸易、旅游以及人口迁移和流动，特别是城市之间的跨国交流日益增多，联系和比较也就顺理成章了。最后，城市政治理论的比较研究更加多元化，更加注重吸收其他相关学科的方法和视角。研究者对西欧和美国的城市化模式的政治学研究，会处理诸如贫困、疾病、不平等、社会多样性以及基础设施稀缺性之类的问题，只有创新性的想象力才能深入探究约占世界80%人口的发展中国家城市发展问题产生的复杂政治现象和政治过程。

参 考 文 献

中文

《马克思恩格斯全集》第 1 卷,人民出版社 1956 年版。
《马克思恩格斯全集》第 2 卷,人民出版社 1957 年版。
《马克思恩格斯全集》第 3 卷,人民出版社 1960 年版。
《马克思恩格斯全集》第 4 卷,人民出版社 1958 年版。
《马克思恩格斯全集》第 7 卷,人民出版社 1961 年版。
《马克思恩格斯全集》第 21 卷,人民出版社 1965 年版。
《马克思恩格斯全集》第 23 卷,人民出版社 1972 年版。
《马克思恩格斯全集》第 25 卷,人民出版社 1982 年版。
《马克思恩格斯全集》第 27 卷下,人民出版社 1972 年版。
《马克思恩格斯全集》第 42 卷,人民出版社 1979 年版。
《马克思恩格斯全集》第 46 卷,人民出版社 1979 年版。
《马克思恩格斯选集》第 1 卷,人民出版社 1995 年版。
《马克思恩格斯选集》第 2 卷,人民出版社 1995 年版。
《马克思恩格斯选集》第 3 卷,人民出版社 1995 年版。
《资本论》第 1 卷,人民出版社 2004 年版。

包亚明主编:《现代性与空间的生产》,上海教育出版社 2003 年版。
蔡禾:《城市社会学:理论与视野》,中山大学出版社 2003 年版。
陈炳辉:《西方马克思主义的国家理论》,中央编译出版社 2004 年版。
陈一筠等编译:《城市化与城市社会学》,光明日报出版社 1986 年版。
冯健:《城市社会的空间视角》,中国建筑工业出版社 2010 年版。
高鉴国:《新马克思主义城市理论》,商务印书馆 2006 年版。
洪世健:《大都市区治理:理论演进与运作模式》,东南大学出版社 2009 年版。
黄凤祝:《城市与社会》,同济大学出版社 2009 年版。
李强:《自由主义》,吉林出版集团有限责任公司 2007 年版。
钱满素:《美国自由主义的历史变迁》,生活·读书·新知三联书店 2006 年版。
王绍光:《民主四讲》,生活·读书·新知三联书店 2008 年版。

王旭:《美国城市发展模式:从城市化到大都市区化》,清华大学出版社 2006 年版。

王旭:《美国城市史》,中国社会科学出版社 2000 年版。

衣俊卿等:《20 世纪的新马克思主义》,中央编译局出版社 2001 年。

Manuel Castells and Martin Ince:《与柯司特对话》(王志弘、徐苔玲译),(台湾)巨流图书公司 2006 年版。

阿尔伯特·赫希曼:《退出、呼吁与忠诚——对企业、组织和国家衰退的回应》(卢昌崇译),经济科学出版社 2001 年版。

埃里克·方纳:《美国自由的故事》(王希译),商务印书馆 2002 年版。

埃里克·诺德林格:《民主国家的自主性》(孙荣飞等译),江苏人民出版社 2010 年版。

埃莉诺·奥斯特罗姆:《公共事务的治理之道:集体行动制度的演进》(余逊达、陈旭东译),上海译文出版社 2012 年版。

爱德华·苏贾:《后大都市:城市和区域的批判性研究》(李钧译),上海教育出版社 2006 年版。

爱德华·苏贾:《后现代地理学——重申批判社会理论中的空间》(王文斌译),商务印书馆 2004 年版。

安东尼·奥罗姆:《城市的世界——对地点的比较分析和历史分析》(陈向明译),上海人民出版社 2005 年版。

巴林顿·摩尔:《民主与专制的社会起源》(拓夫等译),华夏出版社 1987 年版。

保罗·彼得森:《城市极限》(罗思东译),上海人民出版社 2012 年版。

布莱恩·贝利:《比较城市化》,商务印书馆 2010 年版。

查尔斯·比尔德:《美国政府与政治》下册(朱曾汶译),商务印书馆 1987 年版。

查尔斯·林德布洛姆:《政治与市场:世界的政治—经济制度》(王逸舟译),上海人民出版社 1997 年版。

戴维·哈维:《后现代的状况》(阎嘉译),商务印书馆 2003 年版。

戴维·哈维:《社会正义、后现代主义和城市》,载朱健刚主编:《公共生活评论》第 1 辑,中国社会科学出版社 2010 年版。

戴维·哈维:《新帝国主义》(初立忠、沈晓雷译),社会科学文献出版社 2009 年版。

戴维·贾奇等编:《城市政治学理论》(刘烨译),上海人民出版社 2009 年版。

戴维·鲁斯克:《没有郊区的城市》(王英、郑德高译),上海人民出版社 2011 年版。

戴维·摩根等:《城市管理学:美国视角(第六版)》(杨宏山、陈建国译),中国人民大学出版社 2011 年版。

弗兰克·古德诺:《政治与行政》(王元等译),华夏出版社 1987 年版。

弗雷德里克·温斯洛·泰勒:《科学管理原理》(胡隆昶等译),中国社会科学出版社 1984 年版。

哈罗德·拉斯韦尔、亚伯拉罕·卡普兰:《权力与社会:一项政治研究的框架》(王菲易译),上海人民出版社 2012 年版。

亨利·列斐伏尔:《空间与政治》(李春译),上海人民出版社 2008 年版。

林肯·斯蒂芬斯:《美国粪:城市的耻辱》(朱晓译注),海南出版社 2011 年版。

林肯·斯蒂芬斯等:《新闻与揭丑 Ⅱ:美国黑幕揭发报道经典作品集》(展江、万胜主译),海南出版社 2000 年版。

罗伯特·达尔:《多元主义民主的困境:自治与控制》(周军华译),吉林人民出版社 2006 年版。

罗伯特·达尔:《谁统治:一个美国城市的民主和权力》(范春辉、张宇译),江苏人民出版社 2010 年版。

罗纳德·J. 奥克森:《治理地方公共经济》(万鹏飞译),北京大学出版社 2005 年版。

玛格丽特·利瓦伊:《统治与岁入》(周军华译),格致出版社 2010 年版。

米歇尔·福柯:《地理学问题》,载夏铸九、王志弘编译:《空间的文化形式与社会理论读本》,台湾明文书局股份有限公司 2002 年版。

迈克尔·麦金尼斯主编:《多中心体制与地方公共经济》(毛寿龙、李梅译),上海三联书店 2000 年版。

乔尔·米格达尔:《强社会与弱国家》(张长东等译),江苏人民出版社 2009 年版。

乔治·兰克维奇:《纽约简史》(辛亨复译),上海人民出版社 2005 年版。

乔治·萨托利:《民主新论》(冯克利、阎克文译),东方出版社 1998 年版。

维尔纳·桑巴特:《为什么美国没有社会主义》(王明璐译),上海人民出版社 2005 年版。

文森特·奥斯特罗姆、罗伯特·比什、埃莉诺·奥斯特罗姆:《美国地方政府》(井敏、陈幽泓译),北京大学出版社 2004 年版。

亚里士多德:《政治学》(颜一、秦典华译),中国人民大学出版社 2003 年版。

鲍勃·杰索普:《治理的兴起及其失败的风险:以经济发展为例的论述》,《国际社会科学杂志(中文版)》1999 年第 1 期。

曹海军、霍伟桦:《城市治理理论的范式转换及其对中国的启示》,《中国行政管理》2013 年第 8 期。

高峰:《城市空间生产的运用——基于新马克思主义空间理论的分析》,《学习与探索》2010 年第 1 期。

高鉴国:《马克思恩格斯城市思想探讨》,《山东大学学报》2000 年第 5 期。

韩冬雪:《关于我国城市治理变革理念与实践的几个问题》,《国家行政学院学报》2013 年第 2 期。

胡燕、孙弈:《新自由主义与国家空间:反思与启示》,《经济地理》2012 年第 10 期。

李春敏:《城市与空间的生产:马克思恩格斯城市思想新探》,《中共福建省委党校学报》2009 年第 6 期。

李明超:《马克思和恩格斯的城市思想论要》,《中共天津市委党校学报》2009 年第 2 期。

罗思东、何艳玲:《城市应该如何管理:美国进步时代的市政体制及其改革》,《公共行政评论》2008 年第 2 期。

彭斌:《作为支配的权力:一种观念的分析》,《浙江社会科学》2011 年第 12 期。

吴启焰:《新自由主义城市空间重构的批判视角研究》,《地理科学》2011 年第 7 期。

吴茜、苑秀丽:《戴维·哈维对新自由主义的批判》,《国外社会科学》2011 年第 6 期。

叶林:《新区域主义的兴起与发展:一个综述》,《公共行政评论》2010 年第 3 期。

郁建兴:《治理与国家建构的张力》,《马克思主义与现实》2008 年第 1 期。

张庭伟:《新自由主义·城市经营·城市管治·城市竞争力》,《城市经营》2004 年第 5 期。

张应祥、柴禾:《新马克思主义城市理论述评》,《学术研究》2006 年第 3 期。

赵莉华:《空间政治与"空间三一论"》,《社会科学家》2001 年第 5 期。

赫曦滢:《新马克思主义城市学派理论研究》,吉林大学博士论文,2012 年。

李邦铭:《马克思、恩格斯城乡关系思想及其当代价值》,中南大学博士论文,2012 年。

李壮松:《美国城市经理制:历史到现实的综合考察》,厦门大学博士论文,2002 年。

孙江:《马克思的城市批判理论》,苏州大学硕士论文,2004 年。

魏海燕:《大卫·哈维新帝国主义理论研究》,复旦大学博士论文,2012 年。

英文

Bish, Robert L. and Vincent Ostrom, *Understanding Urban Government: Metropolitan Reform Reconsidered*, Washington, D. C.: AEI Press, 1973.

Bond, Patrick, *Cities of Gold, Township of Coal: Essays on South African's New Urban Crisis*, Trenton, NJ and Asmara, Eritrea: Africa World Press, 2000.

Boyer, Robert and Craig Charney, *The Regulation School: A Critical Introduction*, New York: Columbia University Press, 1990.

Castells, Manuel, *City, Class and Power*, New York: The Macmillan Press, 1978.

Castells, Manuel, *The City and the Grassroots: A Cross-Cultural Theory of Urban Social Movements*, London: Edward Arnold, 1983.

Castells, Manuel, *The Urban Question: A Marxist Approach*, London: Edward Arnold, 1977.

Davies, Jonathan S. and David L. Imbroscio, *Theories of Urban Politics*, 2nd edition, London: Sage Publications, 2008.

Davis, Mike and Robert Morrow, *City of Quartz: Excavating the Future in Los Angeles*, London: Verso, 1990.

Dear, Michael J., *The Postmodern Urban Condition*, Oxford & Maiden, Mass.: Blackwell Publishers, 2000.

Dodge, William R., *Regional Excellence: Governing Together to Compete Globally and Flourish Locally*, Washington, D. C.: National League of Cities, 1996.

Elden, Stuart, *Understanding Henri Lefebvre*, London and New York: Continuum, 2004.

Friedmann, John, "Intercity Networks in A Globalizing Era," in Allen J. Scott, ed., *Global*

City-Region: *Trends*, *Theory*, *Policy*, New York: Oxford, 2001.

Gittell, Ross J. and Avis Vidal, *Community Organizing*: *Building Social Capital as a Development Strategy*, California Press, 1998.

Goldsmith, Stephen and William D. Eggers, *Governing by Network*: *The New Shape of the Public Sector*, Washington, D. C.: Brookings Institution Press, 2004.

Gulick, Luther, *The Metropolitan Problem and American Idea*, New York: Alfred A. Knopf, 1962.

Hall, Peter, *Cities in Civilization*, London: Weidenfeld & Nicolson, 1998.

Hambleton, Robin and Jill Simone Gross, *Governing Cities in a Global Era*: *Urban Innnovtion*, *Competition*, *and Democratic Reform*, Palgrave Macmillan, 2007.

Hamilton, David K., *Governing Metropolitan Areas*: *Response to Growth and Change*, New York: Garland Publishing, 1999.

Harvey, David, *The Urbanization of Capital*: *Studies in the History and Theory of Capitalist Urbanization*, Oxford UK: Basil Blackwell, 1985.

Harvey, David, "Is This Really the End of Neoliberalism?" *Counterpunch*, March 13, 2009.

Harvey, David, *A Brief History of Neoliberalism*, Oxford: Oxford University Press, 2005.

Harvey, David, *Consciousness and the Urban Experience*, Oxford: Blackwell, 1985.

Harvey, David, *Social Justice and the City*, Oxford UK: Basil Blackwell Publisher, 1985.

Harvey, David, *The Limits to Capital*, Oxford: Basil Blackwell, 1982.

Harvey, David, *The Urbanization of Capital*, Oxford UK: Basil Blackwell, 1985.

Herrschel, Tassilo and Peter Newman, *Governance of Europe's City Regions*: *Planning*, *Policy and Politics*, London, New York: Routledge, 2002.

Heinelt, Hubert and Daniel Kübler, eds., *Metropolitan Governance*: *Capacity*, *Democracy and the Dynamics of Place*, London: Routledge, 2005.

Hunter, Floyd, *Community Power Structure*: *A Study of Decision Makers*, New York: The University of North Carolina Press, 1953.

Jessop, Bob, "Liberalism, Neoliberalism, and Urban Governance: A State-Theoretical Perspective," in Neil Brenner and Nik Theodore, eds., *Spaces of Neoliberalism*: *Urban Restructuring in North American and Western Europe*, Oxford: Wiley-Blackwell, 2003.

Jones, Bryan D. and Lynn Bachelor, *The Sustaining Hand*: *Community Leadership and Corporate Power*, Lawrence: University Press of Kansas, 1986.

Jones, Victor, "From Metropolitan Government to Metropolitan Governance," in K. G. Denike, ed., *Managing Urban Settlements*: *Can Our Governmental Structures Cope?* Vancouver: The Centre for Human Settlements, 1979.

Judd, Dennis and Todd Swanstrom, *City Politics*: *The Political Economy of Urban America*, Pearson Education, 2011.

Katznelson, Ira, *Marxism and the City*, New York: Oxford University Press, 1992.

Keating, Michael, "Size, Efficiency, and Democracy: Consolidation, Fragmentation, and Public Choice," in David Judge, Gerry Stoker and Harold Wolman, eds., *Theories of Urban Politics*, Thousand Oaks, CA: Saga Publications, 1995.

Keating, Michael, "The Invention of Regions: Political Restructuring and Territorial Government in Western Europe," in Neil Brenner, et al., eds., *State/Space*, Malden: Blackwell Publishing, 2003.

Kickert, Walter J. M., Erik-Hans Klijn and Joop F. M. Koppenjan, eds., *Managing Complex Networks: Strategies for the Public Sector*, London: Sage, 1997.

Kooiman, Jan, ed., *Governing as Governance*, London: Sage, 2003.

Lauria, Mickey, ed., *Reconstructing Urban Regime Theory: Regulating Urban Politics in a Global Economy*, London: Sage Publications, 1997.

Lefebvre, Henri, *The Production of Space*, trans. Donald Nicholson-Smith, Oxford: Blackwell, 1991.

Lefebvre, Henri, *The Survival of Capitalism, Reproduction of the Relations of Production*, trans. Frank Bryant, Allison and Busby, London: The Johns Hopkins University Press, 1976.

Lefebvre, Henri, *The Urban Revolution*, trans. Robert Bononno, USA: University of Minnesota Press, 2003.

Levine, Charles H. and Glenn Fisher, "Citizenship and Service Delivery: The Promise of Coproduction," *Public Administration Review*, Vol. 44, Special Issue: Citizenship and Public Administrationp, 1984.

Logan, John and Harvey Molotch, *Urban Fortunes: The Political Economy of Place*, Berkeley: University of California Press, 1987.

Logan, John and Todd Swanstrom, eds., *Beyond the City Limits: Urban Policy and Economic Restructuring in Comparative Perspective*, Philadelphia: Temple University Press, 1990.

Mckeown, Kieran, *Marxist Political Economy and Marxist Urban Sociology: A Review and Elaboration of Recent Developments*, London: Macmillan Press, 1987.

Merrifield, Andy, *Metromarxism: A Marxist Tale of the City*, London and New York: Routledge, 2002.

Miller, David Y., *The Regional Governing of Metropolitan America*, Colorado: Westview Press, 2002.

Muller, Peter O., *Contemporary Suburban America*, Englewood, Cliffs, NJ: Prentice Hall, 1980.

Orr, Marion and Valerie Johnson, eds., *Power in the City: Clarence Stone and the Politics of Inequality*, Kansas: the University Press of Kansas, 2008.

Ostrom, Vincent, Robert L. Bish and Elinor Ostrom, *Local Government in the United States*, Ithaca, NY: ICS Press, 1988.

Phil Hubbard, Robe Kitchin and Gill Valentine, *Key Thinkers on Space and Place*, London: Sage, 2004.

Sassen, Saskia, *The Global City: New York, London and Tokyo*, Princeton University Press, 2001.

Savitch, Hank V. and Paul Kantor, *Cities in the International Marketplace*, Princeton: Princeton University Press, 2002.

Savitch, Hank V. and Ronald K. Vogel, eds., *Regional Politics: America in a Post-City Age*, Thousand Oaks, Calif: Saga, 1996.

Short, John R., *The Urban Order: An Introduction to Cities, Culture and Power*, Oxford: Blackwell Publisher, 1996.

Sills, David, ed., *International Encyclopedia of the Social Sciences*, Vol. 3, New York: Macmillan and Free Press, 1968.

Smith, Michael Peter, *Transnational Urbanism: Locating Globalization*, Malden, Massachusetts and Oxford: Blackwell, 2001.

Stephens, G. Ross and Nelson Wikstrom, *Metropolitan Government and Governance: Theoretical Perspectives, Empirical Analysis, and the Future*, New York: Oxford University Press, 2000.

Stoker, Gerry, "Public-Private Partnerships and Urban Governance," in Jon Pierre, ed., *Partnership in Urban Governance: European and American Experience*, London: Macmillan, 1998.

Stone, Clarence N., *Regime Politics: Governing Atlanta, 1946-1988*, Lawrence: The University Press of Kansas, 1989.

Studenski, Paul, *The Government of Metropolitan Areas in the United States*, New York: National Municipal League, 1930.

Wallis, Allan D., "New Regionalism," in Ray Hutchison, ed, *Encyclopedia of Urban Studies*, Sage Publications, 2010.

Warren, Robert, *Government in Metropolitan Regions: A Reappraisal of Fractionated Political Organization*, Davis: University of California, 1966.

White, Roland and Paul Smoke, *East Asia Decentralizes: Making Local Government Work in East Asia*, Washington, DC: World Bank, 2005.

Wirth, Louis, *Urbanism as a Way of Life*, Chicago: Chicago University Press, 1964.

Young, Iris Marion, *Justice and the Politics of Difference*, Princeton: Princeton University Press, 2011.

Bachrach, Peter and Morton S. Baratz, "Two Faces of Power," *The American Political Science Review*, Vol. 56, No. 4, 1962.

Balbo, Marcello, "Urban Planning and the Fragmented City of Developing Countries," *Third

World Planning Review, Vol. 15, No. 1, 1993.

Bollens, Scott A., "Fragments of Regionalism: The Limits of Southern California Governance," *Journal of Urban Affairs*, Vol. 19, No. 1, 1997.

Bond, Patrick, "Globalization/Commodification or Delocalization/De-commodification in Urban South Africa," *Policy Studies*, Vol. 26, No. 3-4, 2005.

Brenner, Neil, "Decoding the Newest 'Metropolitan Regionalism' in the USA: A Critical Overview," *Cities*, Vol. 19, No. 1, 2002.

Brenner, Neil, "Globalization as Reterritorialisation: The Re-scaling of Urban Governance in the European Union," *Urban Studies*, Vol. 36, No. 3, 1999.

Brudney, Jeffrey L. and Robert E. England, "Toward a Definition of the Coproduction Concept," *Public Administration Review*, Vol. 43, No. 1, 1983.

Canan, Penelope and Michael Hennessy, "The Growth Machine, Tourism, and the Selling of Culture," *Sociological Perspectives*, Vol. 32, No. 2, 1988.

Childs, Richard, "The Short Ballot and the Commission Plan," *The Annals of the American Academy of Political and Social Science*, Vol. 38, No. 3, 1911.

Childs, Richard, "The Theory of the New Controlled-Executive Plan," *National Municipal Review*, Vol. 2, No. 1, 1919.

Clark, Terry, "Power and Community Structure: Who Governs, Where, and When?" *The Sociological Quarterly*, Vol. 8, No. 3, 1967.

Clelland, Donald and William Form, "Economic Dominants and Community Power a Comparative Analysis," *American Journal of Sociology*, Vol. 69, No. 5, 1964.

Cooke, Phil, "Municipal Enterprise, Growth Coalitions and Social Justice," *Local Economy*, Vol. 3, No. 3, 1988.

Cox, Kevin R., "The Local and the Global in the New Urban Politics: A Critical View," *Environment and Planning D: Society and Space*, Vol. 11, No. 4, 1993.

Cox, Kevin R. and Andrew Mair, "Locality and Community in the Politics of Local Economic Development," *Annals of the Association of American Geographers*, Vol. 78, No. 2, 1988.

Dahl, Robert, "A Critique of the Ruling Elite Mode," *The American Political Science Review*, Vol. 52, No. 2, 1958.

Davies, Jonathan S., "Urban Regimes Theory: A Normative-Empirical Critique," *Journal of Urban Affairs*, Vol. 24, No. 1, 2002.

Davis, Mike, "Planet of Slums: Urban Involution and the Informal Proletariat," *New Left Review*, No. 26, 2004.

Digaetano, Alan and John S. Klemanski, "Urban Regimes in Comparative Perspective: The Politics of Urban Development in Britain," *Urban Affairs Review*, Vol. 29, No. 1, 1993.

Digaetano, Alan, "Urban Political Regime Formation: A Study in Contrast," *Journal of Ur-*

ban Affairs, Vol. 11, No. 3, 1989.

Dowding, Keith, "Explaining Urban Regimes," *International Journal of Urban and Regional Research*, Vol. 25, No. 1, 2001.

Dowding, Keith, et al., "Regimes Politics in London Local Government," *Urban Affairs Review*, Vol. 34, No. 4, 1999.

Elden, Stuart, "Between Marx and Heidegger: Politics, Philosophy and Lefebvre's The Production of Space," *Antipode*, Vol. 36, No. 1, 2004.

Elkin, Stephen, "After Madison: Public-Spiritedness and Local Political Life," *Perspective on Political Science*, Vol., 33, No. 2, 2004.

Elkin, Stephen, "Business-State Relations in the Commercial Republic," *The Journal of Political Philosophy*, Vol. 2, No. 2, 1994.

Elkin, Stephen, "Constituting the American Republic," *Journal of Social Philosophy*, Vol. 41, No. 2, 2010.

Elkin, Stephen, "Twentieth Century Urban Regimes," *Journal of Urban Affairs*, Vol. 7, No. 2, 1985.

Entrikin, J. Nicholas and Vincent Berdoulay, "The Pyrenees as Place: Lefebvre as Guide," *Progress in Human Geography*, Vol. 29, No. 2, 2005.

Foster, Kathryn A., "Regional Impulses," *Journal of Urban Affairs*, Vol. 19, No. 4, 1997.

Frey, Bruno S. and Reiner Eichenberger, "Metropolitan Governance for the Future: Functional Overlapping Competing Jurisdictions," *Swiss Political Science Review*, Vol. 7, No. 3, 2001.

Friedmann, John, "Teaching Planning Theory," *Journal of Planning Education and Research*, Vol. 14, No. 3, 1995.

Frisken, Frances and Donald F. Norris, "Regionalism Reconsidered," *Journal of Urban Affairs*, Vol. 23, No. 5, 2001.

Gerber, Elisabeth and Justin Phillips, "Development Ballot Measures, Interest Group Endorsements, and the Political Geography of Growth Preferences," *American Journal of Political Science*, Vol. 47, No. 4, 2003.

Gramlich, Edward M., "The New York City Fiscal Crisis: What Happened and What is to Be Done?" *American Economic Review*, Vol. 66, No. 2, 1976.

Hamilton, David K., "Developing Regional Regimes: A Comparison of Two Metropolitan Areas," *Journal of Urban Affairs*, Vol. 26, No. 4, 2004.

Hamilton, David K., David Y. Miller and Jerry Paytas, "Exploring the Horizontal and Vertical Dimensions of the Governing of Metropolitan Regions," *Urban Affairs Review*, Vol. 40, No. 2, 2004.

Harding, Alan, "The Rise of Urban Growth Coalitions, UK-style?" *Environment and Planning C: Government and Policy*, Vol. 9, No. 3, 1991.

Harding, Alan, "Urban Regimes in a Europe of the Cities?" *European, Urban and Regional Studies*, Vol. 4, No. 4, 1997.

Imbroscio, David, "Reformulating Urban Regimes Theory: The Division of Labor Between State and Market Reconsidered," *Journal of Urban Affairs*, Vol. 20, No. 3, 1998.

Imbroscio, David, "The Imperative of Economics in Urban Political Analysis: A Reply to Clarence N. Stone," *Journal of Urban Affairs*, Vol. 26, No. 1, 2004.

James, David R., "The Transformation of the Southern Racial State: Class and Race Determinants of Local-state Structures," *American Sociological Review*, Vol. 53, No. 2, 1988.

Jonas, Andrew E. G. and Kevin Ward, "A World of Regionalisms? Towards a US-UK Urban and Regional Policy Framework Comparison," *Journal of Urban Affairs*, Vol. 24, No. 3, 2002.

Jonas, Andrew, "Urban Growth Coalitions and Urban Development Policy: Postwar Growth and the Politics of Annexation in Metropolitan Columbus," *Urban Geography*, Vol. 12, No. 3, 1991.

Keil, Roger, "Globalization Makes States: Perspectives on Local Governance in the Age of the World City," *Review of International Political Economy*, Vol.5, No.4, 1998.

Kantor, Paul, Hank V. Savitch and Serena V. Haddock, "The Political Economy of Urban Regimes: A Comparative Perspective," *Urban Affairs Review*, Vol. 32, No. 3, 1997.

Kaufman, Herbert and Victor Jones, "The Mystery of Power," *Public Administration Review*, Vol. 14, No. 3, 1954.

Kiser, Larry L., "Toward an Institutional Theory of Citizen Coproduction," *Urban Affairs Review*, Vol. 19, No. 4, 1984.

Lefebvre, Henri and Michael J. Enders, "Reflections on the Politics of Space," *Antipode*, Vol. 8, No. 2, 1976.

Lloyd, M. Gregory and David A. Newlands, "The 'Growth Coalition' and Urban Economic Development," *Local Economy*, Vol. 3, No. 1, 1988.

Logan, John, "Notes on the Growth Machine-Toward a Comparative Political Economy of Place," *American Journal of Sociology*, Vol. 82, No. 2, 1976.

Massey, Doreen, "Flexible Sexism," *Environment and Planning D: Society and Space*, Vol. 9, No. 1, 1991.

Maurer, Richard and James Christenson, "Growth and Nongrowth Orientations of Urban, Suburban, and Rural Mayors: Reflections on the City as a Growth Machine," *Social Science Quarterly*, Vol. 63, No. 2, 1982.

Maxey, Chester C., "The Political Integration of Metropolitan Communities," *National Municipal Review*, Vol. 11, No. 8, 1922.

Mccann, Eugene J., "Race, Protest and Public Space: Contextualizing Lefebvre in the U.S. City," *Antipode*, Vol. 31, No. 2, 1993.

Miller, Delbert, "Industry and Community Power Structure: A Comparative Study of an American and English City," *American Sociological Review*, Vol. 23, No. 1, 1958.

Molotch, Harvey, "The City as a Growth Machine: Toward a Political Economy of Place," *American Journal of Sociology*, Vol. 82, No. 2, 1976.

Molotch, Harvey, "The Political Economy of Growth Machines," *Journal of Urban Affairs*, Vol. 15, No. 1, 1993.

Molotch, Harvey and John Logan, "Tensions in the Growth Machine: Overcoming Resistance to Value-Free Development," *Social Problems*, Vol. 31, No. 5, 1984.

Molotch, Harvey and Serena Vicari, "Three Ways to Build: The Development Process in the United States, Japan, and Italy," *Urban Affairs Review*, Vol. 24, No. 4, 1988.

Morton, Robert, *Social Theory and Social Structure*, revised edition, Glencoe: The Free Press, 1957, p. 73, cited from Raymond Wolfinger, "Why Political Machines Have Not Withered Away and Other Revisionist Thoughts," *The Journal of Politics*, Vol. 34, No. 2, 1972.

Mossberger, Karen and Gerry Stoker, "The Evolution of Urban Regime Theory: The Challenge of Conceptualization," *Urban Affairs Review*, Vol. 36, No. 6, 2001.

Norris, Donald F., "Whither Metropolitan Governance?" *Urban Affairs Review*, Vol. 36, No. 4, 2001.

Oakerson, Ronald J. and Roger B. Parks, "Local Government Constitutions: A Different View of Metropolitan Governance," *The American Review of Public Administration*, Vol. 19, No. 4, 1989.

Ostrom, Elinor, "The Comparative Study of Public Economies," *The American Economist*, Vol. 42, No. 1, 1998.

Ostrom, Vincent, Charles M. Tiebout and R. Warren, "The Organization of Government in Metropolitan Areas: A Theoretical Inquiry," *The American Political Science Review*, Vol. 55, No. 3, 1961.

Parks, Roger B. and Ronald J. Oakerson, "Metropolitan Organization and Governance: A Local Public Economy Approach," *Urban Affairs Review*, Vol. 25, No. 1, 1989.

Parks, Roger B. and Ronald J. Oakerson, "Regionalism, Localism, and Metropolitan Governance: Suggestions from the Research Program on Local Public Economies," *State and Local Government Review*, Vol. 32, No. 3, 2000.

Pellegrin, Roland and Charles Coates, "Absentee-Owned Corporations and Community Power Structure," *American Journal of Sociology*, Vol. 61, No. 5, 1956.

Percy, Stephen L., "Citizen Coproduction: Prospects for Improving Service Delivery," *Journal of Urban Affairs*, Vol. 5, No. 3, 1983.

Percy, Stephen L., "Citizen Participation in the Coproduction of Urban Services," *Urban Affairs Review*, Vol. 19, No. 4, 1984.

Peterson, Paul, "Analyzing Developmental Politics: A Response to Sanders and Stone," *Urban Affairs Review*, Vol. 22, No. 4, 1987.

Polsby, Nelson, "How to Study Community Power: The Pluralist Alternative," *The Journal of Politics*, Vol. 22, No. 3, 1960.

Purcell, Mark, "The Decline of The Political Consensus for Urban Growth: Evidence from Los Angeles," *Journal of Urban Affairs*, Vol. 22, No. 1, 2000.

Rich, Richard C., "The Roles of Neighborhood Organizations in Urban Service Delivery," *Journal of Urban Affairs*, Vol. 1, No. 1, 1979.

Rossi, Peter, "Power and Community Structure," *Midwest of Journal of Political Science*, Vol. 4, No. 4, 1960.

Roy, Ananya, "The 21st-Century Metropolis: New Geographies of Theory," *Regional Studies*, Vol. 43, No. 6, 2009.

Sancton, Andrew, "Canadian Cities and the New Regionalism," *Journal of Urban Affairs*, Vol. 23, No. 5, 2001.

Sanders, Heywood and Clarence N. Stone, "Developmental Politics Reconsidered," *Urban Affairs Quarterly*, Vol. 22, No. 4, 1987.

Sassen, Saskia, "Local Actors in Global Politics," *Current Sociology*, Vol. 52, No. 4, 2004.

Savitch, Hank V. and Ronald K. Vogel, "Paths to New Regionalism," *State and Local Government Review*, Vol. 32, No. 3, 2000.

Schulze, Robert, "The Role of Economic Dominants in Community Power Structure," *American Sociological Review*, Vol. 23, No. 1, 1958.

Sharp, Elaine B., "Toward a New Understanding of Urban Services and Citizen Participation: The Coproduction Concept," *The American Review of Public Administration*, Vol. 14, No. 2, 1980.

Stone, Clarence N., "Looking Back to Look Forward: Reflections on Urban Regimes Analysis," *Urban Affairs Review*, Vol. 40, No. 3, 2005.

Stone, Clarence N., "Power, Reform, and Urban Regime Analysis," *City & Community*, Vol. 5, No. 1, 2006.

Stone, Clarence N., "The Atlanta Experience Re-examined: The Link between Agenda and Regime Change," *International Journal of Urban and Regional Research*, Vol. 25, No. 1, 2001.

Stone, Clarence N., "Urban Regimes and the Capacity to Govern: A Political Economy Approach," *Journal of Urban Affair*, Vol. 15, No. 1, 1993.

Storper, M., "The Poverty of Radical Theory Today: From the False Promise of Marxism to the Mirage of the Cultural Turn," *International Journal of Urban and Regional Research*, Vol. 25, No. 1, 2001.

Tiebout, Charles M., "A Pure of Local Expenditures," *The Journal of Political Economy*,

Vol. 64, No. 5, 1965.

Trounstine, Jessica, "All Politics Is Local: The Reemergence of the Study of City Politics," *Perspectives*, Vol. 7, No. 3, 2009.

Wallis, Allan D., "Evolving Structures and Challenges of Metropolitan Regions," *National Civic Review*, Vol. 83, No. 1, 1994.

Wallis, Allan D., "Inventing Regionalism: The First Two Waves," *National Civic Review*, Vol. 83, No. 2, 1994.

Wallis, Allan D., "The Third Wave: Current Trends in Regional Governance," *National Civic Review*, Vol. 83, No. 3, 1994.

Wanna, John, "Community Power Debates: Themes, Issues and Remainging Dilemmas," *Urban Policy and Research*, Vol. 9, No. 4, 1991.

Ward, Kevin, "Rereading Urban Regime Theory: A Sympathetic Critique," *Geoforum*, Vol. 27, No. 4, 1996.

Warren, Robert, "A Municipal Services Market Model of Metropolitan Organization," *Journal of the American Institute of Planners*, Vol. 30, No. 3, 1964.

Whitaker, Gordon P., "Coproduction: Citizen Participation in Service Delivery," *Public Administration Review*, Vol. 40, No. 3, 1980.

Wolfinger, Raymond, "Why Political Machines Have Not Withered Away and Other Revisionist Thoughts," *The Journal of Politics*, Vol. 34, No. 2, 1972.

Wolfinger, Raymond and John Field, "Political Ethos and the Structure of City Government," *The American Political Science Review*, Vol. 60, No. 2, 1966.

OECD, *Local Partnerships for Better Governance*, Paris: OECD, 2001.

Population Division of the Department of Economic and Social Affairs of the United Nations Secretariat, *World Population Prospects: The 2006 Revision*, New York: United Nations, 2007.

Population Division of the Department of Economic and Social Affairs of the United Nations Secretariat, *World Urbanization Prospects: The 2007 Revision*, New York: United Nations, 2008.

后 记

早在20世纪初叶,欧美等西方发达国家就已经完成了第一轮城市化进程;这些国家开展与城市相关的专业教育已有近一个世纪的时间。经过长期的实践探索,现代城市学教育不断地发展与完善,已经具备了与其政治、经济、社会、文化相适应的较为系统的学科理论体系,而且这一学科理论体系根据城市发展形势的变化还处于动态调整之中。在美国,城市政治学和城市管理发展如日中天,学术成果硕果累累;美国政治科学协会下设了城市政治学分会,各大院校也开设了相关的专业和课程。在一定程度上说,城市是美国现代政治学的摇篮,美国现代政治学的发展是以城市发展为线索的。

随着我国城镇化的快速推进,城市学也成为长足发展的新兴学科领域。作为集理、工、文、政、经、管等多学科门类交叉的超级学科,城市学和城市研究同时兼具学科或学科群的特点。不过,国内首先关注城市问题的学科主要集中于工科门类、理科门类和经济学门类,如大家所熟知的城市规划、人文地理、城市(区域)经济。比较而言,政治学和公共管理学的发展则相对迟滞。1998年,教育部颁布的《普通高等学校本科专业目录》(以下简称《目录》)当中,城市管理专业属于《目录》外专业;直到2012年在教育部新修订的《目录》中,城市管理才正式成为公共管理学一级学科下的专业。与城市管理专业的火爆相比,城市政治学则显得更为寂寞而鲜为人知,虽然这是一个在国外非常发达而成熟的学科。

国内唯一一本《城市政治学》(光明日报出版社1998年版)是由我国著名法学家许崇德教授主持编写的。该书主要把城市政权(以城市的中国共产党组织、作为国家权力机关的市人民代表大会及其常务委员会、作为国家行政机关的市人民政府,以及作为国家司法机关的市人民法院和市人民检察院等市政主体为研究对象)、城市中的统一战线和人民团体等作为主要内容,因此,该书更类似于早期传统的政治学专业教材,而且带有浓厚的时代特征。姚尚建教授所著的《城市政治:正义的供给与权利的捍卫》(北京大学出版社2015年版)主要涉及城市政治学的中国立场、城市权力、城市权利、城市结构与城市过程,比较系统地回答了中国城市化进程中的制度性困境及其解决方案,初步构建了中国的城市政治理论体系,是当前国内研究城市政治的开创性、前沿性著作。但是由于这本书的专业性较强,不能作为一般意义上的"城市政治学"教材来使用。

进入21世纪以来,国内学术界逐渐翻译和介绍了一些国外城市政治和城市管理的理论成果,但是城市政治学方面的译著相对较少,目前市面上已经出版的有两种(戴维·贾奇等编:《城市政治学理论》,刘晔译,上海人民出版社2009年版;乔纳森·S. 戴维斯等主编:《城市政治学理论前沿(第2版)》,何艳玲译,格致出版社2013年版)。这两本书兼具议题、理论与方法的特点,是国内教科书所不能比拟的。但是由于国内外城市化的发展阶段、城市治理手段和水平、社会结构等因素的差异,中国学者一般不容易把握其中的关键性问题。有鉴于此,本人萌发了从中国学者的视角写一本关于国外"城市政治理论"的系统性著作的想法,以帮助国内的研究人员了解国外城市政治发展的议题、理论和发展脉络。

在本书的写作过程中,江西师范大学马克思主义学院讲师黄徐强博士、南开大学周恩来政府管理学院霍伟桦博士、天津市和平区五大道街综合执法大队的孙允铖参与了部分章节的资料搜集、内容讨论和撰写以及整理工作,在此对他们的协助表示感谢。

此外,感谢东北大学文法学院和东北大学城乡社区建设研究院的领导和同事的关心与支持。感谢北京大学出版社耿协峰主任和编辑徐少燕、梁路,没有他们认真而负责的辛勤工作,这本书不可能与读者见面。

最后要说明的是,由于作者能力所限,书中难免有错漏之处,请各位读者批评指正。

曹海军
于东北大学文法学院
2016年10月